权威·前沿·原创

皮书系列为
"十二五""十三五""十四五"时期国家重点出版物出版专项规划项目

BLUE BOOK

智库成果出版与传播平台

中国社会科学院创新工程学术出版资助项目

经济蓝皮书
BLUE BOOK OF CHINA'S ECONOMY

2023年中国经济形势分析与预测

ANALYSIS AND FORECAST OF CHINA'S ECONOMIC SITUATION (2023)

主　编／谢伏瞻
副主编／蔡　昉　高培勇
　　　　李雪松（执行）

社会科学文献出版社
SOCIAL SCIENCES ACADEMIC PRESS (CHINA)

图书在版编目(CIP)数据

2023年中国经济形势分析与预测 / 谢伏瞻主编. -- 北京：社会科学文献出版社, 2022.11
（经济蓝皮书）
ISBN 978-7-5228-1188-8

Ⅰ.①2… Ⅱ.①谢… Ⅲ.①中国经济-经济分析-2023②中国经济-经济预测-2023 Ⅳ.①F123.2

中国版本图书馆CIP数据核字（2022）第224817号

经济蓝皮书
2023年中国经济形势分析与预测

主　　编 / 谢伏瞻
副 主 编 / 蔡　昉　高培勇
　　　　　李雪松（执行）

出 版 人 / 王利民
组稿编辑 / 邓泳红
责任编辑 / 吴　敏
责任印制 / 王京美

出　　版 / 社会科学文献出版社·皮书出版分社（010）59367127
　　　　　地址：北京市北三环中路甲29号院华龙大厦　邮编：100029
　　　　　网址：www.ssap.com.cn
发　　行 / 社会科学文献出版社（010）59367028
印　　装 / 天津千鹤文化传播有限公司

规　　格 / 开　本：787mm×1092mm　1/16
　　　　　印　张：26.25　字　数：393千字
版　　次 / 2022年11月第1版　2022年11月第1次印刷
书　　号 / ISBN 978-7-5228-1188-8
定　　价 / 128.00元

读者服务电话：4008918866

▲ 版权所有　翻印必究

经济蓝皮书编委会

主　　编　谢伏瞻

副 主 编　蔡　昉　高培勇

　　　　　李雪松（执行）

撰 稿 人（以文序排列）

　　　　　谢伏瞻　高培勇　蔡　昉　李雪松　冯　明
　　　　　张慧慧　李双双　娄　峰　孙博文　左鹏飞
　　　　　张彬斌　张　斌（世经政所）　肖立晟　崔晓敏
　　　　　张　平　杨耀武　祝宝良　陈昌盛　杨光普
　　　　　孙学工　刘雪燕　成　卓　杜秦川　杨志勇
　　　　　张　斌（社科大）　郭英杰　张晓晶　费兆奇
　　　　　曹　婧　李世奇　朱平芳　李国祥　张航燕
　　　　　史　丹　哈　悦　解三明　王　蕾　徐奇渊
　　　　　马盈盈　刘玉红　张长春　杜　月　王　微
　　　　　王　念　高凌云　都　阳　张车伟　赵　文
　　　　　李冰冰

编辑组成员　韩胜军　冯　明　张　杰　李双双　张慧慧

主要编撰者简介

谢伏瞻 中国社会科学院学部委员、学部主席团主席，第十三届全国政协常委、经济委员会副主任。历任国务院发展研究中心副主任，国家统计局局长，国务院研究室主任，河南省政府省长，河南省委书记，中国社会科学院院长、党组书记；曾任中国人民银行货币政策委员会委员。主要研究领域为宏观经济政策、公共政策、区域发展政策等。

蔡　昉 中国社会科学院国家高端智库首席专家、学部委员、学部主席团秘书长，第十三届全国人民代表大会常务委员会委员、农业与农村委员会副主任委员，中国人民银行货币政策委员会委员。曾任中国社会科学院副院长。主要研究领域为中国经济改革和发展、人口经济学、劳动经济学等。

高培勇 中国社会科学院副院长、党组成员，中国社会科学院学部委员，中国社会科学院大学党委书记。第十三届全国政协经济委员会委员，兼任国务院学位委员会委员、中国审计学会副会长、孙冶方经济科学基金会副理事长等。学术领域以财政经济学为主，主攻财税理论研究、财税政策分析等。

李雪松 中国社会科学院数量经济与技术经济研究所所长、研究员，中国社会科学院宏观经济研究智库主任，中国数量经济学会会长，工信部、浙江省委、山东省政府决策咨询委员或特聘专家。主要研究领域为宏观经济学、数量经济学、经济发展战略等。

摘　要

2022年，在世界格局加速演变、乌克兰危机升级、全球通胀升温、美联储货币政策剧烈调整等复杂多变的外部环境下，面对国内疫情反复和"三重压力"等挑战，中国经济在压力中迎难而进，总体呈现V型走势。2023年是全面贯彻落实党的二十大精神的开局之年，是实施"十四五"规划承前启后的关键一年，也是全面建设社会主义现代化国家开局起步的重要一年，做好经济工作具有重要意义。2023年，宏观政策需继续保持足够的逆周期调节力度，促进经济恢复更加稳固、更加充分，促进实际增长率向潜在增长率回归。建议继续实施积极的财政政策，进一步优化工具选项，有效对冲私人部门需求不足缺口，促进产出缺口收敛；继续实施稳健的货币政策，进一步发挥好总量和结构双重功能，为实体经济降低融资成本和减轻债务负担；提质加力就业优先政策，推动解决结构性就业矛盾；同时，注重加强财政政策、货币政策、宏观审慎政策之间的协调配合。建议2023年抓好以下重点工作任务：一是科学精准做好疫情防控，高效统筹疫情防控与经济社会发展；二是稳定预期提振市场主体信心，着力扩大民间投资和居民消费；三是在化解风险的同时构建长效机制，促进房地产市场健康平稳发展；四是加快完善科技创新体系，提升国家创新体系效能；五是增强产业链供应链韧性，提高现代化水平和国际竞争力；六是加快重点领域改革攻坚步伐，深化对外开放应对外部挑战；七是深入推进区域协调发展和新型城镇化，增强城乡区域发展平衡性协调性；八是积极稳妥推进碳达峰碳中和，促进经济社会发展绿色转型；九是着力稳定重点群体就业，促进城乡居民收入增长；十是统筹发展与安全，做好重点领域风险防范化解工作。

关键词： 中国经济　政策协调　增长潜力　风险防范

目录

全面准确认识当前经济形势　为全面建设社会主义现代化国家

开好局起好步 …………………………………………… 谢伏瞻 / 001

Ⅰ　总报告

B.1　2023年中国经济形势分析与政策建议

………………………… 中国社会科学院宏观经济研究智库课题组 / 001

Ⅱ　宏观走势与政策展望

B.2　国际宏观经济政策演变对中国经济影响与对策

………………………… 张　斌（世经政所）　肖立晟　崔晓敏 / 023

B.3　冲击、中国经济韧性与周期不同步的政策选择

……………………………………………………… 张　平　杨耀武 / 040

B.4　2023年中国经济形势和政策建议 …………………… 祝宝良 / 056

B.5 2023年中国经济形势展望及政策建议
....陈昌盛　杨光普 / 070

B.6 2022年中国经济形势分析、2023年展望及政策建议
................................孙学工　刘雪燕　成　卓　杜秦川 / 082

Ⅲ　财税运行与货币金融

B.7 中国财政运行形势分析、展望及政策建议 ....杨志勇 / 098

B.8 2022年中国税收形势分析及2023年展望
....张　斌（社科大）郭英杰 / 118

B.9 中国货币金融形势分析 ....张晓晶　费兆奇　曹　婧 / 136

B.10 2022年中国股票市场回顾与2023年展望
....李世奇　朱平芳 / 159

Ⅳ　产业经济与高质量发展

B.11 2022年中国农业经济形势与政策及2023年展望
....李国祥 / 181

B.12 中国工业经济形势分析、展望及政策建议
....张航燕　史　丹 / 194

B.13 2022年工业和信息业运行分析和2023年发展趋势展望
....哈　悦　解三明 / 208

B.14 世界能源市场格局演化与中国新能源产业发展
....王　蕾　史　丹 / 219

B.15 全球产业链重组背景下的产业链外移及其应对
....徐奇渊　马盈盈 / 246

B.16 中国服务业发展形势分析、展望及政策建议
....刘玉红 / 265

Ⅴ 需求分析与就业收入

B.17 中国投资形势分析、展望及对策建议
　　……………………………………… 张长春　杜　月 / 285

B.18 2022年中国消费市场形势分析与2023年展望
　　……………………………………… 王　微　王　念 / 296

B.19 2022年中国外贸形势分析与2023年展望
　　……………………………………………… 高凌云 / 320

B.20 中国劳动力市场分析、展望与政策建议
　　……………………………………………… 都　阳 / 334

B.21 中国国民收入分配形势分析与政策建议
　　……………………………… 张车伟　赵　文　李冰冰 / 352

Abstract ……………………………………………………… / 369

Contents ……………………………………………………… / 371

全面准确认识当前经济形势 为全面建设社会主义现代化国家开好局起好步

谢伏瞻[*]

2022年，在世界格局加速演变、乌克兰危机升级、全球通胀升温、美联储货币政策大幅调整等复杂多变的外部环境下，面对疫情反复和"三重压力"等挑战，以习近平同志为核心的党中央坚持稳中求进工作总基调，科学统筹疫情防控和经济社会发展，我国经济在压力中迎难而上，实现了经济总体平稳运行。2023年是全面贯彻落实党的二十大精神的开局之年，也是全面建设社会主义现代化国家开局起步的重要一年，做好经济工作至关重要。正确认识当前及未来一段时期经济形势，统筹制定落实好各项政策，对于加快构建新发展格局、着力推动高质量发展、为全面建设社会主义现代化国家开好局起好步具有重要意义。

一 中国经济总体形势回顾

2022年，世界政治经济格局复杂演变。从外部看，新冠肺炎疫情、乌克兰危机、美联储加息使全球经济增长不确定性增加、生产生活成本明显提高，国际货币基金组织接连下调世界经济增长预期。从国内看，区域性疫情散发仍是制约经济持续稳定恢复的最大不确定因素。面对复杂严峻的发展环境，以习近平同志为核心的党中央坚持以推动高质量发展为主题，科学统筹疫情防控和经济社会发展，持续深化改革、扩大开放、推动产业升级转型、加快

---

[*] 谢伏瞻，中国社会科学院学部委员、学部主席团主席，主要研究方向为宏观经济政策、公共政策、区域发展政策等。

创新驱动发展，确保经济增速保持在合理区间，着力培育经济增长新动能。

2022年，我国经济开局平稳向好，第二季度遭受超预期因素冲击，6月之后逐步恢复。全年经济大体呈现V型走势。我国经济长期向好的基本面没有变，科技创新、绿色转型、安全发展等重大战略蹄疾步稳，高效推开，为顺利完成"十四五"规划目标和全面贯彻落实党的二十大精神打下了坚实的基础。与此同时，受疫情冲击，经济短期内结构性问题有所凸显。企业生产和居民生活稳定性下降，市场预期走弱，科学高效统筹疫情防控与经济社会发展，成为化解"三重压力"的关键。

一是经济运行在波动中恢复，市场主体信心和经济活力仍有待增强。2022年我国经济平稳发展面临的风险挑战明显增多，区域性疫情反复、季节性极端天气持续、部分重点行业风险显现等因素显著影响经济增长的恢复势头。供给端，工业经济恢复好于服务业，高技术制造业增速明显快于制造业整体平均水平，新能源新材料产品持续高速增长，现代服务业发展势头强劲。需求端，固定资产投资相对平稳，政府主导的基建投资发挥重要支撑作用，民间投资持续低迷；消费增速相对较低且波幅较大，线上消费恢复快于线下消费，消费结构中刚性支出占比上升，消费对扩内需、稳增长的基础性作用有待增强。

二是就业市场扩容目标总体完成，重点群体就业压力仍需化解。2022年高校毕业生规模超千万，创历史新高，同时部分行业生产经营活动仍低于疫情前水平，就业市场供给需求形势复杂严峻。在就业优先政策的稳定发力下，城镇就业水平围绕目标水平上下波动，总体趋稳。与此同时，青年劳动力调查失业率持续在高位运行，大中城市对外来农民工就业吸纳潜力难以充分释放，重点群体就业同时面临总量压力和结构性矛盾。

三是科技创新实力稳步增强，创新体系效能有待进一步提升。创新驱动是实现高质量发展的第一动力。《2022年全球创新指数报告》显示，我国综合创新实力排全球第11位，连续10年稳步上升。随着创新驱动发展战略的深化，我国企业研发投入规模和强度不断提升，高新技术企业数量快速增加，高技术产业对经济增长的贡献持续增大，北京、上海、粤港澳大湾区和173

个国家高新区在引领创新发展和稳定经济增长中发挥了重要作用。与此同时，基础研究投入不足、科技成果转化率低、科技体制短板突出等问题制约国家创新体系效能提升。

四是绿色发展理念有效贯彻，碳达峰碳中和工作有序推进。人与自然和谐共生是党的十八大以来我国始终坚持的发展方向。集约发展、低碳发展等绿色转型不断加快，空气污染、黑臭水体治理等环节污染防治深入推进，碳达峰碳中和"1+N"政策体系基本建立，可再生能源开发利用和相关基础设施建设稳步推进。与此同时，全面推动绿色发展以及美丽中国建设在能源供保、绿色技术发展、体制机制健全等方面仍存在一系列突出短板。

五是深化改革举措接续落实，制度型对外开放加快推进。2022年，国企改革三年行动主体任务基本完成，行政许可事项清单全面推行，"放管服"改革进一步深化，有效激发市场活力。此外，中央全面深化改革委员会围绕科技创新、金融发展、人才培养和评价、数据要素作用发挥等领域审议通过一系列改革举措，为进一步深化要素市场改革指明了方向。此外，我国高水平对外开放步入制度型开放阶段，新版外资准入负面清单深入实施，自贸区、海南自贸港建设扎实推进，"一带一路"建设不断取得新进展。

六是统筹发展与安全战略深入实施，重点领域风险防范仍需警惕。2022年，部分地区房地产企业和中小金融机构风险事件频发，给我国宏观经济稳定发展带来挑战。中央和地方层面推出的一系列防范化解措施有效避免了风险事件波及范围的进一步扩大。但同时，部分重点领域的风险因素仍在发酵。地方财政收支平衡压力增大，土地财政受房地产行业深度调整影响急剧收缩；受美元"高利率+强汇率"叠加影响，国际金融风险进入易发期；人民币兑美元贬值加剧外债还本付息负担，房企和城投公司的外债风险不容忽视。

二　需要关注的几个重点问题及应对

与此同时，也要清醒地认识到，当前我国经济运行仍面临一些挑战。其中，以下四个方面的问题须加以重点研究和应对。

（一）发达国家宏观政策剧烈调整，中国应坚持以我为主灵活制定实施宏观政策

新冠肺炎疫情演变成全球大流行后，美欧等发达经济体实施了创纪录的扩张性财政政策和超宽松货币政策，尤其是美联储修改货币政策框架提高了对通胀的容忍度，导致全球流动性泛滥，一方面引起普遍的资产价格上涨和全球债务高企，国际金融市场脆弱性加剧，另一方面引发全球广泛的高通胀。在通胀持续超预期飙升至历史新高压力下，美欧货币政策急剧转向、仓促收紧，尤其是美联储开启40年来最迅猛加息和相对上一轮退出更快节奏的量化紧缩。虽然考虑到经济减速，美联储未来加息将放缓，但是鉴于通胀依然处于高位，加息进程并未结束，且利率将维持在高位更长时间。与此同时，发达经济体集体退出整体扩张的财政政策，转向救助脆弱群体的局部支持性财政政策。此外，美国通过《芯片与科学法案》，由疫情期间的短期超大规模财政刺激计划转向提升芯片、新能源等产业竞争力的中长期财政扩张政策。

美联储收紧货币政策加大了我国货币政策操作难度，中美货币政策分化推动两国利差快速收敛直至倒挂，减缓了我国的外资流入。美联储加息造成美元走强和人民币对美元贬值，虽然短期有利于我国出口，但是一方面通过推高进口价格提高了我国输入型通胀压力，另一方面通过收紧全球金融条件引起世界经济复苏势头减弱甚至衰退风险，将对我国出口造成负面影响。此外，美联储加息引起广泛的货币对美元贬值，多国被迫干预汇市，加上大宗商品进口价格上涨引起国际收支恶化，外汇储备被迅速消耗，特别是低收入国家风险开始暴露甚至触发主权债务危机。作为主要债权国的中国面临资产受损风险和更大缓债甚至减债压力。此外，美国推出大规模财政补贴支持本国相关产业，将干扰全球价值链，并对我国芯片和新能源行业形成定向打压。

面对复杂严峻的外部形势，我国应继续坚持以我为主，灵活实施国内宏观政策，以内部的稳定应对外部的多变。一是继续坚持以我为主实施国内宏观经济政策。面对中美利率倒挂和增速差持续收窄的格局，坚持"稳字当头，稳中求进"总基调，将宏观经济政策的重点放在稳增长上。二是增强人民币

汇率弹性，保持人民币汇率在合理均衡水平上的基本稳定。坚持人民币汇率主要由市场决定实现双向浮动，防止形成单边预期。三是密切跟踪分析外需外贸形势以及外贸企业经营情况，及时动态调整应对措施，同时抓住时机扩大同欧洲特别是德国的产业合作，并积极联合其他利益受损国家根据WTO规则对一些国家不合理产业补贴发起诉讼。四是更加重视推进内部改革和创新驱动，提升经济内生动力，通过稳固的经济基本面和良好的营商环境来稳定外资。

（二）国际能源市场格局深刻演变，中国应全链条发展新能源产业巩固能源安全

2022年以来，乌克兰危机引发国际化石能源供应危机，北溪管道受损直接导致俄对欧天然气供应中断，多国极端天气不断给电力供应带来挑战，各国将能源安全放在能源发展首位。短期内，全球化石能源供求格局发生剧烈改变；长期看，风电、光伏等新能源成为全球能源发展趋势。全球新能源开发利用迎来更优市场机遇，将带动全球新能源产业发展，成为新的经济增长点。我国应化危机为机遇，加快新能源产业有序发展，保障新能源产业独立自主，积极应对全球能源供求格局改变带来的潜在能源安全问题。

近年来，在实现"双碳"目标背景下，我国新能源装机规模稳步增长，拉动新能源产业蓬勃发展，产业规模全球领先，但仍存在以下问题。一是核心技术掌握不充分，部分关键原材料、零部件仍需依靠进口。大功率风机设计、关键零部件制造及智能化运维等方面与国际技术水平相比存在差距；光伏发电的部分关键技术、关键材料和关键零部件仍需从国外进口，影响我国新能源产业自主可控性和国际竞争力。二是产业标准有待完善，国际认可度尚且不足。我国新能源产业发展速度较快，但存在产业标准不完善或滞后于国际技术指标的问题，导致产业无序发展和低端恶性竞争，影响产业创新能力的同时，也削弱了我国新能源产业的国际认可度和影响力。三是新能源电力消纳不足，新能源发展受到限制。新能源开发利用仍存在电力系统对大规模高比例新能源接网和消纳的适应性不足、土地资源约束明显等制约因素。

应用端新能源开发利用受限，影响新能源产业链发展动力。

为应对国际能源供求格局演变、以新能源发展为抓手保障我国能源安全，应做好以下几方面工作。一是加大新能源创新研发力度，尽快掌握核心技术，提高国际标准话语权。改变部分核心技术、零部件、关键材料依赖进口的被动局面，将新能源技术掌握在自己手中。同时加强与国际产业标准合作，促进产业创新，提高国际认可度；借助市场规模优势创新新能源发展应用模式，切实提高国际竞争力。二是加快促进新能源开发利用，为新能源产业发展创造更大市场空间。逐步从能源消耗总量和强度调控转向碳排放总量和强度"双控"，提高电网对新能源的消纳能力，完善跨区域电力交易机制，从应用端带动新能源产业全链条有序高效发展。三是加大新能源产业发展政策创新力度，鼓励财政、金融等领域创新相关政策工具，促进新能源产业全链条创新，提升新能源产业发展效率。

（三）国际产业链供应链脆弱性增强，中国应加快推动产业链供应链升级巩固

受疫情反复、国内要素价格提升以及国际大宗原辅料价格持续高位运行的影响，我国产业链供应链稳定受到一定冲击，物流不畅加大生产断链风险，市场恢复预期偏弱也拖累产业链和供应链恢复。大国博弈背景下，美国及其传统盟国对其产业链供应链的布局规划在一定程度上体现出了"去中国化"的战略意图。尤其是在高技术强度产业上，对华实施科技"脱钩"，意图将我国压制在全球产业链和价值链的中低端。美国加快推进印太战略，试图重构亚太价值链体系，对中国产业链形成替代。

目前，随着新一轮科技革命和产业变革的深入，全球生产和贸易体系正在经历深度调整，全球产业链既出现了数字化、绿色化、融合化的新趋势，也出现了本土化、区域化、政治化的新特征。应完善顶层设计、协调应对多层面问题和风险，平稳推动我国产业链供应链实现现代化升级。

一是坚持自主创新和开放合作并举，促进产业链供应链稳定发展。提升基础研究，尤其是关键核心技术的自主研发水平，精准破解一些发达国家对

中国的技术代差优势；积极发挥巨大市场和人力资本赋予我们的市场性权力和生产性权力，开展与包括美国在内的发达国家在科技领域的深度合作，塑造竞争与合作并存的交流互动关系；积极推进国际多边合作和区域经济一体化进程，积极参与国际治理和国际新规则的制定，扩展朋友圈、提升话语权。

二是坚持产业协同和区域协调并行，保障产业链供应链强韧稳健。构建合理有效的产业链协同机制，改善营商环境，推动产业链内的大企业和中小企业形成良好的产业生态，有效协同、有序发展、共享收益；促进产业链和创新链相结合，提升产业链供应链上下游的深度融合和协同创新水平；畅通国内大循环，建设全国统一大市场，有序推进区域内优势产业布局和区域间合作机制建设。

三是坚持保链稳链和疫情防控并重，推动产业链供应链持续畅通。在充分发挥市场机制作用的前提下统筹考虑、动态平衡，提升大宗商品供需调节能力，加大贵稀金属、化工产品、芯片等重要原材料的保供稳价力度，提高物流运行的技术效率和抗风险能力，破除要素和商品流通过程中的隐性壁垒和不合理限制，保证疫情防控和产业运行协调发展。

（四）科学做好疫情防控，高效统筹疫情防控与经济社会发展

新冠病毒仍处于演化之中，是2023年影响我国经济运行的一个重大不确定因素。如何根据形势发展更加科学地做好疫情防控，如何更加高效地统筹疫情防控与经济社会发展，成为摆在我们面前的一项重要课题。

当前做好疫情防控，既要高度重视和审慎应对各种不利因素，同时也要认识到一些因素正在朝着有利的方向发展。

不利因素方面，一是奥密克戎新的变异毒株传染性明显增强，传播速度加快，隐匿传播链条复杂，防控难度加大。特别是2022年秋冬季节以来，我国疫情呈现点多、面广、频发特点，新增感染人数波动上升，跨省跨区疫情增多，形势严峻复杂。二是疫情防控的外部环境发生了明显变化，随着越来越多的国家和地区放开疫情管控，既增加了我国外防输入的压力，相对而言也抬高了我国人员和企业参与对外经贸交往的成本。三是在疫情冲击叠加逆

全球化、大宗商品价格上涨、乌克兰危机等外部因素的作用下，我国经济持续面临"三重压力"的挑战，随着时间的推移，一些中低收入群体、小微市场主体、基层地方政府承受风险的能力减弱，资产负债表和现金流状况有恶化倾向，因而高效统筹疫情防控与经济社会发展的重要性更加凸显。

有利因素方面，一是尽管新变异毒株的传染性增强，但重症率和死亡率在下降。二是我国疫苗接种率大幅提升，人民群众对病毒的免疫力尤其是预防重症的能力增强了。截至2022年11月4日，新冠疫苗覆盖人数和全程接种人数占全国总人口的比例已分别达到92.48%和90.24%。其中，60岁以上老年人群体的疫苗覆盖率和全程接种率分别达到了90.62%和86.35%。三是国内外针对新冠肺炎的药物研发也取得了一些新进展，有助于提高临床治疗的有效性。

新冠肺炎疫情持续近三年，我国始终秉持人民至上、生命至上的理念，坚持"外防输入、内防反弹"总策略和"动态清零"总方针，有效维护了人民群众生命安全和身体健康。下一步，根据病毒变异特点和条件变化，一方面要更加科学地做好疫情防控，另一方面要更加高效地统筹好疫情防控和社会经济发展。具体而言，一是加强对病毒变异特性的研究，根据病毒潜伏期、传播力、致病力的变化，不断优化疫情防控措施，提高科学精准防控水平。二是继续推进疫苗接种工作，重点针对老年人群体提高接种率。加快新冠肺炎治疗药物研发，推进相关国际合作。三是提升各级政府疫情防控形势下的社会综合治理能力，做到法治化、人性化，防止简单化、一刀切、层层加码，加大日常生活物资供应力度，维护交通物流畅通，保障人民群众正常生产生活秩序。四是加大中长期人、财、物力投入，促进优质医疗资源扩容和区域均衡布局，提高预防和应对公共卫生事件的能力。

三 2023年的宏观政策取向

2023年是全面贯彻落实党的二十大精神的开局之年，是实施"十四五"规划承前启后的关键一年，也是全面建设社会主义现代化国家开局起步的重要一年，做好经济工作具有重要意义。2023年经济运行中的不稳定不确定因素仍然较多，但我国经济发展仍然存在诸多有利条件，经济长期向好的基本面没有改变。

做好2023年经济工作，要以习近平新时代中国特色社会主义思想为指导，全面贯彻落实党的二十大精神，坚持稳中求进工作总基调，完整、准确、全面贯彻新发展理念，加快构建新发展格局，着力推动高质量发展，把实施扩大内需战略同深化供给侧结构性改革有机结合起来，统筹发展和安全，增强国内大循环内生动力和可靠性，提升国际循环质量和水平，着力激发市场主体活力，着力提升产业链供应链韧性和安全水平，着力推进城乡融合和区域协调发展，持续改善民生，保持经济运行在合理区间，推动经济实现质的有效提升和量的合理增长。

在对内外部环境和我国经济基本走势进行全面分析的基础上，综合考虑短期宏观调控和中长期持续健康发展需要，2023年宏观政策仍应保持足够的逆周期调节力度，促进经济恢复更加稳固、更加充分。

（一）积极的财政政策应保持足够力度，有效对冲私人部门需求不足造成的缺口

当前，我国经济实际增速仍明显低于潜在增速。如果这种局面持续时间过长，一些要素资源长期得不到有效运用，就可能导致一部分产能永久性地灭失，从而拖累长期潜在增长率下坠。2023年财政政策宏观调控应着力对冲私人部门有效需求不足，促进产出缺口收敛，带动经济增速向潜在增速回归。一是保持适度的赤字规模和财政支出强度。在当前产出缺口为负的条件下，在合理范围内扩大财政支出不仅不会对私人部门需求产生"挤出效应"，反而可能通过"乘数效应"带动私人部门有效需求恢复。二是优化政策工具选项。在前期大规模减税降费退税政策已取得积极成效、边际增效减弱的情况下，及时谋划针对居民主体尤其是低收入人群和失业者的财税政策工具，强化财税政策稳就业、促消费的功能。同时，实施专项财政贴息政策，支持市场主体开展技术设备更新改造工程，增强发展后劲。三是对财力偏弱的基层

政府加大转移支付力度，以底线思维坚持做好"保民生、保工资、保运转"。加快推进政府间纵向财税体制改革，逐步降低对土地财政的依赖，对冲房地产下行和土地出让金收入减少之后造成的地方财政缺口。

（二）稳健的货币政策应量价兼顾，为实体经济营造平稳的货币金融环境

货币政策应兼顾好数量与价格、短期与长期、内部均衡与外部均衡，同时发挥好总量和结构双重功能。一是在总量层面，保持实体经济信贷总量平稳增长。在私人部门预期转弱、信贷需求低迷的情况下，要双管齐下，防止信用过度收缩。一方面，为企业和居民等私人主体创造融资便利、降低融资成本；另一方面，适度增加公共部门信贷，在特殊经济周期状态下容许政府杠杆率适度增长，弥补私人部门融资缺口。二是在结构层面，重点围绕促转型和补短板两个方向发力结构性货币政策工具。加大货币政策对绿色低碳转型、技术创新与产业转型升级、新兴基础设施建设等领域的支持力度。同时，为小微企业、"三农"、公共服务等短板领域提供成本适宜的普惠金融服务。三是在价格层面，通过政策利率下调，引导实体经济融资成本和债务负担合理降低。随着经济增速的放缓，当前我国的"自然利率"相比前期已明显下降。应以"自然利率"为锚，引导市场利率向合理的方向变动，防止利率偏高将部分价格敏感型的企业和居民融资挤出市场，阻碍经济向新的均衡过渡。四是在美元"高利率+强汇率"外部环境下，加强货币政策应对，防范外部经济金融风险向我国溢出。增强人民币汇率双向波动弹性，通过汇率适度的市场化调整缓释对冲外部风险。加强跨境资金流动宏观审慎管理，防止汇率贬值叠加资本外流形成单边预期。

（三）坚持就业优先导向，着力解决好结构性就业矛盾

一是坚持以稳就业、促就业为导向优化宏观政策，为市场主体稳岗位稳就业提供支持。对餐饮、住宿、旅游、交通运输等就业吸纳量大但受疫情影响也较大的接触性服务行业，研究推出针对性的财税金融支持政策，促进相

关市场主体内生动力恢复。二是完善就业公共服务，助力创业就业。加快破除阻碍劳动力市场顺畅运转的不合理限制，增强竞争性和公平性。有序恢复线下人才市场、零工市场和劳务输出市场，促进劳动力合理流动。三是推进产教研协同，发挥就业蓄水池功能，为解决结构性就业矛盾固基。在高等教育的人才供给与产业发展的人才需求之间，形成有效的对接机制，促进高校毕业生加快落实就业进度。以实习见习环节为重点，加强高校应用型本科专业、专业学位研究生、高等职业教育与对应行业的人才培养合作，提升高校毕业生快速适应劳动力市场的能力。

（四）加强财政货币等政策之间的协调配合

一是在私人部门信贷意愿不足、货币政策传导渠道受阻的情况下，更加注重发挥积极财政政策的作用。在防范地方政府隐性债务的前提下，容许政府杠杆率适度上升。二是货币政策应为积极财政政策提供支持，通过引导相关利率下行降低政府增量融资成本和减轻存量债务负担，防止流动性冲击和债务负担推升地方政府财政风险。三是加强基础设施领域的财政金融配合。优化专项债使用规则，推进市政类基础设施投融资工具创新和机制改革。在前期试点经验的基础上，有序增加基础设施投资基金额度，逐步扩大基础设施REITs试点范围，盘活地方政府存量基础设施资产，带动增量项目建设，形成基础设施投融资良性循环。四是加强相关部门协同，明确职责分工，及时处置化解房地产等重点领域风险，推动房地产市场恢复正常运行。在化解风险的同时加快构建长效机制，促进房地产市场健康平稳发展。

总报告
General Report

B.1
2023年中国经济形势分析与政策建议

中国社会科学院宏观经济研究智库课题组[*]

摘　要： 2022年，在世界格局加速演变、乌克兰危机升级、全球通胀升温、

---

[*] 课题组组长：高培勇，中国社会科学院副院长、党组成员，中国社会科学院大学（研究生院）党委书记，学部委员，主要研究方向为财税理论、财税政策分析等；蔡昉，中国社会科学院国家高端智库首席专家，学部委员，学部主席团秘书长，主要研究方向为中国经济改革和发展、人口经济学、劳动经济学等；执笔：李雪松，中国社会科学院数量经济与技术经济研究所所长、研究员，主要研究方向为宏观经济学、数量经济学、经济发展战略等；冯明，中国社会科学院数量经济与技术经济研究所宏观政策与评价研究室主任、副研究员，主要研究方向为宏观经济、货币财税政策等；张慧慧，中国社会科学院数量经济与技术经济研究所副研究员，主要研究方向为发展经济学、宏观经济学等；李双双，中国社会科学院数量经济与技术经济研究所副研究员，主要研究方向为开放宏观经济、国际贸易等；娄峰，中国社会科学院数量经济与技术经济研究所经济预测分析研究室主任、研究员，主要研究方向为经济预测、政策模拟等；孙博文，中国社会科学院数量经济与技术经济研究所绿色创新研究室副主任、副研究员，主要研究方向为环境政策、区域经济等；左鹏飞，中国社会科学院数量经济与技术经济研究所信息化与网络经济研究室副主任、副研究员，主要研究方向为信息技术经济、互联网经济等；张彬斌，中国社会科学院财经战略研究院副研究员，主要研究方向为发展经济学、劳动经济学等。

美联储货币政策剧烈调整等复杂多变的外部环境下，面对国内疫情反复和"三重压力"等挑战，中国经济在压力中迎难而进，总体呈现V型走势。2023年是全面贯彻落实党的二十大精神的开局之年，是实施"十四五"规划承前启后的关键一年，也是全面建设社会主义现代化国家开局起步的重要一年，做好经济工作具有重要意义。2023年，宏观政策需继续保持足够的逆周期调节力度，促进经济恢复更加稳固、更加充分，促进实际增长率向潜在增长率回归。建议继续实施积极的财政政策，进一步优化工具选项，有效对冲私人部门需求不足缺口，促进产出缺口收敛；继续实施稳健的货币政策，进一步发挥好总量和结构双重功能，为实体经济降低融资成本和减轻债务负担；提质加力就业优先政策，推动解决结构性就业矛盾；同时，注重加强财政政策、货币政策、宏观审慎政策之间的协调配合。建议2023年抓好以下重点工作任务：一是科学精准做好疫情防控，高效统筹疫情防控与经济社会发展；二是稳定预期提振市场主体信心，着力扩大民间投资和居民消费；三是在化解风险的同时构建长效机制，促进房地产市场健康平稳发展；四是加快完善科技创新体系，提升国家创新体系效能；五是增强产业链供应链韧性，提高现代化水平和国际竞争力；六是加快重点领域改革攻坚步伐，深化对外开放应对外部挑战；七是深入推进区域协调发展和新型城镇化，增强城乡区域发展平衡性协调性；八是积极稳妥推进碳达峰碳中和，促进经济社会发展绿色转型；九是着力稳定重点群体就业，促进城乡居民收入增长；十是统筹发展与安全，做好重点领域风险防范化解工作。

关键词： 中国经济　政策协调　增长潜力　风险防范

一 2023年经济发展的国际环境和基本走势

当前，全球通胀水平虽有所回落但依然在高位运行，世界经济下行。美联储连续多次大幅加息，以强势鹰派立场对抗通胀，美元汇率持续走强，欧元、日元、英镑等货币兑美元汇率创多年来的新低。展望2023年，全球经济存在继续下行风险，高通胀持续叠加金融条件收紧，导致一些国家经济衰退风险加剧。强势美元诱发更严重外溢效应，加大低收入国家主权债务风险。乌克兰危机诱发连锁反应，引起全球供应链调整加快，美国出台新的内顾倾向产业政策给全球供应链带来新的干扰，可能抬高中长期通胀中枢。金融市场震荡频发，欧洲货币政策当局在"防风险"与"抑通胀"间艰难平衡。

（一）全球经济下行压力加大，一些经济体面临衰退风险

受全球金融条件收紧和地缘政治冲突等因素影响，全球经济增速趋缓。世界银行警示政策利率进一步提高或将诱发2023年全球衰退风险，IMF预计，占全球经济体量1/3左右的国家2022年或2023年可能出现经济萎缩。发达经济体经济增长转弱，美欧或将陷入经济衰退或处于增长停滞。美国经济已经出现技术性衰退，欧洲经济因能源危机和高通胀困境也面临衰退风险，虽然美欧失业率依然较低，但是移民减少导致的劳动力增长下挫、工时缩短和劳动参与率相较疫情前下降等表明就业市场收缩；日本通胀持续走高、投资和出口不振，经济下行压力加大。新兴经济体和发展中国家呈现复杂分化：金砖国家中印度经济维持恢复态势，呈现高速增长，俄罗斯陷入经济衰退，南非、巴西则陷入滞胀；东南亚国家呈现稳健增长；中东石油出口国则实现多年来最高经济增速。

（二）大宗商品价格分化回调，全球通胀依然高位运行

随着供应增加和需求走弱，国际粮价逐步恢复至接近乌克兰危机前水平，能源市场除天然气外也出现企稳甚至下行动向。虽然大宗商品价格分化回调，

但是全球通胀依然保持高位且已经远远超出能源和粮食范围，IMF预测，全球通胀将维持更长时间，2023年将依然保持在6.5%左右的高位。鉴于货币紧缩效果具有滞后性，且美国劳动力工资增长已经取代能源价格成为推动通胀的主导力量，同时职位空缺严重，因此通胀难以在短期内降低至目标区间内。欧洲为治理由能源短缺引起的通胀而采取了价格管制、非定向补贴和出口禁令等会导致供给不足和资源错配的失当政策，并且面临治理通胀与防范脆弱成员主权债务危机之间的权衡、保障能源供应与制裁俄罗斯之间的矛盾，因此高通胀难以回调。日本CPI同比持续创出新高，由于对能源进口依赖度较高以及对美利差扩大，日元对美元持续贬值，输入型通胀压力不减。

（三）美联储快节奏、大幅度加息，美元走强与非美货币走弱创多年纪录

为应对高通胀，美联储连续多次提高政策利率，持续对外释放鹰派表态以强化抗通胀预期。美联储自3月以来启动的加息进程速度之快、幅度之大，远超过上一轮加息周期，且加息预期进一步推动美元汇率升值，推升美元指数达到2003年以来的最高水平。与此同时，大部分非美货币兑美元汇率出现贬值。为了应对本币贬值和资本外流，一些国家不得不被动跟随美联储收紧货币政策。各国外汇储备被迅速消耗，特别是低收入国家开始暴露于甚至触发主权债务危机。低收入国家债务危机风险防范要求债权国进行债务重组，作为主要债权国的中国面临更大缓债甚至减债压力。

（四）全球格局持续演变，国际供应链在调整中面临新的风险

乌克兰危机引起全球供应链变化。一方面，乌克兰危机持续升级，欧洲能源供应紧张和价格暴涨迫使冶炼、化工等高能耗行业减产，供应缺口转向寻求海外特别是中国填补，引起我国对欧特别是德国化工冶炼产品出口明显增加，并促使欧洲化工企业加快落地对华相关投资项目。另一方面，美欧持续升级对俄制裁，提高全球供应成本，造成全球供应链不稳，并与移民限制、绿色转型等因素耦合叠加，抬升中长期全球通胀中枢。此外，美国接连推出

《芯片与科学法案》《通胀削减法案》等内顾倾向法案对全球供应链造成干扰，前者通过强制企业在中美"二选一"扰乱全球芯片产业链，后者则定向打击中国新能源产业并扰乱国际新能源市场。

（五）一些国家货币政策在"防风险"与"抑通胀"之间艰难平衡，爆发金融危机的风险在上升

2022年9月23日，英国宣布将实施20世纪70年代以来最大规模的一揽子减税计划，此举引发英国国债市场负面预期，价格出现大幅下跌。一方面，国债利率上行使得英国养老金管理机构在利率互换协议中的浮动利息支出成本快速提升；另一方面，国债价格下跌又迫使其面临为追加保证金而抛售资产的压力。市场可能陷入"资产抛售—资产价格下跌—追加保证金压力加大"的恶性循环。为防范系统性金融风险，英国央行已宣布推迟实施量化紧缩、增加购买长期国债；但这与当前抑制通胀的政策需要恰好相反。10月初，大型跨国金融机构瑞士信贷遭遇市场震荡，尽管从资本充足率和流动性等静态指标来看，瑞信当前的基本面情况仍相对健康，但在全球流动性收缩、资产价格波动加剧、欧元区滞胀风险加剧和杠杆率高企的条件下，金融市场过度反应可能引发的价格超调和风险放大等问题仍然值得警惕。总体来看，在美联储带头紧缩货币政策、全球流动性收紧的情况下，欧洲金融市场处于风险易发高发状态，货币政策当局被迫在"防风险"与"抑通胀"之间艰难平衡，政策回旋余地逼仄、信号不稳定，可能进一步加剧金融市场的预期紊乱和震荡风险，一些国家或地区爆发金融危机的概率上升。

二 2023年经济发展的国内环境和基本走势

当前及未来一段时期，我国经济社会发展仍将处于外生冲击下逐步恢复阶段，国内环境整体向好，同时结构性问题有所显现。有利的方面包括新发展理念全面引领经济社会高质量发展、经济增长稳步复苏、物价水平总体可控；需重点关注的问题包括经济恢复的结构性不平衡、输入性通胀压力仍在、

产业链供应链的安全稳定面临挑战、重点人群就业压力加大、重点领域风险形势复杂。

（一）经济增长在震荡中逐步恢复，结构性不平衡问题有所凸显

一是工业生产活动总体呈现恢复趋势。受疫情和季节性因素影响，能源行业恢复快于制造业，高技术产业恢复快于传统制造业，新能源汽车、电气设备制造等成为制造业恢复的重要支撑。二是固定资产投资增速相对平稳。基建投资和制造业投资增速相对较高，对稳增长发挥了重要作用，房地产开发投资持续走低成为主要拖累因素。三是消费恢复趋势受外生因素影响显著，增速恢复幅度偏小。商品零售恢复快于餐饮，食品、药品等消费增速显著高于服装、家具等品类。在经济增长逐步企稳的同时，仍有一些问题应重点关注，包括：非生产性因素对生产性活动的冲击依然存在；消费恢复势头不够强劲，尚未对经济增长形成有效拉动；民间投资持续低迷，制约稳增长政策效力的充分发挥。

（二）物价水平总体稳定可控，输入性通胀风险仍需警惕

一是核心 CPI 处于较低水平，PPI 快速下行，前期高企的 PPI-CPI 剪刀差收窄乃至倒挂，2023 年部分工业领域可能再度进入结构性通缩状态。二是保供稳价体系建设取得明显成效，有效实施保供稳价系列举措。面对疫情、气象灾害、国际市场波动等市场干扰因素，我国有力确保了粮油等重要民生商品货足价稳，物价总体保持低位温和运行。三是价格监测预警机制不断完善，调控工具箱逐步丰富和优化，大宗商品储备调节能力进一步增强。四是煤电价格形成机制改革继续推进，煤炭、电力等能源供应总体平稳有序。但受全球高通胀蔓延、能源供需失衡、粮食危机加剧以及国内疫情多点散发、猪价恢复性上涨等诸多因素影响，未来物价走势仍存在一定不确定性。

（三）创新综合实力稳步增强，科技体制改革有待进一步落实

一是创新驱动经济高质量发展的能力不断提升。高技术产业对经济增长的贡献持续增大，大数据、人工智能等新兴技术带动新产品、新业态快速发展。二是科技创新体系不断优化，全球创新指数排名稳步上升。企业作为创新主体的地位明显增强，国家实验室体系进一步完善，科技人才评价改革试点工作有序推进。与此同时，科技体制改革三年攻坚方案正在加紧落实，我国在科技、产业、金融良性循环，以及科技管理职能转变等方面仍存在较大的改善空间，需进一步加快改革步伐。

（四）市场主体发展韧性有所增强，产业链供应链安全稳定发展面临挑战

一是多部门出台并落实保市场主体措施，有力对冲疫情等不利因素的扰动，市场主体应对外部环境快速变化的能力有所增强，市场主体数量稳步增加。二是产业支持政策有效传导到市场主体，新能源汽车、光伏等战略性新兴产业维持较高景气度。三是数据要素市场活力进一步释放，新设数字经济企业和"四新经济"企业数量快速增长。但受全球产业链发展逻辑变革、大宗商品价格震荡、资源跨境配置难度加大以及国内产业链上下游利润分化、芯片等关键零部件结构性短缺等因素影响，我国产业链供应链的安全稳定发展面临的挑战明显增多。

（五）区域协调发展持续优化，新型城镇化建设扎实推进

一是京津冀协调发展、长江经济带发展、长三角一体化发展、黄河流域生态环境整治、成渝地区双城经济圈建设等重大战略的实施取得重要进展。二是区域协调发展战略深入实施。东、中、西与东北地区发展协调性逐步增强，特殊类型地区振兴发展取得新进展。三是深入推动以人为核心的新型城镇化。全面取消城区常住人口300万以下城市的落户限制，城镇基本公共服务均等化稳步推进，农业转移人口市民化质量显著改观。与此同时，区域发展不平衡不协调问题依然突出，表现为城乡区域发展和收入分配差距较大、民生保障存在短板、城乡基本公共服务均等化仍需加强等。

（六）碳达峰碳中和工作有序推进，生态文明建设取得重要进展

一是生态环境质量总体改善，细颗粒物（$PM_{2.5}$）和臭氧协同控制不断强

化，城市黑臭水体治理效果显著，地级及以上城市空气质量优良天数稳中有升。二是"双碳"目标相关政策和机制不断完善。碳达峰碳中和"1+N"政策体系基本建立；全国碳排放权交易市场第二个履约周期管理工作有序开展，设立了首家国家绿色技术交易中心；能耗"双控"制度不断健全，出台了原料用能不纳入能源消费总量控制的具体办法。三是推进重点领域结构优化调整和绿色低碳发展。开展重点行业清洁生产改造，大力发展可再生能源，稳妥推进西南等地大型水电基地建设，可再生能源发电消纳能力不断提升。与此同时，生态文明建设还存在诸多制约因素，包括能源保供不确定因素增多、绿色低碳技术突破面临瓶颈、碳核算制度不完善、生态产品价值实现机制不健全等。

（七）社会主义市场经济改革取得新进展，高水平对外开放下制度型开放持续完善

一是持续深化社会主义市场经济改革。要素市场化配置综合改革试点逐步展开，国企改革三年行动基本完成，行政许可事项清单管理全面实行，财税金融体制改革扎实推进。二是持续推动高水平对外开放，保量的同时提质增速。新版外资准入负面清单深入实施，银行间和交易所债券市场对外开放同步推进，西部陆海新通道多条铁路建成通车，自贸区、海南自由贸易港建设扎实推进。三是欧洲地缘政治变局为我国与德国、法国等发达国家在科技、产业领域加强合作创造了新的契机。与此同时，全面实行股票发行注册制，扩内需方面改革、民营企业结构性改革，以及自贸区版和全国版跨境服务贸易负面清单推出、服务业扩大开放综合试点扩围等需加快推进。

（八）劳动力市场趋向再平衡，重点人群就业问题仍然突出

一是就业优先政策实施力度持续强化。不断加大对企业稳岗扩岗的支持力度，接续推出百万个就业见习岗等新举措，有力增强劳动力市场应对周期性供求失调和结构性矛盾的韧性。二是城镇就业在波动中向总体平稳的态势收敛，多数月份的调查失业率处于目标值之下，新增就业人数（预计）达到年初制定的目标。三是重点人群方面，应届高校毕业生突破千万，新成长劳动力整体素质持续提升；县域经济发展、乡村振兴为农村劳动力就近务工提供更多机会。与此同时，受区域性疫情反复的干扰，市场主体的经营预期不稳，劳动力市场运行环境更加复杂，导致青年群体失业率较高，大中城市对外来农民工就业吸纳潜力难以充分释放，重点人群就业总量压力和结构性矛盾共存。

（九）一些重点领域风险形势复杂，统筹发展与安全任务艰巨

一是房地产行业处于深度调整期，风险释放仍在延续。由于短期因素与长期因素碰头、供需失衡与金融因素叠加，2022年房地产行业进入深度调整期。尽管"保交楼"政策已逐步显现成效，但房地产行业的深度调整和风险释放在2023年仍可能延续。二是地方财政收支平衡压力加大，一些基层政府"财政三保"困难凸显。同时受房企拿地走弱影响，"土地财政"急剧收缩。三是在美元"高利率＋强汇率"叠加状态下，国际金融风险易发。美联储预期指引显示，快节奏、大幅度的加息进程可能延续到2023年上半年。人民币兑美元贬值加剧了国内对外负债主体的还本付息负担，一些房地产企业和城投公司在海外美元债市场的风险也须引起重视。

三　2023年经济工作基本思路和主要预期目标

（一）2023年经济工作的基本思路

2023年是全面贯彻落实党的二十大精神的开局之年，是实施"十四五"规划承前启后的关键一年，也是全面建设社会主义现代化国家开局起步的重要一年，做好经济工作具有重要意义。2023年经济运行中的不稳定、不确定因素仍然较多，但我国经济发展仍然存在诸多有利条件，经济长期向好的基本面没有改变。

要做好2023年经济工作，应以习近平新时代中国特色社会主义思想为指导，全面贯彻落实党的二十大精神，坚持稳中求进工作总基调，完整、准确、全面贯彻新发展理念，加快构建新发展格局，着力推动高质量发展，把实施

扩大内需战略同深化供给侧结构性改革有机结合起来，统筹发展和安全，增强国内大循环内生动力和可靠性，提升国际循环质量和水平，着力激发市场主体活力，着力提升产业链供应链韧性和安全水平，着力推进城乡融合和区域协调发展，持续改善民生，保持经济运行在合理区间，推动经济实现质的有效提升和量的合理增长。

（二）2023年经济发展的主要预期目标

建议将2023年经济发展主要预期目标设定为：促进国内生产总值增速向潜在增长率回归；城镇新增就业全年累计1100万人以上，城镇调查失业率全年控制在5.5%左右；居民消费价格涨幅3%左右；进出口量稳质升，国际收支基本平衡；居民收入稳步增长；生态环境质量进一步改善，单位国内生产总值能耗降低3%左右，主要污染物排放量继续下降；粮食产量保持在1.3万亿斤以上。

其中，经济增长是一个综合性指标，促进实际经济增长率向潜在增长率回归是2023年经济发展在宏观层面需要把握好的一个中心任务。之所以强调这一点，主要有以下考虑。首先，从潜在增长水平来看，当前我国经济潜在增长率为5.5%左右。一方面，要素资源和产能资源意味着2023年我国具备实现相应增速的潜在条件；另一方面，只有接近或达到相应增速，要素和产能资源才能得到充分利用，已经持续了一段时期的就业压力才能得到有效缓解。其次，考虑到"十四五"规划和2035年远景目标要求，相关目标指标的实现隐含了一定的经济增速要求。作为一个发展中国家，我国只有继续保持适宜的经济增速，努力达到潜在增速，才能确保人均国内生产总值到2035年达到中等发达国家水平。最后，从世界经济格局调整、中美力量对比变化来看，2021年以前中国经济较之美国的相对规模持续上升，2022年受汇率等因素影响会出现一定幅度回调，2023年我国有必要实现较高的经济增速。当然，从疫情和国际环境的影响来看，我国经济在2023年仍存在较多不确定性，统筹发展与安全面临的压力加大，在实际执行过程中，可根据疫情等内外部条件的实际变化对经济增长目标进行适度调整。

四 2023年经济工作的政策建议

在对2023年内外部环境和我国经济基本走势进行全面分析的基础上，综合短期宏观调控和中长期持续健康发展需要考虑，2023年宏观政策仍应保持足够的逆周期调节力度，促进经济恢复更加稳固、更加充分，助力实际增长速度向潜在增长率回归。建议继续实施积极的财政政策，进一步优化工具选项，有效对冲私人部门需求不足缺口，促进产出缺口收敛；继续实施稳健的货币政策，进一步发挥好总量和结构双重功能，为实体经济降低融资成本和减轻债务负担；提质加力就业优先政策，推动解决结构性就业矛盾；同时，在高效统筹疫情防控与经济社会发展的基础上，注重加强财政政策、货币政策、宏观审慎政策之间的协调配合。

（一）继续实施积极的财政政策，有效对冲私人部门需求不足缺口

实际产出水平持续低于潜在产出水平的状态已经延续了一段时期，如果这种局面持续时间过久，就可能导致一部分的产能永久性地灭失，从而拖拽长期潜在增长率下坠。2023年财政政策宏观调控应着力对冲私人部门有效需求不足，促进产出缺口收敛。一是保持适度的赤字规模。2022年全国一般公共预算目标赤字率为2.8%，但实际执行结果高于这一数字。建议2023年将全国一般公共预算目标赤字率设定为3.0%，这样一方面有利于强化积极财政政策的预期引导作用，另一方面收窄目标赤字率与实际赤字率之间的差值，也有利于稳定国债和地方债的发行节奏。二是优化政策工具选项。在前期大规模减税降费退税政策已取得积极成效、边际增效减弱的情况下，及时谋划针对居民主体尤其是低收入人群和失业者的财税政策工具，强化财税政策稳就业、促消费的功能。通过专项财政贴息支持市场主体更新改造设备，增强发展后劲。三是提高专项债对基础设施建设需求的适配度，适度放宽专项债的适用范围。兼顾直接经济价值和间接社会价值，将正外部性纳入综合收益考虑，为市政道路、地下管网等低现金流回报或无现金流回报的市政类基建项目设计适宜的投融资机制。

（二）继续实施稳健的货币政策，为实体经济营造平稳的货币金融环境

货币政策应注重发挥好总量和结构双重功能，兼顾好短期与长期、内部均衡与外部均衡，降低实体经济融资成本和债务负担，防范化解金融风险。一是保持实体经济信贷总量平稳增长。在预期转弱、私人部门信贷需求低迷的情况下，要双管齐下，防止出现流动性陷阱和信贷收缩的不利局面：一方面为企业和居民等私人主体融资创造便利、减轻负担，另一方面适度增加公共部门信贷创造，弥补私人部门融资缺口。二是重点围绕促转型和补短板两个方向发力结构性货币政策工具。通过再贷款、再贴现等结构性工具，一方面加大货币政策对绿色低碳转型、技术创新与产业转型升级、新兴基础设施建设等领域的支持力度；另一方面为小微企业、"三农"、公共服务等短板领域提供成本适宜的普惠金融服务。三是引导实体经济融资成本和债务负担合理降低。经济增速和资本回报率是影响均衡利率的重要因素，政策利率应以"自然利率"为锚动态调整，引导市场利率向合理的方向变动。尤其是在潜在增速放缓、短期经济下行压力加大的情况下，如果政策利率偏高，可能将部分利率敏感型企业和居民融资挤出市场，不利于经济向新的均衡过渡。四是在美元"高利率+强汇率"特殊外部环境下加强货币政策应对，防范外部经济金融风险向我国溢出。增强人民币汇率双向波动弹性，通过汇率市场化调整缓释对冲外部风险。加强跨境资金流动宏观审慎管理，防止汇率贬值叠加资本外流形成单边预期。

（三）提质加力就业优先政策，推动解决结构性就业矛盾

一是坚持以稳就业促就业为导向，优化安排各类宏观政策，健全政策落实机制，深挖政策合力潜力。以解决具体矛盾和突出问题为目的，部署专项就业促进政策，增强政策举措的针对性和互补性。形成政策分派主动直达，通过健全主动识别对象的机制，对政策覆盖范围内的市场主体和劳动者，全面做到免申即享。二是支持市场主体加快提升自生能力，稳定并拓宽人力资

源需求面。鼓励已恢复正常经营的大中型企业加快招聘进度，对拓市场求创新给予实质性支持，引导强化发展预期，形成高质量就业生力军。对服务业等吸纳就业较多的重点行业领域，加大市场主体脱困复苏的政策支持力度。对确实无力维持的小微市场主体，支持其适度剥离业务负担，将溢出人员及时纳入公共就业服务，更加注重针对再就业需求的直接帮助。三是完善就业公共服务，助力创业就业。加快破除阻碍劳动力市场顺畅运转的不合理限制，增强竞争性和公平性。有序恢复线下人才市场、零工市场和劳务输出市场，促进劳动力合理流动。四是推进产教研协同，为解决结构性就业矛盾固基。使高等教育的人才供给与产业发展的人才需求之间形成有效的对接承顺机制，促进高校毕业生加快落实就业进度。以实习见习环节为重点，加强高校应用型本科专业、专业学位研究生、高等职业教育与对应行业的人才培养合作，提升高校毕业生快速适应劳动力市场的能力。

（四）在高效统筹疫情防控与经济社会发展的基础上，加强财政、货币、宏观审慎等政策协调配合

一是根据病毒变异特点和各方面条件变化，更加高效地统筹好疫情防控和社会经济发展。逐步明确疫情防控政策路线图，稳定社会预期，为促进经济进一步恢复发展创造条件。二是在企业和居民部门需求收缩、信贷意愿不足、货币政策传导渠道受阻的情况下，更加注重发挥积极财政政策在稳定总需求中的作用。在防范地方政府隐性债务的前提下，允许政府杠杆率适度上升。三是货币政策应为积极财政政策提供支持，通过引导相关利率下行降低政府增量融资成本和减轻存量债务负担，防止流动性冲击和债务负担推升地方政府财政风险。四是加强基础设施领域财政金融配合，带动私人部门需求恢复。推进市政类基础设施投融资工具创新和机制改革。在前期试点经验的基础上，有序增加基础设施投资基金额度，逐步扩大基础设施REITs试点范围，盘活地方政府存量基础设施资产，带动增量项目建设，形成基础设施投融资良性循环。五是加强财政政策、货币政策、宏观审慎政策三者协同，明确责任分工，及时处置化解房地产、中小银行等重点领域风险，防止风险跨地域跨市场蔓延。

经济蓝皮书

五 2023年经济工作重点任务

为加快构建新发展格局,着力推动高质量发展,走稳走实全面建设社会主义现代化国家的开局起步之路,2023年要高效统筹疫情防控与经济社会发展,围绕稳预期、扩内需、稳就业、提收入,充分激发市场主体活力,促进房地产市场健康发展,保障产业链供应链安全等关键领域抓紧抓实具体工作;围绕深化改革、扩大开放、创新驱动、绿色转型、区域协调发展、新型城镇化、防范化解重大风险等中长期发展战略领域持续发力。

(一)科学精准做好疫情防控,高效统筹疫情防控与经济社会发展

新冠病毒仍处于演化之中,是2023年影响我国经济运行的一个重大不确定因素,应根据病毒变异特点更加科学地做好疫情防控,更加高效地统筹疫情防控与经济社会发展。一是加强对病毒变异特性的研究,根据病毒潜伏期、传播力、致病力的变化,不断优化疫情防控措施,提高科学精准防控水平。二是加快推进疫苗接种工作,重点针对老年人群体提高接种率。加快新冠肺炎治疗药物研发,推进相关国际合作。三是进一步优化疫情防控措施,尽可能减弱非经济因素对生产性活动的制约,增强企业生产经营的持续性和稳定性,稳定市场主体对防疫政策和营商环境的预期。四是提升各级政府疫情防控形势下的社会综合治理能力,做到法治化、人性化,防止简单化、一刀切、层层加码,加大日常生活物资供应力度,维护交通物流畅通,保障人民群众正常生产生活秩序。五是加大中长期人、财、物力投入,促进优质医疗资源扩容和区域均衡布局,提高预防和应对公共卫生事件的能力。

(二)稳定预期提振市场主体信心,着力扩大民间投资和居民消费

一是优化民营企业发展环境,依法维护民营企业产权和企业家权益,促进民营经济发展壮大,支持中小微企业发展,提振市场主体信心。二是

进一步发挥减税降费和普惠型信贷措施对中小微企业的扶持作用，严格规范政府非税收入制度，优化营商环境，提升政府专项债支出效率，增强政府投资对民间投资的带动作用，有效激发投资对优化供给结构的关键作用。三是充分发挥宏观政策对稳定资产价格的重要作用，关注企业资产负债表健康程度，防范房地产行业超预期下行和金融资产价格快速下跌对企业资产负债表产生的负向冲击，避免企业资产负债表受损和信心不足导致的信贷萎缩从而拖累经济增长。四是稳定居民收入预期，着力推动居民消费增长。加大力度保障就业岗位，建立居民对未来收入水平的稳定预期，从而缓解预防性储蓄动机挤压消费支出；努力保障餐饮、旅游等线下消费行业经营活动的可持续性，更大限度释放居民的消费需求，稳固内需对经济恢复的积极作用。

（三）在化解风险的同时构建长效机制，促进房地产市场健康平稳发展

一是加快处置化解房地产相关风险。坚持底线思维做好"保交楼"工作，保障购房者权益，防止出现群体性事件。按照风险种类和严重程度对房地产企业进行分类管理、分类处置。对于资不抵债、可能引发系统性风险的房企，可由地方政府或国有企业组建特殊目的机构（SPV），向符合条件的出险房企进行注资，待风险彻底缓释后再退出。二是积极推动房地产市场"软着陆"。以市场化手段稳预期、稳房价、稳地价，稳定涉房信贷，促进房地产市场尽快恢复正常运行，既要防止土地拍卖频繁流标挫伤预期，也要防止部分热点城市因供地不足而后期房价暴涨。做好金融支持工作，稳定房地产业相关信贷投放，防止流动性紧张进一步增加系统重要性房企的脆弱性。三是加快构建房地产长效机制。根据人口流动形势，合理调整各地区、各城市的住房建设用地指标，做到人地挂钩、有增有减。出台专项政策支持商业化住房租赁市场尤其是长租公寓市场发展，增加人口净流入城市的保障性租赁住房供给，针对性解决新市民的住房难题。

（四）加快完善科技创新体系，提升国家创新体系效能

一是进一步强化企业创新主体地位。加大政府资金对企业基础研究的支持作用，鼓励大中小企业融通创新，完善以企业科技需求为导向的产学研协同创新体系，提升企业在国家重大研发项目中的参与度。二是建立多元化科技创新投入体系，使政府、企业、社会多方资金有机结合；加大银行体系对科技信贷产品的支持力度，向满足条件的金融机构、风险资本开放重点科创领域的融资信息，围绕关键核心技术和重大原创技术完善金融链条支撑体系。三是积极拓展我国的国际创新网络边界，深度融入全球创新网络。充分利用高水平对外开放中的重大战略机遇，鼓励企业"走出去"，围绕产业链布局创新链和人才链，加强与国际研发机构的合作。四是进一步完善高校和科研院所的多元化人才分类考核评价制度，强化同行评议与监督机制，引导科研人员重视成果质量，减少科研项目追热点和短期化行为；加强科研诚信建设，完善科研诚信教育、监督、惩戒制度和工作机制。

（五）增强产业链供应链韧性，提高现代化水平和国际竞争力

一是强化产业需求导向，统筹推进补短板与锻长板。聚焦重点领域和核心零部件，靶向攻关一批"卡脖子"关键技术，加快推进产业链关键产品国产化替代；激发实体经济发展活力，注重发挥产业链龙头作用，引导和推动产业链上中下游、大中小企业深度合作与协同创新。二是强化制度供给，提高政策精准性与落地性，进一步推动新能源汽车等战略性新兴产业做大做强；加快推进产业基础高级化和产业体系现代化，着力增强高铁、船舶、航天等领域全产业链竞争力。三是强化粮食能源安全底线思维，加快国家粮食安全产业带建设，有序推进《粮食安全保障法》制定工作；夯实煤炭保供基础，强化能源自主供给能力。四是强化重点产业国际合作，提升重要资源跨境配置能力，持续推进强大而有韧性的国内国际双循环体系建设；支持国内企业深度融入全球生产网络，推动构筑互利共赢的全球产业链供应链体系。五是

强化系统应对、细化预案举措，推进重要产业链供应链风险预警监测体系建设，增强防范化解风险的能力。

（六）加快重点领域改革攻坚步伐，深化对外开放应对外部挑战

一是推动要素市场化改革试点取得新成效，加快数据要素基础制度和全国统一大市场建设，促进高标准市场体系持续优化。二是完善中国特色现代企业制度，深化国企改革，提升国企的核心竞争力；依法维护民营企业产权和企业家权益，进一步放宽民营企业市场准入，推进民营企业结构性改革，促进民营经济发展壮大。三是完善财政转移支付体系，着力推动扩大内需改革；深化金融体制改革，健全资本市场功能，提高直接融资比重。四是实现货物贸易稳量提质，创新服务贸易发展机制，深入推进服务业综合改革试点；进一步压缩外资准入负面清单，对接国际高标准经贸规则，提升各类要素跨境流动便利化水平。五是利用好欧洲地缘政治变局的特殊契机，加强与德国、法国等发达国家在科技、产业、投资领域的合作；深化"一带一路"合作，深入参与全球产业分工与合作；推动二十国集团等发挥国际宏观经济政策的沟通与协调功能，共同维护全球产业链供应链稳定畅通与金融市场稳定，合力应对世界经济衰退风险；坚持多边主义，维护以联合国为核心的国际体系和以国际法为基础的国际秩序，共同应对全球和平、发展、安全与治理赤字等方面的挑战。

（七）深入推进区域协调发展和新型城镇化，增强城乡区域发展平衡性协调性

一是深入实施区域重大战略和区域协调发展战略。推动京津冀协同发展，高标准高质量建设雄安新区，有序推进疏解项目落地雄安，支持北京城市副中心建设，深入推进长江经济带污染治理"4+1"工程，以横琴、前海改革为重点稳妥促进粤港澳大湾区融合发展，稳步推进长三角一体化示范区建设，加强黄河流域水土流失与环境污染综合整治，积极推动成渝地区双城经济圈建设，支持浙江建设共同富裕示范区实现高质量发展。推进西部大开发形成新格局，推动东北振兴取得新突破，支持中部地区高质量发展，加快推动东部地区现代化，支持特殊类型地区振兴发展。二是着力提升新型城镇化建设质量。全面放宽城区常住人口300万~500万Ⅰ型大城市落户条件，持续促进农业转移人口市民化，提高农业转移人口市民化质量。持续优化城镇化空间布局和形态，促进大中小城市和小城镇协调发展，推进城市群、现代都市圈建设。有序推进城市更新，支持新型城市建设。三是促进城乡融合发展。支持推进以县城为重要载体的城镇化，健全城乡融合发展体制机制，促进城镇基础设施建设与基本公共服务向乡村覆盖延伸。

（八）积极稳妥推进碳达峰碳中和，促进经济社会发展绿色转型

一是深入打好污染防治攻坚战，做好臭氧和$PM_{2.5}$的协同控制，以更高标准打好蓝天、碧水、净土保卫战；积极推动工业绿色低碳转型，坚决遏制"两高"项目盲目发展，加强钢铁、有色、石化、化工、建材等重点行业清洁生产改造。二是推动能源绿色低碳转型，坚持先立后破，加强煤炭清洁高效利用，做好煤炭安全保供与有序减量替代工作；大力推动可再生能源发电开发利用，加强大型风光电基地、抽水蓄能电站建设，构建以风电光伏为主的新型智能电力系统，增强电网对可再生能源的消纳能力，在确保绝对安全的前提下积极有序发展核电；加强绿色低碳技术攻关，支持氢能、储能、碳捕捉与封存以及智能电网技术取得新突破。三是健全能源与环境市场化交易机制，加快建设统一的能源与生态环境市场，积极推进多层次统一电力市场体系建设，做好全国碳排放权交易市场第三个履约周期管理；完善能耗"双控"制度，合理增加能耗总量弹性，加快建立统一规范的碳排放统计核算体系，推动能耗"双控"向碳排放"双控"转变。四是大力发展绿色消费，培育绿色低碳生活方式，促进重点领域绿色消费转型。

（九）着力稳定重点群体就业，促进城乡居民收入增长

一是以应届本专科毕业生为重点，促进青年群体就业创业。强化高校就业部门与企业合作，以专项职业指导、毕业环节培养、观摩见习等方式，提

高毕业生获取有效就业信息的效率，加快去向落实进度；支持高校根据实际情况创新促就业举措，提升市场化社会化机制对毕业生就业的吸纳作用；加强人社、教育与其他部门之间的协同，加快落实公共部门面向毕业生的岗位；以基层业务单位为主，增加设置数量适度、约定服务期限的特别助理等临聘岗位，为毕业生正式就业提供缓冲，同时减缓基层人员不足的矛盾。二是重点针对未就业农民工和再就业有困难的失业人员，增强技能培训和岗位推介的针对性。建立县域乡镇未就业但有意向的农民工台账，按工种技能要求推送招工信息进户，给予零就业家庭和唯一劳动力家庭优先务工保障；确保农民工等群体的工资支付，维护灵活就业人员、新就业形态人员等群体的正当权益。三是为各类创业提供宽松的政策支持，为个体经营提供良好的营商环境，以激发创业活力助力就业稳定。

（十）统筹发展与安全，做好重点领域风险防范化解工作

一是主动应对地方财政压力。加大中央和省级政府对基层财政的转移支付力度，以底线思维坚持做好"保民生、保工资、保运转"。加快推进政府间纵向财税体制改革，增强地方尤其是基层政府的财力，对冲土地出让收入下滑造成的缺口。完善非税收入制度，防止非税收入干扰营商环境，挫伤市场主体预期。二是防范化解重大金融风险。加快推进《金融稳定法》立法进程，为金融风险的预防和处置提供制度遵循。引导和支持金融机构补充资本金，增强在经济下行期抵御风险、吸收损失的能力。在总结前期出险城市商业银行、农村商业银行、村镇银行风险成因和经验教训的基础上，优化中小银行布局，完善中小商业银行现代化公司治理机制，从根本上降低风险。三是坚持以我为主实施宏观政策，有效应对外部环境变化和政策冲击。增强人民币汇率双向波动弹性，发挥好汇率在应对外部风险中的自动稳定器作用。密切监测证券交易等各种渠道的跨境资本流动，防止资本外流引发单边贬值预期。防范美欧货币政策在"防风险"与"抑通胀"之间踩跷跷板可能引发的金融风险，做好应对新一轮国际金融危机的预案。

六　2023年中国经济主要指标预测

2022年，新冠病毒持续变异，乌克兰危机激化升级，全球能源、粮食、金属等大宗商品价格快速上升，美联储急速加息导致国际金融市场动荡加剧。面对复杂严峻的外部环境，我国推出稳经济一揽子政策措施，着力稳增长、稳就业、稳物价；全年经济在第二季度谷底后呈现V型复苏态势，产业链供应链总体稳固，就业形势有所改善，物价较为稳定，国际收支保持基本平衡，预计全年经济增长3.5%左右。

展望未来，我国潜在经济增长率依然维持在中高速水平；数字经济、智能制造、绿色低碳、生物医药等产业迅速发展，产业结构持续优化，新经济增长动能不断增强；社会稳定，疫情防控措施不断完善；再加上较低的基数效应，预计2023年中国经济增长5.1%左右，呈现进一步复苏态势。

预计2023年物价总体保持温和上涨，CPI涨幅扩大，PPI涨幅收窄，CPI和PPI分别上涨2.8%和1.2%左右。

2022~2023年中国经济主要指标预测结果如表1所示。

表1　2022~2023年中国经济主要指标预测

单位：%

主要经济指标	2021年统计值	2022年预测值	2023年预测值
GDP实际增长率	8.1	3.5	5.1
工业增加值实际增长率	9.6	4.0	4.8
社会消费品零售总额增长率	12.5	1.8	6.0
全国固定资产投资增长率	4.9	5.5	5.4
房地产投资增长率	4.4	−6.8	2.7
制造业投资增长率	13.5	9.9	7.9
基建投资增长率	0.2	12.1	5.7
出口总额增长率（以美元计）	29.8	10.4	2.5

续表

主要经济指标	2021年统计值	2022年预测值	2023年预测值
进口总额增长率（以美元计）	30.1	3.0	4.8
居民消费价格（CPI）上涨率	0.9	2.0	2.8
生产者出厂价格（PPI）上涨率	8.1	4.3	1.2
公共财政收入增长率	10.7	−5.6	4.2
M2余额增长率	9.0	11.6	12.0

参考文献：

赵扶扬、陈斌开、刘守英：《宏观调控、地方政府与中国经济发展模式转型：土地供给的视角》，《经济研究》2021年第7期。

林伯强：《碳中和进程中的中国经济高质量增长》，《经济研究》2022年第1期。

李雪松、党琳、赵宸宇：《数字化转型、融入全球创新网络与创新绩效》，《中国工业经济》2022年第10期。

李雪松：《把短期目标与长期战略更好结合》，《经济日报》2022年9月7日。

张彬斌：《就业扩容提质 促进共同富裕——以加快破解结构性就业矛盾为抓手》，《产业经济评论》2022年第2期。

孙天琦：《关于金融风险"早识别、早预警、早发现、早处置"的几点思考》，《清华金融评论》2022年第2期。

中国社会科学院宏观经济研究中心课题组：《未来15年中国经济增长潜力与"十四五"时期经济社会发展主要目标及指标研究》，《中国工业经济》2020年第4期。

中国社会科学院宏观经济研究智库课题组、李双双、冯明、汪红驹、娄峰、张彬斌、左鹏飞、孙博文、张慧慧、李莹：《多策并举应对三重压力 着力稳定宏观经济大盘》，《改革》2022年第4期。

中国社会科学院宏观经济研究智库课题组、冯明、张慧慧、李双双、张彬斌、左鹏飞、孙博文、李莹：《精准实施宏观政策　推动经济持续修复——2022年中期中国经济形势分析》，《改革》2022年第7期。

中国社会科学院宏观经济研究智库课题组、李雪松、张慧慧、冯明、孙博文、左鹏飞、李双双、汪红驹、张彬斌、李莹：《有效应对外部变化　继续促进经济恢复——2022年秋季中国宏观经济形势分析》，《改革》2022年第10期。

李雪松主编《发展规划蓝皮书：中国五年规划发展报告（2021~2022）》，社会科学文献出版社，2022。

谢伏瞻主编《经济蓝皮书：2022年中国经济形势分析与预测》，社会科学文献出版社，2021。

谢伏瞻主编《迈上新征程的中国经济社会发展》，中国社会科学出版社，2020。

Guénette, Justin Damien, M. Ayhan Kose, et al., "Is a Global Recession Imminent?" Equitable Growth, Finance, and Institutions Policy Note No. 4, World Bank, Washington, DC, 2022.

IMF Data, International Financial Statistics (IFS), https://data.imf.org/regular.aspx?key=63087884, 2022.

IMF, "World Economic Outlook: Countering the Cost-of-Living Crisis," Washington, DC, October 2022.

宏观走势与政策展望

Macroeconomic Trend and Policy Outlook

B.2
国际宏观经济政策演变
对中国经济影响与对策

张 斌 肖立晟 崔晓敏*

摘　要： 中国面临的外部环境更加严峻，全球大部分国家同时面临增长乏
　　　　　力和通胀上升威胁，大国高科技产业博弈日趋激烈，美国不断强
　　　　　化对我国高科技产业的打压。外部环境变化给我国经济带来诸多
　　　　　挑战：出口对我国制造业和经济增长的贡献将会显著下降，人民
　　　　　币贬值和资本流出压力会持续一段时间但不会长久，外资调整在

---

* 张斌，中国社会科学院世界经济与政治研究所研究员，主要研究领域为国际金融与中国宏观经济；肖立晟，中国社会科学院世界经济与政治研究所副研究员，主要研究领域为国际金融与中国宏观经济；崔晓敏，中国社会科学院世界经济与政治研究所助理研究员，主要研究领域为国际金融与中国宏观经济。

我国的产业链布局。应对外部挑战需要立足于三个方面：一是进一步发力逆周期政策扩大内需，对冲外需下降压力，确保国内宏观经济稳定；二是保持人民币汇率弹性，充分发挥汇率对宏观经济和资本流动的自动稳定器作用；三是深入实施创新发展战略，在高水平开放中统筹发展与安全。

关键词： 全球经济　通胀　产业链

一　全球经济增长和通货膨胀同时承压，大国高科技产业博弈日趋激烈

（一）全球经济增速大幅放缓

2022年10月，国际货币基金组织（IMF）预测2022年和2023年全球实际经济增速将分别降至3.2%和2.7%，这将是除国际金融危机和新冠肺炎疫情最严重阶段外，2001年以来全球经济最疲弱的增长。疫情初期，在超常规货币宽松和财政刺激下，全球经济出现反弹，2021年全球实际经济增速为6%。但是全球经济复苏主要依赖于政策刺激，经济内生增长动能较弱。2022年以来，高通胀迫使全球央行史无前例地进入同步加息潮，叠加财政刺激政策退坡，全球经济增速大幅放缓，部分经济体经济已出现连续两个季度的负增长。2023年，如若全球央行货币政策超预期紧缩、乌克兰危机扩大化，全球经济增速还可能降至2%以下。长期来看，技术进步放缓、人口老龄化、逆全球化及政策空间收窄等因素使得全球经济将再次回归低增长状态。根据IMF的预测，2022~2027年全球经济增速为3.2%，低于2012~2019年的趋势水平。

（二）全球通胀攀升至高位

根据10月IMF的《世界经济展望》预测，2022年和2023年全球通胀分别为8.8%和6.5%。本轮全球通胀超预期上行源于供给冲击和需求拉动同时

发力。供给侧因素主要包括疫情引发的供应链瓶颈、劳动力供给短缺及乌克兰危机，需求侧因素则是各国实施了巨额的纾困和刺激政策，导致需求强势复苏。伴随着纾困和刺激政策的退出，经济增速放缓，需求对通胀的拉动力趋于减弱，但供给冲击持续对通胀形成干扰，全球通胀回落速度较为缓慢。通胀回落速度主要取决于劳动力市场紧张和供应链瓶颈的持续时间以及央行如何应对高通胀。根据IMF的预测，2025年全球通胀将回落至3.6%，接近疫情前的趋势水平。

（三）全球政策利率上行

2022年以来，全球通胀持续走高，并对宏观经济稳定产生严重干扰，主要央行均把遏制通胀作为第一目标。在主要经济体（G20、OECD、东亚、东南亚）中，除日本、中国等少数仍处于低通胀的经济体外，其他经济体央行均开启加息进程。考虑到通胀回落速度较慢且未来走势存在较大的不确定性，全球加息拐点尚未到来，未来利率还将进一步上升。不过，未来各国面临的增长和通胀压力可能出现结构性差异，全球央行的货币政策也会随之分化。新兴经济体货币政策将在增长、通胀、债务、汇率、资本流动等多重难题中左右摇摆。全球主要金融资产价格将在政策反复与分化中加剧波动。

（四）新冠肺炎疫情对全球经济产生诸多后遗症

一是全球滞胀风险上升。为应对疫情，全球共宣布了约16.9万亿美元的抗疫财政措施，这促使需求强劲复苏。但供给冲击反复出现，导致全球经济下行，通胀持续上行，滞胀风险提升。二是劳动力供给冲击持续存在。由于担忧疫情、照料家庭及提前退休等，多国劳动参与率仍低于疫情前的水平。国际劳工组织报告显示，截至2022年第一季度，全球总工作时长比2019年第二季度水平低3.8%，相当于1.12亿个全职工作岗位赤字。三是全球产业链重塑。疫情凸显全球供应链脆弱性，促使部分国家在产业布局中更加注重安全水平而非经济效率，进而导致全球产业链向区域化和本土化重塑。四是贫富差距进一步拉大。疫情引发供应链中断、能源和粮食价格上涨，这对中低

收入群体、小企业和新企业的影响更加突出，导致贫富差距进一步拉大。这部分群体和企业在疫情期间损失惨重，如若无法得到足够的政府补贴，还可能引发资产负债表式衰退。

（五）乌克兰危机引发全球能源供求格局重新调整，抬高能源价格中枢

乌克兰危机中断了欧洲近30%的石油、40%的天然气供给。欧洲加快从中东、非洲、北海等地进口原油和天然气，能源运输路线加长，物流成本上升、灵活度下降。此外，乌克兰危机导致OPEC对油价的话语权提升。作为全球拥有最大闲置产能的组织，OPEC有足够的供给变化空间，边际影响加大。当前，能源安全成为各国重点关注的目标，为保障能源供给，甚至出现通过紧密联盟关系锁定核心资源、加强产业链整合，让盟友之间更抱团、国家集团之间更疏离的局面。

（六）全球主权债务风险上升

2022年3月以来美联储连续6次加息，累计加息幅度达375个基点，加息幅度为近40年之最。美联储的激进加息通过多种渠道加剧各国主权债务风险和全球金融脆弱性。疫情后，发达国家政府部门债务率大幅攀升，政府部门杠杆率从2019年的100.4%升至2021年的111.9%。对以本币债务为主的发达经济体而言，出乎意料的高通胀可以起到削减债务的作用，但为稳定汇率和遏制通胀，大多数发达经济体跟随美联储加息。货币紧缩和经济下行将加大政府偿债压力，金融环境收紧时资产价格下跌也会加剧"银行/金融—主权危机"厄运循环风险。其中，希腊、意大利、英国和日本等国家的债务风险最值得关注。相比发达经济体，对外债依赖度高的新兴市场和发展中国家面临的主权债务危机风险更为严峻。美元大幅升值，使得背负大量美元债务的新兴市场和发展中国家债务成本大幅上升。为应对疫情、乌克兰危机、极端气候等负面冲击，多国宏观政策空间已接近极限。新兴市场和发展中国家的平均政府部门杠杆率从2019年的56%升至2021年的61%。政府平均需要把

10%的收入用于利息支付，这一数字是发达经济体的5倍。为应对通胀、资本外流和汇率贬值压力，这些国家又被迫进行加息。根据国际货币基金组织和世界银行的债务可持续性分析报告，已有60%以上的低收入国家陷入债务困境，25%的新兴市场经济体正处于或接近债务困境，阿根廷、土耳其、黎巴嫩、巴基斯坦等15个国家主权债务评级被下调。

（七）跨国公司加速调整全球和区域层面产业链供应链

新冠肺炎疫情、乌克兰危机、全球金融条件收缩和经济衰退风险进一步打击跨国公司投资信心，加速全球和区域层面产业链供应链调整。根据联合国贸易和发展会议（UNCTAD）《全球投资报告》（2022年）和《全球投资趋势监测报告》（第42期和第43期），2021年全球外国直接投资（FDI）流量为1.58万亿美元，略高于疫情前2019年的水平，2022年第一季度较2021年季度均值继续提升34%，但第二季度快速回落——环比下降31%、同比下降7%（较2021年季度均值）。特别地，疫情以来跨国公司新增生产性项目投资意愿不足。2021年，全球国际项目融资（68%）和跨境并购（43%）反弹强劲，而与全球价值链活动相关的绿地投资（11%）修复缓慢，投资项目数量较疫情前的水平仍低20%。2022年1~8月，绿地投资项目数量较2021年季度均值继续下降10%，其中制造业绿地投资项目数量降幅尤为突出。从金额看，2021年绿地投资项目总额增长15%，但对发展中国家的绿地投资额仍处于有记录以来的低位。2022年1~8月，绿地投资项目总额增长31%，但主要集中在电力和油气供应行业，制造业仅增长5%。

（八）全球外国直接投资在地区和行业层面呈现明显分化

从地区看，2021年至2022年上半年，流入亚洲地区的FDI占比为40%左右，较2020年疫情初期下降16个百分点，但仍高于2018~2019年平均水平（32%）。2022年第二季度，除流向马来西亚、越南及印度的FDI仍保持强劲增长外，流向其他东南亚国家的FDI均已出现回落，8~9月中国实际使用外资金额同比增速也出现回落。由于大宗商品价格走高，2022年流入拉美和加勒比地区FDI占比升至14%，较疫情前高出4个百分点。2021~2022年，流入北美和欧洲地区的FDI占比较2020年有所回升，但仍显著低于疫情前的水平。从行业看，全球直接投资从制造业转向初级产品和服务业。以金额计，2021~2022年，全球平均55%的绿地投资、62%的并购交易面向服务业，较2018~2019年平均水平分别提高6个和10个百分点。2022年，初级产品绿地投资和并购交易金额同比增速分别高达450%和460%。① 全球产业链数字化、绿色化进程加快。过去5年间，全球前100数字跨国公司销售额增速是前100传统跨国公司的5倍。2021年发展中国家可再生能源部门直接投资增长123%，但在货币紧缩和高通胀下，全球气候变化投资或面临下行风险。

（九）大国高科技产业博弈日趋激烈

全球金融危机后，发达国家开始反思"制造业空心化"问题，实施"再工业化"战略，以实现制造业尤其是高端制造业的回流与振兴。中美经贸摩擦、新冠肺炎疫情及乌克兰危机等进一步凸显科技安全的重要性，主要经济体对科技竞争制高点的争夺加剧。其中，先进芯片和新能源产业是当前各国关注的焦点。2022年2月，欧盟发布《欧洲芯片法案》，计划投资超过430亿欧元，并计划到2030年将其半导体生产在全球的份额提高至20%。8月，美国通过《芯片与科学法案》，计划提供约800亿美元用于支持本土芯片产业全链条发展，约1740亿美元用于支持科学研究。韩国、日本也相继发布了"K-半导体战略"、半导体数字产业战略、《半导体支援法》等。在新能源产业方面，美国通过《通胀削减法案》，计划未来十年投资3690亿美元用于支持应对气候变化和清洁能源领域的发展。欧盟提出"能源系统数字化"计划，试图利用数字化技术促进可再生能源纳入电网，加快欧洲能源绿色转型。值得注意的是，相比于过去更加注重市场竞争手段，当前产业基金、政府购买、税收优惠、国防储备、融资便利及产业补贴等政府干预政策和举国性制度安排明显增多。

---

① 如无特别说明，全球FDI数据均来自UNCTAD《全球投资报告》（2020年、2021年、2022年）和《全球投资趋势监测报告》（2022年10月），2022年数据仅包含部分月份。

（十）美国不断强化对中国高科技产业打压遏制

自2010年奥巴马政府推出"重返亚太战略"以来，中美关系进入下滑阶段。特朗普政府采取各种极限施压措施，蓄意减少在贸易、投资、科技、人文等领域与中国的接触，加速中美"脱钩"。拜登政府延续了特朗普政府的对华遏制战略，且更加强调联合盟友、"小院高墙"及供应链安全。当前，科技竞争已成为中美战略竞争的核心环节。自2017年以来，美国采取多方面措施打压遏制中国高科技产业发展。一是将数百家中国实体列入其各类制裁清单，包括实体清单、军事终端用户清单及基于总统行政令直接封禁等。二是以"国家安全"为名加紧对华投资审查和限制，包括通过《外国投资风险审查现代化法案》、审议《国家关键能力防御法案》等。三是通过《外国公司问责法》，强化上市公司财务监管。目前已有上百家中国公司被列入清单，如果这些企业连续三年仍未满足审查条件，或将面临从美国退市的风险。四是美国司法部实施"中国行动计划"，以"打击经济间谍"和"窃取知识产权"为借口，清查并处罚在美华裔科学家或与中国有合作的科研人员。五是试图组建各类遏华联盟，如"经济繁荣网络"信任伙伴联盟、"芯片四方联盟"等，打造以美国为中心的数据排他性体系，并在多边贸易框架下增设"毒丸条款"。

2022年美国涉及中国的科技限制措施如表1所示。

表1 2022年美国涉及中国的科技限制措施

1月21日	美国以从事导弹技术扩散活动为由，宣布对中国航天科工集团一院、中国航天科工集团四院及保利科技公司三家企业实施制裁
1月27日	美国联邦通信委员会以国家安全为由，撤销中国联通公司在美214电信运营牌照
2月4日	美国延长光伏全球保障措施（201措施）4年
2月7日	美国商务部将33家中国实体列入出口管制"未经验证清单"，理由是"无法令人满意地完成最终用户访问而导致其诚信无法核实"
2月7~8日	美国WTO代表团向WTO保障措施委员会提交保障措施通报，延长对进口晶体硅太阳能电池及组件保障措施4年至2026年2月6日
2月17日	美国发布《2021年度假冒和盗版恶名市场审议报告》，将中国多家企业和市场列为"恶名市场"

续表

日期	事件
3月10日	美国证监会根据《外国公司问责法》，将百济神州、百胜中国、再鼎医药、盛美半导体、黄医药5家公司纳入临时被识别名单
3月16日	美国联邦通信委员会撤销对中国太平洋网络公司及其全资子公司全美通讯网（ComNet）在美214电信运营牌照
3月29日	美国企业对特定离心机实用平台和降膜蒸发器系统及其组件提起337调查申请（侵犯专利权），申请发布有限排除令和禁止令，涉及10家中国企业
4月12日	美国证券交易委员会再将12家中概股公司加入"预摘牌"名单，这是自3月以来第四批被纳入名单的中概股公司
4月28日	美国企业对特定带有计时感知虚拟填充的电子设备和半导体设备及其组件提起337调查申请（侵犯专利权），申请发布有限排除令和禁止令，涉及2家中国企业
5月6日	美国企业对特定系统及其组件和包含该系统的数字电视提起337调查申请（侵犯其专利权），申请发布有限排除令和禁止令，涉及4家中国企业
5月23日	美国启动"印度—太平洋繁荣经济框架"，首批成员包括除中国外的13个亚太国家，涉及公平和弹性贸易、供应链弹性、基础设施和清洁能源、税改改革和反腐败四个支柱
5月26日	美国商务部工业与安全局正式发布《信息安全控制：网络安全物项》，就美国实体对相关国家及地区分享网络安全漏洞设立许可申请，中国在受限国家之列
6月21日	美国海关和边境保护局依据国会所谓涉疆法案，将中国新疆地区生产的全部产品均推定为所谓"强迫劳动"产品，并禁止进口与新疆相关的任何产品
6月28日	美国商务部将5家中国公司列入贸易黑名单，理由是其涉嫌支持俄罗斯的军事和国防工业，违反美国对俄罗斯的制裁规定
7月27日	美国参议院通过规模高达2800亿美元的《芯片与科学法案》，以公共资金促进美国半导体行业发展。部分条款还限制有关企业在华正常经贸与投资活动
8月12日	美国商务部工业与安全局将4项"新兴和基础技术"加入出口管制清单，其中3项涉及半导体
8月16日	美国出台《通胀削减法案》，将对清洁能源提供3690亿美元的投资和税收抵免支持，并规定只能向购买美国及与其签订自由贸易协定的国家组装、制造的电动车提供税收抵免，意图将中国排除在供应链之外
8月23日	美国商务部以国家安全和外交政策担忧为由，将7家中国实体（主要涉及航空航天领域）列入出口管制清单
8月31日	美国政府要求美国芯片设计公司英伟达限制向中国出口两款被用于加速人工智能任务的最新两代旗舰GPU计算芯片A100和H100
9月13日	美国商务部工业与安全局将用于自动合成肽的仪器（自动肽合成仪）作为新兴和基础性技术纳入出口管制

	续表
9月28日	美国联合日本、韩国、中国台湾组建的"芯片四方联盟"举行"美—东亚半导体供应链弹性工作小组"首次预备会议
10月7日	美国商务部将31家中国公司、机构列入"未经核实的名单",限制其获得某些受监管的美国半导体技术。发布《关于先进计算和半导体实施新出口管制制造细则》,限制中国获得先进计算芯片、开发和维护超级计算机以及制造先进半导体的能力,限制美国人支持在中国开发或生产集成电路能力

资料来源:笔者根据新闻整理,截至2022年10月。

二 对中国经济的影响

(一)外需下降拖累中国出口增长

2022年以来,我国进出口贸易增速呈现较大回落压力。1~10月,以美元计,进口额和出口额同比分别增长3.5%和11.1%,较2021年同期分别下降27.7个和21.1个百分点。特别地,10月当月进出口增速均跌至负值。这主要受到基期效应、外需放缓及国内供给冲击(疫情、自然灾害)等因素的影响。世界经济增长动能持续减弱是我国出口增速快速回落的主要原因。图1从外需和出口份额视角分解出口增速,揭示了不同时期我国出口增长的动力源泉。2020年4月至2021年3月,海外疫情蔓延期间,出口份额增加是拉动我国出口的主导力量。随后,在高基数及国内外疫情形势分化的作用下,出口份额增加对我国出口的拉动作用转弱,外需成为我国出口高增长的主要支撑力量。当前,高通胀迫使美欧货币政策持续紧缩。随着加息使得投资和私人消费增速走弱,美欧经济增长动能已明显减弱,较大概率将进入实质性衰退。全球金融条件收紧对新兴市场和发展中经济体经济增长的负面溢出效应也将逐步显现。外需下滑引发量价齐跌,我国出口前景急剧恶化,甚至可能出现持续负增长。医疗物资、远程办公、居家生活等与防疫相关的出口以及房地产、汽车等利率敏感部门的出口率先降温。

经济蓝皮书

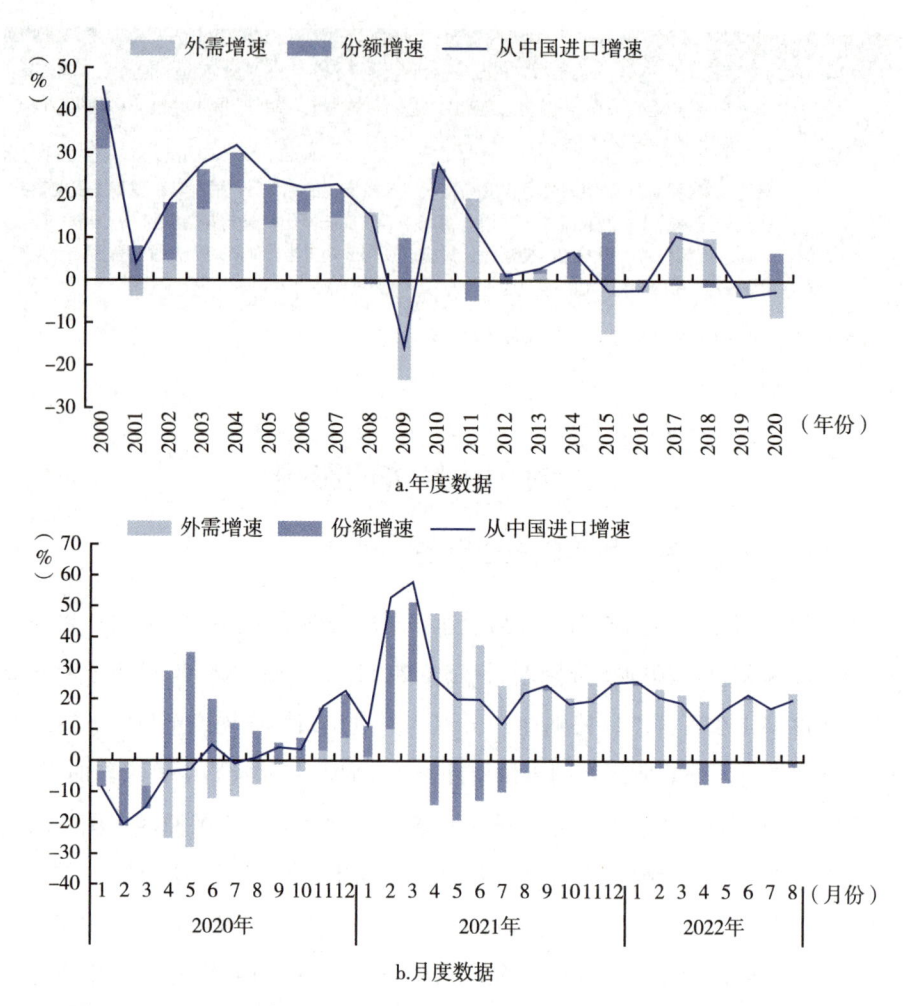

图1　2000~2022年主要贸易伙伴从中国进口增速拉动分解：外需和份额

注：贸易伙伴进口数据有利于排除虚假高报的干扰。受数据限制，月度分解仅考虑美国、欧盟、东盟、日本、韩国、印度、俄罗斯、澳大利亚、中国台湾、巴西、加拿大、沙特和南非13个贸易伙伴，2021年中国大陆对这些地区的出口约占总出口的70%。2022年月度数据中俄罗斯和沙特数据缺失。

资料来源：WITS数据库、Wind数据库。

（二）中国出口总体保持韧性，出口内部分化更加明显

受疫情、乌克兰危机、持续高通胀等影响，欧洲及部分新兴市场供给能力下降，我国强大生产优势再度显现，出口竞争力进一步提升。据世界贸易

032

组织数据计算，2022年1~8月我国出口占全球总出口的15.4%，较2021年继续上升0.3个百分点。市场转换和产业链地位调整成为支撑我国出口维持韧性的重要力量。我国在美国市场份额继续下降，中间品和资本品份额下降尤为明显，在欧元区市场份额显著上升，在东盟市场份额有所回落但仍保持高位，且中间品贸易日趋密切。2017年至2022年6月，欧元区自我国进口份额从7.2%提高至9.4%，化学品、新能源产品及金属制品份额增长尤为突出。从商品结构看，原材料和中间品出口占比明显高于上年同期水平。自2021年下半年起，原材料和中间品出口增速领先于资本品和消费品，且增速差不断扩大。消费品中仅汽车特别是新能源汽车出口亮眼，1~9月汽车出口增速高达33.3%。从国别—产品视角看，我国对欧盟原材料和中间品出口增速也明显高于其他商品。2022年1~6月，我国对东盟中间品出口占比较2000年提高5.6个百分点，对东盟纺织产业中间品出口占比较2012年提高超过10个百分点。考虑到供给面因素对全球产业链干扰仍将持续一段时间，我国出口份额仍有望保持韧性，但地区和产品间分化加剧。

（三）出口增长回落将影响国内工业部门效益，加剧内部结构分化

外需放缓对出口的影响也将会进一步传递至国内工业部门。2014年1月至2022年9月，规模以上工业增加值累计同比增速与以人民币计出口金额累计同比增速的相关系数达到68%。随着外需放缓导致出口增速回落，预计国内工业增加值增速将受到拖累。部分大宗商品价格涨幅回落有利于工业企业利润结构改善。2022年1~9月，全国规模以上工业企业营收同比增长8.2%，较上半年下降0.9个百分点；利润下降2.3%，降幅持续收窄。与出口部门一致，工业部门内部原材料和中间品、资本品、消费品表现分化。从利润率看，尽管三类产品利润率自第二季度起均有所下降，但消费品和资本品部门利润降幅明显大于原材料和中间品部门。资本品部门当前的库存压力也明显大于原材料和中间品部门以及消费品部门。从投资看，制造业固定资产投资完成额同比增速与以人民币计出口金额累计同比增速的相关系数达到62%，1~9月国内制造业投资的韧性表现与出口紧密相关，

但随着出口增速回落，制造业投资增速下行压力加大，资本品和消费品部门或将率先承压。

（四）外资调整在中国产业链布局

一方面，非经济因素对跨国公司经贸决策影响加大。据美中贸易全国委员会2018~2021年的《中国商业环境调查》，双边关系紧张连续多年是在华美资企业面临的首要挑战。受此影响，2018~2019年，来自美国的实际外商直接投资增速从2017年的11%下降至2019年的-0.1%，2020年进一步下降至-14%，2021年虽有所反弹但力度有限且显著低于美国对越南直接投资增速。此外，中国欧盟商会和中国美国商会2022年的调查显示，由于疫情及担忧商业环境政治化等，外资对中国投资增速放缓，部分甚至考虑撤资。另一方面，外商投资企业在我国产业链布局从主要参与国际大循环向国内国际双循环并重，甚至更多参与国内循环转变。1985~2007年，外商投资企业在我国国际大循环中占据主导地位，2008年后外商投资企业在我国出口中占比持续下降，截至2021年已降至34%，较2005~2006年峰值下降约24个百分点。相反，2008年国际金融危机后，外商投资企业国内销售额快速上升，2016年后超过外商投资企业出口金额，2020年占我国限额以上批发零售业商品内销额的14%~15%。这反映我国强大规模市场对外资仍有巨大的吸引力，但我国作为全球生产、制造和出口中心的吸引力有所下降。

（五）高科技产业发展受制约，产业链脱钩风险上升

我国高端供给能力不足，技术密集型行业供应链存在较高脆弱性，对美国特别是美国主导的科技同盟供应链呈现较高依赖性。美国对我国科技领域打压遏制，限制我国企业采购和使用美国技术，迫使跨国公司产业链迁出或推行多元化供应链战略，我国高科技产业发展面临降速甚至局部失速风险。据笔者测算，在我国进口供应链存在脆弱性的产品中，五眼联盟和瓦森纳协定成员国作为第一大进口来源地的，分别占23%和98%。受中美贸易摩擦影响，众多来自美国、日本等的跨国企业已将或计划将部分产业链供应链移出

中国，[1]且大多数为依赖于全球价值链发展战略的技术密集型产业，如手机、电脑、汽车等。此外，华为手机在全球的市场份额已从 2019 年的 17.6% 降至 2022 年第二季度的 3% 左右。[2]与此同时，美国科技打压也迫使中国加快科技发展，降低在核心技术上对美国的依赖度。据调研机构 Fomalhaut Techno Solutions 分析，华为手机中国产零组件占比从 2019 年 Mate30 系列的不足 30% 提高至 2021 年 Mate40E 系列的接近 60%。随着非经济因素干扰加深，全球产业链布局逻辑从以效率为主向兼顾效率和安全，甚至以安全为主加速转变，中美科技脱钩、产业链"平行体系"风险明显上升。

（六）人民币汇率和短期资本流动面临压力

截至 2022 年 10 月底，人民币兑美元累计贬值幅度达 14.5%。相较日元、欧元、英镑等其他货币而言，人民币对美元的贬值幅度并不大，人民币名义有效汇率指数保持稳定。中美经济周期错位，导致两国货币政策分化。美国就业强劲和通胀高企，迫使美联储缩表加息，而中国经济疲弱和通胀压力较小，中国货币当局仍保持较低利率水平，中美利差从缩小到全面倒挂，且倒挂幅度不断拉大，这是人民币兑美元持续贬值的直接原因。利差倒挂引发我国债券市场出现较大规模的资金外流。2022 年 1~9 月，我国债券市场流出资金规模达 5985 亿元人民币。中国和美国作为大型开放经济体，货币政策制定都更关注货币政策的独立性。人民币汇率和短期资本流动面临的主要是周期性压力，未来随着中美经济环境变化和政策调整，压力不会持续。

（七）中概股大幅下跌，对风险投资带来冲击

近两年来，中概股经历了持续大幅下跌，万得中概股 100 指数从 2021 年初的高位 7851 点降至 2022 年底的 2000 点左右。中概股下跌主要受两方面因素的综合影响。一是美方监管对中概股的打压。中概股企业处于中美技术、

---

[1] 邢予青：《中国出口之谜：解码"全球价值链"》，生活·读书·新知三联书店，2022。
[2] 参考 Strategy Analytics、Counterpoint Research 和 Canalys 等市场分析公司 2019 年和 2022 年报告。

金融、安全竞争的交汇点，中概股企业也成为美国监管与打压的重点对象。2020年12月，美国通过《外国公司问责法》。2021年12月，美国完善了《外国公司问责法》最终实施细则，明确了监管范围、申报和披露义务、强制退市的程序等内容，并要求中概股披露其所有权结构和审计细节，敏感个人数据成为中概股问题的焦点。美国监管政策的不确定性以及将中概股问题政治化的行为，直接导致中概股价格大幅波动。二是受中国反垄断、治理平台经济等政策影响，相关中概股企业的经营业绩与增长前景发生了重大变化，导致中概股估值大幅回撤。中概股集中了互联网、教培、医药、体育文娱等行业的大量创新企业。中概股大幅下跌不仅改变了相关上市企业的发展前景和投资计划，对国内相关行业的新增就业带来负面影响，还对准备上市的企业以及相关行业的风险投资和创业行为产生负面影响。

三 政策建议

（一）进一步发力逆周期政策扩大内需，对冲外需放缓压力

外需放缓将对未来经济增长带来显著压力。从三大需求对GDP增长的贡献率来看，2020年和2021年货物和服务净出口对GDP增长的贡献率分别达到25.3%和20.9%；2022年前三个季度达到32%。货物和服务净出口对GDP增长的贡献远远超过疫情前水平。随着全球经济增速大幅放缓，未来1~2年货物和服务净出口增速将显著回落，对经济增长的贡献也将随之显著下降，特别是制造业利润和投资会显著承压。

我国需要加大逆周期政策力度扩大内需。内需不足的原因有多个方面，不仅有疫情冲击，还有房地产大幅下行及由此带来的全社会信贷增长乏力。在应对需求不足时，我国过去两年总体保持了较为审慎的态度。财政政策方面，预算内财政赤字率增长调整幅度较小，合并公共财政支出和政府基金支出后的广义财政支出增速在2020年、2021年和2022年前三个季度的平均增速为5.7%，低于疫情前2013~2019年10.8%的平均增速。货币政策方面，在2012年经济周期下行期间，公开市场操作（OMO）政策利率累计下行185个

基点，而在本轮经济下行期间，2019~2022年OMO政策利率累计下行55个基点。财政和货币的逆周期调节力度不足以应对百年难遇的疫情冲击和房地产大幅下行压力。

我国有充足的政策空间扩大内需，有能力将经济增速保持在合理区间。进入2023年，无论是财政政策还是货币政策都需要进一步发力扩大内需，大幅提升消费和投资增速，对冲外需放缓压力，将经济增速保持在潜在增速附近。财政政策方面，现阶段我国私人部门整体支出意愿较低，储蓄远大于投资，经济资源得不到充分利用。这种环境下政府通过发行债券扩大支出，可以使得经济资源得到更充分利用，显著提升全社会支出水平和产出水平，同时，当前我国没有明显的通胀压力，也不会威胁到人民币真实购买力和政府信用，财政举债空间较为充裕。货币政策方面，即便不使用量化宽松政策，我国的政策利率与零利率也还有明显距离，货币政策的空间也较为充裕。为了应对当前非常特殊的需求不足局面，包括量化宽松政策在内的货币政策工具创新也应该在考虑范围内。

（二）保持人民币汇率弹性，充分发挥汇率的自动稳定器作用

人民币汇率适度贬值有助于提升国内经济景气度，防止人民币汇率大幅贬值的重点在于提振内需，而非干预外汇市场。当前经济环境下，人民币汇率的适度贬值对宏观经济恰好发挥了稳定器作用。人民币适度贬值不仅有利于保持出口竞争力，也有利于提高各种进口替代产品的价格竞争力，对提振需求和维护宏观经济稳定起到帮助作用。适当的汇率贬值并不可怕，需要避免的是人民币大幅贬值。要避免人民币过度贬值，最根本的政策保障不是干预外汇市场。历史经验告诉我们，越是干预外汇市场，外汇市场供求压力得不到及时释放，单边贬值预期越强，反而会使人民币面临更大压力。过度干预外汇市场还会威胁到国内的基础货币供给和宏观经济稳定。避免人民币过度贬值的最根本支撑是我国经济基本面，既包括短期内通过逆周期财政和货币政策改善经济景气程度，也包括通过中长期的结构改革措施优化我国经济结构。

我国不会出现有些发展中国家那样动辄30%~50%甚至更大幅度的货币贬值。我国是发展中国家，但是我国外汇市场的基本面绝非一般发展中国家的基本面。人民币汇率拥有四方面力量支持。一是我国每年仍保持5000亿~6000亿美元的货物贸易顺差。二是我国相对其他国家通胀较低，人民币的真实购买力有保障。三是我国仍保持一定的资本流动管制。四是经过多年汇率形成机制改革以后，我国已实现了更有弹性的汇率形成机制，人民币汇率供求压力随时得到释放，没有过去累积的贬值压力，跨境资本流动也相对平稳，这与2015~2016年面临的人民币汇率贬值压力显著不同。从国际经验来看，历史上绝大部分的货币大贬值，都是发生在较高的通货膨胀或者贸易赤字国家，我国没有严重的通胀，没有贸易赤字，也没有上面提到的其他导致货币大贬值的背景。

（三）深入实施创新发展战略，在高水平开放中统筹发展与安全

打压遏制我国的科技崛起已是美国两党共识，我国既不能对中美关系改善抱有幻想，也不应放弃任何合作机会。为保障我国产业安全和国家安全，促进我国产业稳步迈向全球价值链中高端，需着力面向我国产业链供应链脆弱点补齐短板，立足产业链供应链影响力锻造长板。一方面，从产品、产业多维度识别我国产业链供应链的脆弱因素，对产业链供应链的总体安全进行评估。在坚持市场机制和企业主体作用下，强化国家战略引领，加大对基础研究的支持力度，推动关键核心技术攻关。另一方面，主动适应和参与国际经贸规则调整，推动由商品和要素流动型开放向制度型开放转变，不断扩大对外开放，拓展我国经济嵌入全球价值链、国际金融体系的深度和广度。充分发挥现有经贸协定使用效能，深化与亚洲国家的分工合作，加快紧密联系欧盟、稳固双边关系，稳定中美关系、管控冲突风险，为我国产业转型升级争取时间和空间。

在中美竞争进程中，需要中概股企业等新兴科技企业发挥增长和创新引擎作用。慎重处理中概股回归问题，防止与海外资本市场全面脱钩。即使在美国政策引发市场巨大波动时期，中美证券监管部门仍然有必要加强沟通和

协商，找到平衡两国利益的合作点。中概股回归我国股市有助于我国金融市场的开放和增长，而在金融市场开放的大背景下我国股市的不同板块需要不同的政策。我国可以考虑在特定板块的有限范围内给予外资更高开放度，放宽准入条件，完善退出渠道，同时辅以营商环境优化等措施。

参考文献：

谢伏瞻主编《经济蓝皮书：2022年中国经济形势分析与预测》，社会科学文献出版社，2021。

邢予青：《中国出口之谜：解码"全球价值链"》，生活·读书·新知三联书店，2022。

IMF, "World Economic Outlook: Countering the Cost-of-Living Crisis," Washington, DC, October 2022.

UNCTAD, "Global Investment Trends Monitor," https://unctad.org/webflyer/global-investment-trends-monitor-no-42, No.42, 2022.

UNCTAD, "Global Investment Trends Monitor," https://unctad.org/webflyer/global-investment-trends-monitor-no-43, No.43, 2022.

B.3
冲击、中国经济韧性与周期不同步的政策选择

张 平 杨耀武[*]

摘 要： 新冠肺炎疫情导致全球经济增长路径发生偏移，主要经济体的经济周期不同步性非常明显。因"疫情泡沫"引发的通货膨胀导致2022年下半年欧美等发达经济体货币政策紧缩的步伐明显加快，可能会对全球经济形成自疫情冲击后的第二次冲击。中国经济表现出强韧性，始终保持正增长，但实际增长路径较原有的潜在路径也发生了明显的向下偏移。中国经济增长的韧性主要来自良好的疫情防控效果和生产弥补全球供需缺口。2022年前三季度中国经济同比增长3.0%，其中外需发挥了重要拉动作用，这在疫情头两年也非常明显。从2022年第四季度开始，发达经济体持续加息引发的需求下降和全球信用收缩的二次冲击会逐步加大，对中国经济影响可能会贯穿整个2023年。在此情况下，中国要积极利用国内低通胀的有利条件，加大国内稳定经济的政策力度以有效缓解外部冲击，保持经济的韧性与活力。

关键词： 经济韧性 增长路径 经济周期 外部冲击

---

[*] 张平，中国社会科学院经济研究所研究员，主要研究方向为中国经济增长、宏观政策和上市公司等；杨耀武，中国社会科学院经济研究所副研究员，主要研究方向为中国经济增长。

一 中国经济增长韧性与路径偏移

（一）制造业是中国经济增长韧性的主要来源

在新冠肺炎疫情下，中国经济一直表现出十足的韧性，2020年经济增长2.2%，2021年恢复至8.1%，两年平均5.1%，2022年前三季度经济同比增长3.0%，预计全年经济增长3.0%以上。新冠肺炎疫情以来，全球巨大的供需缺口以及中国拥有的世界上规模最大、门类最齐全的制造业体系率先恢复，是中国经济增长韧性的主要来源。2020年，中国制造业增加值带动经济增长约0.7个百分点，对当年经济增长的贡献率接近30%；2021年，制造业增加值带动经济增长2.7个百分点，对当年经济增长的贡献率约为33%；2022年前三季度，制造业增加值带动经济增长近0.9个百分点，对前三季度经济增长的贡献率接近30%。在海外对中国制造业产品需求仍较为旺盛的情况下，2022年前三季度，净出口继续较快增长，部分对冲了境内疫情反复导致的国内消费需求收缩。2022年前三季度，最终消费支出对经济增长的贡献率较2019年同期下降17.8个百分点，资本形成总额贡献率较2019年同期仅增长3.1个百分点，其他部分则是由净出口的贡献率提高来加以弥补。

在新冠肺炎疫情冲击下，中国制造业能够实现较为强劲的增长，主要得益于制造业完整的供应链体系以及有效的疫情防控，国际供需缺口则提供了良好的外部需求环境。但这种外部需求环境正在发生改变，从2022年8~9月中国外贸出口数据来看，在发达经济体货币政策收紧步伐加快的情况下，中国对美国出口同比下降7.9%，中国对欧盟出口同比仅上升8.4%，中国对东盟的出口仍保持较强劲增长，但东南亚还难以成为最终的消费需求地。欧央行在2022年以来累计加息125个基点的情况下，10月27日继续加息75个基点；美联储则在2022年以来累计加息300个基点的情况下，11月2日继续加息75个基点。随着欧美货币政策紧缩步伐持续加快，全球有效需求可能会进一步收缩。同时，加息后美元指数有可能继续上行，导致全球信用收缩。自

2022年下半年美国连续进行75个基点的加息后，人民币兑美元汇率出现了年内的第二波下跌，表明国际信用收缩也对中国产生了影响。预计全球经济需求下降和信用收缩，可能会对2022年第四季度和2023年的中国经济增长产生继新冠肺炎疫情冲击后的二次冲击。

一些国际组织对中国2022~2023年的经济增速进行了预测，据2022年10月国际货币基金组织（IMF）发布的《世界经济展望》，2022年中国经济增速为3.2%；据世界银行10月期《东亚与太平洋地区经济半年报》，2022年中国经济增速为2.8%；经合组织（OECD）9月预测2022年中国经济增速为3.2%。根据前三季度经济增长3.0%的情况，2022年中国经济增长在3.5%以内较为正常，如果疫情在第四季度出现较大范围反弹，则仍有可能拖累全年经济增速。当前，新冠病毒仍在不断变异，传染性强但毒性减弱，预计2023年疫情对经济的影响会有所减小，中国经济增速可能会恢复到4%以上。从一些国际组织对中国2023年经济增速预测来看，在基准情形下，IMF预测值为4.4%，世界银行预测值为4.5%，OECD预测值为4.7%。同时，世界银行等国际组织对欧美货币收紧步伐加快可能导致的全球性衰退发出了警告，认为这种情形出现的概率正在增加，希望各国做好应对准备。

目前，全球经济增速放缓甚至在2023年出现衰退的概率变得越来越大，这可能会降低因制造业增长而形成的中国经济韧性，主要表现如下。一是发达经济体为了应付前期过度刺激引起的"新冠泡沫"而持续加息，预计2023年上半年美联储将加息至5%以上。美国股票市场交易表现出的特征已不仅包含经济衰退的可能，而且开始出现美国房地产—金融再次陷入危机的可能，欧洲则有可能陷入经济滞胀状态，这可能极大地拖累全球总需求。二是国际地缘政治冲突持续发酵，引发美欧等国加快降低对中国供应链的依赖，这种状况在2023年会更加显现。三是储备货币国家，特别是美国持续加息和美元指数较快上涨，引发全球信用收缩、债务压力增大、汇率波动加剧从而使得全球经济和金融市场出现大幅波动。这三大因素都有可能影响中国经济韧性，需要国内出台更多的稳定消费和投资的政策措施，以有效对冲国际的不利影响。

（二）中国经济实际增长路径与趋势路径间的偏离

2022 年是中国经济在新冠肺炎疫情影响下运行的第三个年头，2022 年前三季度中国经济同比增长 3.0%；按照我们的预测，如果第四季度中国经济能够延续回升态势，从而实现 4.2% 左右的增长，那么全年经济可实现 3.3% 左右的增长，如果 2023 年经济增速为 4%~5%，那么离潜在增长率仍有一定距离。

实际上，在新冠肺炎疫情影响尚未显现之前，一些国内外机构就对今后一段时间中国经济增速做出了预测，将这些增速点进行连接就构成了中国经济可能的增长趋势线。按照 2020 年 1 月初世界银行对中国经济增速的预测，2020 年、2021 年、2022 年分别为 5.9%、5.8%、5.7%；在差不多同一时间 IMF 对 2020 年、2021 年的中国经济增速预测值分别为 6.0%、5.8%。中国社会科学院经济研究所《2020 年中国经济形势分析与预测》总报告组对 2020 年、2021 年、2022 年中国经济增速的预测值分别为 5.9%、5.8%、5.6%。上述机构对 2020~2022 年中国经济增速的预测值均在 5.5% 以上且非常接近。在此我们利用三家机构预测的平均值作为中国经济在未受疫情影响下的可能增长趋势线。通过观察中国经济可能的增长趋势路径与实际增长路径间的偏离，可以看出疫情已经对中国经济增长产生了非常大的冲击；外部需求下降和信用收缩正逐步对中国经济形成新的二次冲击。同时，乌克兰危机所引发的地缘政治冲突仍在持续发酵，可能成为全球化加速转变的重要因素。全球化转变可能成为后疫情时代国际经贸关系中最为重要的调整和挑战。持续的疫情冲击和全球化转变造成世界经济的"永久伤疤"，可能表现为经济增长减速、顽固性通胀等问题，带来经济增长和波动的长期不确定性。中国是全球化的受益者也是推动者，未来的全球化转变可能会对中国经济增长路径产生持续的影响。在中国人口加速老龄化、增长基数不断抬升和全球化转变等多重因素的共同影响下，中国经济可能逐步向着 3%~5% 的年均增速换挡。中国经济实际增长趋势线的中枢下移，偏离潜在增长趋势线，这种偏离可能会固定下来，从而使经济长期按偏移了的路径增长（见图 1）。

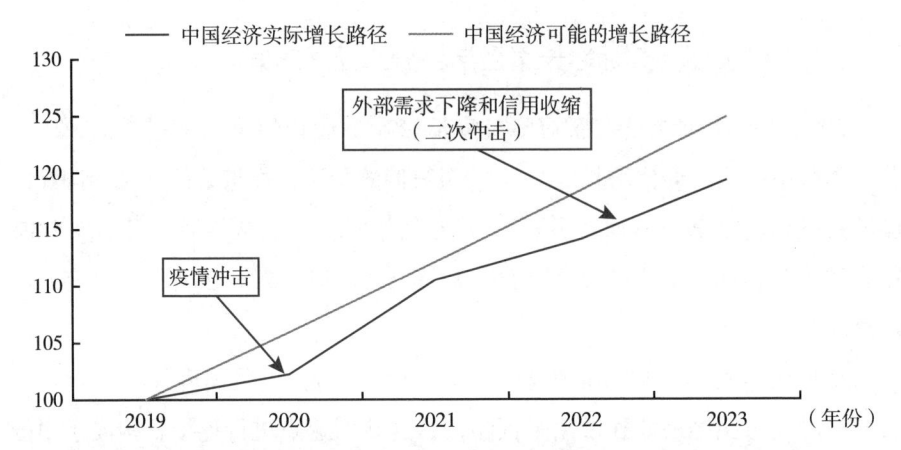

图 1　新冠肺炎疫情冲击下中国经济实际增长路径与可能的增长路径的偏离

注：2019 年 =100。

二　全球化转变与宏观经济周期不同步

（一）全球化转变

在过去几十年经济全球化浪潮的推动下，世界贸易总额与经济总量之比快速攀升，1985 年这一比例仅为 36.3%，2008 年攀升到最高的 61.4%，近年来虽有所放缓但仍维持高位。在全球化浪潮的推动下，世界经济享受了"高增长、低通胀"的红利。当前，全球化正在发生转变，主要表现如下。一是和平红利消退。地缘政治冲突引发了能源、粮食等大宗商品供给方面的冲击。德国等第二次世界大战中的战败国已经提出大幅增加国防开支，和平红利再次转变为军备竞赛。二是新的区域经济合作框架逐步替代 WTO 框架，全球化转向区域集团化，地缘政治被纳入区域联盟加以考量。三是全球贸易与供应链重塑。基于效率原则发展起来的供应链（全球价值链）开始重塑，供应链效率原则加入基于地缘政治的安全准则。全球开始向所谓近岸化、分散化和同盟化重新安排供应链体系。与供应链调整相配的资本开销重新配置逐步展开，全球产业链效率下降，商品生产成本提高，全球经济开启高成本时代。四是产业政策相互对峙。美国、欧洲、日本等发达经济体都开启了所谓的新产业政策，明显带有限制中国部分产业发展的特征；一些资源国工业化诉求也越来越强烈，资源价格上涨加剧了全球经济的波动。

全球化转变会深刻地改变全球经济秩序和发展特征，全球"高增长、低通胀"时代可能已经终结，全球贸易和经济增速在2023年可能会出现较大幅度的放缓，而高通胀可能还会持续，主要表现如下。

一是全球通缩转向全球通胀。全球化转变导致人们开始讨论通货膨胀的"顽固性"，即生产成本和贸易成本增加推动价格上涨，地缘政治扰乱大宗商品供求关系，引致的高通胀是否会持续多年。全球化转变对通胀的影响可能会持久而深远，靠抑制需求控制通胀能取得效果，但难以再重回低通胀时代。

二是全球信用收缩直接导致经济增速放缓。发达经济体的宏观政策直接从克服通缩转向不惜一切代价地克服通胀，2022年6月美国CPI同比涨幅达到9.1%，创近40年美国消费物价指数新高，美联储于2022年6月、7月、9月和11月连续四次加息75个基点；欧央行也在2022年7月加息50个基点的基础上，9月和10月均加息75个基点。按照目前的发展势头，预计2022年底美国联邦基金利率目标区间会接近5%。部分发达经济体持续加息对克服通胀的效果仍有待观察，美国9月通胀依然保持了8.1%的高位，核心CPI回升至6.6%。高通胀引发的信用收缩会持续到2023年，美联储持续大幅加息使得美元兑其他主要国家货币维持升值态势，美元指数攀升至110以上。这种持续大幅加息有可能引发美国经济"硬着陆"，同时也可能导致全球经济衰退。实际上，信用扩张与全球化之间存在正反馈机制，信用扩张受益于全球化推动的低成本—高成长组合，同时信用扩张反过来又会放大需求，推动全球化发展，但这种正反馈循环也存在边界。新冠肺炎疫情下，发达经济体出现了有史以来规模最大的一轮信用扩张，"疫情泡沫"直接拉高了通胀，而克服通胀的方式就是加息，退出量化宽松，全面收缩信用，抑制过剩的需求。

当前，全球共同面临的议题很多，包括绿色转型、数字化转型、金融治理等，这些议题无疑都需要各国共同协作，但推动全球化转变的力量明显占据上风，摩擦代替合作，对峙性的宏观、产业政策代替全球协调性的政策，全球主要经济体宏观经济周期和政策不同步问题愈发明显。

（二）全球宏观经济周期不同步

2022年全球经济分化加速，中国与发达经济体的经济周期越来越不同步。由疫情冲击引发的不同宏观政策应对直接导致了不同的政策周期，加剧了经济周期的非同步性。从国内生产总值（GDP）和居民消费价格指数（CPI）走势来看，中国与其他主要经济体存在非常大的不同步性。这反过来又会进一步造成政策的不同步。

1. 主要经济体GDP复苏和CPI上涨的非同步性

疫情以来，全球主要经济体基于自身特点，采取了不同的方式来防控新冠肺炎疫情和救助经济，导致经济收缩、扩张和通胀的非同步性。这里通过GDP增长和CPI变动来简单加以刻画。利用2018年第一季度至2022年第二季度中国、美国、欧盟、日本GDP指数季度时间序列，通过HP滤波剔除趋势项，考察各经济体GDP周期波动的相关性。从表1可以看出，中国的GDP季度波动与美国、欧盟、日本的相关性非常弱，相关系数最高也仅为0.2，而美国、欧盟、日本GDP季度波动之间具有非常强的正相关性，相关系数均超过0.9。可以看出，中国与一些发达经济体抗疫和经济救助政策的不同，引起了明显的经济周期不同步。中国当前呈现低通胀和经济增速放缓的态势，与发达经济体的通胀和复苏处在不同的周期阶段，随着全球化转变，未来这种非同步性有可能更加明显。

表1 中国、美国、欧盟、日本GDP周期波动的相关性

区域	中国	美国	欧盟	日本
中国	1	0.1310	0.2046	0.1635
美国	0.1310	1	0.9749	0.9296
欧盟	0.2046	0.9749	1	0.9232
日本	0.1635	0.9296	0.9232	1

注：时间跨度为2018年第一季度至2022年第二季度。
资料来源：Wind，由中国社会科学院经济研究所杨耀武博士测算。

与全球消费物价特别是欧美的消费物价相对照，中国消费物价走势的非同步性更为明显（见表2），2022年欧美国家纷纷创出大规模全球化以来最高的消费物价水平，美国CPI同比涨幅最高达到9.1%，在美联储连续大幅加息后，9月依然保持在8.2%的高位。英国、欧盟等经济体也出现了多年未见的高消费物价。9月，中国CPI同比仅上涨2.8%，与欧美消费物价周期明显不同步。日本与中国的物价波动有着一定的相关性，表现为经济复苏不强，仍有需求不足压制消费物价的特征。2022年第三、第四季度中国以复苏为基本政策诉求，而欧美国家以抑制通货膨胀为主要政策诉求，从而加剧政策周期的非同步性。

表2 中国、美国、欧盟、日本CPI周期波动的相关性

区域	中国	美国	欧盟	日本
中国	1	−0.3516	−0.2227	0.5511
美国	−0.3516	1	0.8748	0.3389
欧盟	−0.2227	0.8748	1	0.5591
日本	0.5511	0.3389	0.5591	1

注：时间跨度为2018年第一季度至2022年第二季度。
资料来源：Wind，由中国社会科学院经济研究所杨耀武博士测算。

2. 宏观政策周期的不同步

世界主要经济体周期不同步源于新冠肺炎疫情的冲击。不同于内生在经济体系中的经济、金融危机，新冠肺炎疫情大流行属于自然冲击，其传染性、致死率、流行持续时间、疫苗研发等存在诸多不确定性。各国根据自身特点采取了不同的抗疫和经济救助政策，直接导致全球主要经济体宏观经济周期的非同步性。部分发达国家较早采取了"全员免疫"的抗疫策略，相应地在隔离期间采取短期激进的"直升飞机撒钱"式的经济救助政策，直接发放救助至居民家庭，家庭购买力短时间内迅速提升，但劳动者居家得到补贴后不愿再劳动等原因导致供给不足，供需失衡。当隔离政策放松后，迅速

产生了"新冠泡沫"，促使美欧国家出现高通胀，叠加地缘政治冲突引发的能源价格冲击，导致美欧国家出现了大规模全球化以来的最高通货膨胀水平。美欧采取了连续拉高利率和紧缩信用这类"不惜代价"的调控模式来抑制通货膨胀，导致信用紧缩周期快速来临，可能再次引发全球信用收缩和衰退。

当前，全球经济增长的势头已经被乌克兰危机和部分发达国家货币政策收紧所削弱，世界经济在2021年出现反弹式复苏后，2022~2023年增速将趋于下降。美国在抑制"疫情泡沫"引起的高通货膨胀时也在"牺牲"增长。2022年第一、第二季度，美国经济环比负增长，即出现了所谓技术性衰退，但内需增长依然强劲；第三季度美国经济环比折年率虽然转为正增长2.6%，但美联储主席鲍威尔在11月议息会议后的新闻发布会上表示，消费者支出增速已经放缓，房地产部门的经济活动明显减弱，高利率和较慢的产出增速也给企业固定投资带来了压力。从加息步伐看，预计2022年底美国联邦基金目标利率可能会接近5%，2023年第一季度继续加息至5%以上，这增加了美国经济"硬着陆"的可能性。2022年10月底，美国房地产30年抵押债券利率突破7%，达到近20年来的新高，部分市场人士开始担忧美国房地产可能会再现2008年的房地产——金融问题，出现所谓经济危机与金融危机叠加。面对高企的通胀，2022年10月欧央行进行了年内连续第二次75个基点的大幅加息，预计2023年欧洲经济有可能转入全面"滞胀"。由利率上升而引发债券市场大幅波动，一些投资者开始担忧欧洲"滞胀"和"欧债危机"有可能相互叠加。日本则继续保持宽松货币政策，希望通过贬值来提高竞争力。美国和欧元区持续加息，信用收缩和美元指数持续上升都会导致全球信用收紧，很多负债较高的发展中国家和新兴经济体发生债务危机的可能性大幅上升。

中国则采取了"动态清零"的抗疫总方针和审慎的经济刺激政策，经济增长保持总体平稳，同时成为全球最早大规模提供工业制造品供给的国家，但持续的疫情扰动导致中国的供应不时受限，经济增速也有所放缓；同时，审慎的救助政策避免了经济的大起大落，但复苏步伐也相对温和。2022年，中国经济增速有所放缓,在美欧进入反通胀的信用紧缩周期时,中国进入了降息和扩张信用以促增长的信用扩张周期。可以看出,面对新冠肺炎疫情这类具有高度不确定性的自然冲击,主要国家依据自身特色,所采取的防疫和经济救助措施各具特色而难以协调,这也导致各国处于非常不同的经济周期阶段。

全球主要经济体处于非常不同的经济周期阶段,导致宏观政策协调难度加大,货币汇率波动加剧,直接影响全球经济和金融稳定,更多尾部风险可能会不断暴露。展望2023年,主要经济体都有不同的经济和政策目标,但从目前的政策选择倾向看,主要是采取"以我为主"的政策基调。

从现代历史上三次大的全球性经济衰退来看,政府均成为最重要的救助者。1929年开始的大萧条使得央行成为"最后的放款人",为危机提供流动性,也成就了凯恩斯主义,积极财政政策成为摆脱经济危机的最大政策工具。2008年国际金融危机使得央行成为"最后的交易商",无所不能买,从房地产抵押债到股票ETF,不仅可以利用量化宽松的方式向市场注入流动性,而且可以用扭转交易方式进行国债收益率曲线控制(YCC)来进行资产负债表修复,同时启动财政救助政策。2020年受疫情冲击,财政货币一体化达到了历史上的顶峰,财政通过货币当局进行负债扩张直接给居民发放补贴,即"直升飞机撒钱"式的救济。从这些政策能看出政府具有重要的信用和跨期平抑周期的功能,且越来越强。但政府干预的效果也面临挑战,政府举债会受到加税和高利率的影响,凯恩斯主义受到了"滞胀"的打击,而持续的低利率也先后引发了互联网泡沫和美国房地产的次贷危机,从而引发全球金融危机。新冠肺炎疫情后部分发达国家以前所未有的幅度扩表举债,直接引发了这次"新冠泡沫"危机,政府干预具有一定的熨平经济周期功能,同时也受到李嘉图等价等多种经济因素的制约。

全球化转变后,低利率—高增长组合渐行渐远,国家信用扩张的条件发生变化,各国经济的周期非同步,使得各国政府都在积极探索新的应对周期波动的政策模式。2023年预计中国也要采取基于自身发展周期的政策,探索中国现代化之路,同时防范全球经济增速减缓和信用收缩的二次冲击。

三 外部冲击对中国经济可能的影响渠道

中国与主要经济体的GDP和CPI关联度下降，降低了中国受到外部冲击的影响，但对中国经济增长的因素分解表明海外需求仍对中国经济增长有重要的影响。疫情以来，海外需求增加部分对冲了中国内需增速的放缓。在海外需求的带动下，中国制造业自疫情以来实现了非常充分的复苏。如果以2019年前三季度各行业增加值为基期来看2020年前三季度至2022年前三季度各行业复苏状况，可以发现，受疫情影响2020年前三季度至2022年前三季度制造业增加值年均复合增速为5.3%，是未受疫情影响的2019年前三季度4.5%增速的1.18倍（见图2）；同期，服务业年均复合增速为4.0%，仅为2019年前三季度7.3%增速的54.8%。制造业快速增长对冲服务业收缩的态势比较明显。

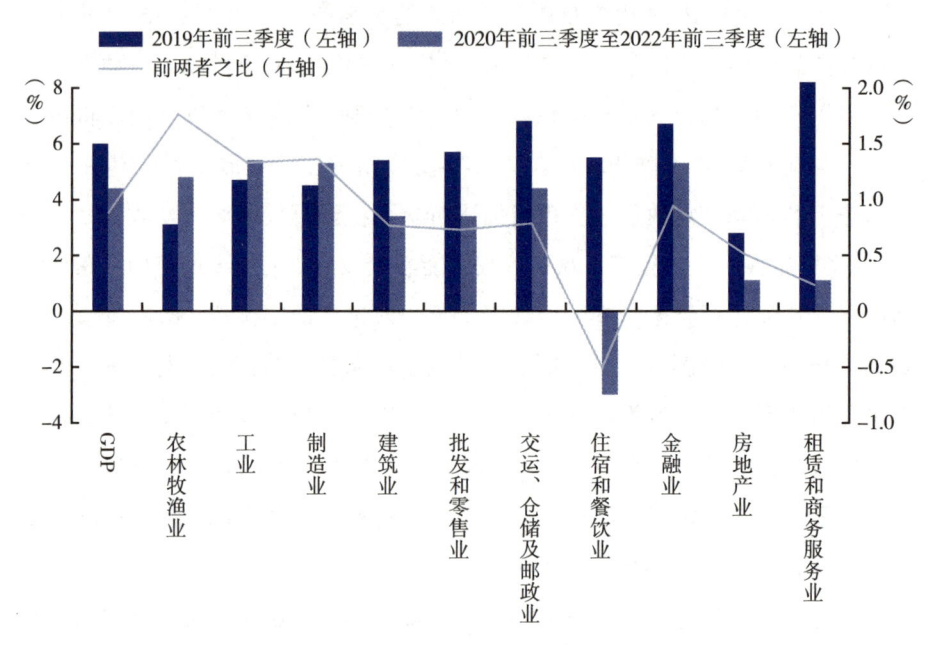

图2 2019年前三季度与2020~2022年同期各行业增加值变动情况

注：2020年前三季度至2022年前三季度为年均复合增速。
资料来源：国家统计局。

冲击、中国经济韧性与周期不同步的政策选择

2023 年，如果全球经济走弱甚至衰退，那么会降低中国的外部需求。从历史数据来看，欧美国家制造业采购经理指数（PMI）与全球制造业 PMI 的走势较为一致。2022 年 10 月，摩根大通全球制造业 PMI 下降到 49.4，表明全球对制造业产品的需求已明显下降（见图 3）；中国制造业 PMI 为 49.2，也降到了 50 的荣枯线以下。

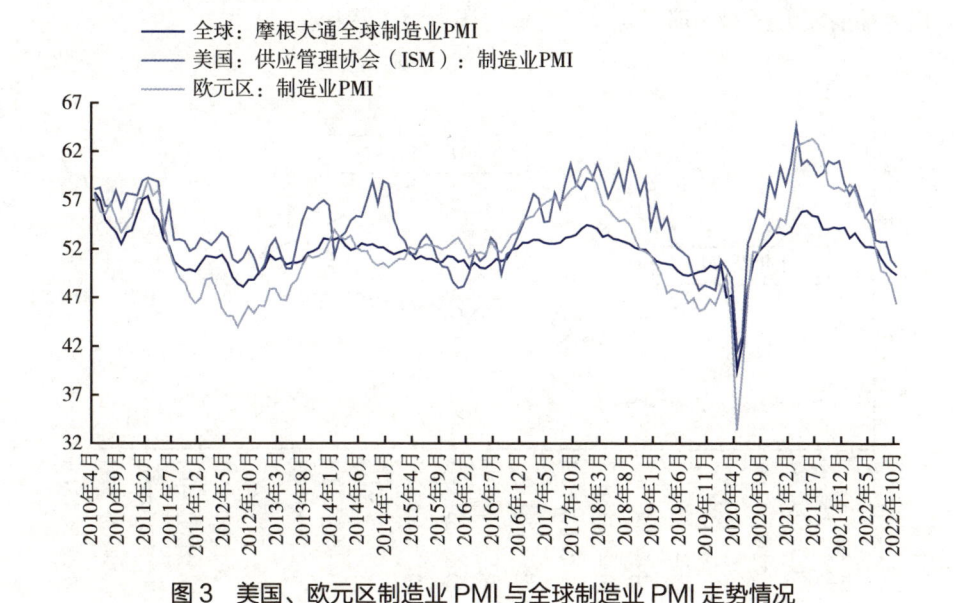

图 3　美国、欧元区制造业 PMI 与全球制造业 PMI 走势情况

资料来源：Wind。

除了实物形态冲击，国际信用收缩对中国的影响也不容小觑，直接表现在以下几个方面。

人民币贬值压力增加，降低了中国货币政策调控的自由度。2022 年 8 月以来的人民币兑美元汇率贬值主要是由于中美货币政策的不同步性，美国加息而中国降息。8 月 1 日至 10 月 31 日，人民币兑美元汇率贬值 8.0%，加上 2022 年上半年人民币兑美元汇率贬值 4.9%，年初至 10 月 31 日，人民币兑美元汇率贬值达到了 15.3%（见图 4）。这固然与美元指数上涨超过 110 有关，但从侧面也反映了宏观政策空间受国际政策环境制约。从决定中国汇率的四

大因素看，第一个因素是贸易顺差和外汇储备，目前看仍处于健康状况，但外需收缩是潜在的风险；第二个因素是中美利差，目前中美利差已经全面倒挂，资本流出增加，这是资本全球套利的必然结果，因此不利于人民币汇率稳定；第三个因素是宏观经济基本面，目前较为健康，但房地产—金融风险有所上升；第四个因素是人民币汇率干预状况，目前中国使用了较为温和的调控政策，没有直接干预外汇市场。如果2023年中国受到外部需求下降和信用收缩的较大影响，那么人民币贬值的压力会依然存在。

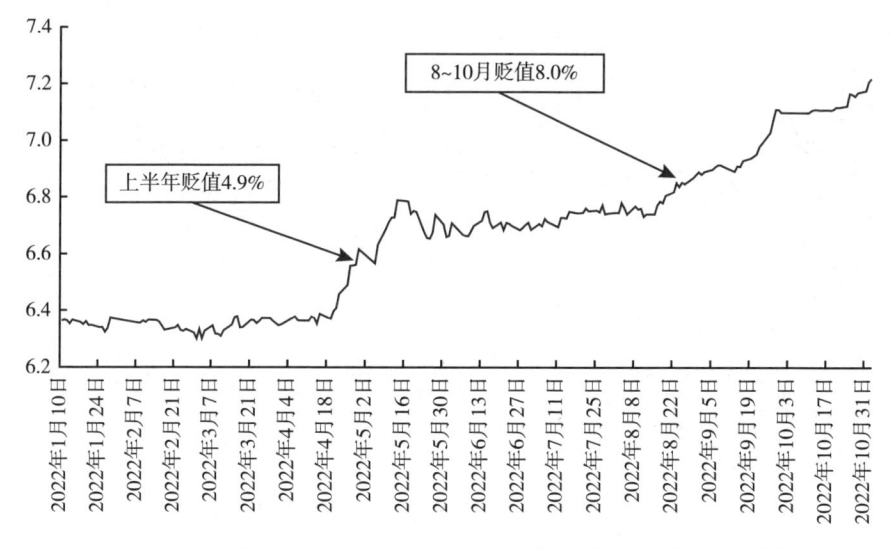

图4　2022年1月10日至10月31日人民币兑美元即期汇率变动情况

资料来源：Wind。

资本持续流出引发了人民币资产价格的重估。由于中美利差全面倒挂，资本流出增加，包括投资中国债券市场的资金持续流出、股票市场的北向资金也出现净流出（见图5）。连续两个季度资本净流出2000亿美元，向着2015年汇改时的资本流出规模靠拢。资本持续流出不仅增加了证券市场价格下行压力，也有可能引发包括房地产在内的更广泛的资产价格下跌。资本流出对实体经济的影响也比较明显，包括结汇意愿下降，国内外向型企业和外资企业获利后再投资意愿也会受到影响。汇率持续贬值对物价的传递效应也

冲击、中国经济韧性与周期不同步的政策选择

值得关注，中国粮食和能源对外依赖度较高，2022年1~9月中国进口中的能源类和食品类商品价格增长较快。2022年9月，中国CPI同比上涨2.8%，其中食品价格上涨8.8%，汽油、柴油和液化石油气价格分别上涨19.2%、21.0%和16.6%，扣除能源和食品的核心CPI同比仅上涨0.6%，涨幅较上月下降0.2个百分点，可见能源和食品对中国的消费物价有着非常重要的影响。

综上所述，中国经济与其他主要经济体周期不同步，以我为主的态势越来越强，但依然会受到外部冲击的影响，而且这种冲击来自多个方面，对出口、物价、资产价格和宏观政策空间都会产生明显的影响。

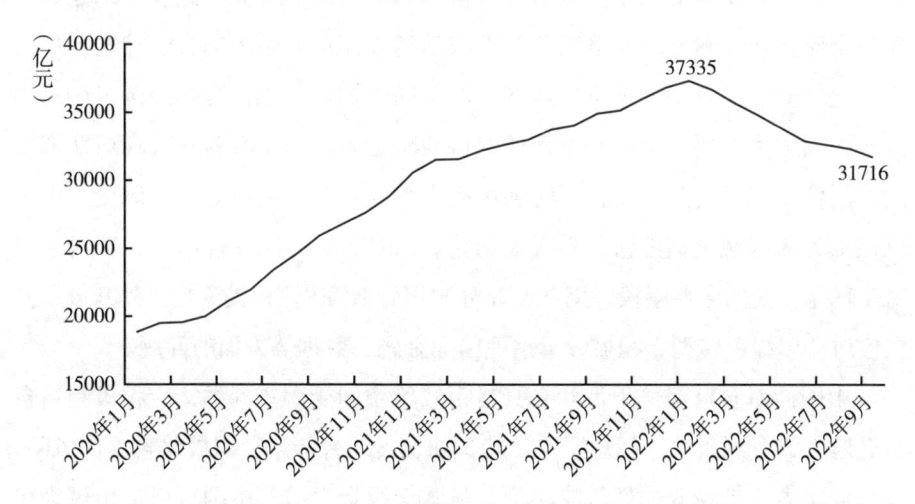

图5　2020年1月至2022年9月境外投资者通过债券通持有的人民币债券余额
（中央结算公司）

资料来源：Wind。

从中国经历的1997年亚洲金融危机和2008年国际金融危机来看，中国都受到了比较大的外部需求收缩影响，而汇率贬值和全球化转变的挑战都不大，因此中国主要靠启动内需来对冲外需下滑，其中最有效的措施是1997年的基建投资与房地产市场改革，即改革公有制住房，允许私人按揭贷款、土地招拍挂等，推动了城市化和服务业发展。2008年，基建投资与房地产大发展相结合，服务业占比上升。此次新冠肺炎疫情的冲击导致内需收缩、

053

外需提升、服务业比重下降、制造业比重上升，与前两次大不相同，政策主打基建、无房地产的配合，实现了三年的基本经济稳定，经济结构有所改善。2023年面对可能到来的二次冲击，中国需要有新的政策措施予以有效应对。

四 利用中国有利的宏观周期积极应对外部收缩冲击

当前，中国经济面临的现实状况主要有以下特征：一是经济处在低通胀和稳定增长的复苏周期中，自身经济潜力和活力还有待充分激发；二是必须直面全球化转变和全球经济增速下滑与信用收缩可能带来的二次冲击。尽管全球化转变已经开始，但全球经济间的关联性依然很强，国际经济走势对中国的影响依然重要。中国一方面要保持战略定力，利用有利的宏观周期解决国内问题、应对国际风险，同时利用高水平的对外开放应对逆全球化。中国已经加入《区域全面经济伙伴关系协定》（RCEP）等区域性组织，获得了应对全球化转变的一些手段，因此要充分利用好RCEP，积极深化对外开放，共同应对全球绿色转型，积极参与治理国际金融、数据等方面的问题。

中国面对全球经济下滑和自身货币政策空间受限等问题，应积极利用自身低通胀的有利条件，把短期稳定和长期发展结合起来，积极化解国内风险，提升竞争力，推动双循环战略实施。从政策组合上看，中国可以推出更为积极的宏观调控政策和改革措施。一是积极调整宏观管理政策框架，基于现代化进程的需要加快财政与金融协同机制的建立，这样才能充分促进复苏和应对外部冲击。在自身货币政策空间受限的情况下，中国关键是要通过降低存贷款息差的方式，降低社会综合融资成本，着力打破贷款利率隐性下限。中国商业银行等金融机构要通过改善服务增加中间服务收入，逐步改变以赚钱利差为主的盈利模式。近年来，我国企业融资成本有所下降，但还远远不够；从企业的资产收益率变动状况看，随着我国经济潜在增速下降，企业总资产收益（ROA）整体处于下行过程中，A股上市公司总资产收益率已多年低于综合融资成本，这降低了市场主体的投资意愿。在自主经营权得到尊重的情况下，金融机构应当充分竞争、自负盈亏；对于承担额外社会责任可能带来的坏账损失，应当有相应的财政机制配合加以解决。二是利用国内宽松金融条件，通过政策性金融配合财政政策积极处理现有的房地产—金融坏账问题，促进房地产行业良性发展，构建房地产市场长效机制。三是财政政策要积极救助低收入和收入不稳定人群，保证中低收入人群生活质量，促进消费需求增长，这既是改善民生的要求，也是稳定经济的需要。四是中国成功推动了留抵退税和税收抵扣等税收减免政策，与之相配套的是要更大力度地发挥积极财政支出和政策性银行的支出作用，稳定宏观经济大盘。五是放松对一些行业不必要的管制，增强民营企业家信心，千方百计扩大就业。六是加快市场化改革，用更多的竞争政策来激励产业实施技术创新，积极推动多主体参与，增强创新的多元化动力。

参考文献：

谢伏瞻主编《经济蓝皮书：2022年中国经济形势分析与预测》，社会科学文献出版社，2021。

杨耀武、张平：《中国经济高质量发展的逻辑、测度与治理》，《经济研究》2021年第4期。

张平、杨耀武：《经济复苏、"双循环"战略与资源配置改革》，《现代经济探讨》2021年第1期。

张平、杨耀武：《疫情冲击下增长路径偏移与支持政策——基于对企业非均衡冲击的分析》，《经济学动态》2020年第3期。

B.4
2023年中国经济形势和政策建议

祝宝良[*]

摘　要： 2022年，受疫情反复和俄乌冲击的超预期影响，我国落实疫情要防住、经济要稳住、发展要安全的要求，推出一揽子宏观调控政策，着力稳增长、稳就业、稳物价，经济增速在第二季度跌入谷底后呈现回稳势头，产业链供应链稳固，就业形势有所改善，物价总体保持稳定，全年经济增长预计3.5%左右。与此同时，外部风险挑战明显增多，国内需求不足矛盾凸显，市场主体预期转弱，财政金融风险有所暴露。2023年，要以经济建设为中心，坚持稳中求进工作总基调，把稳增长放在突出地位，继续实施积极的财政政策和稳健的货币政策，不断深化改革、扩大开放，着力扩大内需，着力增强微观主体活力，着力稳定市场信心，保持经济运行在合理区间。

关键词： 需求收缩　预期转弱　滞胀

2020~2021年，新冠肺炎疫情造成经济主要指标的增长速度大幅度波动，给经济形势分析和政策制定、政策效果评估带来影响。通过以2019年数据为基数，计算2020~2021年两年复合增长速度，可以发现主要指标如国内生产总值（GDP）、工业生产、物价（CPI）、社会消费品零售总额、固定资

---

[*] 祝宝良，国家信息中心首席经济师、研究员，主要研究方向为数量经济。

产投资等指标的月度、季度增速波动幅度基本正常，可以把新冠肺炎疫情导致的波动因素消除掉。在分析2022年经济形势时，可以把2021年主要经济指标的绝对数据作为基数，计算2022年的增长速度，并把这一增长速度和2020~2021年两年复合平均速度进行比较。

一　2022年我国经济形势分析

2022年1~2月，我国经济平稳开局，但3月以来新冠肺炎疫情在多地反弹，3月中旬吉林长春等城市封城、3月底上海封城，我国经济受到严重冲击。2022年2月24日，乌克兰危机引发美欧等主要国家对俄罗斯实行制裁，全球能源、粮食、金属等大宗商品价格上升，美国等国家为应对通胀高企开始加速退出宽松货币和财政政策，全球经济增长开始趋缓。多重因素叠加影响，我国经济从3月开始回落，4月进入低谷，5月下旬以来，随着国内疫情防控形势向好，企业复工复产不断推进，我国经济开始触底反弹。5月22日，国务院及时出台稳经济一揽子政策措施，6月我国经济开始较快恢复，7~8月经济保持基本平稳，但回升速度慢于预期。8月24日，国务院再次出台新的增量政策，9月开始我国经济增长势头有所加快。

（一）工业生产企稳回升，服务业发展缓慢

2022年前三季度，我国GDP同比增长3.0%，其中第一季度增长4.8%，第二季度增长0.4%，第三季度增长3.9%。工业生产恢复较好，2022年1~9月，规模以上工业增加值同比增长3.9%，较过去两年同期平均水平放缓2.5个百分点，其中第一季度增长6.5%，第二季度增长0.6%，第三季度回升至4.8%。汽车制造业快速恢复，1~9月，汽车制造业增加值同比增长6.9%，其中第三季度大幅增长25.4%，新能源汽车产量持续成倍增长，对工业经济拉动作用显著。高技术制造业增势良好，前三季度，规模以上高技术制造业增加值同比增长8.5%，增速高于全部规模以上工业增加值4.6个百分点，新能源新材料产品继续高速增长。服务业生产十分缓慢。前三季度，服务业生产指数同

比仅仅增长0.1%,低于过去两年同期平均水平6.3个百分点。房地产、住宿和餐饮出现负增长,交通运输业零增长,信息传输、软件和信息技术服务业与金融业增长加快,其增加值同比分别增长8.8%和5.5%。

（二）内需疲软,净出口成为拉动经济增长的主要动力

消费低迷不振。2022年前三季度,社会消费品零售总额同比仅增长0.7%,低于过去两年同期平均水平3.2个百分点,分季度看,第一季度增长3.3%,第二季度下降4.6%,第三季度增长3.5%。餐饮、纺织服装、家具、金银珠宝等消费出现负增长,家电、通信器材等消费基本停滞,基本生活类商品销售平稳增长,限额以上单位粮油食品类、饮料类和烟酒类分别增长9.1%、6.9%和4.7%；绿色升级类商品销售增势良好,限额以上单位书报杂志类、文化办公用品类零售额同比分别增长6.7%和6.8%。新能源汽车销售呈快速上升态势,同比增长113.2%。乡村市场销售增速略高于城镇,乡村消费品零售额同比增长0.9%,增速比城镇消费品零售额高0.2个百分点。投资对稳住经济基本盘提供了有力支撑。1~9月,固定资产投资同比增长5.8%,较过去两年同期平均水平加快1.9个百分点。制造业投资稳中有升,同比增长10.1%,高技术制造业投资同比增长23.4%。基础设施投资持续发力,同比增长8.6%,连续5个月出现回升。社会领域投资好转,医疗卫生等社会性投资同比增长13.2%,高技术服务业投资同比增长13.4%。房地产持续回落,开发投资下降8%。外需增长快于内需是2020~2022年疫情期间我国经济运行的重要特征。2020年和2021年,我国商品出口占全球市场的份额从2015~2019年平均13.1%分别上升到14.7%和15.1%。2022年以来,抗疫物资和居家办公用品出口减少,我国出口增速慢于世界平均水平,上半年我国出口占世界市场的份额降至14.1%,但出口仍保持一定韧性。在过去两年同期平均水平增长14.8%的基础上,2022年前三季度,商品出口（美元计价）仍增长12.5%。受内需低迷不振的影响,我国进口仅增长4.1%,实际进口量下降达8%左右。外贸出现衰退型顺差,货物贸易顺差增长51%。服务贸易保持平稳增长。1~8月,我国服务贸易出口同比增长23.1%,服务进口同比增长17.9%,服务贸易

逆差同比下降29.5%。前三季度，货物和服务净出口对经济增长的贡献率为32%，拉动经济增长1个百分点。

（三）粮食能源安全保供成效显著，物价水平总体温和上涨

粮食能源安全稳定供应对于稳物价至关重要。国家大力稳定粮食生产，组织各产煤省区在确保安全、清洁、高效利用的前提下积极挖掘增产潜力，有效释放先进产能，保障物流畅通安全，确保粮食能源供给，稳定价格水平。前三季度，全国夏粮早稻比上年增长0.9%，秋粮播种面积稳中有增，秋粮生产有望丰收。猪牛羊禽肉产量同比增长4.4%。全国煤炭产量同比增长11.2%，原油产量增长3%，天然气产量增长5.4%。国内粮、肉、煤、油、气等资源快速增长有力保障了安全稳定供应。在国际大宗商品价格特别是能源和粮食价格持续高位运行，对国内输入性通胀影响加大的情况下，我国市场价格保持基本稳定。消费价格同比涨幅虽然逐月有所提高，但1~9月，我国CPI同比仅上涨2%，低于全年3%左右的预期目标，剔除粮食能源等以外的核心CPI同比上涨0.9%。工业品价格逐月回落，PPI同比涨幅由1月的9.1%回落至9月的0.9%，1~9月，PPI同比上涨5.9%，涨幅比上年回落2.2个百分点。消费品和工业品价差缩小。

（四）就业形势总体有所改善，居民收入和经济增长同步

2022年以来，受疫情影响就业形势出现一些波动。前2个月就业形势总体稳定，3月受疫情影响，全国城镇调查失业率升至5.8%，4月升至6.1%。5月以后，疫情防控形势向好，稳经济、稳就业政策措施落地显效，调查失业率开始回落，6月降至5.5%，7~8月继续下降到5.3%，9月受疫情多发散发影响调查失业率上升到5.5%。前三季度，城镇调查失业率均值为5.6%。从就业的主体人群看，25~59岁劳动力失业率第三季度均值为4.4%，明显低于第一季度4.9%和第二季度5.0%的均值水平。针对青年失业率较高的问题，国家持续实施青年专项技能培训计划、百万就业见习岗位募集计划等；针对农民工群体失业率波动较大的问题，不断完善农民工就业创业帮扶措施，大力实施以工代赈。9月，16~24岁青年人失业率为17.9%，比7月最高点下降2

个百分点。从5月开始，外来农业户籍人员失业率连续4个月回落，9月为5.0%，较4月高点下降1.6个百分点。随着就业形势改善和经济逐步恢复，居民收入有所上升，居民收入增长与经济增长基本同步。前三季度，全国居民人均可支配收入实际增长3.2%。受益于基础设施投资、重大项目建设以及夏粮再获丰收、玉米小麦价格较高、生猪和禽蛋价格上涨等因素，农村居民收入快于城镇居民，城乡收入差距缩小。前三季度，农村居民人均可支配收入实际增长4.3%，高于城镇居民2个百分点。

（五）稳就业、稳物价任务可基本实现

随着疫情防控形势向好，稳经济一揽子政策落地生效，我国经济将持续复苏。但由于房地产仍然低迷不振、出口增速有所减慢，经济复苏势头不会很强，预计2022年第四季度我国经济增长5%左右，全年增长3.5%左右。无论是年度还是季度增速均低于2022年经济增长预期目标，也低于5.5%左右的潜在经济增长速度。2022年第四季度，我国工业品价格涨幅会继续收窄，消费品价格基本稳定，2022年全年PPI预计增长4.5%左右，CPI增长2.2%左右，低于3%左右的调控目标。城镇新增就业可达1200万人，调查失业率均值可控制在5.5%左右，基本实现调控目标。国际收支保持基本平衡，外汇储备稳定在3万亿美元左右。

二 内外环境更趋复杂，经济运行面临诸多突出矛盾和问题

当前，我国经济下行压力有所缓解，部分经济指标呈现积极改善态势，但是仍面临一些突出矛盾和问题，需引起高度关注，稳增长、稳就业、稳物价面临较大挑战。

（一）外部环境风险挑战明显增多

受新冠肺炎疫情反复、乌克兰危机、通货膨胀超预期和美国等主要国家

宏观政策快速收紧等多重因素冲击，世界经济正面临增长放缓和通货膨胀高企双重压力，出现滞胀局面，占全球经济 1/3 左右的国家将在 2022 年下半年和 2023 年发生经济萎缩。美国的货币政策收缩将导致 2023 年经济增速降至 1% 以下。能源危机对德国、日本、韩国等国家造成严重影响，欧元区经济减速最为显著，2023 年欧元区经济增速降至 0.5% 以下。美元币值已处于本世纪以来的最高水平，过度依赖能源进口、外资流入的中低收入国家将陷入债务困境。2022 年 10 月国际货币基金组织（IMF）预测 2022 年全球经济增长 3.2%，2023 年最大可能性增长 2.7% 左右，但有 20% 的可能性降至 2% 以下。在全球经济增速放缓的同时，全球通胀压力比预期的更广泛、更持久，国际市场能源、粮食等初级产品价格仍处于高位，部分国家面临能源危机、粮食危机。全球贸易从 2022 年下半年开始失去增长动能，2023 年增速会大幅度下降，世界贸易组织预计 2022 年世界贸易量增长 3% 左右，2023 年降至 1% 左右。与此同时，美国加强对我国的遏制围堵。近期，美国主导启动"印太经济框架""芯片四方联盟"，召开美欧贸易技术理事会，在贸易、半导体、能源技术、技术标准、人才培养等领域制定排他性政策，推动产业链转出中国，迟滞我国产业链提升。在非经济领域制造事端，通过涉台、涉疆、涉港等问题制裁打压相关企业和人员。我国面临外需收缩、输入通胀、短期资本外流的压力。中美博弈会导致我国比较优势和竞争优势难以发挥，科技创新成本上升，产业链供应链安全受到威胁。世界经济增速减缓，一些国家经济出现困难，也有利于我国"走出去"进行资源、能源、技术合作，吸引高载能、高技术行业的外商企业投资我国。

（二）国内有效需求不足

居民消费需求疲软，新冠肺炎疫情导致接触性、场景性消费受限，旅游、住宿餐饮、交通出行、文娱等消费需求难以释放。企业生产经营困难，吸纳就业能力下降，特别是房地产、民营教育、平台经济三个吸纳年轻人就业较多的行业收缩较快，青年失业率居高不下，部分居民收入下降。居民储蓄倾向明显上升，消费能力减弱，消费信心不足。房地产市场面临下行风险，近

来商品房销售持续下滑，部分房企陆续出现资金链断裂，造成相关项目烂尾停工，不能按期交房，影响居民购房意愿。居民购房进入观望阶段，改善型需求释放面临较大障碍。房地产企业融资难问题仍将持续，"销售弱—回款难—拿地意愿不足—新开工降速—房地产投资回落"的循环尚未打破。

（三）市场主体预期转弱

企业营商环境面临较大的不确定性，2021年下半年以来，在疫情仍未得到根本控制的情况下，我国出台了有关防止资本无序扩张、房地产调控、节能减排等一系列政策，包括房地产调控、平台经济监管、收入分配、教育"双减"、减碳等，出台政策之多、力度之大是空前的，出现了各类政策完全正确但叠加后对经济增长产生"合成谬误"和"分解谬误"效应，严重挫伤了企业积极性。疫情反复和美国打压导致部分企业难以维持正常生产经营活动，能源原材料价格处于高位，物流配送效率降低、费用增加，日常防疫刚性开支加大，企业经营成本压力较大。

（四）局部金融风险和地方财政平衡压力加大

中小金融机构风险逐步暴露。受经济下行压力加大、内部管理不规范等因素影响，中小银行特别是村镇银行在资产质量、资本充足水平、公司治理等方面存在突出问题，部分村镇银行已无法兑付，其风险暴露不仅影响金融稳定，还影响社会稳定。地方财政收入增速放缓。经济增速低于预期目标，土地出让金大幅下滑，基本民生支出刚性增长，部分地方财政平衡压力加大。

三 2023年经济走势基本判断

我国经济长期向好的基本面没有变化，突出表现在产业链供应链完整齐全，科技水平持续提升；数字经济、绿色产业、高技术产业和装备制造业迅速发展，新经济增长动能不断增强；中央财政赤字率和债务率不高，物价处于较低水平，货币政策处于常态化运行，宏观调控政策空间较大。如果2023年继续实施动态清零政策，财政赤字率提高到3%，地方政府专项债保持不变，政策性银行继续增加对基础设施建设的融资，货币供给和社会融资总量与潜在经济增速和平稳的物价水平相匹配，虽然制造业投资、政府消费、出口增速会有所减弱，但在2022年主要经济指标基数较低的基础上，基建投资会继续保持增长势头，居民消费和房地产投资边际改善，2023年我国经济增长预计在5%左右。考虑到我国的潜在经济增长水平、满足就业需求、防范化解风险、提振市场信心等因素，建议把2023年经济增长目标设定为5%左右。

（一）居民消费增速提高

新冠肺炎疫情仍是影响短期消费的重要因素。过去三年应对疫情冲击的经验表明，相对于投资和进出口，消费需求受新冠肺炎疫情影响最大，疫情一旦反复，居民餐饮、出行、娱乐等消费需求马上就出现塌方式减少，持续影响时间在两个月左右。连续三年疫情影响，使得部分居民收入减少，居民收入差距有所扩大，居民的边际消费倾向仍低于疫情前的水平，总体消费增长缓慢。消费市场将延续高档消费增长较快、中低档消费修复偏慢、服务消费看疫情状况的局面。汽车购置税减免政策退出后，汽车消费会出现较大回落；与住房有关的消费，如建筑装潢、家电家具等相关消费会有所减弱；旅游、文化、餐饮等服务消费仍存在不确定性。但考虑到2022年消费基数较低，2023年社会消费品零售总额增速会高于2022年。

（二）投资平稳增长

基建投资增速会继续维持高位。2022年6月以来各级政府加快推进基建项目审批和前期准备工作，地方政府可根据职责权限对用地、环评等办理作出承诺，项目落地后按规定补办手续，拟在建项目储备增加。政策性银行等准财政和社会资金与政府专项债结合，大大增加了基建投资的资金来源，基建实物工作量从2022年第四季度开始会加快形成，并对2023年的基建投资形成支撑，只要建设资金继续得到保障，2023年基建投资仍有望保持2022年的水平。制造业投资增速放缓。国家出台了研发加计扣除、制造业技改投资贴息等支持政策，有利于稳定制造业投资，但出口、消费、房地产投资需求不足，制造业产能利用率在75.5%左右，低于78%左右的合意水平，这会影响制造业企业投资意愿。制造业企业整体盈利状况不佳，2022年前三季度，全国规模以上工业企业实现利润同比下降2.3%，关键零部件和关键技术面临"卡脖子"问题，企业投资能力不足。预计2023年制造业投资增速会有所减慢。房地产投资止跌回升。2021年底以来，各地区各部门积极调整房地产相关政策，通过调降房贷利率、降低首付比例、松绑限售限购政策等支持居民住房贷款需求。各地加大了"保交楼"力度，到2022年10月，2000亿元"保交楼"贷款已落实到位，90%以上的烂尾楼开始复工，这些政策对改善购房者预期、稳定房地产需求有积极作用，房地产销售降幅从2022年8月开始有所收窄。地方政府通过适度放宽参与条件、修改竞拍规则、推出更多优质地块等方式在土地供应方面给予房地产企业更多利润空间，鼓励企业拿地，金融机构也加大了对房地产企业的融资支持力度。这些举措有利于改善房地产企业的资金状况，缓解资金短缺压力。在2022年低基数背景下，2023年房地产销售、房地产投资会止跌回升。但由于土地购置面积已连续四年下降、新开工面积连续三年下降，部分房地产企业出现了信用风险，2023年房地产投资难以明显改善。

（三）出口明显回落

我国出口对外需敏感而对汇率变化不敏感，由于汇率的J曲线效应，汇率贬值对出口的影响要滞后一年左右。2023年，世界经济恶化会对我国的出口带来较大冲击。尽管人民币对美元有所贬值，但对一揽子货币基本稳定，人民币贬值对我国出口的提振作用有限。越来越多的国家选择与病毒共存战略，对我国医疗物资、居家办公商品需求减少。各国恢复正常生产后，一些回流订单流出我国。各国内顾倾向加剧，保护主义和单边主义上升，全球产业布局将从注重成本转向更加注重安全和效率，产业链供应链趋于区域化、本土化、短链化，部分产业流出我国。我国产业链供应链齐全，配套能力强，出口仍具有韧性。预计2023年我国出口额按美元计算出现零增长。与此同时，大宗商品价格仍处于高位，我国进口会随经济增长而相应增加，贸易顺差减少，净出口对我国经济增长的边际贡献将转为负值。

（四）通胀继续温和上升

我国货币政策仍处于常态化，基本管住了物价上涨的货币基础。我国工业生产能力强，工业消费品领域竞争激烈，工业产品和相关服务供给充裕，国内需求低迷，价格缺乏需求支撑，原材料价格上涨导致的生产成本提高向消费领域传导尚不明显，难以带动消费者价格快速上涨。从全球经济发展看，世界主要经济体的通货膨胀是成本推动性通胀、需求拉动性通胀、结构性通胀的混合型通货膨胀，难以靠紧缩政策得到快速治理，全球通胀还会维持一段时间。但美联储从2021年11月开始的缩减购债、加息具有风向标意义，全球货币政策转向，有利于稳定全球通胀预期。总的来看，世界通胀率上升对我国物价上涨仍有一定推动作用。考虑到2022年翘尾因素对2023年我国CPI的影响约0.8个百分点、PPI为-0.3个百分点，粮食、猪肉等食品价格从低位开始回升，预计2023年CPI上涨3.0%左右，PPI上涨1.0%左右。

（五）就业基本稳定

为应对新冠肺炎疫情对就业的冲击，我国将继续强化就业优先政策，大力援企稳岗，保持就业形势的总体稳定。从目前情况来看，我国经济每增长1个百分点，可拉动城镇新增就业240万人左右，预计2023年城镇新增就业1200万人，全年城镇调查失业率均值为5.5%左右。基建投资带来的乘数效应对相关产业链和就业的带动作用提升，农民工就业规模将基本稳定在2.92亿人，恢复至2019年同期水平。2023年高校毕业生规模预计达1100万人以上，高于2022年近100万人，16~24岁青年就业压力进一步加大，青年失业率会处于较高水平。城乡居民就业形势总体稳定，基建投资有利于外出务工农村劳动力工资水平回升，农村居民和城镇居民收入会同步增长，人均可支配收入与经济增长速度会同步增长。

四 2023年政策建议

做好2023年经济工作,要全面贯彻落实党的二十大会议精神,坚持稳中求进工作总基调,全面深化改革扩大开放,把稳需求与深化供给侧结构性改革结合起来,加快创新驱动发展,增强微观市场主体活力,保持经济运行在合理区间。

(一)积极的财政政策要加力增效

继续实施积极的财政政策,财政赤字率可从2022年的2.8%左右扩大至3%,适度扩大中央财政赤字规模,加大中央财政对地方政府的转移支付力度。保持地方政府专项债规模36500亿元不变,扩大政策性银行对基础设施的投融资力度。通过财政贴息等办法支持基础设施、技改关键核心技术攻关、新能源转型和绿色发展等,发挥好财政资金四两拨千斤的作用。优化支出结构,保障和改善民生,完善养老、医疗保障和社会救助体系,加快保障性租赁住房建设。发挥政府财政支出的经济稳定器作用,政府消费占我国国内生产总值的比重在17%左右,考虑到财政支出有1.2~1.3的乘数效应,合理安排政府消费可以有效地拉动经济增长。

(二)稳健的货币政策要自主有效

继续实施稳健的货币政策,保持货币供应量和社会融资规模增速与潜在经济增速和平稳合理的物价水平相匹配。结构性货币政策工具要适时调整、有进有退,通过与财政政策配合,引导金融机构保持对小微企业、绿色发展、科技创新、区域协调等重点领域和薄弱环节的支持力度。货币政策要统筹内外均衡,以稳定国内经济为主,防止资本大进大出,保持人民币在合理均衡水平的基本稳定。

(三)扩大消费需求,推动房地产市场平稳发展

稳定社会就业,积极扩大就业渠道,鼓励创业带动就业,发挥失业保险

助企扩岗作用，保持居民收入增长，夯实消费需求的基础。拓展消费空间，开展新能源车、绿色家电下乡活动，拓宽耐用消费品销售渠道。持续创新消费业态和模式，适应常态化疫情防控需要，扩大升级信息消费，大力推进智慧零售、智慧旅游、智慧餐饮、数字文化以及"互联网＋消费"等消费模式，保持基本消费活力。继续超前布局重大基础设施建设，打造新型基础设施网络体系，论证推进一批重要的农业、水利、交通、能源等基础设施建设项目，加强5G、卫星等新型基础设施体系布局。围绕补短板、强弱项，加快推进关键核心技术攻关项目投资，支持制造业技术改造投资，加大重点行业节能降碳项目投资，加强社会民生、生态环保等领域建设。稳定房地产市场，积极推进"保交楼"建设，多方协调地方政府监管部门、金融实体、房地产企业，明确项目、房屋交付时间表，推动项目早复工、早交付。优化完善房地产融资政策，降低住房按揭贷款成本，支持居民刚性和改善性需求。加快建立房地产企业纾困机制，设立住房稳定基金，通过债权投资、类优先股投资、买断式股票投资等方式缓解房地产企业流动性困难和信用风险，促进房地产业良性循环和健康发展。

（四）推动产业结构升级，拓展新增长领域

要健全新型举国体制，强化国家战略科技力量，以国家战略需求为导向，集聚力量进行科技攻关。加快实施一批具有战略性、全局性、前瞻性的国家重大科技项目，增强自主创新能力。高质量发展不仅是长远发展的方向，也是当前增长的机遇所在，是拓展经济新增长空间的必由之路。持续推动产业链配套优势由中低端向高端转变，加快产业优化升级，新能源汽车、水电、风电、太阳能发电、生物质发电，以及网络通信、工业互联、人工智能、绿色低碳、生物医药、高端装备、新能源、新材料、航空航天海洋新领域、服务业新领域都存在巨大商机。

（五）激发微观主体活力

企业活力源于有效市场与有为政府的合理分工和有效配合，凡是市场能自主调节的就让市场来调节，凡是企业能干的就让企业干。该放给市场和社

会的要放足放到位，法无禁止即可为；该政府管的要管好管到位，严格依法行政，切实履行好政府的职责。要始终坚持两个毫不动摇，在市场竞争、生产要素使用、产权保护等方面，对各类所有制企业一视同仁。促进平台经济健康发展是稳定市场预期的当务之急，要尽快完成平台经济专项整改，实施常态化监管，切实解决滴滴出行、蚂蚁金服等标志性平台企业的问题，出台支持平台经济规范健康发展的具体政策。

（六）稳定能源粮食物价

抓好粮食生产，确保国内粮食丰收和重要农产品稳定供应。统筹疫情防控和农业生产，做好农资保供稳价工作，以惠农政策、及时发放农资等专项补贴、支农信贷、提高稻谷和小麦最低收购价等方式保护和调动农民种粮积极性。做好能源保供稳价工作。释放煤炭先进产能，落实煤炭清洁生产再贷款，提升煤炭发电机组效率。强化碳减排支持工具的信贷支持，推动新能源发电设施建设。

2023年中国主要宏观经济指标预测如表1所示。

表1 2023年中国主要宏观经济指标预测

指标	2021年 绝对值（亿元）	同比增速（%）	2022年预测 绝对值（亿元）	同比增速（%）	2023年预测 绝对值（亿元）	同比增速（%）
GDP	1143670	8.1	1218000	3.5	1304500	5.0
第一产业	83086	7.2	89690	3.8	95150	3.0
第二产业	450904	8.2	489100	4.3	516820	4.6
第三产业	609680	8.2	639210	2.9	692530	5.5
规模以上工业增加值	—	9.6		4.2		4.5
城镇固定资产投资	544547	4.9	577200	6.0	611800	6.0
房地产投资	147602	4.4	137270	-7.0	141400	3.0
社会消费品零售总额	440832	12.5	447450	1.5	476500	6.5
出口（美元）	33639.6	29.9	37510	11.5	37500	0.0
进口（美元）	26875.3	30.1	27740	3.2	29100	5.0
居民消费价格指数		0.9		2.1		3.0
工业生产者价格指数		8.1		4.3		1.0

参考文献：

张军扩:《当前中国经济形势及前景展望》,《中国经济报告》2022年第4期。

祝宝良:《2022年中国经济走势和经济政策》,《中国经济报告》2022年第1期。

祝宝良:《新冠肺炎疫情冲击下的中国经济走势展望》,《清华经济评论》2020年第4期。

祝宝良:《"十四五"时期我国经济发展和政策建议》,《财经智库》2020年第8期。

祝宝良:《从全要素生产率变化看构建新发展格局》,载林毅夫等《新发展格局 怎么看 怎么办》,河北教育出版社、黑龙江教育出版社,2021。

B.5
2023年中国经济形势展望及政策建议

陈昌盛　杨光普[*]

摘　要：2023年，国际政治经济局势将持续动荡，我国经济发展的外部环境更加复杂严峻，国内"三重压力"依然较大，经济增速持续回升的基础仍待巩固。要坚持以习近平新时代中国特色社会主义思想为指导，全面贯彻落实党的二十大精神，围绕新时期党的中心任务，把握高质量发展首要任务，坚持稳中求进工作总基调，更好统筹"两个大局"，统筹发展与安全，把稳增长放在更突出的位置，着力提振信心、扩大需求、激活创新、守住底线，凝聚全面建设社会主义现代化国家的强大力量，推动经济运行尽快回归潜在增长轨道，推动经济实现质的有效提升和量的合理增长，保持我国经济发展对全球的相对优势，实现党的二十大后的良好开局。

关键词：外部环境　"三重压力"　高质量发展

一　国际局势动荡调整，全球经济悲观预期上升

（一）抗通胀背景下全球总需求进一步放缓

当前国际主要经济体普遍面临20世纪80年代以来最严重的通货膨胀挑

---

[*] 陈昌盛，国务院发展研究中心宏观部部长、研究员，主要研究方向为宏观经济、财税体制和货币金融政策；杨光普，国务院发展研究中心宏观部，主要研究方向为宏观经济、财税体制和货币金融政策。

战。为抗击通胀，全球已有约90个经济体主动或被动开启加息，出现了15年来最大规模的"全球加息潮"。货币条件加速收紧，全球总需求持续收缩。国际机构普遍预测2023年世界经济和贸易增速将显著低于2022年，且已多次下调2023年增速预期。国际货币基金组织和世界银行分别将2023年全球经济增速预期下调至2.7%和1.9%。世界贸易组织将2023年全球货物贸易增速预期下调至1%。由于本轮通胀的复杂性和顽固性，加息控通胀的作用有限且周期会比较长，叠加地缘冲突等因素对供给侧的冲击短期难以消除，供需同步收缩加大国际经济"硬着陆"风险。

（二）高利率和强美元提升全球金融市场脆弱性

伴随全球加息潮，全球利率中枢明显抬升，资产价格大幅波动，国际资本重新配置，金融市场波动性和脆弱性显著上升。截至2022年10月18日，美元指数年内已累计上涨16.7%，非美元货币普遍大幅贬值，年内欧元、英镑、日元、人民币分别贬值15.3%、19.5%、29.7%、11.5%。强美元加大外债负担较重国家的偿债压力。国际货币基金组织指出，超过30%的新兴经济体和发展中国家正处于或濒临债务困境，低收入国家中该比例甚至达到60%。2022年7月，斯里兰卡宣布"国家破产"，并陷入剧烈的政治经济动荡。未来一段时间，巴基斯坦、阿根廷、土耳其、巴西等均面临严峻的外汇储备不足问题和债务违约风险。

（三）美国"芯片遏华"影响将超过以往

美国近期出台一系列遏制我国先进半导体产业发展的措施，包括限制先进芯片及生产设备出口、禁止相关美籍人员在华从业、将禁令扩大至更多种类的芯片、将更多国内企业列入"未经核实清单"、将限制措施扩大至使用美国技术的他国公司等，较此前打压方式更聚焦、更直接。国内相关企业反映已有美籍工作人员大量撤离、关键零部件可能断供、美技术追踪波及更多进口设备等情况，相关企业短期经营风险明显增大，订单交付和供应链稳定面临冲击。与之前的加征关税等手段相比，物资断供、技术限制等对我国的综合负面影响更大，相关企业可能面临生死问题而非仅仅利润受损，我国半导体领域自主研发进程受到遏制，超级运算、数据存储、人工智能等领域面临更大压力。

（四）外资企业对华态度可能出现变化

过去一段时间，在华外资企业的态度出现了一些不同以往的变化，值得高度关注。美中全国贸易委员会发布的《2022年度会员中国商业环境调查报告》指出，"中国的新冠肺炎疫情防控策略目前是美国公司面临的首要挑战"。外资企业普遍反映，中国的出入境存在严格限制，且签证和工作许可办理手续要求频繁变更，加速了外籍人士离开中国的趋势。中国欧盟商会反映，"因为中外员工无法自由前往欧洲总部进行定期的业务汇报和交流、参与培训或分享经验及专业知识。总部的高级决策者也无法掌握关于中国的第一手情况，对中国的了解程度日渐降低，导致他们参与中国市场的意愿也相应减少"。外资企业总部以往讨论中国市场时主要集中在投资机遇，如今则聚焦供应链韧性、经营挑战、声誉受损风险及全球合规性等。

（五）地缘冲突升级风险加剧全球悲观预期

乌克兰危机愈演愈烈，俄罗斯与欧美的对抗持续升级，粮食、能源、资源安全问题凸显。随着乌克兰危机持续，俄罗斯已经启动征兵计划，推动乌克兰四地"公投"入俄，并宣布四地进入战时状态，进一步挑战现有国际秩序。克里米亚大桥遇袭以及乌克兰电力设施被轰炸，进一步加剧各国对重大基础设施安全的担忧。"北溪"管道遭遇不明破坏，不仅会加剧欧洲能源供应短缺和通货膨胀，导致欧洲制造业被迫停产、订单外流，而且会削弱俄欧和谈的基础，加剧欧洲内部动荡与分化。不排除乌克兰危机进一步升级，甚至更多国家卷入的可能。一旦这种小概率事件成为现实，国际秩序将加速崩塌，届时全球经济金融将面临完全不同的局势。

总体来看，2023年世界经济将面临控通胀、防衰退和稳金融市场的"三难"权衡，叠加地缘冲突升级和美国加强对我国的遏制围堵，我国经济发展的外部环境更趋严峻复杂。但是,"危"中也有"机"。如果能够加快推进高水平开放,加大同欧洲、日韩和东盟的合作力度,将有助于缓解我国稳外资稳外贸的压力。

二 2023年中国经济需要关注的重大问题

当前,我国经济运行回升向好的基础尚不稳固,支撑经济持续增长的动能仍待进一步释放。2023年要将稳的态势变成持续回升的趋势,需要加快解决制约经济增长的重大问题,推动经济增速尽快回归潜在水平。

(一)市场预期持续低迷

2021年中央经济工作会议指出,我国经济发展面临需求收缩、供给冲击、预期转弱三重压力。经过一年努力,供需两侧均已边际改善,但市场预期偏弱的问题仍存在,市场信心不振对生产、经营、投资、消费等经济活动产生明显收缩效应。调研中不少专家和企业反映,当前影响市场预期的因素主要有两个。一是疫情因素。疫情多点散发并反复,防控中"层层加码",疫情带来的不确定性持续影响市场预期。二是监管和政策因素。平台企业专项整改结果不明,行业监管新规细则未定,政策执行不协调,企业投资项目审批标准不一、时限不清,对预期影响较大。

(二)内需不足持续制约经济恢复

一方面,消费潜力释放不足。过去5年,我国最终消费支出在GDP中的平均占比为55.1%,是经济增长的第一动力。消费乘数平均为1.57,高于1.06的政府投资乘数,单位消费投入对经济增长的短期带动效应更大。受疫情反复、居民可支配收入下降和居民信心不足等多重因素影响,居民有钱不能花、没钱可花、有钱不愿花三大问题突出。疫情前居民边际消费倾向为0.65,而2020年以来消费倾向已下降至0.51,居民消费被明显抑制。2022年前三季度,社会消费品零售总额同比增速仅为0.7%,比投资、出口等其他主要指标偏离

正常增速的幅度更大。另一方面，稳投资的难度依然较大。2022年以来，稳投资力度持续加大，将在第四季度和2023年上半年形成一定的实物工作量，但部分项目前置要素不齐备，"钱等项目"问题仍然存在，后续增长面临制约。同时，公共投资还面临拉动作用边际递减的现实。近五年，政府投资乘数已由1.18下降至1.06。2022年前三季度，房地产开发投资下降8.0%，全国土地购置面积和土地成交价款同比分别下降53.0%和46.2%。按照土地成交领先新开工6个月推算，2023年上半年房地产投资难有明显好转。受盈利下滑、下游需求不足、外需不振和供应链受限等因素影响，制造业企业投资意愿普遍不强，2023年投资增速难有提升。2022年前三季度，以民营企业为主体的民间固定资产投资仅增长2.0%，如果扣除价格因素，实际为负增长。激发民间投资成为2023年稳投资的关键。

（三）房地产市场依然面临循环不畅的问题

受经济持续下行、住房供需结构失衡、房企风险事件频发等因素制约，房地产市场循环受阻问题仍较突出。从需求看，目前我国城镇户均住房1.1套左右，但城镇存量住房中房龄在20年以上的占比超30%，品质普遍不高，且受住房供给与人口分布不匹配、居民收入增长放缓、二套房认定标准等因素影响，刚性住房需求和改善型需求依然受到抑制。从供给看，当前我国中小城市住房库存高而一、二线城市供给不足，住房供给结构性失衡。房企债务偿还高峰临近、融资困难、销售放缓加大资金回笼难度，完工交房压力持续较大。前50强上市房企中仅15家处于"三线四档"的绿档区。房企开发资金不足，土地购置和新开工下降，制约后续住房供给。反映到循环上，居民对期房认可度和购买意愿下降、房企资金链持续紧张、房企债务违约、市场下行、政府减收等之间形成反馈并不断增强，房地产业全链条资金循环不畅，房地产仍存"硬着陆"风险。

（四）新动能释放受到明显抑制

受国内监管政策不明确、疫情反复冲击、美国加大与我国的科技脱钩力度等因素影响，我国数字经济发展出现"产业增长放缓、企业盈利悲观、投资信心减弱"的局面。数字经济增长势头明显放缓。2022年前8个月，集成电路、工业机器人、服务机器人产量同比分别下降10.0%、10.5%、29.5%，而2020~2021年两年平均增速分别为30.3%、36.6%、89.4%。同时，平台经济销售和数字内容销售同比分别下降7.3%和15.6%，而2020~2021年两年平均增速分别为21.3%和5.5%。互联网龙头企业盈利下滑，市值缩水。2022年上半年，阿里、腾讯、百度、美团、京东、拼多多、快手七家企业的净利润合计同比下滑58.5%。截至10月19日，这七家企业的市值之和仅为苹果公司市值的1/3。风险投资活跃度和信心明显转弱。2022年前三季度，我国风险投资项目数量、投资金额和新增独角兽企业分别仅为美国的61.5%、32.4%和5.7%，较2021年同期均有所下滑。更值得担忧的是，目前主要投资机构普遍持观望态度。据统计，中国风投机构持有的可投资金中，3年前已募集但尚未投出的资金占比已超过50%，而正常情况下低于20%。风投机构反映，受美国近期对我国先进制造业打压升级影响，下一步投资将更为谨慎，我国新动能成长面临后劲不足的问题。

（五）地方财政压力可能引发局部债务风险

从收入看，由于经济下行，"土地财政"消退，地方财政缺乏稳定增收的基础。2022年，中央与地方财政收入可能会出现较大短收，甚至东部地区也将出现短收，为多年来所罕见。另外，持续多年的大规模减税降费使得部分地区出现结构性减收。从支出看，疫情以来，防疫性支出大幅增加，对中小微企业和困难行业的救助扶持支出同步增加，并持续较长时间，基层"三保"压力加大，收支矛盾十分突出。从债务看，地方政府债务还本付息压力持续较大，应付账款拖欠问题突出。初步测算，2023年地方政府债务到期偿还本金为3.7万亿元。调研发现，地方政府防疫欠款、工程欠款已成为"三角债"的源头。如果再考虑部分城投债、隐性债"爆雷"的可能性，局部地区发生债务违约的风险有所上升。

（六）就业的总量和结构性问题均较突出

从总量看，职位供需矛盾加大。2022年前三季度，求职人数指数同比增长54.3%，职位数量指数仅增长1.6%。2023年，高校毕业生预计达到1074万人，较2022年进一步增加约100万人，加之新增农民工、退役军人和缓就业的高校毕业生，2023年就业总量压力进一步加大。从行业看，重点行业吸纳能力下降明显。2021年服务业就业人数为3.59亿人，占全部就业的48%，受疫情等因素影响，服务业吸纳新增就业能力下降明显，2020~2021年服务业年均净增加就业较前5年平均水平减少600余万人。尤其是吸纳就业约2.5亿人的批发零售业、租赁及商务服务业、住宿餐饮业、居民服务和其他服务业受疫情冲击更大。高校毕业生就业集中的教育业、信息传输、软件及信息技术服务业、建筑业发展放缓，吸纳就业也明显减少。从重点人群看，青年就业压力持续上升。2021年，本科毕业生准备考研和待就业的未就业人员占比达到12.2%，高职毕业生未就业人员占比达到9.4%，分别较2017年提高5.2个和3.8个百分点。2022年8月，20~24岁人口失业率超过30%。高校毕业生存量问题与新增压力叠加，青年失业压力或进一步加大。

三 对2023年经济工作总体思路与政策取向的建议

（一）工作思路

2023年是贯彻党的二十大精神开局之年，是推进全面建设社会主义现代化强国中心任务的起步之年，保持经济平稳健康发展具有十分重要的战略意义。做好2023年经济工作，必须坚持以习近平新时代中国特色社会主义思想为指导，全面贯彻落实党的二十大精神，以推动高质量发展为首要任务，以加快扭转社会预期为关键突破口，把实施扩大内需战略同深化供给侧结构性改革有机结合起来，把提高国内大循环可靠性与增强国内国际循环的联动性结合起来，利用好时间窗口，积极创造条件，着力提振信心、扩大需求、激活创新、守住底线，用有效的信息传递和可感知的政策调整来振奋人心，用推动经济增长和风险处置的一致性行动来增强对政府的信任，用放权让利和约束政府不当干预来实现休养生息，推动经济实现质的有效提升和量的合理增长，推动高质量发展和构建新发展格局取得新的实质性进展，以崭新的风貌迈出全面建设社会主义现代化强国的扎实步伐。

（二）宏观政策取向

1. 财政政策

继续实施积极的财政政策，并突出优化结构，防风险、可持续。适当提高财政赤字率，保持财政支出强度，加快支出进度，维持新增地方债务规模总体稳定。将增值税留抵退税制度化，延续对小微企业的税收优惠政策，持续减轻受疫情影响的市场主体负担。财政支出强化对中小微企业、个体工商户、制造业、风险化解等的支持力度。优化政府债务结构，适当缩减专项债，调增一般债，增加地方政府支出自主性，提高财政投资效能。持续优化债务期限结构。

2. 货币政策

保持稳健偏宽松取向，着力畅通政策传导机制，为总需求恢复和重大风险化解创造必要条件。保持流动性平稳充裕，M2增速和社会融资总量增速与名义GDP增速基本匹配。适时下调各类利率，加大长端利率下调幅度，有效降低全社会资金成本，支持实体经济发展。适时下调法定存款准备金率，置换中期便利，降低商业银行负债端成本。优化房地产领域融资条件，积极化解房地产风险。多措并举补充中小银行资本金，增强中小银行抗风险能力。积极开展货币政策国际协调与合作，化解跨境风险。

3. 就业政策

就业优先政策要提质加力，突出对特殊人群的就业支持。综合运用财税、金融、产业等政策，大力支持重点行业恢复正常经营，着力释放重点行业吸纳就业能力。延续执行降低失业和工伤保险费率等阶段性政策。创新就业培训方式，利用稳岗资金发放"培训券"，支持大学生到大企业实习。做好退役军人安置和就业保障工作，促进农民工就业，帮扶残疾人、零就业家庭成员就业，持续完善灵活的就业社会保障。

4. 增强政策协调

着力提高决策的科学性、专业性和参与度，对重大政策调整和实施设置合理过渡期。完整、准确、全面贯彻中央决策部署，加强部门间协调，优化政策落地实施机制，重视宏观政策一致性评估，重视非经济政策的经济效应，避免"只顾一点，不及其余"，避免"安全泛化"。优化干部激励机制，对勇于担当敢于创新的情况提升容错度。约束地方政府对微观行为的过度干预，杜绝简单粗暴执法，避免层层加码。结合党的二十大精神宣讲，及时纠正各类不当言论，及时消除社会上对重大政策、重大问题的片面解读和错误解读，引导各类市场主体对中央政策形成正确和准确的认识。

四 重点举措建议

当前，我国经济恢复处于紧要关口，努力推动经济增速回归潜在水平应成为2023年经济工作的重点。为此，建议着力抓好以下几方面工作。

（一）以实际行动扭转市场预期

优化调整疫情防控机制和考核追责标准，及时纠正部分地区、部分行业的"过度防疫"。尽快明确后续疫情防控政策调整所需满足的条件，制定发布调整步骤和路线图，引导社会形成合理预期。充分肯定资本和非公有制经济在推进全面建设社会主义现代化国家中的积极作用，结合党的二十大精神和习近平总书记在中央统战工作会议上的讲话精神，旗帜鲜明地讲好"党对非公有制经济的大政方针没有变也不会变"，讲好党中央关于"两个毫不动摇""促进两个健康""优化民营企业发展环境，依法保护民营企业产权和企业家权益，促进民营经济发展壮大"的大政方针。完善舆论管控机制，及时纠正各类不当言论，及时消除社会上对重大政策、重大问题的片面解读和错误解读，引导市场主体对中央政策形成正确和准确认识。

（二）积极化解房地产领域风险

坚持房子是用来住的、不是用来炒的定位，加快建立多主体供给、多渠道保障、租购并举的住房制度，促进房地产业良性循环。规范"保交楼"范围,适当增加专项借款规模,适时向公众公示"保交楼"工作进度和楼盘项目清单,增强透明度和购房者预期。视情况优化调整对房地产企业"三线四档"融资监管规则,取消"一家房企一年最多只能发行一次信用债"的限制。加大对刚性和改善性住房需求的支持力度,实行首套房认定"认房不认贷",支持房屋买卖由过去的串联办理调整为并联办理。

(三)加快释放数字经济发展动能

加快完成平台企业专项整改。针对已经完成整改的企业,应明文告知其整改结束;针对尚未完成整改的企业,应及时向企业反馈需要进一步整改的意见,并加快恢复专项整改期间事实上已经暂停的企业上市、牌照申请等事项,鼓励企业正常开展不涉及整改问题的业务;针对存在争议的或暂时难以准确预判潜在风险但创新价值显著的业务,可纳入"监管沙箱"试点,并设定试验期限。加大资本市场对创投发展的支持力度,降低创投税负和完善资金退出机制。降低科创板、北交所上市对企业盈利要求的门槛,支持创新型中小企业和专精特新企业发展。解决公司型创投基金中个人所得税重复征税问题。支持长期资金开展股权投资,加快并购立法,出台并购税收优惠政策,加快非上市公司股权交易市场发展,着力解决并购基金募集难、退出难问题。优化项目审批。除与金融安全、意识形态相关的项目,取消对其他涉网投资项目设置的各种隐性前置审批。尽快明确一些属于政府鼓励类的投资领域,集中推出一批"绿灯"投资项目。加快重大外资项目审批进度,继续以典型投资案例提振外资信心。

(四)以松绑为重点着力扩大有效内需

一是充分发挥消费的基础性作用。优化疫情防控措施,加快释放服务消费潜力。加快释放刚性及改善性住房需求,带动相关消费增长。加大对新能源汽车、智能家电、绿色节能家电的销售支持力度。二是努力激活市场导向的投资潜力。结合疫后经济恢复的特殊性和产业结构调整进展,优化调整"十四五"能耗指标考核办法,淡化年度能耗总量和强度的考核,加大跨地

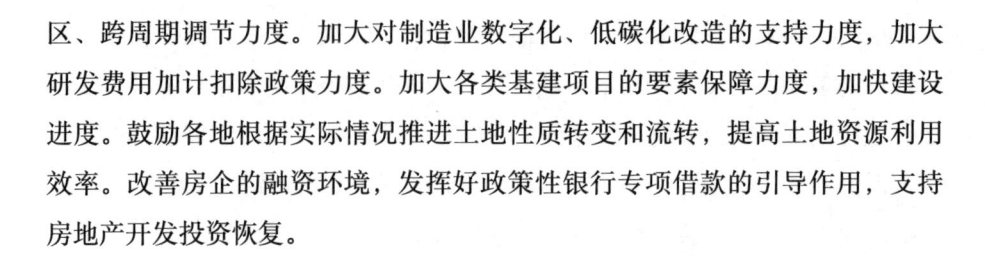

区、跨周期调节力度。加大对制造业数字化、低碳化改造的支持力度，加大研发费用加计扣除政策力度。加大各类基建项目的要素保障力度，加快建设进度。鼓励各地根据实际情况推进土地性质转变和流转，提高土地资源利用效率。改善房企的融资环境，发挥好政策性银行专项借款的引导作用，支持房地产开发投资恢复。

（五）多措并举化解地方政府财政压力

一是努力化解地方政府债务风险。提高中长期债务发行比例，替换到期短期债务。增加再融资债券比重，分散债务风险，缓解短期偿债压力。加强债务监测，及时发现风险点，分类施策。积极稳妥推进重点地区的隐性债务清零试点工作，优化债务结构。二是做好地方国库库款监测与资金调度。对运行正常但临时出现支付困难的项目，要在优化地方国库管理的同时，扩大资金调度范围，提高资金调度能力。三是加强基层"三保"。要统筹好财政资源，进一步推动财力下沉。加强对基层"三保"工作的分类指导、分类管理，对可能出现的"三保"风险点做到早发现、早处置。对出现"三保"支付困难的地区及时实施救助或财政整理，防止出现恶性事件。

（六）加大对重点行业、重点人群的稳就业支持力度

一是加大对重点行业的支持力度。对受疫情影响严重的接触性服务业企业恢复经营和新办业务给予更多政策支持，恢复其就业吸纳主力军作用。支持教育、信息技术、房地产等行业健康发展，增强对青年等重点人群的就业吸纳能力。二是优化青年群体就业培训辅导。政府加强与大型企业合作，通过发放培训券鼓励企业接收实习生、见习生，提高职业技能培训的实效性，在实操中增强就业本领，提高高校毕业生直接就业率。三是做好重点人群就业保障工作。做好退役军人安置和就业保障工作，促进农民工就业，帮扶残疾人、零就业家庭成员就业。四是建立健全灵活的就业社会保障政策。适应灵活就业、"数字游民"规模的不断增长，构建自然人社会保险缴纳和跨区域结转体系。

（七）以高水平对外开放优化我国外部环境

一是积极改善国际交往必要条件。适度放宽商务签证审批。对更多重点国家开通商务出入境绿色通道。尽快增加国际航班班次、加密重点航线，研究取消国际航班熔断机制。建立商务包机出入境统一协调机制，简化审批流程、下放审批权限、缩短办理时间。建议在有条件的城市探索划定实行闭环管理的国际交流专区。切实解决在华外资龙头企业核心诉求，支持跨国企业必要的跨境展览、交流、培训和经验分享等。二是持续做好稳外贸工作。降低企业用能、用水、用地成本，支持外贸企业合理用汇需求，支持企业出境参展接单开拓新市场，加快恢复外贸运输通道、压缩通关时间，加大国际运力保障力度，增强出口企业订单实现能力。引导外贸企业、跨境电商、物流企业加强业务协同和资源整合，加快布局海外仓、配送中心等物流基础设施网络。三是加强同美国的沟通和合作。推动构建新时期中美正确相处之道，推动增强世界发展的稳定性和确定性。四是以更大力度推进双多边经济合作。适时开展RCEP实施进展评估，持续做好相关指导和服务工作，积极拓展中欧各领域经贸合作，推动《中欧投资协定》签署落地，稳步推进加入CPTPP和中日韩自贸协定等谈判工作。

参考文献：

陈昌盛、杨光普：《我国宏观政策跨周期调节的逻辑与重点》，《中国纪检监察报》2021年9月16日。

陈昌盛、杨光普：《以提升全要素生产率为重点培育中国经济增长新动能》，《中国经济时报》2019年9月18日。

陈昌盛、杨光普：《2020：以有效政策化解中国经济风险挑战》，《中国经济时报》2020年1月10日。

B.6 2022年中国经济形势分析、2023年展望及政策建议

孙学工 刘雪燕 成卓 杜秦川*

摘　要： 2022年宏观经济在多重外生冲击影响下，波动加剧结构分化，呈现"三强三弱一稳三难"的特征。影响经济运行的主要因素是疫情多点散发、外部和外生因素持续冲击、房地产市场矛盾集中爆发纾困推进艰难、预期转弱私人部门"做减法"，同时稳经济政策托底作用显著，守住了经济运行的底线。展望2023年第四季度和2023年经济形势，总体经济环境呈现"内优外差"特征，国内政策环境和防疫政策优化将有力支撑和促进经济恢复，外部环境因滞胀和美国遏制因素而趋于严峻，总体而言有利因素的影响将抵消不利因素，经济增速继续保持回升态势，预计2023年经济增速在5%左右。宏观政策继续保持连续性，进一步优化政策环境，提振信心。

关键词： 结构分化 "内优外差" 优化政策环境

---

* 孙学工，中国宏观经济研究院决策咨询部主任、研究员，主要研究方向为中国宏观经济、财政金融、国际经济；刘雪燕，中国宏观经济研究院经济研究所，主要研究方向为中国宏观经济、财政金融、国际经济；成卓，中国宏观经济研究院经济研究所，主要研究方向为中国宏观经济、财政金融、国际经济；杜秦川，中国宏观经济研究院经济研究所，主要研究方向为中国宏观经济、财政金融、国际经济。

2022年以来，宏观经济在多重外生冲击影响下，波动明显加剧，第一季度实现开门红，多项指标超出市场预期，经济增速达到4.8%；第二季度经济受到疫情、乌克兰危机等超预期因素严重冲击，在强力政策干预下守住了正增长的底线，增速为0.4%；第三季度以来，稳经济一揽子政策和接续措施持续发力，经济呈现持续修复态势，增速回升至3.9%，但国内外不利因素持续存在或新现，问题和风险不可忽视，经济下行压力仍然较大；预计第四季度经济增速为4.5%。稳定和提振经济大盘的政策要进一步聚焦，抓好落实，促进经济尽快回归常态化轨道，预计2023年经济增速为5%左右。

一 经济运行"三强三弱一稳三难"特征明显

整体来看，全年经济运行呈现基建投资强、出口拉动强、新兴动力强等"三强"，服务业弱、房产链条弱、民营经济弱等"三弱"，价格形势稳定"一稳"，以及企业生产经营困难、年轻人群体就业困难和地方财政收支平衡困难等"三难"的态势。

（一）"三强"是经济恢复的主要动力

一是基建投资强。基础设施建设投资是本轮稳经济政策的主要着力点和领域，政策效果显著。在专项债快速投放以及后期出台的不少于6000亿元政策性开发性金融工具、盘活5000多亿元专项债地方结存限额等政策措施的支持下，基础设施投资回升幅度加大，1~9月，基础设施投资同比增长11.2%，增速比上半年加快2个百分点，也已明显高于疫情前的增速。受此拉动，原材料行业和设备制造业等行业增速明显快于其他行业。

二是出口拉动强。1~9月，以美元计的出口金额增长13.8%，增速较上半年加快0.8个百分点。从出口对国民经济的整体拉动作用看，前三季度，货物和服务净出口拉动GDP增长0.96个百分点，贡献率达到32%，比上年同期高12个百分点。从出口对重点行业的拉动作用看，前三季度，出口对电器机械、电子信息等行业规上工业增加值增长贡献率均超过30%，提升服装加工业增

速近3个百分点，在服装加工业整体负增长的情况下外需贡献尤为突出。

三是新兴动力强。第三季度，规上高技术制造业增加值增长6.7%，高技术产业投资增长20.2%。重点高技术产品产量增长迅速，新能源汽车、太阳能电池、移动通信基站设备产量增速分别高达112.5%、33.7%、16.8%。

（二）"三弱"问题突出拖累经济恢复

一是服务业弱。服务业因接触性聚集性特征而持续受到疫情影响，恢复速度明显慢于整体经济，前三季度服务业增加值仅增长2.3%，低于同期经济增速0.7个百分点。从高频数据看，10月仍旧低迷。分行业看，前三季度，限额以上企业餐饮收入下降3.9%，旅客周转量降低33%，货物周转量虽增长3.7%，但增速同比大幅下滑9.5个百分点。

二是房产链条弱。前三季度，土地购买、房地产投资、房屋销售、地产后周期消费等房产链条弱化趋势明显。土地成交价款同比大幅下滑46.2%，房地产开发投资同比下降8%，降幅比上半年扩大2.6个百分点；商品房销售面积同比下降22.2%，降幅与上半年持平。受房地产市场整体景气低迷影响，家具类、建筑及装潢材料类等地产后周期消费分别下降8.4%、4.9%。

三是民营经济弱。第一，私营企业工业增加值增速前三季度为3.4%，低于整体工业增速0.5个百分点，较上半年回落0.6个百分点。第二，私营企业外贸增速大幅回落。出口增速较6月大幅回落15个百分点至14.5%。第三，私营企业利润总额累计增速自3月以来连续下滑，从3月的3.2%下滑至9月的-8.1%，呈现加速下滑态势。第四，私营企业亏损企业单位数同比增速加快，近1/3的企业处于亏损状态，且亏损企业面持续扩大，第三季度较上半年增加1.4个百分点至31.4%。第五，民间投资增速下滑态势明显。第二季度以来，民间投资保持1%左右的增速，第三季度更是出现负增长。即便民营经济相对发达的浙江省，民间投资累计增速也从2022年2月的11.9%持续下行至9月的5.5%。

（三）价格总体平稳

一是居民消费价格温和上涨。前三季度，居民消费价格指数（CPI）同比上涨 2.0%，涨幅比上半年回升 0.3 个百分点，扣除食品和能源价格的核心 CPI 同比上涨 0.9%，涨幅略低于上半年 0.1 个百分点。二是生产价格涨幅持续收窄。在国内加大保供稳价、基数效应等因素作用下，生产价格涨幅继续收窄，1~8 月，工业生产者出厂价格指数（PPI）同比上涨 6.0%，涨幅较上半年收窄 1.8 个百分点，工业生产者购进价格指数（PPIRM）同比上涨 8.4%，涨幅比上半年收窄 2 个百分点。

（四）"三难"问题凸显需高度关注

当前经济增速总体低于潜在增长水平，企业、居民、政府三大主体均面临一些突出的困难，需予以高度关注，以确保经济和社会的稳定。

一是企业生产经营困难。第一，供需双向冲击仍存。需求总体不足。受疫情多地散发、外部需求回落等因素影响，企业需求总体偏弱，制造业在手订单指数连续 4 个月低于荣枯线，且持续走低，10 月较上年同期回落 0.7 个百分点，新订单指数也处于年内低点。消费场景继续受限，旅游出行需求恢复缓慢。供给面受疫情多点散发影响，物流体系受到影响，产业链供应链正常运转仍受到干扰。第二，企业利润逐步走低。前三季度，规模以上工业企业实现利润总额 6.24 万亿元，同比下降 2.3%，较上半年回落 3.3 个百分点。第三，经营成本走高。虽然一系列助企纾困政策效果持续显现，但原材料价格仍在相对高位，企业生产经营成本不断上升，1~9 月规模以上工业企业每百元营业收入中的成本为 84.85 元，较上年同期提高 1.12 元，为近五年来最高水平。上述各类因素影响到了企业的活力和持续发展能力。以中小型互联网企业为例，数据显示，规上互联网企业收入增速已经从年初的 5.1% 逐月下降，上半年增速仅为 0.1%。2022 年初，国家将规上互联网企业规模的门槛从 500 万元上调至 2000 万元。由此可以推断，500 万~2000 万元和更小规模的互联网企业业务已经停止增长，或者企业已经退出市场。

二是年轻人群体就业困难。宏观经济下行压力居高不下，就业领域问题矛盾持续凸显。国家统计局数据显示，2022 年以来年轻人群体调查失业率持续高企，7 月 16~24 岁就业人员调查失业率升至 19.9%，创有数据记录以来新高。9月，16~24岁就业人员调查失业率仍高达17.9%，分别超过城镇调查失业率和25~59岁就业人员调查失业率12.4个和13.2个百分点。高校毕业生等重点群体就业难度有所加大，2022年全国高校毕业生人数首次突破千万大关，但同期就业岗位数量持续萎缩，劳动力市场供过于求问题较为突出。大量应届毕业生反映2022年找工作可谓"一岗难求""压力山大"，部分企业甚至被传撤回全部应届生offer，降薪、减岗等已成为普遍现象，年轻人切实感受到就业市场的"浓浓寒意"。

三是地方财政收支平衡困难。第一，财政收支差额明显扩大。1~9月累计，全国一般公共预算收入153151亿元，按自然口径计算下降6.6%。全国一般公共预算支出190389亿元，比上年同期增长6.2%。支大于收差额达到3.7万亿元，比上年激增142.3%。半数省份财政自给率低于50%。第二，多因素共振加大财政库款压力，流动性风险骤增。地方财政库款保障水平合理区间下限通常为0.3，即库款能支付0.3×30天（9天）以上。随着地方偿债高峰期的到来，叠加疫情防控支出等保持扩张，获得的上级转移支付等资金入库后很快出库，各级财政普遍库款紧张，低于0.15×30天（4.5天）的情况普遍存在。大部分县市只能优先保障民生类支出和工资类支出，而用于防范政府债务风险和推动经济发展的支出部分出现缺口，区域性财政资金的支付流动性风险骤增。

二 影响经济运行的主要因素分析

2021年的中央经济工作会议指出我国经济运行受到"需求收缩""供给冲击""预期转弱"三重冲击。2022年以来，受各种预期内外的因素影响，三重冲击仍然存在甚至在一些方面还有所加剧，导致经济出现较大波动。2022年应对经济下行的政策密集、力度大、时效性强，对经济大盘起到了很好的托底作用。

（一）疫情多点散发影响面广时间长

2022年3月以来，新一轮的疫情主导毒株为奥密克戎变异株，与之前的毒株相比奥密克戎呈现传染性极强、隐匿性极高的特性，传染性极强方面，R0值接近20，为人类已知最具传染性的病毒；隐匿性极高方面，存在大量无症状感染者，加大落实"四早"难度。这两个特性导致新一轮的疫情呈多发散发态势。2022年在经历了4月的传播高峰后，疫情时有反复，由此导致防疫管控措施不能快速解除，万得疫情防控严格指数在4月达到2022年最高值79以来，始终保持在60以上，而2020年和2021年该指数都曾回落到60以下，加之一些地方存在层层加码等现象，疫情对经济的冲击明显要大于上年。以疫情影响最为严重的第二季度为例，第二季度经济增速比第一季度明显下滑了4.4个百分点。与无疫情的基准情形相比，第二季度现价GDP损失约为1.3万亿元。以不变价格计算，第二季度少实现的GDP对全年GDP增速的影响约为1.1个百分点。从各地方的情况看，实施较长时间封城、静默期的地区经济增速明显低于其他地区，甚至前三季度累计为负增长。

（二）外部与外生因素持续冲击经济稳定

首先，年初爆发的乌克兰危机带来供给冲击。石油等国际大宗商品价格上涨，带来输入性通胀压力，2022年1~9月石油、天然气开采业进口价格指数在143.9%~164.7%的高位震荡，尽管国内保供稳价取得积极成效，我国能源价格涨幅明显小于欧美，但1~9月累计工业生产者燃料动力购进价格指数仍达到24.4%，明显提高了企业能源成本，加大了企业经营困难。其次，主要经济体货币政策收紧带来需求冲击和金融稳定冲击。2022年11月，美联储再次加息75个基点，为连续第4次加息75个基点。7月，欧央行宣布加息50个基点，为11年来首次加息，近期欧央行表态未来还将继续加息，12月可能再次加息50个或75个基点。加息将抑制经济增长，增加发达经济体陷入衰退的概率，欧美经济增速已经明显放缓，对我国外需的影响开始显现，我国出口数量指数从8月起进入负增长区间，8月和9月同比分别下降0.8%和2.2%；同时，加息引发金融市场动荡，非美元货币贬值，甚至导致新兴经济体发生金融危机。IMF估计，当前超过60%的低收入经济体和25%的中等收入经济体正处于或接近债务困境，其中也包括一些"一带一路"沿线国家，对我国与其合作产生不利影响。在人民币汇率方面，以月平均汇率计，2022年10月人民币汇率已较1月贬值了12.1%，横向比较比其他非美元货币的贬值程度要低，纵向比较则属近年来贬值幅度较大的，虽在可承受范围内，但对输入性通胀、资本流动和市场信心仍有一定的不利影响。最后，美国加强对我国高技术和重要领域的遏制封锁，脱钩断链的风险和影响加大。9月美国以总统行政令的方式进一步加强了涉华投资审查，审查范围从特朗普时代宽泛的TID领域（技术、基础设施、数据）细化到芯片、生物技术、粮食和能源安全等热点领域，这使得这些领域的对华投资和我国企业的海外并购更加困难甚至难以实施。10月7日，美国商务部产业安全局出台了"史上最严"对华半导体出口管制措施，不仅涉及在美生产或利用美国技术生产的高性能芯片、超级计算机、设备零部件，还史无前例地限制美国人在没有许可证的情况下参与我国半导体开发或生产。这些限制措施或对我国相关产业的提质升级产生短期不利影响。

极端天气是影响2022年经济运行的主要外生因素。2022年6月以来，我国遭遇60年来罕见的极端高温天气过程，高温天气范围广、持续时间长、极端性强、影响大，覆盖面积达500万平方公里以上，影响人口超过9亿人，130多个国家级气象站的最高气温达到或突破历史极值。高温天气不仅影响生产生活，还带来气象干旱等次生灾害，导致长江等主要河流汛期干旱。2022年我国主要经济带长江流域的旱情影响空间范围大，覆盖了长江干流的上游、中游和下游全域；干旱开始时间早且持续时间长，形成了夏秋冬连旱的局势；旱情程度重，长江中下游汉口、大通、九江等实测站点来水量创有实测记录以来同期最低，长江干流及洞庭湖、鄱阳湖水位较常年同期低5.4~7.2米，创有实测记录以来同期最低。极端天气和旱情不仅对农业生产、农村人畜饮水、城市供水造成影响，而且影响已延伸至航运、能源以及森林防火等多个方面。来水量不足导致全国7月水电发电增速比上月放缓26.6个百分点，水电大省四川的发电量更是下降了50%之多，同时高温天气导致电力负荷猛增，南方多省份电力最大负荷超过25%，由于电力供需矛盾，不少地区又出现拉闸限电情况。7月经济恢复态势放缓，主要指标不及预期，极端天气是重要影响因素。

（三）房地产市场矛盾集中爆发纾困推进艰难

2022年以来，房地产业多重矛盾碰头，进入下行通道，销售、投资、施工、竣工等主要指标均大幅下降，对经济恢复形成明显拖累。从短期因素看，疫情冲击商品房销售市场，房地产开发企业销售收入下降，现金流趋紧。从中期因素看，我国房地产企业高杠杆运营模式蕴含着较大的风险隐患，有降杠杆的现实需要，金融监管部门出台了降杠杆的三条红线政策，一些高杠杆房企融资困难，加剧了流动性紧张局面。从长期因素看，我国人口自然增长不断趋缓，加之人口流动，越来越多的地区进入人口负增长行列，导致房地产市场前景不佳。目前多重矛盾的集中爆发点是房企的债务风险问题。越来越多的房企爆雷，特别是恒大等行业头部企业爆雷影响面巨大，打击了市场信心，导致房地产销售和融资愈加困难，推动形成螺旋下行的恶性循环。因而房地产企业的纾困是打破恶性循环的关键，但受多种因素的影响，房地产企业的纾困推进艰难。目前房地产纾困主要有四类模式：一是债权纾困，由商业机构或者政府牵头出资，资金以债权形式注入涉险房企；二是收并购与破产重组，国有房企、地方国企、地方AMC以及纾困基金等机构或其子公司出资购买涉险房企的项目资产；三是改变房屋性质为保障性租赁住房；四是改变商品房性质为统贷统还的棚改项目。从效果来看，模式一因资金利率不高，有限规模的债权纾困基金普遍要求对接资质较好的房企项目；模式二中房企和投资公司市场化收并购的热度不高；模式三和模式四对项目的要求更高，推进更为艰难。

（四）预期转弱私人部门"做减法"

受疫情持续时间长、中美矛盾加深以及对一些政策的误解等因素的影响，预期转弱的问题在2022年有所加剧，居民和企业等私人部门被动"做减法"和主动"做减法"行为叠加，政策响应度下降，制约经济恢复进程。一方面，居民部门"做减法"，行为模式改变。支出端，消费者信心指数持续回落，9月降低至87.2%，居民消费意愿下降，央行城镇储户问卷调查显示2022年前三季度愿意"更多消费"的储户比例较上年同期下降1~3个百分点。负债端，至9月底，累计新增居民贷款同比少增2.94万亿元，同比减少46.3%；新增存款则连续大增，多增4.72万亿元，同比增长55.6%。居民部门降低负债规模。资产端，央行城镇储户问卷调查显示，2022年前三季度倾向于"更多投资"的居民比例比上年同期低6~7个百分点，而"更多储蓄"的居民比例则上升5~8个百分点，风险偏好明显下降。另一方面，企业部门"做减法"，生产规模收缩。如大型平台等创新引领者业务严重收缩，第二季度纷纷录得上市以来最差业绩。腾讯收入和利润分别同比下降3%和56%，是在上市以来的最大季度利润降幅。阿里巴巴电商收入、集团利润分别同比下滑10%、30%。京东收入同比增长5.4%，较第一季度大幅下降5个百分点，是上市以来季度业绩最差值。同时，企业出现"债务恐慌症""投资恐惧症"等避险化倾向，企业投资意愿不足。互联网行业投资数量呈断崖式下滑，阿里巴巴、腾讯等重点企业投资案例数不足上年同期的一半。2022年以来，作为拉动投资主力军的民间投资增速下滑明显，调研发现，政府本希望企业将留抵退税资金用于投资，但是部分企业将资金用于偿还债务。

（五）稳经济政策托底作用显著

面对预期内外多重不利因素影响，2022年宏观政策总体呈现出手早、力度大、工具全、针对性强的特点。年初两会前就提前明确了地方政府专项债指标和中央预算内投资，2月出台了《关于促进工业经济平稳增长的若干政策》和《关于促进服务业领域困难行业恢复发展的若干政策》。两会《政府工作报告》对支持政策做了全面部署，明确了财政货币政策的主要参数，以保市场主体为中心推出了规模性退减缓免税政策，提出了促进投资、消费、就业、民生等方面的具体措施。5月在疫情缓和后，出台了包括六方面33项措施的《扎实稳住经济的一揽子政策措施》。在7月经济恢复步伐有所放缓后，8月又出台了稳经济一揽子政策的19项接续措施，形成组合效应。总体来看，政策对经济数据反应敏感及时，基本没有出现政策空窗期，政策力度达到了疫情以来的最大。在政策工具上，既有总量性政策也有结构性政策，既使用数量型工具也运用价格型工具,针对经济运行中的堵点难点均有相应的应对政策。2022年稳经济政策有效对冲了各类冲击,守住了保增长、保就业、保民生的底线,季度经济未出现负增长,完成新增就业指标,居民收入保持增长,基本生活用品价格稳定。

三 2022年第四季度和2023年经济走势预判

(一)走势预判

2022年第四季度和2023年总体经济环境将呈现内优外差的特点。从国内看,一是政治保障更加坚强。党的二十大胜利召开,进一步勾勒了实现第二个百年奋斗目标的宏伟蓝图,产生了新一届的中央领导集体,将有效激发各方面干事创业的积极性,增强国内外对中国经济健康持续发展的信心,改善市场预期。二是更高效统筹疫情防控与经济社会发展。从2022年经济运行情况看,疫情仍是影响经济运行的首要变量。近期中央政治局常委会研究提出了优化疫情防控的二十条新措施,新措施的落实将显著提高疫情防控的科学性和精准性,把疫情对经济的不利影响进一步降低,特别是对地方政府疫情防控中的"一刀切""层层加码""一封了之"等偏差加大整治力度,将有利于畅通人流物流,减轻疫情对经济的干扰,为企业创造更为良好的发展环境。三是政策环境保持宽松。2022年密集出台政策的后续效应将陆续释放,加之我国宏观政策的自主性强,有能力继续出台增量支持政策,总体政策宽松度和政策环境将明显优于其他经济体。从外部环境看,2022年的国际经济环境更趋恶化。首先是全球增长放缓,甚至不排除一些经济体出现衰退的可能,我国面临的外需环境愈发严峻。世界银行、国际货币基金组织发布的报告均指出全球增长正进入一个明显放缓的时期,并下调了2022年全球经济增速预期。鉴于通胀仍将在高位持续,滞胀的可能性不能排除。其次是脱钩断链的风险持续上升。美国2022年已出台了多项推动产业链供应链"去中国化"的法案,2023年将进入实质实施期,美国为在设备、零部件、技术、人才等多个方面封锁遏制我国或采取更加极端的手段。

综合判断，2022年第四季度和2023年信心红利、政策红利、疫情防控红利等三重红利将有效抵御外部压力、疫情压力、去库存压力，加之基数较低因素，经济增速将呈持续修复上升态势，预计2022年全年经济增长3.3%左右，其中第四季度增长4.5%左右，2023年经济增长速度为5%左右。

1. 制造业投资增长下行压力加大，但仍将保持韧性，预计增速为4%~5%

一是企业资金流将受到制约。新一轮去库存刚刚开启，预计2023年企业利润将受压制。二是需求回落弱化投资预期。未来欧美经济大概率陷入衰退，将弱化外向度较高的行业投资预期。后续基建投资增速回落也将对相关行业投资扩大形成约束。但技改投资支持政策接续出台、新兴行业投资快速增长以及欧资企业对华投资增加等，将为制造业投资增长提供支撑。

2. 预计基建投资仍将保持较快增长，增速为6%~7%

基建投资是政策意愿的强烈体现，在项目储备充裕、资金政策保障的情况下，基建投资增速将继续保持在一个合意的水平上。一是2022年部分政策效应延续。例如，2022年两批6000亿元金融工具已经投放完毕，理论可拉动6万亿元的投资，其中项目形成的工作量将主要在2023年落地。二是资金来源仍有保障。政策性开发性工具提供的长期低息贷款、专项债发行的继续前置等将为2023年基础设施投资提供资金保障。三是从各地区项目储备来看，"十四五"期间项目储备仍有空间。

3. 预计房地产投资将回升至1%~2%的增速空间

一是2022年第三季度以来密集出台的政策效应将在2023年持续显现。第三季度末密集出台的房地产宽松政策，包括降息政策和税收优惠政策等，将促进地产销售端逐步企稳，并且进一步向投资端传导。二是刚性需求和置换需求将促使房地产市场稳定在一个新的中枢水平上。三是预计"保交楼"等政策2023年仍将延续，地产竣工有保障，也将为房地产投资增长提供支撑。

从三大类投资拉动和制约的力量制衡来看，预计2023年基建和制造业投资的拉动力均有所弱化，但房地产投资的制约力量也将显著减弱。因此，综合判断，预计2023年固定资产投资增速将低于2022年，保持5%左右的增长。

4. 预计2022年社零增速为5%左右

2022年消费增长具备显著好转的有利条件。一是就业和收入好转。随着经济向常态化回归，居民就业和收入将持续好转，居民消费信心恢复，直接带动消费增长。二是疫情防控措施优化，2022年大规模增加的居民存款可能部分转化为消费支出，大致估算会形成1.5万亿元左右的消费规模，相当于2021年社会消费品零售总额规模的3.5%左右。三是生活必需品类、消费升级类的消费将继续保持稳定，并且随着房地产市场触底回升，房地产后周期类消费将持续好转。在疫情形势平稳的假定下，场景类消费将呈现加速回补态势。

5. 预计2022年出口增速为3%左右

一是IMF、经合组织等多机构预测，2023年全球经济放缓程度超过之前预期，外部需求将显著放缓。二是全球供应链压力缓解。纽约联储统计的全球供应链压力指数已经较前期高点明显回落，国际供需缺口缩小。加之周边国家放宽疫情防控措施，我国电子、纺织等行业订单和产能转移现象增多。三是后续国内和国际的价格差将收窄。支撑全球货物通胀的供给面因素有所减少，包括美欧在内的主要经济体的通胀水平或开始见顶，国内国际的价格差收窄。但欧洲能源危机或将给我国出口增长带来窗口期，对出口形成支撑。

（二）对2023年主要调控目标的考虑

1. 关于经济增长指标

建议将2023年经济增长目标设定为5%左右或以上。一是延续惯例设定量化目标。我国经济工作历来都会设定年度经济增长目标，仅在2020年全球世纪疫情和经贸形势不确定等超预期情况下，两会推迟召开，没有设定经济增长量化目标，从工作延续性和衔接性、稳定预期及稳定经济大盘等需要看，应设定2023年经济增长定量目标。二是兼顾发展基础和目标衔接。建议统筹考虑发展需要和现实可能，兼顾长短期目标衔接，将2023年经济增长目标设定为"5%左右或以上"，既体现了稳中求进工作总基调，也符合经济潜在增速，还为跨周期宏观调控留有余地。三是统一认识，提振信心。当前我国疫情总体上得到了控制，能够避免疫情的大幅反弹，常态化经济增长基础将进一步巩固，但是经济下行压力大，仍面临需求收缩、供给冲击、预期减弱等三重压力，亟待引导预期、提振发展信心。

2. 关于物价

建议将CPI调控目标设定为3%左右，主要基于以下考虑。一是符合物价运行的实际情况。在全球通胀压力加大、新涨价因素有所增加以及翘尾提高等多重因素影响下，预计2023年CPI涨幅为2.5%左右。核心CPI和PPI指数涨幅保持稳定，为1%左右。二是预留一定的政策空间。3%左右的物价目标，在充分考虑了各种潜在影响因素后，为预期外冲击预留了一定的空间。三是有利于稳定市场预期。在市场普遍预期2023年价格上涨压力较大的背景下，3%左右的目标设定与2022年的目标设定保持一致，有利于引导和稳定市场预期。

3. 关于就业

建议将城镇新增就业人口目标设定为1200万人，较2022年提高100万人，主要基于以下考虑。一是2023年新增就业需求扩大。相关数据显示，仅2023年高校毕业生规模将较2022年扩大100万人。二是稳定岗位供给将有所增加。根据人口出生数据推算，2023年理论上退休人口将达到约2872万人。按照68%左右的劳动参与率估算，再参考2021年国有单位就业人数占城镇就业人数的比重为12%，这意味着将新增200万个稳定就业岗位。三是进一步提振社会预期。就业是经济增长的底线，也是民生的基础，提高就业目标，可向社会传递更为积极的信号。

四　相关政策建议

当前经济下行压力仍然较大，2023年要继续保持财政、货币、就业等政策的连续性。财政政策方面，要合理设定赤字率、特别国债、专项债、直达基层机制和工具；货币政策方面，要保障货币供应量、社会融资规模、金融体系流动性等各类流动性合理充裕。财政政策和货币政策要在扩大消费、稳定出口、企业纾困等方面形成合力。

"释放红利、挖掘潜力、提高能力",进一步扩大消费。一是减少限购等制约条件,充分释放促消费政策红利。首先,进一步放松汽车购买限制,推动汽车由购买管理向使用管理尽快转变,实施限购的地区进一步增加汽车指标数量。其次,进一步梳理对消费包括高端消费的行政性限制,更多运用经济手段调节,更好释放消费升级的潜力。二是挖掘"新市民"的购房潜力。引导各地根据实际进一步放宽住房购买限制,加大经适房等保障类住房向"新市民"倾斜力度,鼓励商业银行根据该群体职业特征创新信贷产品设计,合理确定按揭贷款条件和标准,并配套支持家装和家具、家电购置等。三是提高消费能力。针对消费者实施减税、降费、补助,尤其是对因疫情防控被动停工、停业的个体工商户和灵活就业人员提供疫情特别补助,改善消费者收入和对未来的预期,提高消费能力,进而改善消费。四是完善社保体系。提升受疫情影响人群的保障收入水平,着力解决异地医保就医、照看护理费用高等群众急难愁盼问题,消除消费的后顾之忧,增强消费信心。

"完善政策、明确规则、提升服务",打通市场化投资堵点。建立稳定可预期的政策环境。建立以负面清单加规制为主体的投资管理体制,进一步落实法无禁止皆可为的原则,明确各类资本准入的领域、条件和规则,并且要保持相对稳定,给投资者以稳定的预期,解决"能投"的问题。近期应尽快推出一批绿灯项目,提振投资者信心。政策调整要依法依规进行,要加强部门间协调和与市场充分沟通,有充分的过渡期,尽量减少政策变动给投资者带来的成本增加,解决"敢投"的问题。继续深化放管服改革,提升服务效能,积极对接世界银行新营商环境评估体系(Business Enabling Environment,BEE)打造市场化、法治化、国际化的营商环境,解决"愿投"的问题。

"稳定存量、开拓增量、提高保障",稳定出口。一是稳定存量。加快企业急需货物通关,在符合条件的港口深入推进进口货物"船边直提"和出口货物"抵港直装",优化工作流程,进一步提高通关效率。推动涉外商务包机等模式发展,为外贸企业人员出境或外商来华采购等商务活动提供更多便利和支持。二是开拓增量。首先,推动外贸新业态新模式发展。完善跨境电商发展支持政策，支持物流企业、跨境电商平台和大型跨境电商卖家等专业化主体建设海外仓。积极发展市场采购贸易，增强外贸综合服务企业服务与风险控制能力，促进保税维修企业监管创新，多方面培育发展新型离岸贸易。其次，用好自贸协定带来的红利，充分研究用好区域全面经济伙伴关系协定，进一步提升企业竞争力和应对风险挑战的能力。三是提高保障。首先，促进外贸货物运输保通保畅，有序增加海运、空运航线班次，对新增海运、空运航线班次的重点企业予以资金支持。其次，统筹优化提升航线和集装箱运力，确保国际物流供应链稳定畅通，加强海运通道网络建设，增加港口吞吐量，提升集装箱利用效率。

"改善融资、提振销售、稳定预期"，加大行业纾困力度。一是进一步加大助企纾困政策力度。继续引导金融机构加大对实体经济的信贷支持力度，充分发挥结构性货币政策的精准导向作用，不断加大普惠小微贷款的支持力度，不断强化对经济重点领域和薄弱环节的信贷投放。开展多渠道银企对接，切实解决市场主体的融资难题，推动企业综合融资成本继续下降。二是出台房地产"一揽子"政策。首先，需求端稳销售。当前房贷利率相对贷款平均利率仍然偏高，需推动LPR利率继续下降。其次，供给端控风险。推动地方国资联合地方AMC针对交付困难项目成立市场化纾困基金、针对出险房企出台定向纾困方案等。三是通过"保交楼"稳定市场预期，同时妥善处置房地产市场突发风险点，特别是舆情集中点，提振市场信心。

参考文献：

IMF:《世界经济展望》，2022年10月。

赵同录:《三季度经济运行恢复向好》，中国经济网，2022年10月24日。

张斌等:《把脉宏观经济复苏动能》，中国金融四十人论坛微信公众号，2022年11月3日。

刘元春:《全面复盘当前国内经济形势》，中国金融四十人论坛微信公众号，

2022年10月31日。

汪涛:《三季度GDP增长超预期》,首席经济学家论坛微信公众号,2022年10月25日。

王军:《底部初探,向好可期——2022年前三季度宏观经济形势与四季度展望》,首席经济学家论坛微信公众号,2022年10月25日。

财税运行与货币金融
Fiscal & Taxation Operation and Monetary & Financial Situation

B.7
中国财政运行形势分析、展望及政策建议

杨志勇[*]

摘　要： 在减税降费、新冠肺炎疫情及国际形势冲突等多重因素共同作用下，2022年政府财力有所下降，财政支出刚性增长，财力缺口增大，债务快速累积。2023年，财政收入增长仍可能受限，重点领域支出需求与积极财政政策的延续决定了支出规模将持续扩张，收支矛盾可能进一步凸显。为此，2023年应进一步优化支出结构，积极财政政策要提质增效，加强减税降费政策动态调整，调整不同行业、不同规模企业税收支持力度，强化激励约束。应充分发挥财政性投资与补贴的杠杆作用，提高重点行业与重要区域投资

---

[*] 杨志勇，中国社会科学院财经战略研究院研究员，主要研究方向为财政理论与比较税制。

水平，推动消费结构优化升级，同时注重长短期目标结合。2023年还需要进一步规范处理中央与地方间关系，更有效地发挥中央和地方两个积极性，更好地发挥集中力量办大事的制度优势，加大中央政府对中西部地区和基层财政的转移支付支持力度；加强地方政府债务管理，防范重大债务风险；完善多层次社会保障体系，推进共享发展。

关键词： 财政政策　财政形势　财政支出结构　财政风险　宏观经济

一　2022年财政运行形势基本情况[①]

（一）一般公共预算

1. 收入规模

2022年前三季度全国一般公共预算收入153151亿元，同比下降6.6%，扣除留抵退税因素后同比增长4.1%。各月一般公共预算收入增长情况如图1所示，2022年1~3月一般公共预算收入高于上年同期，但受国内外错综复杂形势与疫情等因素影响，3月一般公共预算收入增速有所回落。4月与5月一般公共预算收入同比增速显著下降，主要原因是留抵退税政策实施致增值税收入大幅下滑。6月后随着疫情防控形势向好与稳定经济政策效应逐步显现，一般公共预算收入增速大幅上升，8月由负转正。9月受上年同期基数较低与留抵退税效应减缓等因素影响，增速进一步提高。总体而言，前三季度收入整体呈现V型走势。

2. 税收与非税收入

2022年前三季度全国税收收入124365亿元，同比下降11.6%，扣除留抵退税因素后同比增长1%。如图2所示，各月税收收入增速趋势与一般公共预

---

① 除特别注明外，本文原始数据均来自财政部官网（http://www.mof.gov.cn）。

经济蓝皮书

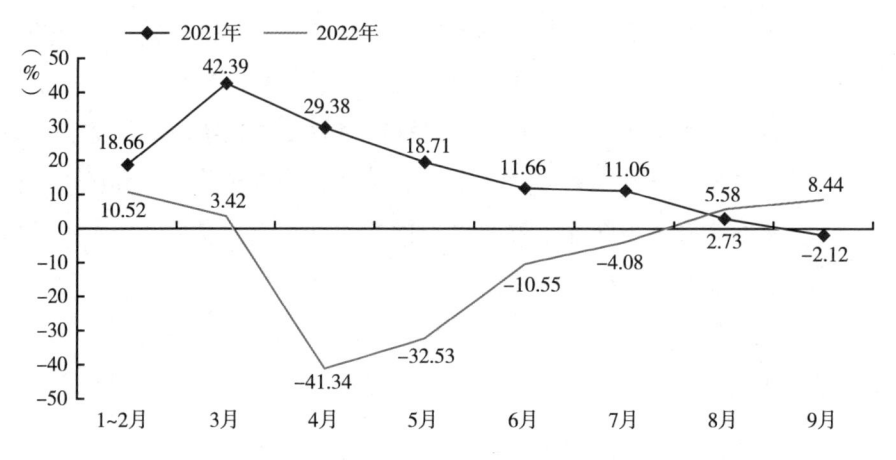

图1 2021年和2022年前三季度全国一般公共预算收入同比增长率

算收入基本一致。受留抵退税政策影响，4月与5月增值税收入同比分别下降124.67%、124.41%，引起税收收入增速大幅下滑。5月后增值税同比增速下降趋势放缓，税收收入增速回升，8月与9月税收收入规模同比增速转正。2022年前三季度全国非税收入28786亿元，同比增长23.5%。各月非税收入增速如图3所示，2022年前三季度非税收入规模均高于上年同期，6月以来各月非税收入的同比增速均超过30%，9月增速接近40%。

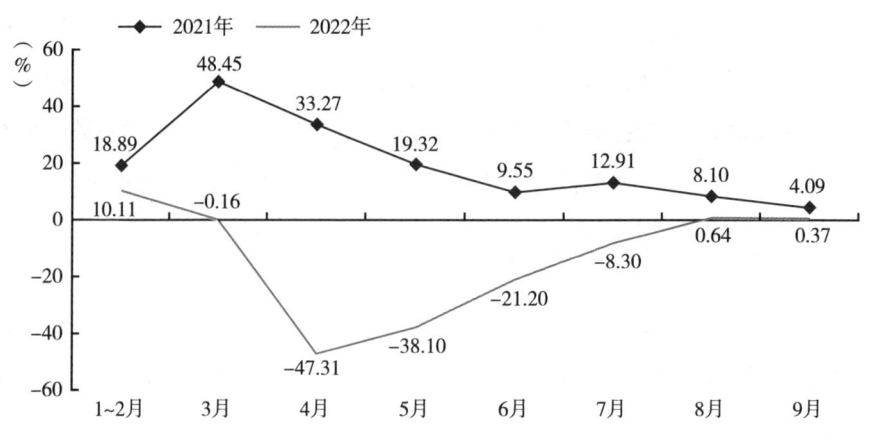

图2 2021年和2022年前三季度全国税收收入同比增长率

100

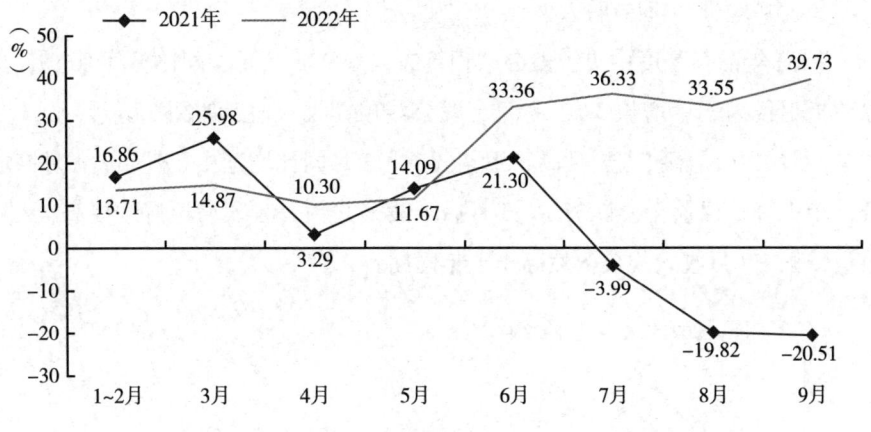

图3 2021年和2022年前三季度全国非税收入同比增长率

图4为2021年与2022年前三季度全国非税收入占比情况，两年非税收入占比趋势变动基本一致。受税收收入下降与非税收入上升双向影响，2022年各月非税收入占比均高于上年同期，且差距呈现先扩大后缩小的趋势。其中，占比差距最大的为6月，高于上年同期9.58个百分点；占比差距最小的为1~2月，高于上年同期0.33个百分点。

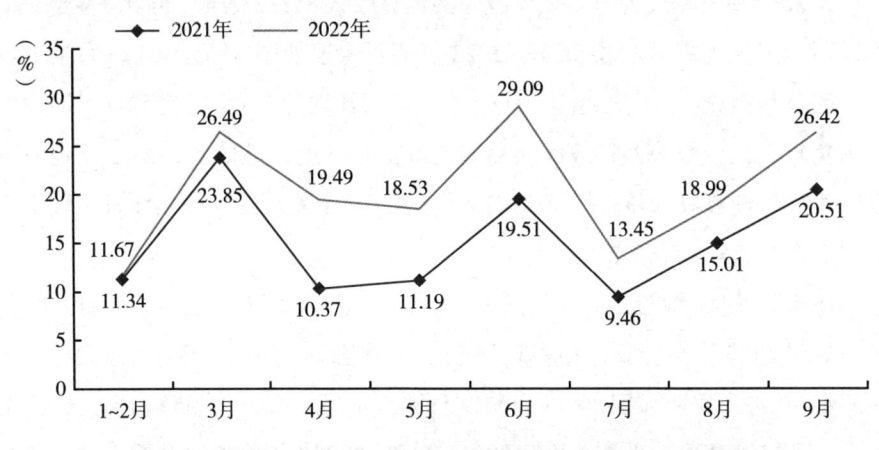

图4 2021年和2022年前三季度全国非税收入占比情况

3. 中央收入和地方收入

2022年前三季度中央一般公共预算收入69934亿元，同比下降8.6%，扣除留抵退税因素后增长3%。各月一般公共预算收入增速如图5所示，1~2月中央一般公共预算收入规模高于上年同期，3月同比增速由正转负，4月增速进一步下降，回落至-42.37%。5月后一般公共预算收入增速持续提高，8月由负转正，9月收入规模依然高于上年同期。

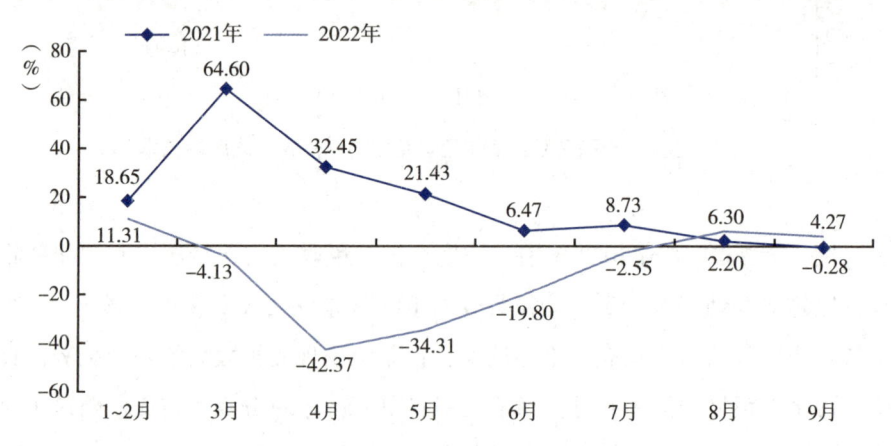

图5 2021年和2022年前三季度中央一般公共预算收入同比增长率

2022年前三季度地方本级一般公共预算收入83217亿元，同比下降4.9%，扣除留抵退税因素后增长5.2%。2022年各月增速如图6所示，1~3月地方本级一般公共预算收入同比增速为正，4~7月同比增速转负，8月和9月同比增速由负转正，一般公共预算收入再次超过上年同期。整体上，2022年地方本级一般公共预算收入显著低于2021年同期，其中差距最大的是4月，较上年同期下降67.24个百分点。

图7为2021年与2022年前三季度地方本级一般公共预算收入占比情况。两年变动趋势基本一致，均呈现波动上升状态，3月与6月占比显著上升，4~5月、7月占比明显回落，8月与9月地方本级一般公共预算收入占比再次上升，且比值高于1~2月。相较2021年，2022年地方本级财政收入占比整体处于更高水平。

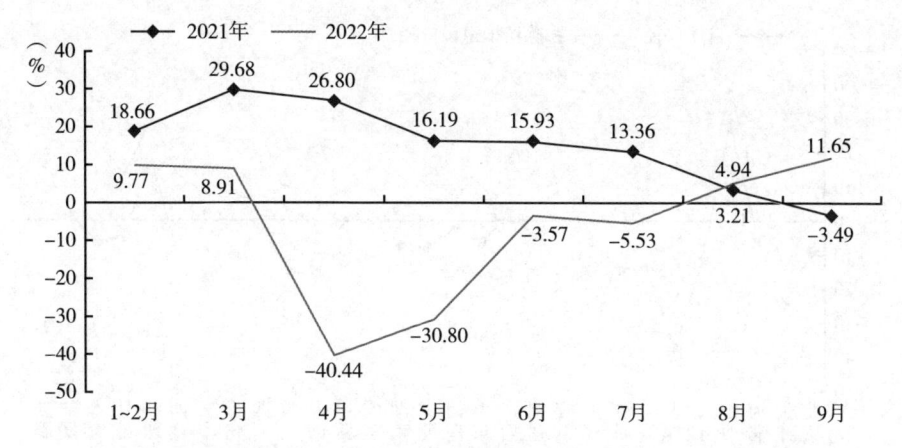

图6 2021年和2022年前三季度地方本级一般公共预算收入同比增长率

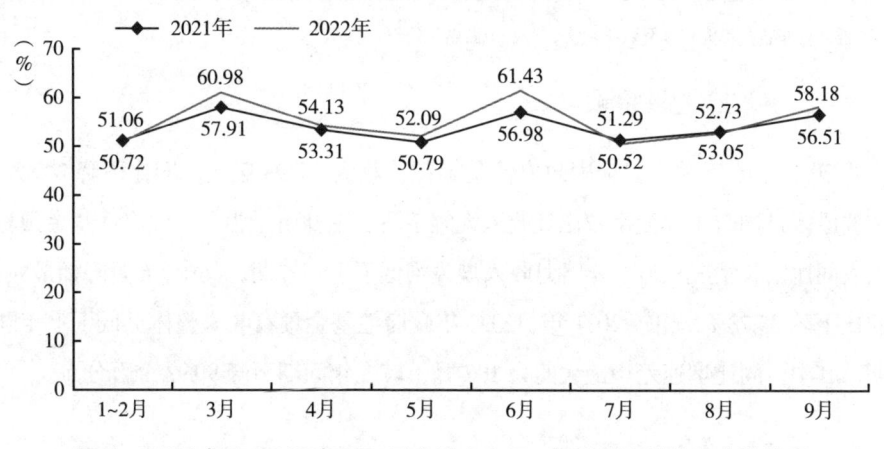

图7 2021年和2022年前三季度地方本级一般公共预算收入占比情况

4. 各地财政收入

图8为2022年1~8月各地区一般公共预算收入同比增长情况，可以发现，以自然口径计算的同比增长率中，24个省（自治区、直辖市）一般公共预算收入低于上年同期。扣除留抵退税因素影响后，8个省（自治区、直辖市）一般公共预算收入低于上年同期。增速排名前三位的省（自治区、直辖市）同比增长率均高于或等于17%（自然口径，下同），排名后三位的省（自治区、直辖市）同比增长率均低于-17%。

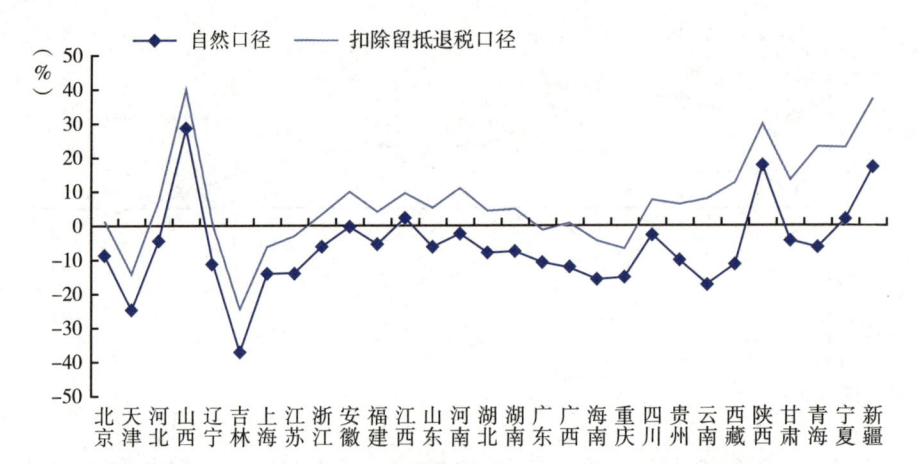

图8　2022年1~8月各地区一般公共预算收入同比增长率

注：内蒙古与黑龙江8月数据缺失，分析中做剔除处理。

（二）政府性基金预算

2022年前三季度，全国政府性基金预算收入45898亿元，同比下降24.8%，主要原因是国有土地使用权出让收入大幅下滑。图9所示为各月政府性基金预算收入同比增长情况，2022年各月收入规模均低于上年同期。其中，6月降幅最大，同比下降35.78%。相较2021年，2022年政府性基金预算收入整体上低于上年同期。其中，同比增速差距最大的为1~2月，较上年同期下降90.92个百分点。

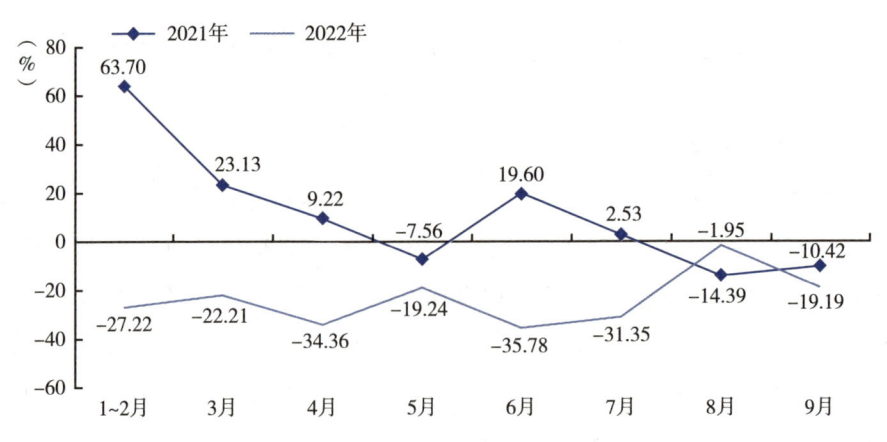

图9　2021年和2022年前三季度政府性基金预算收入同比增长率

（三）一般公共预算支出

2022年前三季度，全国一般公共预算支出190389亿元，同比增长6.2%。图10为各月一般公共预算支出同比增长情况，总体而言2022年前三季度（除4月）一般公共预算支出规模均高于上年同期，其中，增速最快的是3月，较上年同期上升10.40%。相较2021年，2022年政府支出整体增幅更大。

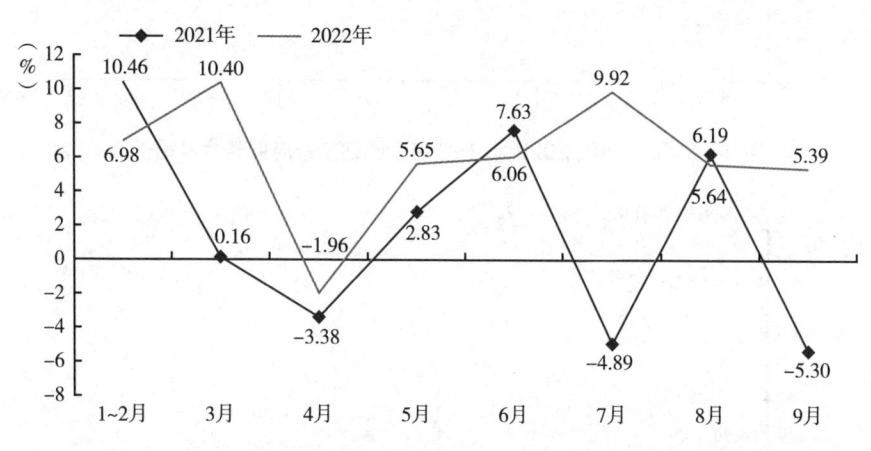

图10 2021年和2022年前三季度一般公共预算支出同比增长率

（四）政府债务及付息支出

2022年8月末，全国地方政府债务余额347838亿元，同比增长22.16%。各月地方政府债务余额增长情况如图11所示，2022年1~8月地方政府债务余额均高于上年同期，其中增速最快的是6月，同比增长25.98%。相较2021年，2022年各月增幅均高于上年同期。其中，差距最大的是6月，两者相差11.8个百分点；差距最小的是1月，两者相差1.89个百分点。

2022年1~8月，地方政府债券支付利息7566亿元，同比增长17.12%。2022年各月地方政府债券付息额增长情况如图12所示，各月债券付息额同比增速均超过10%。相较2021年，2022年债券付息额增速放缓，各月差距幅度最大的是2月，2022年较2021年下降52.11个百分点；差距幅度最小的是8月，2022年较2021年下降4.79个百分点。

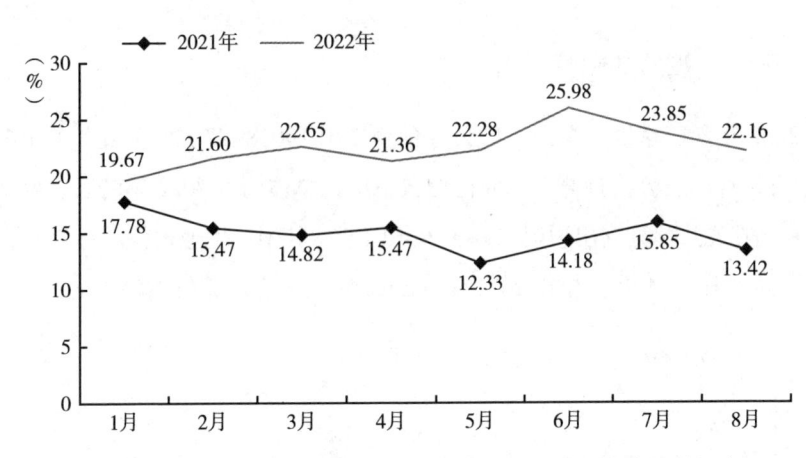

图11　2021年和2022年1~8月全国地方政府债务余额增长率

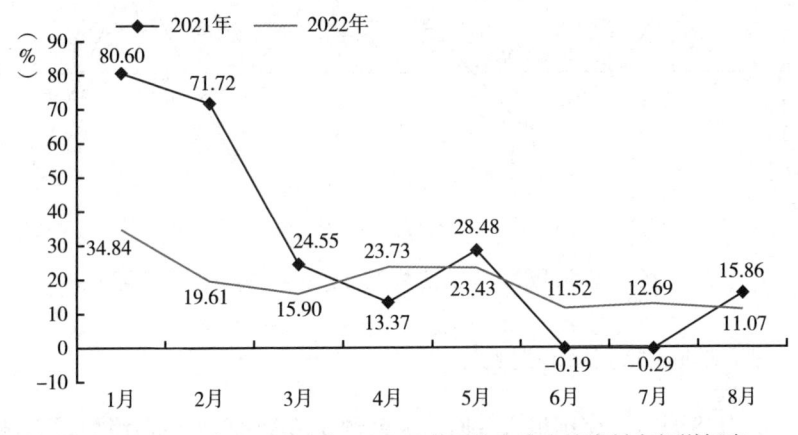

图12　2021年和2022年1~8月全国地方政府债券付息额增长率

二　2022年财政运行形势的主要特点

（一）税费支持政策持续发力，财政收入增速显著下降

为增强发展内生动力，2022年继续实施新的组合式税费支持政策。2022年1月1日至9月20日，全国新增减税降费及退税缓税缓费超3.4万亿元，其中已退到纳税人账户的增值税留抵退税款达到22113亿元。[①] 一是超大规

---

① 资料来源：《国家税务总局落实退减缓免税费政策新闻发布会实录》，具体见 http://www.chinatax.gov.cn/chinatax/n810219/n810724/c5181807/content.html。

模增值税留抵税额提前大规模返还与受疫情影响较大行业增值税减免政策的实施拉低税收收入增速。2022年前三季度税收收入同比下降11.6%,其中增速下降最明显的是4月与5月,较上年同期分别下降47.31%、38.1%,增值税较上年同期分别下降124.67%、124.41%。二是扶持相关行业与企业的减税政策引起企业所得税规模缓慢增长,部分月份出现负增长。除3月与8月,2022年各月企业所得税规模与增速均低于2021年同期,其中增速相差幅度最大的是4月,较上年同期下降53.08个百分点。一般公共预算收入累计进度为73%,显著低于过去五年同期均值的80%。

（二）财政支出强度持续增加,支出结构不断优化

2022年前三季度,全国一般公共预算支出190389亿元,同比增长6.2%。除4月,各月支出规模均高于2021年同期,部分月份增速也明显快于上年同期。支出强度增加有力保障了重点领域需求,其中科技支出较上年同期增长14%,主要用于支持基础研究与国家战略科技力量发展,卫生健康支出、社会保障和就业支出及交通运输支出较上年同期分别增长10.7%、6.9%及6.5%,有效兜住兜牢基本民生保障底线。此外,财政资金拨付与使用效率明显提高,2022年将一次性安排的支持基层落实减税降费和重点民生等转移支付纳入直达资金管理,资金使用进度明显加快。

（三）收入增速慢于支出增速,财力缺口有所增加

在减收和增支双方共同作用下,财力缺口有所扩大。2021年前三季度,财政收支缺口15273亿元,2022年同期缺口37238亿元,2022年1~9月有6个月存在财力缺口,2021年同期有4个。不考虑留抵退税政策影响较大的4~6月,2021年缺口总额12301亿元,2022年同期缺口15122亿元。不仅如此,2022年地方政府债务付息支出显著增加,1~8月地方政府付息总额7532亿元,2021年同期付息总额7028亿元,增长7.2%,付息支出的刚性增长对地方财政形成一定压力。同时,作为重要的地方财力来源,国有土地使用权出让收入大幅下降,2022年前三季度,国有土地使用权出

让收入38507亿元，同比下降28.3%，各月国有土地使用权出让收入规模均低于上年同期。

（四）非税收入增速逐渐加快，财政对非税收入依赖性有所增强

2022年前三季度，多渠道盘活闲置资产与中央银行利润上缴有效带动全国非税收入增长，① 各月非税收入规模均高于上年同期，其中增速最快的是9月，同比增长39.73%，增速最慢的4月，同比增长10.3%。各级财政对非税收入的依赖性明显更强，2022年前三季度非税收入占财政收入比重均高于上年同期，其中有央行利润上缴等政府财力统筹的因素，也有罚没收入快速增长等其他征管因素。

（五）央地收入格局相对稳定，收入波动趋势基本一致

2022年前三季度中央一般公共预算收入同比下降8.6%，地方本级一般公共预算收入同比下降4.9%。由于相关税费支持政策对中央与地方财政收入均产生影响，两者收入变动趋势基本一致（4月与5月均大幅下降），中央和地方收入基本格局并未明显改变。2022年前三季度，地方本级一般公共预算收入占比54.34%，2021年同期比重为53.34%，变化幅度较小。2021年与2022年地方本级一般公共预算收入占比变化趋势基本一致。1~3月，地方本级一般公共预算收入占比快速提高，4~5月占比明显下滑，6~7月一般公共预算收入占比再次呈现上升后下降态势，占比与本年初期基本一致，8~9月占比再次提高。

（六）地方财政收入增长分化态势较明显

2022年1~8月，24个省（自治区、直辖市）一般公共预算收入规模低于上年同期。扣除留抵退税因素影响后，8个省（自治区、直辖市）一般公共预算收入规模低于上年同期。地区间财政收入分化明显，能源资源类行业增收带动资源省份财政收入快速增长，山西、陕西和新疆1~8月收入同比增速分

---

① 中国人民银行2022年第二季度货币政策执行报告显示，截至7月底已向中央财政上缴结存利润1万亿元。

别为 28.4%、17.6% 和 17%，[①] 疫情冲击较大的省份收入压力较大，天津和吉林 1~8 月收入同比增速分别为 -24.9%、-37.3%。

（七）土地出让收入依赖度持续下降，综合财政收入结构逐步优化

2022 年前三季度，国有土地使用权出让收入 38507 亿元，同比下降 28.3%，各月国有土地使用权出让收入规模和增幅整体低于上年同期。土地出让收入下滑主要受房地产市场低迷影响，这也导致地方政府收入结构变化。2022 年前三季度，全国企业所得税收入 36409 亿元，与国有土地使用权出让收入差距较上年同期明显缩小，政府综合财力中的税收收入以及直接税的贡献度有所提高。

（八）地方政府债务余额增速加快，政府投资稳定经济作用显现

2022 年 1~8 月地方政府债务余额及其增速均高于上年同期。债务余额增长主要源于专项债务余额快速增加，2022 年 8 月末，一般债务余额较上年同期增长 5.9%，专项债务余额较上年同期增长 26.83%。专项债务余额快速增长的主要原因是积极财政政策有效发挥政府投资稳定宏观经济作用，提前谋划专项债券的发行使用进度。2022 年 3 月底，用于项目建设的 3.45 万亿元新增专项债券额度全部下达完毕，支持纳入国家"十四五"规划纲要和重大区域发展战略的重点项目。

三 未来财政形势展望

（一）2023年财政收入将持续承压

受税费支持政策与疫情等因素影响，2022 年前三季度全国一般公共预算收入同比下降 6.6%，各月财政收入呈 V 字型变化。1~3 月一般公共预算收入高于上年同期，留抵退税政策实施导致 4~5 月税收收入大幅下滑，随着疫情

[①] 内蒙古 1~7 月一般公共预算收入同比增长 34%。

防控形势向好与稳定经济政策效应逐步显现，6月后一般公共预算收入增速大幅上升，8月一般公共预算收入再次高于上年同期，9月延续回升态势，但全年承压明显。

2023年财政收入将持续承压。一是受国内外复杂形势与疫情等不确定性因素影响，经济下行压力仍然较大。财政收入规模扩大依赖一定速度的经济增长，疫情仍是国际关注的突发公共卫生事件，病毒持续变异不断冲击由疫苗接种等公共卫生措施构建的经济发展安全保护屏障，乌克兰危机升级使外部环境不确定性进一步增强，经济增长面临较大挑战。二是为激发市场主体活力与稳定经济，积极财政政策还需保持一定延续性。受疫情影响较大行业与小微企业发展仍需减税降费政策的重点支撑，涉及增值税与企业所得税等税收减免，涉及缓缴社保费的扩围延期，全年财政收入仍可能保持低速增长。三是企业利润水平持续下降制约财政收入增长。2022年1~6月，全国规模以上工业企业实现利润总额42702.2亿元，同比增长1.0%，私营企业实现利润总额11885.7亿元，下降3.3%；1~9月，全国规模以上工业企业实现利润总额62441.8亿元，同比下降2.3%，其中私营企业下降8.1%，[①]企业利润降幅呈扩大趋势。考虑到企业成本仍在高位运行，且国内外形势日趋复杂，2023年微观企业效益恢复面临较高风险。四是资源省份收入的不确定性。2022年1~8月，财政收入同比增速排名前三位的地区均为资源省份，主要原因是能源价格上涨促使能源资源类行业增收，2023年，复杂严峻的国际形势使得大宗商品价格不确定性增强，可能对资源省份财政收入造成一定冲击。五是房地产市场低迷制约国有土地使用权出让收入增长，财政部明令禁止地方政府通过国企购地等方式虚增土地出让收入，进一步限制土地出让金收入的增长，政府性基金收入缓解财政收入压力空间有限。六是盘活闲置资产的空间逐步压缩，一些闲置资产整合利用的难度较大。本轮积极财政政策实施以来，各级政府积极盘活闲置资产应对财力缺口。当前一些地区盘活闲置资产的空间逐步压缩，闲置资产中不少已用于抵押，难以直接出清处置或变现盘活，一些闲置资产隐蔽性强且较为分散，盘活利用难度大，需要较大的投入。

---

① 资料来源：国家统计局网站。

（二）2023年财政支出仍需保持适当强度增长

2023年，一般性支出压缩规模空间有限。为保障重点领域支出需求，各级政府大幅削减"三公"经费预算。2021年，中央本级"三公"经费财政拨款支出26.81亿元，较2021年预算数与2020年实际支出分别减少25.06亿元与3.05亿元。①2022年，中央本级支出继续按负增长安排（下降2.1%），"过紧日子"要求得到较好执行。2023年一般性支出压缩空间变小，一些预算单位甚至需要通过各种方式弥补公用经费不足。②

2023年仍需保障重点领域支出需求。一是必须兜住兜牢"三保"底线。"三保"事关改革成果的惠及群体与范围，也是营造良好经济社会发展环境的重要保障。在经济下行与疫情因素影响下，中西部地区与基层财政"三保"压力持续增加甚至更为突出，中央对地方财力支持存在进一步提高的客观需求。二是惠企利民政策仍需延续。中小微企业是"稳就业"的主体，第三产业是吸纳青年人就业的主要力量，除必要的减税降费政策支持之外，财政支出直接帮扶也十分必要。就业优先政策也会对适度财政支出规模提出要求。三是城乡区域协调发展需要财政支撑。乡村振兴与区域发展政策实施离不开财政支出保障，脱贫攻坚成果的巩固也需财政支出政策支持。四是"卡脖子"领域技术攻关需要财政保障。产业链与供应链自主可控事关科技发展与经济循环畅通，财政持续稳定投入为其提供重要保障。五是人口快速老龄化问题对社会保障和医疗卫生等方面支出提出直接需求，这些支出呈现刚性增长态势。

2023年债务付息压力持续加大。随着财政收支矛盾逐步凸显，债务收入

---

① 资料来源：《国务院关于2020年中央决算的报告》与《国务院关于2021年中央决算的报告》。
② 如2022年安徽省祁门县《新一轮乡镇财政管理体制实施方案》显示，乡镇公用经费不足部分由乡镇的奖补资金弥补。又如贵州省珧川镇人民政府2021年度部门决算显示，一般公用经费不足的项目由土地出让金弥补。再如湖北省钟祥市旧口镇2022年预算编报说明中显示，"我单位无其他收入来源，因开展正常工作而发生的人员和公用经费不足部分，全靠向上级有关部门争取"。

的重要性增强。2020年以来，地方政府债务规模不断扩大，付息压力随之增强，2022年1~8月地方政府付息总额7532亿元，同比增长7.2%，同期一般公共预算支出同比增长6.3%，债务付息支出呈现超速增长特征。

2023年继续实施积极财政政策要求支出规模适度扩大。国内外复杂形势与疫情等因素引起较大的经济下行压力。为激发市场主体活力，稳定宏观经济大盘，2023年有必要继续实施积极财政政策。除减税降费外，财政支出应在逆周期调节中发挥重要作用，如通过新能源汽车购置补贴政策刺激汽车消费、发挥财政性投资的引领作用、稳定整体投资水平等均需要财政支出保持适度规模增长。

四 政策建议

（一）优化支出结构，应对财力缺口

多重因素作用下，2023年财政支出规模仍将呈扩张态势，经济下行压力与积极财政政策的实施也将导致财政收入低速增长，财政收支矛盾进一步凸显，优化支出结构具有现实意义。

高质量发展的前提是安全。为此，2023年需继续加强重点领域财政支出支撑力度。一是兜牢兜实基层"三保"（保基本民生、保工资、保运转）底线。国内外复杂形势与疫情不确定性持续冲击实体经济，中小微企业经营与居民就业均面临较大挑战。为营造良好的经济社会发展环境，扩大基本民生支出较为关键。教育、医疗卫生及社会保障和就业支出主体均为地方政府，受减税降费与外部因素影响，地方政府尤其是中西部地区基层财政的可持续性受到挑战，中央应扩大该类地区的转移支付规模保障其兜牢基层"三保"底线能力。二是加大就业政策财政支持力度。2022年8月青年群体失业率大幅上升，与第三产业产值增速大幅下滑有关。2023年，影响第三产业发展的主要因素尚未消除，高校毕业生数量居高不下，青年群体就业形势仍将严峻，中小微企业经营困难加大整体就业难度。2023年有必要加大对中小微企业与受疫情影响较大的第三产业部分行业的补贴力度，提高其就业吸纳能力。完

善重点群体尤其是青年群体就业政策支持体系，提高就业补贴与创业担保贷款额度，放松离校未就业高校毕业生社会保险补贴年限要求。三是保证"卡脖子"技术与基础研究领域支出强度。科技自主创新是保障产业链与供应链安全的关键，财政适度支出又是科技自主创新的重要保障。2023年，应适当扩大财政科技支出规模，重点向"卡脖子"技术与基础研究领域倾斜。除支持科研院所与高水平大学建设外，还应重视企业在科技自主创新中的作用，支持企业组建创新联合体，提高核心技术的自主创新能力。

发挥市场在资源配置中的决定性作用和更好地发挥政府作用，2023年有必要进一步强调财政投资性支出的引领作用。2022年1~8月，财政性投资是拉动固定资产投资增长的最主要力量，因财政收入低速增长与债务发行空间可能受限，2023年财政支出扩张态势减缓。保障重点领域支出需求后，政府投资增长空间有限。2023年应着重发挥政府投资的引领带动作用，鼓励并支持民间资本积极参与投资，实现投资乘数效应。一是注重政府决策的引领作用，引导民间资本投资方向。二是强化政府投资的精准性，锚定科技攻关、生态环保等重点领域与重大区域，补齐与人民生活相关的公共服务供给短板。三是进一步完善民间投资体制机制。破除某些行业存在的"弹簧门"与"玻璃门"问题，相关部门在审批、管理、融资等方面应一视同仁，着重保障民间资本收益共享。

（二）继续实施积极的财政政策，聚焦提质增效

2022年积极财政政策的实施，较好地促进了宏观经济的稳定。从经济形势来看，2023年积极财政政策仍有必要继续。为了提高效能，财政政策着力点应作相应优化。

更好发挥财政政策在需求端的逆周期调节作用，积极财政政策要进一步提质增效。财政投资性支出是重要的财政政策工具，在推动固定资产投资增长中功不可没。从2022年1~8月财政性投资增速来看，财政投资性支出还有提升空间，但同期社会消费品零售总额与第三产业产值增长率偏低。总体来看，2023年积极财政政策应加强需求端调节力度，充分发挥财政性投资与财

政补贴的杠杆作用，提高重点行业与重要区域投资水平，推动消费结构优化升级。

持续的大规模减税降费政策有效减轻了市场主体负担，激发了市场主体活力。为进一步改善政策效能，2023年应着重对减税降费政策作动态调整。一是强化激励约束，对享受政策优惠后经营效益明显提高或就业吸纳能力明显增强的企业，给予进一步的补贴等政策奖励。二是调整不同行业、不同规模企业税收支持力度，重点关注科技攻关、生态环保等重点领域与就业吸纳能力较强行业。减税降费政策动态调整还应与政策制度化相结合，如2022年实施的增值税留抵税额提前大规模返还应以制度化方式固定下来，这有利于稳定经济主体预期。

2023年应更加注重政策的长短期目标结合。作为逆周期调节的短期经济政策，财政政策在为市场主体纾困、熨平经济周期方面发挥着重要作用。重视财政政策的长期效果，促进经济高质量发展，建立高水平均等化的公共服务体系，是2023年制定积极财政政策时必须考虑的重要内容。具体来看，一是要协调好财政投资性支出与民生性支出的关系，保证民生性支出适度增长。加大对科技研发与生态环保领域相关行业的支持力度。科技研发周期长且风险高，但长期收益明显。生态环保支出短期效应也不明显，但长期来看有利于营造良好的生活与发展环境。二是关注财政的可持续性。近年来，地方政府债务余额持续增长，付息压力不断加大。为将债务规模控制在合理水平，短期与长期举债规模间存在一定程度的此消彼长的关系。考虑到国内外复杂形势产生的不确定性，有必要控制短期举债规模，为未来举债保有空间。

（三）妥善处理中央与地方财政关系，更有效发挥中央和地方两个积极性

中央与地方间的财政关系关系治理现代化目标的实现。随着经济下行压力加大，地方政府尤其是中西部地区与基层政府收支矛盾进一步突出，如何兜牢这些地区的"三保"底线成为财政工作的重中之重，这对2023年的中央

财政转移支付提出了更直接、更迫切的需求。同时，推进基本公共服务均等化，需要更加妥善地处理中央与地方间的财政关系。

进一步完善财政转移支付制度。提供均等化的基本公共服务是转移支付制度的主要目标，当前转移支付促进公共服务均等化的作用还有待加强，这既与转移支付的资金分配相关，还受到资金使用效率的影响。保基本民生支出是"三保"的主要内容，也是转移支付的主要着力点。转移支付推动基本公共服务均等化的作用还有提升空间。资金使用效率偏低的另一影响因素是财力下沉速度，2022年上半年约4万亿元直达资金方面，中央财政已下达3.992万亿元，较好地兜牢民生底线。2023年应进一步强调转移支付资金直达机制，确保资金下达速度。进一步推动建立完善的转移支付资金使用绩效监督评价体系，将评价结果作为下一年度资金分配的依据。此外，还应更好地发挥财政信息化优势，进一步做好转移支付资金的下达与管理工作，将规则嵌入系统，强化制度执行力。

强化中央财政事权与支出责任。共有事权划分不清晰是地方政府财力出现缺口的重要原因，也是未来财政事权改革应解决的主要问题。共有事权划分清晰的前提是政府事权边界的确定，即政府与市场关系的处理，这既要坚持市场优先原则，还要注重政府有为原则。市场有效领域应尽量让市场发挥作用，市场无效领域也要结合政府有为原则考虑是否进行政府干预，这不仅关系财政资金使用效率问题，还涉及政府财力可持续性，负担过大反而不利于政府在有为领域发挥作用。在共有事权划分上，应更多地强调集中力量办大事的制度优势，合理扩大中央财政事权与支出责任，减轻地方财政负担，兜牢"三保"底线。此外，共有事权上移将进一步提升中央统筹能力，缩小区域间政府财力差距。

适度扩大中央财政支出规模。公共服务受益范围与地方政府地理优势共同决定了地方政府在教育、医疗等公共服务提供中发挥着主要作用。随着跨地区人口流动规模扩大，中央政府在该类公共服务提供中的支出责任增加，财政支出规模也应扩大。此外，基础建设投资的主体也是地方政府，尤其是政府性基金收入，主要用于基建投资。随着国有土地出让权收入减少，地方

政府基建投资资金受限。2023年，应加大中央政府基建投资规模，这有利于保持投资适度增长，优化基建投资结构，缓解边际效应递减状况。

（四）加强地方政府债务管理，防范重大债务风险

近几年地方债务余额持续增长，付息压力不断加大。随着经济增速放缓，债务还本与付息压力带来债务风险。从中国地方债务发展实践看，债务风险还具有传染性和外溢性。2023年，要适度控制地方政府债务增速，积极主动地防范地方政府债务风险。

一方面，有效解决地方政府存量债务。存量债务规模过大是债务付息压力持续增加的主要原因，也挤占了未来债务发行空间。考虑到财政收入增速逐渐放缓，存量地方债很难通过未来的地方收入流量来予以解决，为应对债务规模扩大，政府应考虑从资产规模、资产变现能力等方面入手来解决问题。通过将当年地方债资金形成的地方政府资产变现的方式，为地方债偿还拓展有效的资金来源渠道，也可考虑引入民营资本的PPP方式来获取收入。需要尽快摸清可动用政府资产的家底，强化省级政府的责任，统筹政府资产，让地方政府资产在应对地方债风险中能更充分地发挥作用。

另一方面，加快推进隐性债务显性化。部分地区的债务风险点来自隐性债，隐性债风险化解的核心是显性化。对于财力允许的县市，可以通过发行再融资债券置换隐性债规模；对于财力欠缺的地区，应积极采取债务展期等方式缓解化债压力。在隐性债务显性化过程中，上级政府可以通过设立恰当的转移支付制度激励基层财政的隐性债务清零工作。在财政预算紧平衡模式下，各县市要严格控制隐性债务增量，不得通过违规担保、政府购买服务及PPP等形式变相举债。

（五）进一步完善多层次社会保障体系，推进共享发展

完善的社会保障体系是推动人民共享发展成果的重要前提。2023年，社会保障制度在保障和改善民生方面仍要发挥重要作用，及时帮扶失业人员和需纳入低保的对象、临时遇困人员等，在保障和救助上该扩围的扩围，应保

尽保、应兜尽兜。

充分发挥失业保险金作用。一是降低失业保险金领取门槛，扩大失业保险金使用范围。在考虑本地区财力基础上，适当降低失业保险金领取门槛，放宽参保时间与失业原因的限制，充分发挥失业保险保障劳动者失业后基本生活的作用。失业保险金充足的地区，可考虑将失业保险金使用范围扩大至稳就业与促就业，这也有利于降低失业率，保障失业保险金的可持续性。二是强化失业保险省级统筹制度设计。经济下行压力加大引起失业保险基金需求增加，部分市县基金积累不足无法满足需求，通过省级统筹调剂余缺，确保保险金按时足额发放。对于已经实施省级统筹的省（区市），要进一步完善制度设计，建立适当的激励体系，防止地方扩面和征缴积极性不高的情况出现。

进一步完善社会救助体系。一是要强化重点群体保障力度。及时发现临时遇困人员是开展社会救助工作的前提，这要求锁定未参加失业保险、青年未就业及受疫情影响较大行业就业人员等重点群体，适当加大重点群体的一次性救助力度。遵循特殊时期特殊处理原则，简化社会救助流程体系，提高社会救助工作时效性。二是强化社会救助金的保障力度。统筹中央财政困难群众救助补助资金和地方各级财政安排资金，形成救助资金保障合力。

参考文献：

杨志勇：《应对新问题，财政仍将大有作为》，《财政研究》2022年第1期。

杨志勇：《党的十八大以来国际税收秩序的重塑与中国贡献》，《国际税收》2022年第1期。

杨志勇：《改革省以下财政体制推动高质量发展》，《清华金融评论》2022年第7期。

B.8
2022年中国税收形势分析及2023年展望*

张 斌 郭英杰**

摘 要： 2022年，大规模留抵退税政策作为组合式税费支持政策的主要措施集中在4~7月实施，由此导致前三季度累计税收收入同比下降11.6%；第三季度，随着经济增速回升，税收收入降幅大幅收窄。如果未来经济总体继续保持向好态势，综合考虑阶段性减税降费、税费缓缴政策到期以及留抵退税带来的后续税收增长等因素，预计2022年第四季度及2023年全年税收收入将会有显著的恢复性增长。

关键词： 税收收入 留抵退税 财政收支缺口

2022年前三季度，我国经济同比增长3.0%。其中，第一季度经济同比增长4.8%；第二季度受国际环境复杂演变、国内疫情冲击等超预期因素的影响，经济下行压力明显加大，经济同比增速降至0.4%；第三季度以来，经济总体呈现向好态势，经济增速回升至3.9%，比第二季度加快3.5个百分点。

2022年，我国实施了新的组合式税费支持政策。在延续实施扶持制造业、小微企业和个体工商户的减税降费政策，并提高减免幅度、扩大适用范围的同时，对留抵税额实行大规模退税。截至9月20日，全国新增减税降费及退税缓税缓费超3.4万亿元。其中，已退到纳税人账户的留抵退税款达22113亿元，制

---

* 本文数据如不加特别说明，财政税收数据均来自财政部网站财政数据栏目公布的月度财政收支数据，经济运行数据均来自国家统计局网站数据。

** 张斌，中国社会科学院大学研究员，主要研究方向为财政税收理论与政策；郭英杰，中国社会科学院大学应用经济学院硕士研究生。

造业中小微企业缓缴税款5256亿元。①受减税、留抵退税及缓缴税款等多项政策的综合影响，2022年前三季度累计，一般公共预算收入和税收收入分别比上年同期下降了6.6%和11.6%，扣除留抵退税因素后则分别同比增长4.1%和1.0%。

前三季度大量存量留抵税额一次性退还后，第四季度新增留抵退税的规模预计会有所缩小。而在2022年增量留抵税额退还后，如果经济继续保持恢复向好的态势，2023年增值税收入将会显著增长。但考虑到外部环境仍然错综复杂，积极的财政政策仍有必要保持足够的力度，因此应进一步采取多种措施弥补财政收支缺口，在有效应对短期经济下行压力的同时，高度重视中长期财政的可持续性。

一 2022年前三季度全国税收形势分析

2022年前三季度累计，全国一般公共预算收入153151亿元，同比下降6.6%，扣除留抵退税因素后增长4.1%。其中，中央一般公共预算收入69934亿元，同比下降8.6%，扣除留抵退税因素后增长3.0%；地方一般公共预算本级收入83217亿元，同比下降4.9%，扣除留抵退税因素后增长5.2%。全国税收收入124365亿元，同比下降11.6%，扣除留抵退税因素后仅增长1.0%，而非税收入达到了28786亿元，比上年同期增长23.5%。

2022年前三季度累计，全国一般公共预算支出190389亿元，同比增长6.2%，一般公共预算收支差额达到了37238亿元，是2021年同期收支差额15273亿元的2.4倍，比2020年同期的34183亿元还多3055亿元。但考虑到留抵退税和缓缴税款等措施仅减少了政府当期的现金流，与豁免纳税人税款缴纳义务的减税措施对财政收支的作用机制有较大差异，因此对未来财政可持续性的影响相对较小。

（一）2022年前三季度分季度税收收入走势分析

2021年第一季度，受2020年同期基数较低的影响，经济增速为18.3%，

---

① 资料来源：http://www.chinatax.gov.cn/chinatax/n810219/n810780/c5182001/content.html。

第二季度至第四季度逐季下降,分别为7.9%、4.9%和4.0%。2021年前三季度的税收收入增速则分别为24.8%、20.4%和9.1%。

2021年第三季度以来,全球疫情对国际供应链和物流的影响加大,国内部分地区受到疫情、汛情和拉闸限电等多重冲击,经济下行压力明显。2021年10月27日国务院常务会议决定对制造业中小微企业的企业所得税和国内增值税、国内消费税及随其附征的城市建设维护税,个体工商户、个人独资和合伙企业缴纳的个人所得税(不含其代扣代缴的个人所得税),以及煤电、供热企业实施阶段性税收缓缴政策。受经济增速放缓和上述税收缓缴政策等因素的影响,2021年第四季度税收收入增速大幅下降,为-9.6%。

2022年第一季度经济增速为4.8%,比2021年第四季度提高了0.8个百分点,税收收入的增速达到了7.7%。但第二季度受国际环境和国内疫情等超预期因素的影响,经济增速降至0.4%。而从4月1日开始实施的大规模留抵退税政策中的存量留抵退税集中在第二季度完成,由此导致第二季度税收收入大幅下降,达到了-36.0%。第三季度经济增速回升至3.9%,税收收入的降费大幅收窄至-3.6%(见图1)。

图1 2021年至2022年前三季度分季度经济增速与税收运行状况

2021年前三季度税收收入增长率均高于名义GDP增长率，其中第一季度GDP名义增长率为20.8%，税收收入增速达到了24.8%，税收收入占GDP的比重比2020年同期上升了0.6个百分点；2021年上半年和前三季度累计，税收收入增速分别为22.5%和18.4%，均高于同期名义GDP增速16.7%和14.1%，税收收入占GDP的比重分别比2020年同期上升了0.9个百分点和0.6个百分点。但受到2021年第四季度税收收入大幅下降的影响，2021年全年税收收入增速仅为11.9%，低于全年名义GDP 12.8%的增速，税收收入占GDP的比重比2020年下降了0.1个百分点，降至15.1%。

2022年前三季度累计，税收收入同比下降了11.6%，其中第一季度增长了7.7%，受第二季度开始实施的留抵退税政策影响，上半年税收收入同比下降了14.8%。2022年第一季度名义GDP增速为8.9%，高于税收收入7.7%的增速，税收收入占GDP的比重比2021年同期下降了0.2个百分点；受留抵退税等政策的影响，上半年该比重大幅降至15.2%；前三季度累计，进一步降至14.3%（见表1）。

表1　2020年至2022年前三季度分季度累计GDP与税收收入

单位：亿元，%

时间	GDP 数额	GDP 增长率	名义GDP 增长率	税收收入 数额	增长率	税收收入占GDP的比重
2020年第一季度	205245	-6.9	-5.5	39029	-16.4	19.0
2020年上半年	453593	-1.7	-1.1	81990	-11.3	18.1
2020年前三季度	717948	0.6	1.2	118876	-6.4	16.6
2020年全年	1013567	2.2	2.7	154310	-2.3	15.2
2021年第一季度	247985	18.3	20.8	48723	24.8	19.6
2021年上半年	529513	12.7	16.7	100461	22.5	19.0
2021年前三季度	819432	9.8	14.1	140702	18.4	17.2
2021年全年	1143670	8.1	12.8	172731	11.9	15.1
2022年第一季度	270178	4.8	8.9	52452	7.7	19.4
2022年上半年	562642	2.5	6.3	85564	-14.8	15.2
2022年前三季度	870269	3.0	6.2	124365	-11.6	14.3

资料来源：GDP数据来自国家统计局网站；税收数据来自财政部网站。

（二）2022年前三季度分月度税收收入走势分析

从月度数据看，2022年1~9月的月度税收收入增速均低于2021年同期。在2022年1~2月税收收入增幅达到了10.1%后，3月开始出现了负增长。4~6月的降幅分别达到了47.3%、38.1%和21.2%，这主要是第二季度大规模存量留抵退税政策实施带来的影响。如果扣除留抵退税因素，4~6月税收收入的降幅分别为6.6%、8.1%和1.6%。

进入第三季度，7月税收收入的降幅迅速收窄至8.3%，8月、9月则实现了正增长，增幅分别为0.6%和0.4%。从与2021年同期增幅比较看，9月税收收入的增幅差距已缩小至3.7个百分点。而9月自然口径的税收收入增幅已与扣除留抵退税后的增幅接近。

考虑到2021年第四季度缓缴税款政策导致税收收入增速大幅下降，如果2022年第四季度不出台新的大规模减税措施，加上留抵退税因素对税收收入的影响逐渐缩小，预计从10月开始税收收入增长率会有显著回升（见表2、图2）。

表2　2022年与2021年1~9月月度税收收入比较

月度	2021年 税收收入（亿元）	2021年 增长率（%）	2022年 税收收入（亿元）	2022年 同比增减（亿元）	2022年 增长率（%）	与2021年增速比较（个百分点）
1~2月	37064	18.9	40812	3748	10.1	-8.8
3月	11659	48.4	11640	-19	-0.2	-48.6
4月	18727	33.3	9867	-8860	-47.3	-80.6
5月	16381	19.3	10140	-6241	-38.1	-57.4
6月	16630	9.6	13105	-3525	-21.2	-30.8
7月	18651	12.9	17103	-1548	-8.3	-21.2
8月	10515	8.1	10582	67	0.6	-7.5
9月	11075	4.1	11116	41	0.4	-3.7

资料来源：根据财政部网站数据计算得到。

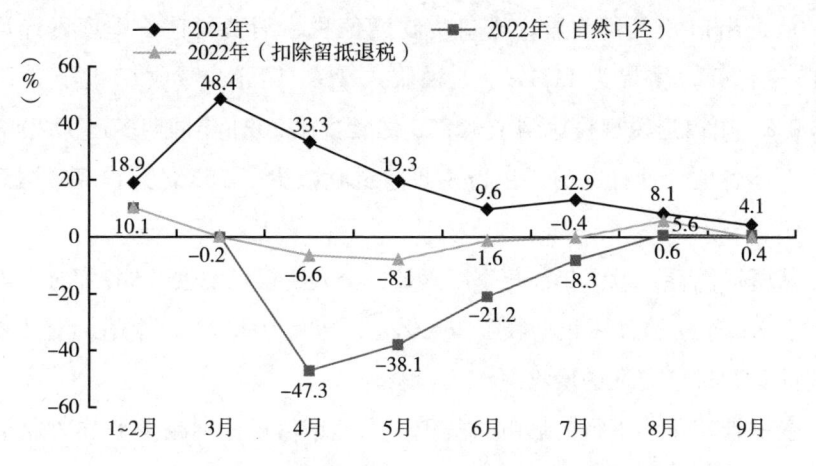

图2　2022年1~9月与2021年同期月度税收收入增速对比

二　2022年前三季度分税种收入分析

从各税种收入情况看，2022年前三季度国内增值税受留抵退税政策的影响，按自然口径计算的收入大幅下降。此外，受房地产市场下行和免征、减征车辆购置税政策的影响，契税、土地增值税、车辆购置税也有较大幅度的下降。2022年前三季度同比税收收入增幅较大的税种主要是个人所得税、资源税、国内消费税、耕地占有税、房产税。从分季度税收收入变化情况看，随着第三季度经济增速的提升，大部分税种收入增速也比第二季度有显著回升。

（一）2022年前三季度分税种收入与税制结构

2022年前三季度累计，税收收入比2021年同期减少了16337亿元，而国内增值税收入减少了16756亿元，降幅高达33.4%，是导致税收收入负增长的主要原因。扣除留抵退税因素，国内增值税前三季度累计增长2.0%，收入额约为51105亿元，增收约1000亿元。国内消费税前三季度累计增收896亿元，增幅为7.3%；城市维护建设税作为增值税、消费税的附加税，下降了4.2%。

从进出口相关税收看，进口货物增值税、消费税前三季度累计增收了1550亿元，增幅为11.3%；关税收入2161亿元，减收67亿元，降幅为3.0%；出口退税规模达到了14875亿元，比2021年同期多退了2048亿元。上述各项合计计算的进出口税收净贡献减少了565亿元，降幅达到了18.2%。

从所得税看，2022年前三季度累计，个人所得税增收了947亿元，增幅达到了9.1%；企业所得税增收了764亿元，增幅为2.1%。所得税合计为税收收入贡献了1711亿元的增收额。

受房地产市场下行的影响，契税、土地增值税分别减少了1633亿元和503亿元，降幅分别为27.1%和8.9%，两项合计减收了2136亿元。房产税、耕地占有税、城镇土地使用税分别增收了274亿元、220亿元、119亿元，增幅分别为12.8%、26.3%、8.1%。2022年前三季度累计，上述房地产五税合计减收了1523亿元，降幅达到了9.4%。

受新能源汽车免征车辆购置税政策的影响，车辆购置税减少了861亿元，降幅高达30.9%。受资源价格大幅上涨的影响，资源税增收了950亿元，增幅高达54.8%。除流转税、所得税、房地产五税外，包括车辆购置税、资源税在内的所有其他税种合计增收了69亿元，增幅为0.8%。

如果把进出口税收视为一个整体分析，2022年前三季度累计，对税收收入增收贡献最大的税种分别是：资源税，增收950亿元；个人所得税，增收947亿元；国内消费税，增收896亿元；企业所得税，增收764亿元。上述四个增收的税种增收额合计为3557亿元。

除国内增值税外，减收额最大的税种为契税，减收了1633亿元；其次是车辆购置税，减收了861亿元；进出口相关税收和土地增值税分别减收了565亿元和503亿元。上述四大减收税种减收额合计为3562亿元，与四大增收税种的增收额基本相抵（见表3）。

表3　2022年与2021年前三季度分税种收入对比

税种	2021年前三季度 数额（亿元）	2021年前三季度 增长率（%）	2022年前三季度 数额（亿元）	2022年前三季度 增减额（亿元）	2022年前三季度 增长率（%）	增速比较（个百分点）
税收收入	140702	18.4	124365	-16337	-11.6	-30.0
国内增值税	50103	17.4	33347	-16756	-33.4	-50.8
国内消费税	12212	12.3	13108	896	7.3	-5.0
城市维护建设税	4034	18.5	3864	-170	-4.2	-22.7
进口货物增值税、消费税	13701	24.5	15251	1550	11.3	-13.2
出口退税	-12827	13.4	-14875	-2048	16.0	2.6
关税	2228	17.3	2161	-67	-3.0	-20.3
进出口相关税收合计	3102	94.8	2537	-565	-18.2	-113.0
主要流转税合计	69451	18.6	52856	-16595	-23.9	-42.5
企业所得税	35645	18.8	36409	764	2.1	-16.7
个人所得税	10413	21.6	11360	947	9.1	-12.5
所得税合计	46058	19.4	47769	1711	3.7	-15.7
契税	6028	16.7	4395	-1633	-27.1	-43.8
土地增值税	5669	14.6	5166	-503	-8.9	-23.5
房产税	2143	18	2417	274	12.8	-5.2
耕地占有税	836	-14.9	1056	220	26.3	41.2
城镇土地使用税	1477	3.5	1596	119	8.1	4.6
房地产相关税收合计	16153	12.6	14630	-1523	-9.4	-22.0
车辆购置税	2790	9.1	1929	-861	-30.9	-40.0
印花税	3485	34.4	3411	-74	-2.1	-36.5
资源税	1732	35.3	2682	950	54.8	19.5
环境保护税	161	4.2	158	-3	-1.9	-6.1
车船税、船舶吨税、烟叶税等	874	7.4	931	57	6.5	-0.9
其他税收合计	9042	22.3	9111	69	0.8	-21.5

注："出口退税"增长的影响为减收；"其他税收合计"是车辆购置税、印花税、资源税、环境保护税、车船税、船舶吨税、烟叶税等的合计。本文增长率数据以财政部公布的2021年、2022年前三季度财政收支情况为准。

从各税种占税收收入的比重看，2022年前三季度，受留抵退税因素的影响，国内增值税的占比由2021年同期的35.6%降至26.8%，下降了8.8个百分点。相应地，国内消费税、企业所得税、个人所得税等的占比则有比较显著的增加（见图3、图4）。

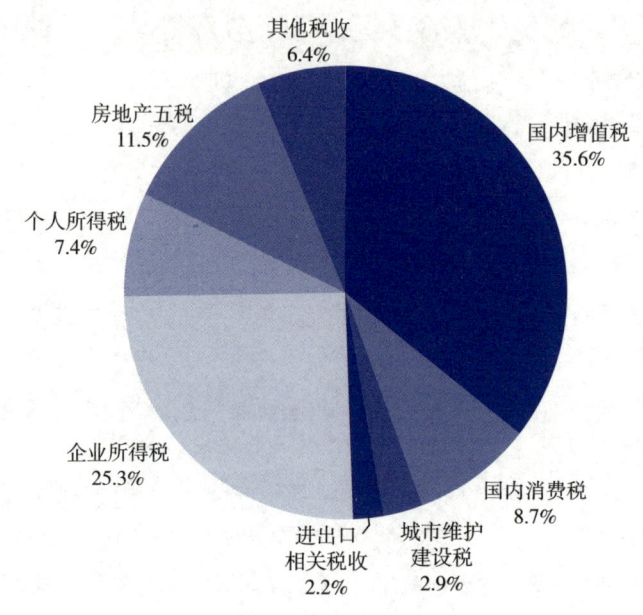

图3 2021年前三季度的税制结构

（二）2022年前三季度分税种收入情况

2022年第一季度，税收收入的增幅为7.7%，其中资源税的增幅高达94.4%；主体税种中，国内增值税、企业所得税、国内消费税、个人所得税的增幅分别达到了3.6%、9.8%、15.8%、16.5%。除契税下降了22.4%、车辆购置税下降了20.4%、进出口相关税收合计下降了7.8%外，其他税种都实现了正增长。

2022年第二季度，经济增速下降至0.4%，同时受大规模留抵退税等减税政策的影响，税收收入大幅下降了36.0%。其中，由于在第二季度存量留抵退税集中办理，第二季度的留抵退税额比国内增值税收入还多95亿元，国内

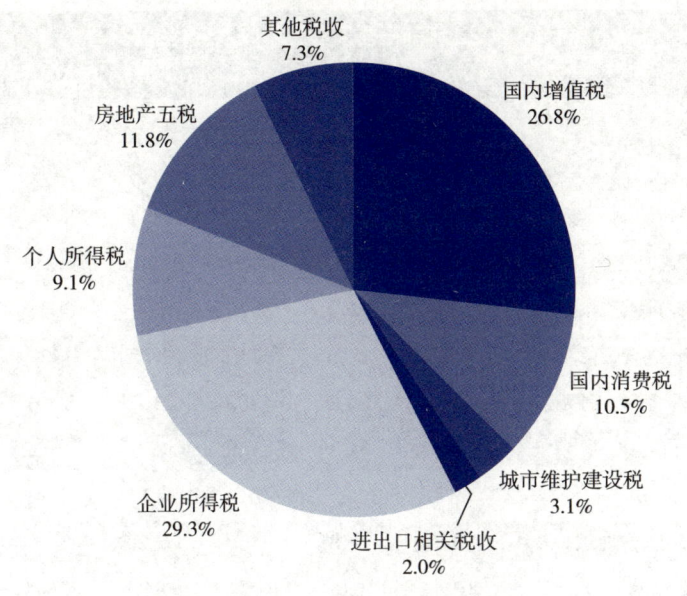

2022年中国税收形势分析及2023年展望

图4　2022年前三季度的税制结构

- 其他税收 7.3%
- 国内增值税 26.8%
- 房地产五税 11.8%
- 个人所得税 9.1%
- 企业所得税 29.3%
- 进出口相关税收 2.0%
- 城市维护建设税 3.1%
- 国内消费税 10.5%

增值税收入出现了罕见的负值。受经济下行的影响，进出口相关税收合计为负值；企业所得税、个人所得税均出现了负增长。而受房地产市场的直接影响，第二季度契税的降幅进一步扩大至33.5%，土地增值税也由第一季度增长7.6%变为下降22.1%。车辆购置税的降幅也扩大至41.9%。

2022年第三季度，经济开始呈现恢复向好态势，经济增速由第二季度的0.4%回升至3.9%。而从4月1日大规模留抵退税政策开始实施到8月15日，存量留抵税额的集中退还基本完成，因此税收收入及国内增值税的降幅迅速分别收窄至3.6%和4.4%。第三季度实现正增长的主要税种中，除资源税、个人所得税、进出口相关税收合计分别出现了22.4%、10.1%和4.5%的增长外，仅有国内消费税、城镇土地使用税分别增长了1.3%和0.8%，其他主要税种为负增长。其中，契税、土地增值税、车辆购置税的降幅尽管有所收窄，但下降幅度仍然较大，企业所得税仍然为负增长，印花税则出现了26.0%的降幅。这说明经济继续恢复的态势仍不稳固，企业盈利水平、房地产市场下行压力等因素也同时制约着税收收入的持续稳定增长（见表4）。

表4　2022年前三季度分税种收入变化情况

单位：亿元，%

税种	第一季度 数额	第一季度 增长率	第二季度 数额	第二季度 增长率	第三季度 数额	第三季度 增长率
税收收入	52452	7.7	33112	-36.0	38801	-3.6
国内增值税	19231	3.6	-95	-100.6	14211	-4.4
国内消费税	5968	15.8	3579	1.1	3561	1.3
城市维护建设税	1593	5.7	1040	-17.2	1231	-3.1
进口货物增值税、消费税	5346	24.2	4859	6.1	5046	4.8
出口退税	-4971	31.3	-5982	13.9	-3922	3.6
关税	774	6.5	673	-12.6	714	-2.3
进出口相关税收合计	1149	-7.8	-450	-563.9	1838	4.5
主要流转税合计	27941	5.6	4074	-81.1	20841	-2.7
企业所得税	10673	9.8	17715	-0.5	8021	-1.3
个人所得税	4645	16.5	3202	-1.0	3513	10.1
所得税合计	15318	11.8	20917	-0.5	11534	1.9
契税	1581	-22.4	1388	-33.5	1426	-25.1
土地增值税	2217	7.6	1712	-22.1	1237	-12.4
房产税	706	28.1	1168	11.5	543	-0.2
耕地占有税	435	47.5	425	23.5	196	-0.5
城镇土地使用税	465	18.3	765	10.7	366	0.8
房地产相关税收合计	5404	1.3	5458	-14.3	3768	-14.7
车辆购置税	825	-20.4	549	-41.9	555	-31.3
印花税	1569	20.6	909	-1.6	933	-26.0
资源税	1032	94.4	863	54.7	787	22.4
环境保护税	58	5.5	49	-9.3	51	-1.9
车船税、船舶吨税、烟叶税等	306	7.0	292	1.0	333	11.4
其他税收合计	3790	18.1	2662	-3.9	2659	-13.2

注："出口退税"增长的影响为减收；"其他税收合计"是车辆购置税、印花税、资源税、环境保护税、车船税、船舶吨税、烟叶税等的合计。

从 1~9 月各月国内增值税、国内消费税、企业所得税、个人所得税和房地产五税变化情况看，大规模增值税留抵退税对国内增值税的影响主要体现在 4~7 月，其中退税的高峰期在第二季度，8 月、9 月国内增值税分别实现了 5.7% 和 6.7% 的正增长。个人所得税在 6 月后实现了显著的正增长，6~9 月的增幅分别达到了 10.5%、10.2%、8.8% 和 11.2%。企业所得税在 4~7 月保持了基本稳定，但从 8 月开始降幅有所扩大，9 月的降幅达到了 12.2%。房地产五税从 4 月开始为负增长，且总体来看降幅较大（见图 5）。

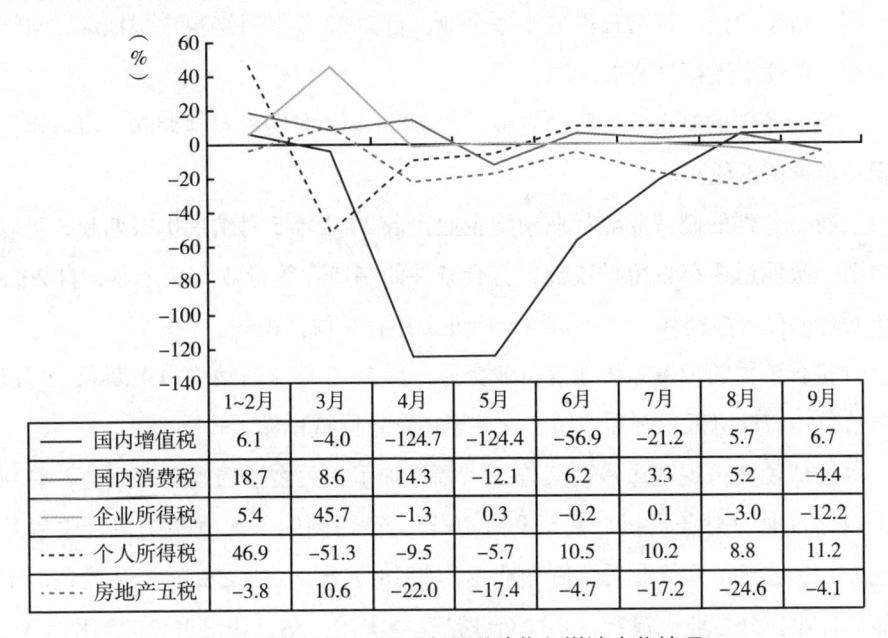

	1~2月	3月	4月	5月	6月	7月	8月	9月
国内增值税	6.1	-4.0	-124.7	-124.4	-56.9	-21.2	5.7	6.7
国内消费税	18.7	8.6	14.3	-12.1	6.2	3.3	5.2	-4.4
企业所得税	5.4	45.7	-1.3	0.3	-0.2	0.1	-3.0	-12.2
个人所得税	46.9	-51.3	-9.5	-5.7	10.5	10.2	8.8	11.2
房地产五税	-3.8	10.6	-22.0	-17.4	-4.7	-17.2	-24.6	-4.1

图 5　2022 年 1~9 月主要税种收入增速变化情况

三　2022 年新的组合式税费支持政策

2022 年政府工作报告指出，实施新的组合式税费支持政策。坚持阶段性措施和制度性安排相结合，减税与退税并举。2022 年起新实施的减、退税政策措施主要包括增值税留抵退税、新增减税降费和税费缓缴三个方面。

（一）增值税留抵退税政策

2022年之前出台的增值税留抵退税适用行业范围较窄，2022年4月开始该项政策适用范围大幅度扩大，具体措施如下。

符合条件的小微企业，自2022年4月纳税申报期起，可以申请退还增量留抵税额。

符合条件的微型企业，自2022年4月纳税申报期起，可以申请一次性退还存量留抵税额；符合条件的小型企业，自2022年5月纳税申报期起，可以申请一次性退还存量留抵税额。

符合条件的制造业等行业企业，自2022年4月纳税申报期起，可以申请退还增量留抵税额。

符合条件的制造业等行业中型企业，自2022年5月纳税申报期起，可以申请一次性退还存量留抵税额；符合条件的制造业等行业大型企业，自2022年6月纳税申报期起，可以申请一次性退还存量留抵税额。

符合条件的批发零售业等行业企业，自2022年7月纳税申报期起，可以申请退还增量留抵税额和申请一次性退还存量留抵税额。

增值税留抵退税政策的实施，大幅增加了相关企业的当期现金流，有利于减轻企业的财务负担。截至9月20日，已退到纳税人账户的留抵退税款达22113亿元。分行业看，制造业退税5818亿元，占比26.3%，是受益最明显的行业。分企业规模看，小微企业是受益主体。在已获得退税的纳税人中，小微企业户数占比92%，共计退税8902亿元，金额占比40.2%。[1]

（二）新增减税降费政策

2022年的新增减税降费政策聚焦受疫情冲击的行业、制造业及小微企业，涉及增值税、企业所得税、个人所得税、车辆购置税等多个税种，具体政策措施如下。

---

[1] 资料来源：http://www.chinatax.gov.cn/chinatax/n810219/n810780/c5182001/content.html。

自2022年4月1日至2022年12月31日，小规模纳税人适用3%征收率的应税销售收入，免征增值税；适用3%预征率的预缴增值税项目，暂停预缴增值税。

自2022年1月1日至2022年12月31日，对纳税人提供公共交通运输服务取得的收入，免征增值税。航空和铁路运输企业分支机构暂停预缴增值税。

自2022年5月1日至2022年12月31日，对纳税人为居民提供必需生活物资快递收派服务取得的收入，免征增值税。

原定自2019年10月1日至2021年12月31日实施的生活性服务业纳税人增值税加计抵减比例由10%提高至15%的政策执行期限延长至2022年12月31日。

自2022年1月1日起，科技型中小企业开展研发活动中实际发生的研发费用，未形成无形资产计入当期损益的，在按规定据实扣除的基础上，再按照实际发生额的100%在税前加计扣除；形成无形资产的，按照无形资产成本的200%在税前摊销。

中小微企业在2022年1月1日至2022年12月31日期间新购置的设备、器具，单位价值在500万元以上的，按照单位价值的一定比例自愿选择在企业所得税税前扣除。

自2022年1月1日至2024年12月31日，对小型微利企业年应纳税所得额超过100万元但不超过300万元的部分，减按25%计入应纳税所得额，按20%的税率缴纳企业所得税。

自2022年1月1日至2024年12月31日，由省、自治区、直辖市人民政府根据本地区实际情况以及宏观调控需要确定，对增值税小规模纳税人、小型微利企业和个体工商户可以在50%的税额幅度内减征资源税、城市维护建设税、房产税、城镇土地使用税、印花税（不含证券交易印花税）、耕地占用税和教育费附加、地方教育附加。

自2022年1月1日起，纳税人照护3岁以下婴幼儿子女的相关支出，在计算缴纳个人所得税前按照每名婴幼儿每月1000元的标准定额扣除。

对购置日期在2022年6月1日至2022年12月31日期间内且单车价格（不含增值税）不超过30万元的2.0升及以下排量乘用车，减半征收车辆购置税。

（三）税费缓缴政策

税费缓缴政策主要包括制造业中小微企业部分税费缓缴和符合条件的企业或个人社会保险费的缓缴政策，具体措施如下。

延续制造业中小微企业延缓缴纳部分税费。允许缓缴的税费包括企业所得税、个人所得税、国内增值税、国内消费税及附征的城市维护建设税、教育费附加、地方教育附加，不包括代扣代缴、代收代缴以及向税务机关申请代开发票时缴纳的税费。适用对象为符合条件的制造业中小微企业，制造业中型企业可以延缓缴纳上述税费金额的50%，制造业小微企业可以延缓缴纳全部税费。该政策自2021年第四季度开始实施，2022年将延缓缴纳部分税费的期限延长到2022年第一季度和第二季度，在缓缴期限延长6个月的基础上，9月14日出台的政策规定，已缓缴税费的缓缴期限在届满后继续延长4个月。

困难行业[①]所属企业可申请缓缴企业职工基本养老保险费、失业保险费、工伤保险费单位缴费部分，其中养老保险费缓缴实施期限到2022年底，工伤保险费、失业保险费缓缴期限不超过1年。缓缴期间免收滞纳金。

受疫情影响严重地区生产经营出现暂时困难的所有中小微企业、以单位方式参保的个体工商户，可申请缓缴企业职工基本养老保险费、失业保险费、工伤保险费单位缴费部分，缓缴实施期限到2022年底，其间免收滞纳金。

以个人身份参加企业职工基本养老保险的个体工商户和各类灵活就业人员，2022年缴纳费款有困难的，可自愿暂缓缴费，2022年未缴费月度可于2023年底前进行补缴，缴费基数在2023年当地个人缴费基数上下限范围内自

---

① 困难行业包括：餐饮、零售、旅游、民航、公路水路铁路运输5个特困行业；农副食品加工业，纺织业，纺织服装、服饰业，造纸和纸制品业，印刷和记录媒介复制业，医药制造业，化学纤维制造业，橡胶和塑料制品业，通用设备制造业，汽车制造业，铁路、船舶、航空航天和其他运输设备制造业，仪器仪表制造业，社会工作，广播、电视、电影和录音制作业，文化艺术业，体育，娱乐业17个困难行业。

主选择，缴费年限累计计算。

阶段性缓缴职工基本医疗保险费政策。统筹基金累计结存可支付月数大于6个月的统筹地区，自2022年7月起，对中小微企业、以单位方式参保的个体工商户缓缴3个月职工基本医疗保险单位缴费，缓缴期间免收滞纳金。

截至9月20日，全国税务机关累计办理缓缴税费6326亿元。其中继续实施的制造业中小微企业缓缴税费政策5256亿元，为受疫情影响较大的困难行业和中小微企业办理缓缴社会保险费1070亿元。①

四 2023年税收形势展望

从近年来税收收入与一般公共预算收支的运行态势看，税收收入占GDP的比重自2012年以来连续9年持续下降，2021年已降至15.1%，下降了3.6个百分点。一般公共预算收入占GDP的比重则由2015年的峰值22.1%降至2021年的17.7%，下降了4.4个百分点。一般公共预算支出占GDP的比重在2015年也达到近期峰值，但2017~2020年保持了基本稳定，这意味着这一时期一般公共预算收支差额占GDP的比重持续增加。2021年，一般公共预算支出占GDP的比重大幅下降，一般公共预算收支差额有所缩小（见图6）。

从2022年前三季度税收收入的情况看，即使扣除留抵退税因素，税收收入也仅增长1.0%，而同期名义GDP增幅为6.2%，税收收入占GDP的比重会继续下降。从第三季度各税种收入情况看，尽管留抵退税对国内增值税收入的影响减小，但除资源税、个人所得税外，其他税种均增长乏力。2022年第四季度，受上年同期基数较低、留抵退税影响减弱等因素影响，如果经济能继续保持恢复向好的态势，预计税收收入相比前三季度会有较大增长。

尤其值得关注的是，房地产行业下行对相关政府收入的影响。2022年前

---

① 资料来源：http://www.chinatax.gov.cn/chinatax/n810219/n810780/c5182001/content.html。

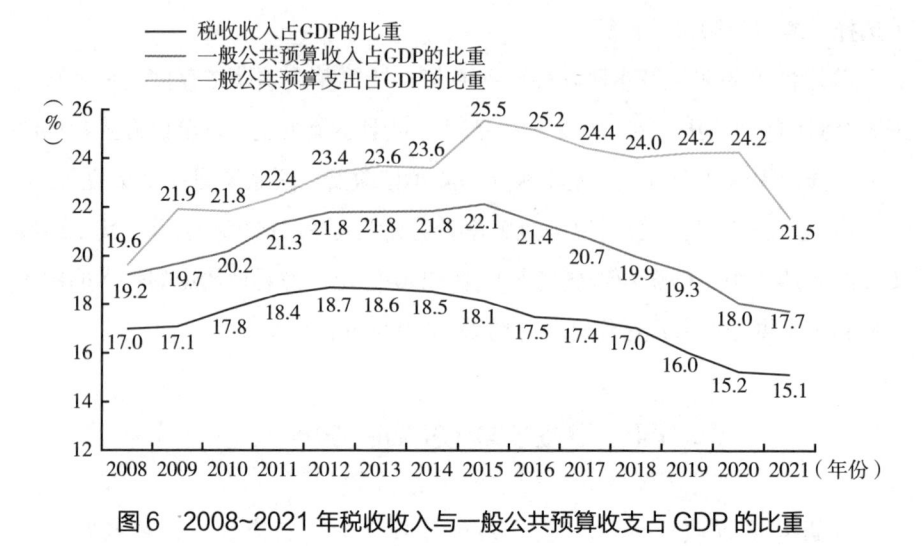

图6 2008~2021年税收收入与一般公共预算收支占GDP的比重

三季度累计，房地产业增加值降幅为4.4%，而同期契税收入下降了27.1%，土地增值税收入下降了8.9%。受影响更大的是政府性基金预算中的国有土地使用权出让收入2022年前三季度累计仅为38507亿元，比2021年同期减少了15127亿元，降幅达到了28.2%。而2020年、2021年同期国有土地使用权出让收入分别增长了10.3%和8.7%。国有土地使用权出让收入的大幅下降会进一步加大地方政府财政运行的压力。11月1日，财政部发布了《关于盘活行政事业单位国有资产的指导意见》，进一步加大财政资源的统筹力度，成为缓解财政收支矛盾的必要举措。

按照"疫情要防住、经济要稳住、发展要安全"的要求，随着疫情防控举措的进一步优化、金融支持房地产市场平稳健康发展的各项措施的落地实施，预计2023年经济总体将继续保持2022年第三季度以来持续恢复向好的态势。如果2023年不再大规模出台新的减税降费措施，伴随着阶段性减税降费和缓缴税费政策的陆续到期以及留抵退税的大幅下降，尤其是2022年留抵退税的相当一部分税款将在2023年通过当期应缴增值税额的增加形成新增税收收入，预计与2022年相比，2023年税收收入将有显著的恢复性增长潜力。

参考文献：

汪文正:《为市场主体纾困发展提供有力支撑——超 3.4 万亿元税惠"红包"落地》,《人民日报》(海外版) 2022 年 10 月 10 日。

谢伏瞻主编《经济蓝皮书：2022 年中国经济形势分析与预测》,社会科学文献出版社,2021。

张斌:《深化税收征管改革 推进税收治理现代化》,《国际税收》2021 年第 10 期。

张斌:《减税降费、资源统筹与增强财政可持续性》,《国际税收》2022 年第 6 期。

B.9
中国货币金融形势分析

张晓晶　费兆奇　曹婧*

摘　要： 在疫情反复、乌克兰危机、美联储持续大幅加息的复杂背景下，中国宏观金融形势在2022年的波动幅度有所加大，经历了从极度宽松到极度偏紧再逐步回归中性偏紧的历程。金融运行的具体表现为：在经济恢复基础尚不稳固的背景下，社融和信贷修复一波三折；宏观杠杆率较快攀升，呈现前高后稳态势；货币市场狭义流动性偏松，广义流动性改善；城投债发行和净融资双降，信用风险分化加剧；稳楼市政策密集出台，房地产市场整体处于下行筑底阶段；经济衰退预期叠加流动性紧缩，大宗商品市场先扬后抑；中美经济和政策周期错位加剧人民币对美元贬值压力。展望2023年，在国内经济下行压力犹存和各类风险苗头抬升的情形下，稳增长和防范相关风险是货币金融政策的重点任务，包括：将稳预期放在各项工作的首位；加强财政、货币政策的协调配合；多措并举，稳定地方政府的收入来源和资金供给模式；做好防范外部冲击、房地产和城投债三类重点金融风险的应对预案。

关键词： 宏观金融形势　货币金融政策　稳增长　防风险

---

* 张晓晶，中国社会科学院金融研究所研究员，主要研究方向为宏观经济学、宏观金融理论与发展经济学；费兆奇，中国社会科学院金融研究所研究员，主要研究方向为宏观金融、货币政策；曹婧，中国社会科学院金融研究所助理研究员，主要研究方向为地方政府债务、财税理论与政策。

一　货币金融运行的经济背景

新冠肺炎疫情持续三年之久，乌克兰危机的溢出效应亦愈演愈烈。目前，全球经济持续遭受一系列冲击，不稳定性进一步增加。一是地缘政治问题更加紧张，各经济体受到乌克兰危机不同程度的影响。乌克兰危机是地缘政治问题的集中显现，由于全球风险的关联性，不断扩大的地缘政治动荡会进一步加剧全球经济波动，并引起全球贸易、投资、金融的分化。此次地缘冲突影响了全球产出状况、大宗商品价格和通货膨胀水平，各经济体面临不同境况。其中，欧洲和中亚地区受到的负面冲击最大，预计2022年产出会大幅收缩；能源价格上涨给中东和北非地区能源出口国带来的益处可能会超过对该地区其他经济体的拖累；新兴市场国家和发展中经济体面临下行压力，包括通货膨胀水平高企、粮食短缺问题加重、金融条件收紧。二是大宗商品价格持续高位运行，供给不足问题恶化，粮食危机和贫困状况加剧。俄罗斯油气储量及产量一直位居全球前三，是重要的能源供应国，不少欧盟成员国对俄罗斯天然气的依赖度甚至达到了80%。乌克兰危机给能源类大宗商品市场带来了极大扰动，2022年包括煤炭和天然气在内的所有能源产品的价格都有所增加。能源价格的波动一方面会对能源进口国和出口国的商品价格及经济活动产生直接影响，另一方面会通过影响货币和财政政策从而产生间接影响。此外，俄罗斯和乌克兰还是粮食出口大国，联合国世界粮食署数据显示，俄罗斯和乌克兰出口的小麦和玉米分别约占全球的30%和20%，乌克兰危机进一步扩大了全球粮食贸易的供给缺口，脆弱地区的粮食可及性将进一步降低，贫困状况加剧。三是由于全球需求开始复苏、供给持续不足，全球出现通胀现象，与此同时经济增速却急剧下降，滞胀风险显现。为应对新冠肺炎疫情，美国执行了十分宽松的货币政策和大规模刺激的财政措施，全球需求有所反弹，而供给瓶颈持续存在。首先，乌克兰危机给全球能源和粮食供给造成剧烈冲击，并通过成本—物价的螺旋式传导机制引发通货膨胀。其次，劳动力市场仍笼罩在新冠肺炎疫情的阴霾中，一方面，美国发放消费补助的方式形成了"养懒汉"效应，劳动力市场参与率仍未改善；另一方面，劳动者效率和数量也受到疫情影响，劳动力市场供给紧张使得雇主不得不加薪，从而引发工资—物价螺旋上升。最后，疫情使全球供应链受阻，复杂的地缘政治问题又使得全球化进程有所倒退，在这两种因素的共同作用下，全球生产和运输效率大幅降低，形成了严重的供给约束。四是美联储激进加息引发全球"加息潮"，通胀攀升和债务高企加大全球经济衰退风险。从2022年3月起，美联储开启加息周期以应对高通胀，截至9月已累计加息300个基点。面临通胀和资本外流压力，多国央行被迫跟随美联储加息。在2022年8月的杰克逊霍尔会议上，美联储和欧央行均释放出以短期经济衰退为代价控制通胀的信号。大幅加息不仅会通过抑制企业投资进一步压制供给，还会使高负债国家面临更加沉重的债务负担，令世界经济陷入衰退和债务困境，经济较为脆弱的国家可能发生经济或金融危机。综上所述，在新冠肺炎疫情、地缘政治风险以及主要发达经济体加快收紧货币政策等因素的共同影响下，全球经济衰退风险加剧，世界银行预计全球经济增长将从2021年的5.7%下降至2022年的2.9%。

国内经济经历V型反转，但下行压力仍然存在。根据我们估算的高频宏观经济先行指数，第一季度的宏观经济运行偏弱但尚处于合理区间，而4月出现"断崖式"下跌，此后在5月以来开启反弹，呈现出V型走势。但先行指数显示当前宏观经济仍然处于经济下行压力较大区间，说明总需求仍然很弱。经济在2022年1~4月下行压力持续加大的主要原因包括：一是监管叠加冲击仍然延续。2021年房地产行业监管政策叠加，房企和居民部门信心转弱，2022年叠加疫情冲击，房地产销售、投资下滑更加迅猛。二是奥密克戎疫情的反复对4月国内经济的供需两端形成强冲击。包括对消费的冲击（4月全国社零消费同比增速呈断崖式下跌至-11.1%），对生产的冲击（4月工业增加值同比增速为-2.9%），对出口的冲击（4月出口同比增速从5月的14.6%断崖式下跌至3.9%）。三是居民和企业部门预期转弱的问题更加突出。随着经济和就业市场转弱，居民部门预防性储蓄上升，挤压消费（消费者预期指数从3月的116.2下滑至4月的86.8）。企业部门的投资活动预期也快速转弱（消费者信心指数从 3 月的 113.2 断崖式下跌至 4 月的 86.7，采购经理指数 PMI 从 3 月荣枯线下方的 49.5 继续下滑至 4 月的 44.4）。

在政府持续出台"稳增长"政策拉动经济的背景下，国内经济自 5 月开启了反弹历程。一是制造业修复带动工业增加值回升。二是基建投资保持高速增长。三是商品零售增速逐步回升。四是进出口显著回升。五是失业率环比回落。但是，当前经济下行压力仍然存在，影响经济持续复苏的因素包括：一是居民部门出现去杠杆趋势。2022 年前三季度居民信贷需求大幅低于往年水平，居民部门新增贷款累计同比少增 2.9 万亿元，其中，居民中长期贷款主要受房地产市场持续走弱的影响；短期贷款主要受疫情反复的影响。当前居民部门出现资产负债表衰退迹象，发达经济体的经验显示，居民开始趋势性缩减资产负债表，对经济增长的冲击将更加持久。二是外贸形势不容乐观。一方面，需求收缩，主要经济体高通胀和紧缩性货币政策将加大全球性经济衰退的概率，从而大幅减少生产需求及相关产品进出口。另一方面，收入下降，国际能源价格飙升将降低实际收入，提高生产成本，影响居民消费能力的提升。此外，疫情反复，疫情防控的复杂性和不确定性增大，对进出口产品的生产链、供应链、物流都存在不确定性的影响。三是房地产行业持续走低。房地产既会通过投资途径对全国固定资产投资产生影响，也会通过上下游产业链对消费产生影响，受监管政策、疫情等多方面影响，房地产行业自 2021 年初以来持续下行，包括：房地产投资增速持续下行，2022 年 4 月呈负增长；房地产开发资金增速持续下行，并在 2022 年出现负增长；商品房销售增速持续下行，并在 2022 年出现负增长。此外，我们估算的高频房地产开发投资先行指数在 4 月触底回升，但反弹力度较弱，至今仍在底部区域运行，主要原因在于需求潜能偏弱限制了房地产行业的反弹高度。

二 货币金融形势分析

（一）高频金融指数视角下的货币金融运行态势

高频宏观金融形势指数（以下简称"金融指数"）的波动特征显示，我国

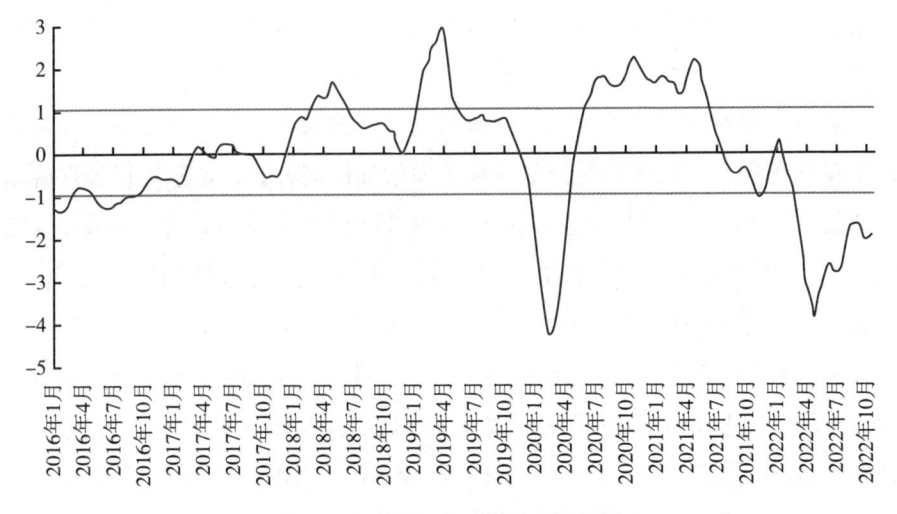

图 1　中国高频宏观经济先行指数

注：①估算高频宏观经济先行指数的指标包括国债期限利差、股票指数、广义货币供应量、消费者预期指数、工业产品产销率、物流指数、房地产开发投资先行指数、中游产业工业品价格指数和重要部门开工率。②高频宏观经济先行指数是围绕"0值"波动的曲线，其中的"0值"代表经济运行的长期趋势；当指数正向偏离"0值"时，意味着经济运行转暖，反之意味着经济运行转冷。"+1"和"-1"代表经济运行的监测走廊，当指数正向偏离"+1"时，意味着经济过热；当指数负向偏离"-1"时，意味着经济下行压力较大。

的宏观金融形势受疫情影响在2020年呈现大幅波动的特征；此后在2021年前三季度由极度宽松逐步回落至相对中性的水平；但自2021年第四季度以来再次呈现大幅波动的特征，其中值得关注的是金融指数自2022年3月初至7月中旬由极高水平震荡下行至极低水平，意味着宏观金融形势从极度宽松逐步回落至过度偏紧的状态。此后，金融指数在2022年第三季度震荡回升，波动中枢逐步回升至（-1，0），意味着金融形势在总体上回归到中性偏紧的状态（0值意味着中性水平）。

主导2022年宏观金融形势波动的主要因素包括：一是房地产市场全面承压导致商品房均价持续下行。尽管2022年以来政府对房地产市场的监管有所放松且支持力度不断加码，但政策显效仍需时间，复苏情况不及预期，主要表现在国房景气指数持续下行，房地产开发资金来源和商品房销售2022年以来持续呈负增长。此外，我们估算的高频房地产开发投资先行指数在4月出现断崖式下跌，加剧了2021年以来的下行趋势；虽然在2022年5月下旬触

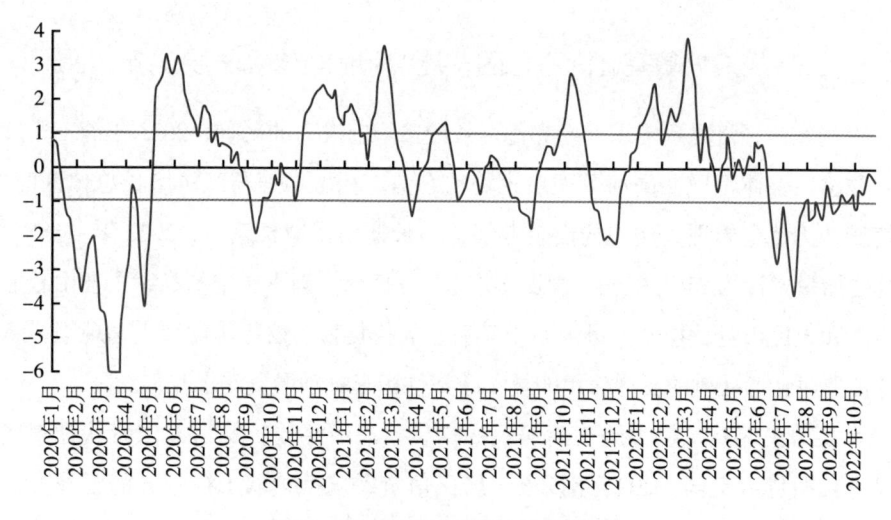

图2 中国高频宏观金融形势指数

注：估算高频宏观金融形势指数的指标包括短期利率、人民币有效汇率、股票价格、房地产价格和大宗商品价格。

底回升，但反弹力度很弱，指数在极低水平维持震荡。二是股票市场在1~4月呈现显著下行趋势。乌克兰危机爆发以后，我国资本市场遭到重创，美国中概股、港股和A股均出现大幅下跌。在货币环境宽松、市场利率稳定的大背景下，A股出现较大幅度调整主要是由国内、外投资者对A股市场的悲观预期造成的。从国际上看，主要是乌克兰危机给国际经济秩序和政治格局带来了深远影响。从国内来看，疫情的反复和房地产市场持续下行是股市下行的主要原因。三是多重因素影响下的人民币汇率波动。一方面，在美联储加息初期，我国凭借国内经济的平稳增长，保持了人民币兑美元汇率的相对稳定；但在其他主要货币快速贬值的背景下，人民币兑一篮子货币的有效汇率5月末至7月中旬出现了显著的升值趋势。作为逆向指标，人民币有效汇率的升值对宏观金融形势带来了紧缩效应。另一方面，在中美货币政策分化的背景下，中美利差在8月以来持续倒挂，加大了人民币兑美元的贬值压力，同时也带动了人民币有效汇率的阶段性贬值，从而对宏观金融形势带来了一定的宽松效应。

（二）经济恢复基础尚不稳固，社融和信贷修复一波三折

受实体经济融资需求偏弱和稳增长政策靠前发力的影响，2022年前三季度社融总量整体呈现冲高回落而后企稳的态势，社融增速与经济增长总体匹配，信贷结构特征体现为居民弱而企业强，中长期信贷增长乏力。2022年上半年，社融增量累计为21万亿元，同比多增3.2万亿元，创下历史新高，主要由政府债券和人民币贷款拉动。进入下半年后，委托贷款、信托贷款和未贴现银行承兑汇票对新增社融的支撑作用明显，政策性因素推动融资需求改善。

从居民端看，疫情趋稳后居民短期贷款有所修复，购房需求疲软拖累居民中长期贷款走弱。2022年以来，居民信贷需求持续弱于往年，前三季度累计同比少增2.9万亿元，主要受中长期贷款拖累。居民短期贷款与日常消费相关，3~4月受疫情冲击同比大幅少增，随着疫情防控形势向好，线下消费场景有序恢复以及家电补贴、消费券等利好政策带动居民短期贷款同比小幅多增。居民收入预期转弱叠加地产风险事件频发导致居民购房意愿持续走低，居民中长期贷款下滑明显，个别月份出现罕见负增长。8~9月居民中长期贷款同比少增幅度有所收敛，叠加9月底中央出台三项房地产利好政策，预计第四季度地产修复动能增强，对居民信贷的拖累有望缓解。

从企业端看，稳增长政策助力信贷需求修复，但债券融资走弱。2022年1~5月，企业新增贷款总量扩张但结构欠佳，短期贷款和票据融资冲量特征明显。6月以来，随着一系列稳增长政策落地见效，企业中长期贷款同比多增以及票据融资增速回落反映出实体经济融资需求逐渐修复。2022年前三季度，新发放企业贷款加权平均利率为4.24%，同比下降0.29个百分点，处于历史较低水平。企业信贷需求改善主要依靠基建投资发力，前期专项债大规模发行以及政策性开发性金融工具加速投放，基建项目配套中长期贷款和委托贷款明显增加。截至9月28日，6000亿元政策性开发性金融工具已投放完毕，预计基建项目配套贷款随之放量，对后续社融产生提振作用。2022年6~9月，企业债券融资持续同比少增，一方面与信贷环境改善导致企业发债需求减少有关，另一方面折射出在疫情区域性反复和房地产市场下行压力下，企业投资信心仍未恢复,信用扩张的内生动能不足。

从政府端看,由于2022年专项债发行进度明显前置,政府债券是上半年社融增量的主要贡献项,5~6月发行大幅放量。进入下半年后,新增专项债发行显著缩量,政府债券转而依靠国债发行放量。8~9月政府债券连续同比少增,对社融规模形成一定拖累。8月24日,国常会提出依法用好5000多亿元专项债地方结存限额,有助于填补专项债发力的"空窗期"。10月新增专项债再迎发行高峰,截至10月27日已发行4279.1亿元,创下半年以来月度新高,政府债券对第四季度社融的支撑作用有望增强。

总体而言,社融持续修复的内生性信用扩张动能不足,融资需求改善仍需政策支持。随着稳增长政策效果逐步显现,企业信贷结构有所改善,委托贷款、信托贷款和未贴现银行承兑汇票等表外融资出现回升,但政府债券和企业债券融资明显回落,地产景气度偏低给居民和企业中长期信贷需求带来较大压力。此外,2022年社融-M2同比增速差不断收窄,而M2-M1同比增速差逐步扩大,表明流动性在银行间市场淤积和空转的现象依然存在,政策工具对于宽信用的引导仍需接续发力。

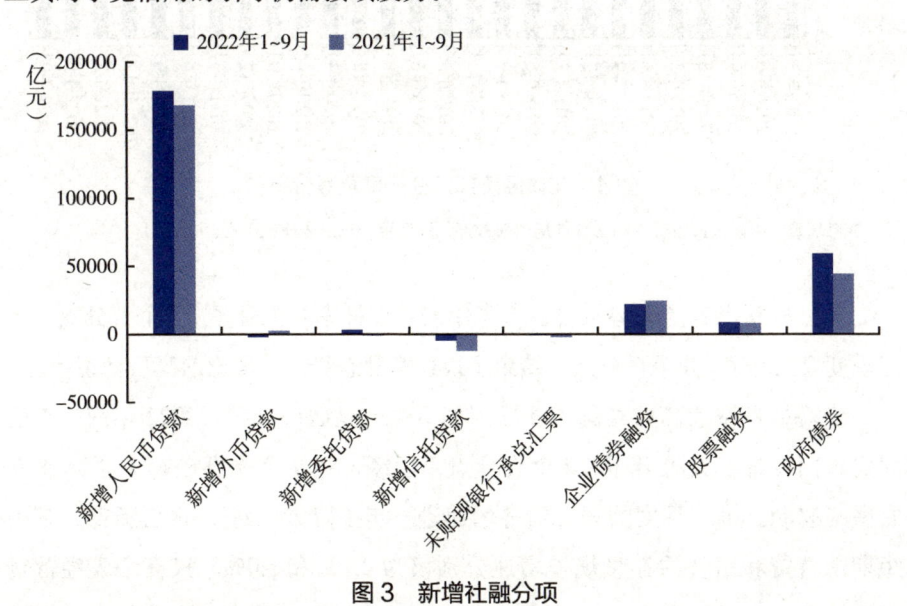

图3 新增社融分项

资料来源:Wind资讯。

（三）宏观杠杆率较快攀升，呈现前高后稳态势

2022年第三季度宏观杠杆率上升了0.8个百分点，从第二季度末的273.1%上升至273.9%；前三季度共上升了10.1个百分点，攀升速度较快。同时，第二季度M2/GDP上升了0.5个百分点，从第二季度末的219.4%升至219.9%；存量社会融资总额与GDP之比也上升了1.1个百分点，从第二季度末的284.1%升至285.2%。

图4 实体经济部门杠杆率及其分布

资料来源：中国人民银行、国家统计局、财政部；国家资产负债表研究中心。

从杠杆率上升的态势来看，上半年宏观杠杆率共上升了9.3个百分点，第三季度只上升了0.8个百分点，结束了快速攀升态势，呈现出前高后稳态势。

宏观杠杆率前高后稳的主要原因如下：一是居民部门。2022年前三季度居民部门杠杆率共上升了0.2个百分点，已经连续9个季度在62%的水平左右微幅波动。第三季度的居民债务增速进一步下降到7.2%，再创新低，其中短期消费贷和房贷的存量规模增速分别仅为2.1%和5.0%，只有个人经营贷还维持在16.1%的高位。二是企业部门。2022年第三季度非金融企业部门杠

杆率上升了 0.5 个百分点，从第二季度末的 161.3% 上升至 161.8%；前三季度共上升了 7.0 个百分点，已经连续三个季度上升，接近 2021 年第一季度的水平。上半年企业债务增速的主要动力来自企业的短期票据融资大幅增加，这一现象在第三季度有所缓解，企业中长期贷款增速加快，但企业主动融资的意愿仍然非常有限。三是政府部门。地方政府债务额度基本在上半年已经使用完毕，下半年的新增发行量非常有限，不会拉动政府杠杆率提升。第三季度地方政府的杠杆率相比第二季度下降了 0.3 个百分点，全部政府部门也仅增加了 0.2 个百分点。四是经济增速。第三季度的经济增速有所恢复是杠杆率趋稳的最主要原因。第二季度实际 GDP 和名义 GDP 的季度同比增速分别为 0.4% 和 3.9%，第三季度则分别恢复到 3.9% 和 6.1%，从分母上缓解了杠杆率的上涨。我们预计这仍然是决定第四季度宏观杠杆率走势的最重要因素，第四季度的杠杆率仍将基本稳定，甚至有所回落。

（四）货币市场狭义流动性偏松，广义流动性改善

2022 年 1~3 月，货币市场狭义流动性稳中偏松，存款类机构质押式 7 天期回购加权利率（DR007）围绕 7 天逆回购利率双向波动，个别时点资金面偏紧、资金利率大幅上行。4 月至 8 月上旬，狭义流动性处于极度宽松状态，DR007 较 7 天逆回购利率明显下行，资金利率低位运行主要有以下原因：第一，财政和货币政策双宽松，资金面供给较为充裕。上半年留抵退税政策加快落地叠加专项债发行使用提速，财政减收增支补充流动性。货币政策总量和结构双重发力，央行降准、上缴结存利润、新设专项再贷款工具、运用政策性开发性金融工具等先后落地。第二，实体经济融资需求疲软，银行间市场存在资金淤积。社融和信贷数据偏弱表明宽货币向宽信用的传导明显受阻，流动性供给充裕而信贷需求不足，银行面临"资产荒"问题主要依靠同业渠道和政府债券扩张信用。8 月 15 日央行降息后，DR007 持续震荡上行，9 月底重回政策利率上方。近期流动性收敛与银行加快信贷投放和央行流动性投放操作变化有关：一方面，9 月信贷总量和结构明显改善，银行间市场流动性过剩局面逐步改善，资金利率有所抬升。另一方面，央行在 8 月中旬和 9 月

中旬连续两次缩量续作1年期中期借贷便利（MLF），实现单日资金净回笼2000亿元，引导市场利率向政策利率靠拢。为对冲季末和国庆节假期带来的资金面波动，9月19~27日，央行时隔8个月重启14天期逆回购操作，累计投放金额达到2450亿元，维护跨季和跨节流动性平稳。节后央行公开市场迎来大规模逆回购到期，截至10月21日，公开市场实现净回笼9580亿元，银行间流动性收紧推动DR007小幅回升。

2022年以来，广义货币供给M2同比增速上行趋势明显，且与社融和信贷同比增速的差值维持高位，反映出宽货币向宽信用的传导存在一定阻力。广义流动性改善有两方面原因：一是积极的财政政策持续发力，专项债发行前置、大规模留抵退税以及财政支出进度加快共同支撑信用扩张，财政存款转化为居民和企业部门存款，推动M2增速走高。二是由于居民购房意愿回落和预防性储蓄增加，以及企业投资意愿不强，居民和企业部门存款保持较快增长。当前流动性较为宽松与房地产景气度低迷存在较大关联，河南村镇银行风险事件和烂尾楼"断供潮"对居民购房和企业投资意愿产生负面影响，房地产风险对居民和企业中长期信贷需求形成持续压制，广义流动性盈余或将延续。

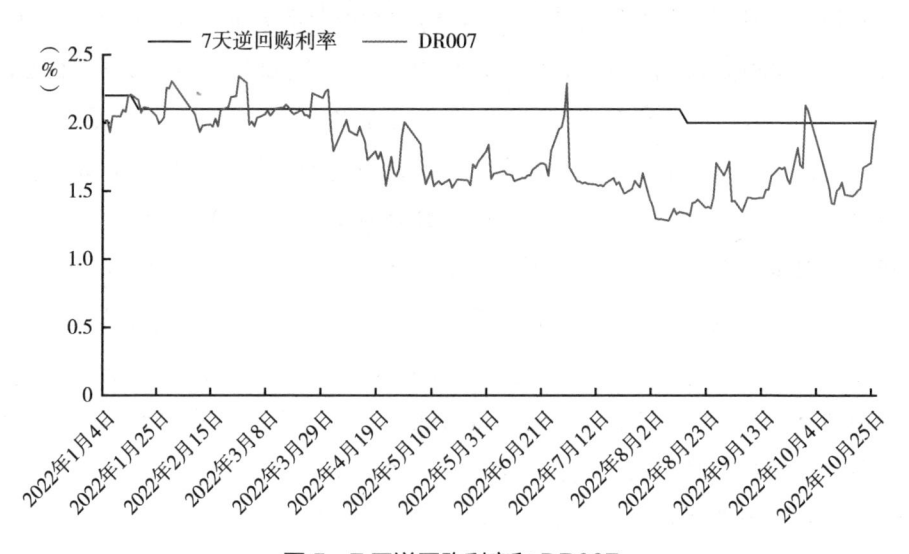

图5　7天逆回购利率和DR007

资料来源：Wind资讯。

（五）城投债发行和净融资双降，信用风险分化加剧

在地方政府隐性债务"遏制新增、化解存量"的主基调下，城投融资监管政策未见明显放松，城投债发行和净融资规模均同比下降。2022年前三季度，全国城投债总发行额为39440.9亿元，同比下降7.8%；净融资额为11754.5亿元，同比下降34.7%。专项债发行使用提速叠加城投融资保持监管定力，削弱城投债净融资对基建投资的贡献度，专项债与城投债一"进"一"退"凸显了稳增长和防风险并重的政策导向。分券种看，公司债和定向工具发行规模降幅明显，短期融资券发行规模小幅回升。从发行期限看，城投债加权平均发行期限整体缩短至3.3年，债券期限与项目期限不匹配的问题凸显。从发行成本看，城投债加权平均票面利率降至3.8%，宏观层面流动性宽松和弱资质城投发债难度增加带动票面利率整体下行。从信用级别看，AAA和AA+级主体城投债发行规模占比近八成，AA级城投再融资收缩尤为显著。从行政级别看，地级市和区县级平台是城投债发行主力，但区县级平台受监管政策影响较大，再融资压力明显加大。从区域分布看，城投融资区域分化较上年同期有所收敛。江苏、浙江城投债发行和净融资规模远超其他省份，但较上年同期出现大幅下滑。河南、天津城投融资能力逐渐修复，城投债发行和净融资明显改善。东北地区和西部省份城投债净融资存在缺口，再融资能力堪忧。从二级市场看，货币政策宽松叠加信贷需求疲弱造成信用债市场出现明显的结构性"资产荒"现象，拥有"城投信仰"加持的城投债作为安全性相对较高的优质资产，二级市场交易活跃度明显升温，城投债信用利差总体呈收窄态势。

2022年城投债到期兑付规模超过3万亿元，城投平台还本付息压力较大，加之稳增长压力下地方财力和企业经营形势不容乐观，城投信用风险隐忧上升且呈现新变化。第一，城投再融资能力明显分化，需警惕尾部城投信用风险。投资者风险偏好下降叠加城投发债根据"红橙黄绿"分档管理使得区域间城投债融资分化加剧，高债务区域、弱资质城投境内外发债难度加大。根据全口径地方政府债务（包括地方政府债务余额和城投有息债务余额）和综

合财力对2021年末各地政府债务率测算发现,天津、四川等4省份债务率高于300%,处于红档;广西、贵州、云南等12省份债务率高于200%,处于橙档。2022年面临新冠肺炎疫情冲击和土地市场遇冷等不利因素,高债务省份城投债务接续和还本付息存在一定困难。部分区县级、低评级城投扎堆海外发债,2022年4月以来,城投海外债发行政策出现收紧迹象,江苏、四川、辽宁等地城投待偿还的中资美元债规模较大,需重点关注中美利差倒挂引致的兑付风险。第二,城投非标违约频发增加融资方的资金压力和担保方的代偿风险。整体而言,发生过非标违约的城投平台往往区域偿债能力不足、流动性压力较大、对外担保率较高,城投平台互保、联保风险突出,极易引发连锁违约事件。多地对城投非标违约采取"有保有舍"的处理态度,即"牺牲"非标以确保公开债务如期兑付,近八成的非标产品违约后城投未履行兑付或代偿责任,从而对城投平台及其所在区域再融资产生负面影响。第三,城投平台盈利能力和偿债能力持续恶化,市场化转型存在风险隐忧。城投平台总资产净利率(ROA)的中位数由2019年的0.85%逐年下降至2021年的0.59%,EBITDA(即未计利息、税项、折旧及摊销前的利润)与带息债务之比的中位数由2019年的4.8%逐年下降至2021年的4.2%。若以EBITDA与带息债务之比小于5%作为判断僵尸企业的基本财务指标,2021年近55%的融资平台自身产生的现金流难以覆盖利息支出。尽管城投市场化转型是增强其可持续经营能力的重要途径,但城投转型过程也是风险显现的过程,以贸易和房地产开发业务为例,虽然城投开展贸易业务可以快速改善收入结构和现金流情况,但贸易业务的特点是毛利率较低、大宗商品价格波动频繁,因此城投盈利能力并未提高,反而面临贸易业务风险。典型案例为重庆能投于2022年4月申请破产重整,此前其煤炭贸易业务受到去产能政策冲击较大。此外,城投开展房地产业务通常采取与房企合作开发模式,在民营房企不断爆雷的情况下,需警惕房企资金链断裂风险向参与合作开发的城投平台外溢。

(六)稳楼市政策密集出台,房地产市场整体处于下行筑底阶段

2022年以来,在疫情反复、供求变化和预期转弱等长短期因素的共同

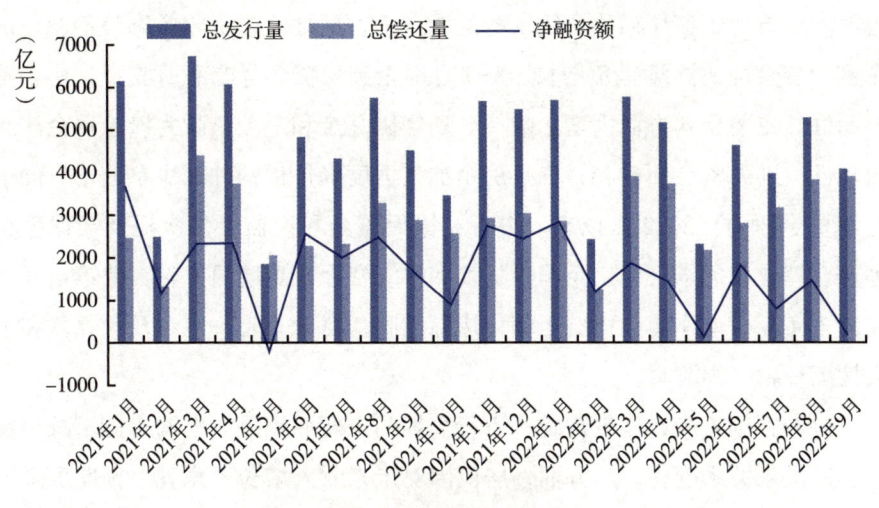

图6 城投债发行情况

资料来源：Wind资讯。

影响下，多地因城施策相继出台稳地产政策，房地产市场出现一些积极变化，但总体呈现下行态势，国房景气指数屡创新低。一是房地产销售量价齐跌，但跌幅收窄。2022年前三季度，商品房销售额和销售面积同比持续负增长，自6月起降幅扩大趋势有所收敛，但待售面积同比增速不断走高，新房销售不畅加大房地产库存压力。70个大中城市房价明显分化，一线城市新房价格涨幅回落，二、三线城市新房价格降幅扩大，房价下行压力增加或拉长购房者信心修复周期。二是房地产开发投资延续低迷。2022年前三季度，房地产开发投资同比增速持续下滑，自4月起进入负增长阶段，1~9月累计同比下降8.0%。从拿地端看，土地购置面积和成交价款同比降幅明显扩大，房企拿地积极性不高对房地产开发投资形成拖累。从施工端看，受销售疲软和资金链紧张影响，房屋新开工面积和施工面积同比降幅持续扩大，房企开工意愿和施工能力明显不足。三是金融支持"保交楼"工作取得积极进展。在房地产专项纾困基金、政策性银行专项借款等"保交楼"政策支持下，8~9月房屋竣工面积同比降幅显著收窄，对于稳定市场预期和防范房地产风险外溢产生积极作用。四是房企到位资金显著减少。在房地产金融监管趋严和民营房企信用风险持续发酵的背景下，房地产融资收紧态势不减，房企到位资金同比连续呈负增长。8~9月房企到位资金降幅有所收窄，房企资金面好转主要受两方面因素影响：一是纾困基金和专项借款为涉险房企注入流动性，助力资金面改善；二是房企加大力度降价促销并减少拿地，有助于缓解资金压力。2022年以来，央行、银保监会和证监会多次提及要保障房地产合理融资需求，但房企国内贷款和自筹资金未见明显好转，政策信号意义大于实际拉动作用。得益于销售边际回暖，自6月起，定金及预收款和个人按揭贷款降幅收窄。

除政策因素外，本轮房地产下行周期的主要原因是短期购房需求减少叠加长期供求关系变化。一方面，居民因对未来收入增长不乐观、预期房价下跌和期房烂尾事件增多而保持观望情绪，购房意愿大幅下降。另一方面，随着人口增速明显放缓和保障房供给逐步增加，房地产市场从供不应求步入供求基本平衡阶段，房价不具备长期快速上涨的基础。当前房地产市场形势不容乐观，风险以房企流动性危机为起点向外传导扩散，可能引发经济衰退和系统性风险。其一，房企陷入流动性困境增加楼盘烂尾风险，打击购房者信心，居民部门出现"资产负债表衰退"迹象。其二，房企债务违约既会对上下游行业经营和就业产生冲击，削弱经济修复内生动能，也会引发房企与金融机构、债券市场的交叉违约，产生系统性金融风险。其三，房地产销售低迷和融资困境制约房企拿地扩张意愿和能力，土地出让收入锐减加剧地方财力紧张并拖累基建投资。

（七）经济衰退预期叠加流动性紧缩，大宗商品市场先扬后抑

2022年大宗商品价格由涨转跌，CRB现货指数整体走势可分为"上行—震荡—下跌"三个阶段。第一阶段是年初至4月初，全球经济复苏带动大宗商品需求快速增长，乌克兰危机对大宗商品供给造成极大冲击，供给受限和需求复苏较快导致阶段性供需失衡，能源、粮食、金属类大宗商品价格普涨。第二阶段是4月中旬至6月初，大宗商品价格上涨推高全球通胀，经济周期从复苏转向滞胀，美联储加息引发全球流动性总量收缩，大宗商品价格震荡

下跌。第三阶段是6月初至今，美欧经济衰退预期增强，抑制了对大宗商品的需求，大宗商品价格全面回调。由于商品对供需端的敏感度不同，各类大宗商品价格走势出现分化。地缘政治因素使得由供给端约束主导的能源价格走势相对偏强，工业金属价格因对经济周期较为敏感而快速下跌，建材板块受房地产市场低迷拖累大幅下行，贵金属板块因其避险属性而走出独立行情。

本轮大宗商品价格回落的直接原因是全球流动性收紧，深层原因则是对全球经济增长放缓乃至陷入衰退的担忧。从大宗商品的金融属性来看，美联储收紧流动性推升美元指数，以美元计价的大宗商品价格大幅下跌。此外，前期部分投机资金涌入大宗商品市场，随着市场投机炒作逐渐降温，部分大宗商品价格回落。从大宗商品的商品属性来看，在疫情反复、地缘政治紧张、通胀高企等多重压力下，全球经济衰退风险上升，大宗商品基本面矛盾从供给冲击转向需求弱化。美欧通胀高企和经济衰退预期带动大宗商品相关的生产消费需求全面走弱，大宗商品价格下行压力加大。尽管全球供应链紧张局面短期内对大宗商品价格形成一定支撑，但大宗商品需求已呈现趋势性下降，叠加金融环境持续收紧，大宗商品价格恐长期承压。

大宗商品价格回调对各国遏制通胀起到积极作用，货币政策紧缩压力将有所缓解，但欧元区能源短缺和天然气价格上涨压力持续存在。大宗商品价格下行对我国经济复苏形成两大利好：一是缓解输入性通胀压力，释放货币政策空间。大宗商品对国内工业品的影响主要体现在对外依赖度高的油气能源和工业金属，减轻我国生产端原材料价格上涨压力。二是缓解中下游制造业成本压力，提升企业盈利能力。年初大宗商品价格上涨加大中下游行业成本上升和需求收缩的压力，随着国际原材料价格高位回落，上游利润增势或将减弱，中游制造业和下游大宗消费利润有望迎来复苏。

（八）中美经济和政策周期错位加剧人民币对美元贬值压力

2022年以来，人民币汇率走势持续分化，人民币对美元大幅贬值，但对欧元、英镑、日元等主要非美货币稳中趋升，在全球表现相对稳健。人民币对美元汇率经历了三轮快速贬值：一是4月19日至5月16日，美元对人民

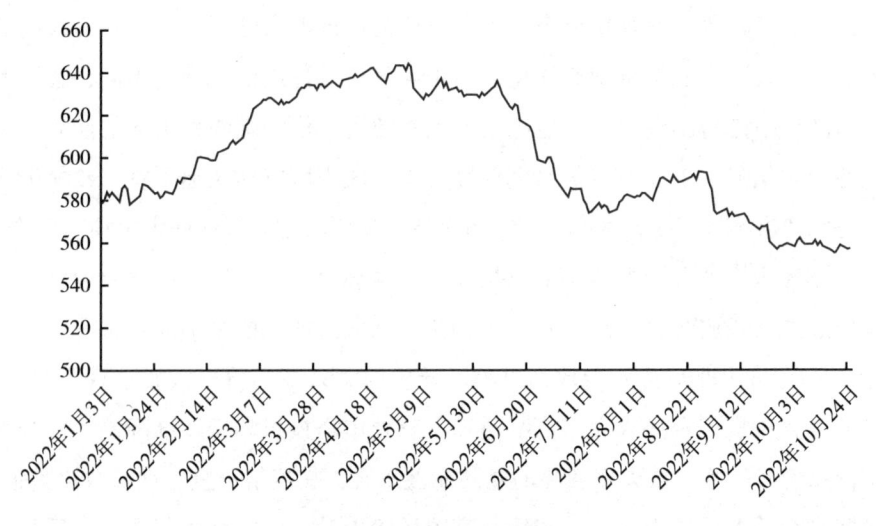

图7 CRB现货指数

资料来源：Wind资讯。

币即期汇率从6.4上行至6.8；二是自8月15日央行下调MLF利率至9月底，美元对人民币即期汇率从6.7横盘震荡持续上行，一度突破7.2关口；三是10月中旬至今，人民币对美元即期汇率延续走低趋势，跌破7.3关口。为抑制人民币汇率单边贬值和稳定外汇市场预期，央行先后下调金融机构外汇存款准备金率、上调远期售汇业务外汇风险准备金率、上调跨境融资宏观审慎调节参数，减缓人民币贬值压力。

近期人民币对美元汇率急跌有三方面驱动因素：一是中美经济周期错位和货币政策分化。人民币对美元汇率走势主要受中美经济形势差异和货币政策选择影响，美联储强调通过加息缩表遏制通胀，而疫情反复和房地产风险加大中国经济下行压力，央行多次降准降息加强逆周期调控。货币政策外紧内松导致中美10年期国债利差持续收窄甚至出现倒挂，资本外流造成人民币汇率阶段性承压。二是美元指数持续走强并创历史新高。美联储激进加息推动美元指数大幅走高，叠加乌克兰危机下美元的避险属性得以强化，美元强势增加人民币被动贬值压力。三是外需走弱导致出口增速放缓。全球大范围加息和通胀高企加剧需求收缩，8~9月我国出口增速回落至10%以下，贸易顺差对人民币汇率的支撑作用减弱。

本轮人民币汇率走弱并未对中国经济基本面造成实质性影响，但可能加剧资本外流和输入性通胀压力，对国内宽松的货币政策形成掣肘。短期来看，外紧内松的货币政策态势年内仍将延续，欧洲能源危机或引发全球性经济衰退并大幅拖累我国出口，乌克兰危机升级和全球避险情绪升温或进一步推高美元指数，人民币对美元的贬值压力依然存在。从中长期来看，随着国内经济企稳回升、美联储第四季度加息节奏放缓以及央行适时干预外汇市场，人民币不存在持续贬值的基础。一方面，稳增长政策持续发力促进国内经济加快恢复，第三季度中国经济增速明显回升，而美国加息抗通胀带来经济衰退风险，12月美联储或放缓加息，届时中美经济和政策周期逆转将对人民币汇率稳定形成有力支撑。另一方面，央行维持人民币对美元贬值但对一篮子货币基本稳定的体制安排，既为国内货币政策留出充足空间，也能增强市场对人民币汇率信心。若人民币单边贬值压力超出政策容忍底线，央行具备充足的政策工具对人民币汇率进行引导和调节。预计后续人民币汇率走势将重回双向浮动格局，在合理均衡水平上保持基本稳定。

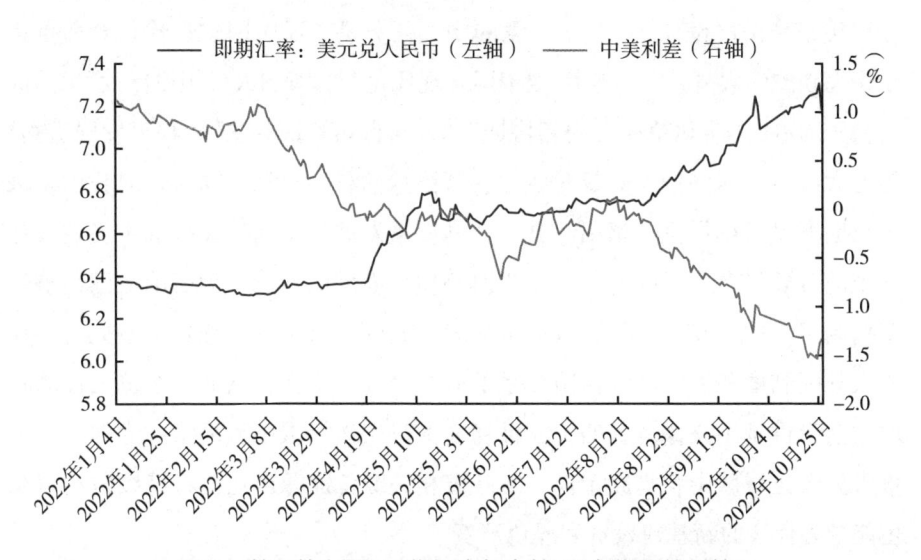

图8 美元兑人民币即期汇率与中美10年期国债利差

资料来源：Wind资讯。

三 2023年展望与政策建议

（一）2023年经济金融形势展望

从世界范围看，疫情反复、乌克兰危机等因素使得全球经济的增长预期持续走弱。世行《全球经济展望》持续下调对2022年全球和美国经济增速的预测值，例如在年初的预测值分别为4.1%（全球）和3.7%（美国），但在6月大幅下调预测值至2.9%（全球）和2.5%（美国）；同时对我国增速的预测值也由5.1%（2022年1月预测值）下调至4.2%（2022年6月预测值）。虽然我国经济在5月以来已逐步企稳，但经济复苏的基础仍然有待夯实，这主要取决于统筹疫情防控与经济发展、地产企稳的程度，以及基建配套融资难题能否破解。2023年的经济复苏可能会是一个渐进的过程：在短期是以餐饮为代表的消费、工业生产的"深蹲"反弹；在中长期是政策发力起效，包括房地产销售—房价—投资的企稳回升，基建投资的持续发力，汽车和家电消费的潜力被激发。

从中长期视角看，党的二十大报告为我国未来的经济发展方向和增长动能提出了"顶层设计"：其一，党的中心任务是"以中国式现代化全面推进中华民族的伟大复兴"。其中，"中国式现代化"具有"人口规模巨大""共同富裕""物质文明和精神文明相协调""人与自然和谐共生""和平发展道路"等五大特点。这些特点既是对我国客观国情的科学总结，同时也对我国未来中长期发展目标提供了指引。其二，高质量发展是全面建设社会主义现代化国家的首要任务。党的二十大报告对高质量发展的要求，为当前中国经济转型指明了方向。其三，扎实推进全体人民共同富裕。这意味着更多完善相关收入分配制度和健全社会保障体系的政策会陆续出台，从而为全体人民的物质生活提供基本支撑。其四，积极稳妥推进碳达峰碳中和战略。党的二十大报告为碳达峰碳中和举旗定向，意味着相关绿色能源产业链将持续拉动以绿色能源为代表的新基建投资和绿色消费。

2022年国内宏观金融形势呈现大幅波动的特征，这种波动在2023年预计将逐步收敛；宏观金融形势在总体上可能维持稳健偏宽松的状态，即高频宏观金融形势指数的波动中枢处于0~1区间内。预计美联储的加息周期可能止步于2023年3月，这将极大地减轻因中美货币政策分化而对国内带来的外部冲击，国内宏观金融形势在2023年有望呈现先紧后松态势。债券市场方面，受限于中美利差倒挂和资本外流压力，中美货币政策的分化程度将有所收敛，国内中长期利率债收益率在2023年可能呈现先升后降的趋势。房地产市场方面，我们估算的高频房地产开发投资先行指数在经历了近一年半的持续下行后于2022年5月下旬触底并在第三季度维持低位震荡；但在样本末期（9月末）的负向缺口（先行指数与0值的缺口）依然较大。指数的运行特征意味着房地产市场虽然企稳但仍然处于十分疲弱的状态。展望2023年，在以"保交楼"为核心的供给端和以"稳销售"为重心的需求端政策持续发力的背景下，房地产市场有望逐步回升。但在人口老龄化和市场发展不均衡等问题的约束下，本轮房地产市场的复苏将是一个逐步回归长期趋势（均衡水平）的过程，即房地产开发投资先行指数逐步回归至0值附近（负向缺口逐步收敛），并围绕0值小幅波动。大宗商品方面，受美联储持续大幅加息和全球经济衰退风险持续加大的需求端影响，2023年国际大宗商品价格在总体上可能呈现震荡下行的趋势；同时，地缘政治风险和军事冲突可能对商品价格带来短期扰动。

（二）政策建议

党的二十大报告提出，坚持把发展经济的着力点放在实体经济上。这意味着，要坚持金融服务实体经济的宗旨，提升金融供给与实体经济的匹配性，引导金融资源更好地支持经济社会发展的重点领域和薄弱环节。

第一，将"稳预期"放在各项工作的首位。从党的十一届三中全会以来，"以经济建设为中心"就一直是我们党的工作重心；2022年4月中央经济工作会议再次强调以经济建设为中心是党的基本路线，要求全党都要聚精会神贯彻执行，并进一步提出稳定市场预期和稳定经济增长的政治任务。党的二十大报告再次强调，高质量发展是全面建设社会主义现代化国家的首要任务；发展是党执政兴国的第一要务。当前，虽然国内经济运行有所企稳，但仍面临诸多不稳定、不确定因素，如疫情仍然存在多地多发的可能性、房地产投资持续负增长且尚未企稳、民间投资和制造业投资疲弱、居民部门出现资产负债表收缩的苗头等。这就需要各项政策和措施持之以恒地将稳预期、提振市场主体的信心放在稳增长工作的首位。

第二，加强财政、货币政策的协调配合。在美联储持续大幅加息和国内"宽货币""紧信用"的货币金融环境下，单一货币政策对稳增长的边际拉动作用逐步降低，且易引发资金在金融体系空转和资本外流等风险。为此，2023年的稳增长需要进一步加强财政、货币政策的协调配合。货币政策方面，一是保持流动性合理充裕，加大对实体经济的支持力度。在中长期保持货币供应量和GDP名义增速与社融增速基本匹配；着力疏通货币政策的传导机制，与财政、产业等相关政策共同撬动全社会的有效融资需求，实现从"宽货币"到"宽信用"。二是持续深化利率市场化改革，通过贷款市场化报价利率改革，推动金融机构持续降低实际贷款利率，进一步降低实体企业和居民部门的融资成本。三是继续用好结构性货币政策，定向支持增强我国经济新增长动能的相关行业，如科技创新、新型基建、清洁能源相关基建等；持续支持"三农"、小微企业发展。财政政策方面，在当前宏观部门资产负债表面临衰退风险的背景下，通过扩张公共部门资产负债表"补位"私人部门资产负债表收缩，是逆周期调控有效且可行的办法。鉴于赤字融资同时是一个金融问题，在保证金融稳定的前提下便利赤字融资就成为实施货币金融政策必须要考虑的要素；财政和货币政策配合的主要领域便集中在政府赤字和债务管理方面。加快壮大国债市场规模，并为国债融资提供较低的融资利率，是财政、货币政策协调配合的重要方面。

第三，多措并举，稳定地方政府的收入来源和资金供给模式。在稳增长进程中，扩内需需要地方政府发挥重要作用；但近年受收入来源和资金供给下滑的影响，地方政府在基建投资、政府性消费等方面进展较为缓慢。由此，如何稳定地方政府收入来源和资金供给模式，成为地方政府扩内需的核心问题。从中长期看，应加快税制改革，提高直接税比重，逐步推进实施房地产税，深化资源税扩围，研究数据税、碳税征收机制，增加地方财政收入来源。在短期，应保持投融资渠道的稳定性，搭建市场化的融资平台，着力稳定地方政府资金供给问题。一是积极盘活存量资产，增加地方政府财政收入来源。鼓励社会资本参与高附加值产业，通过市场化配置资源，对闲置的土地、房屋，探索"政府回购＋土地补偿"，重新释放资产价值；对短期内难以变现的资产，通过"政府出租＋独立运营"模式，拓展收益来源；在处置手段上，积极运用REITs、兼并重组、交易所挂牌等，最大限度盘活资产。二是支持财政实力较强省份发行新增专项债为重大基建项目筹资，适度增加专项债额度弥补建设资金短板，加强地方政府专项债券与市场化融资联动。三是积极尝试以引进项目的方式来进行融资，加强项目共享，促进商业银行与政策性开发性金融工具对接，增加项目配套融资，满足项目资金需求。

第四，做好防范外部冲击、房地产和城投债三类重点金融风险的应对预案。首先，由于2023年全球经济衰退的预期逐步增强，叠加欧美高通胀和美联储持续大幅加息，全球的经济、金融风险持续放大。为防范外部风险冲击，一是加快我国系统性金融风险防范化解机制建设，对外重点加强对以美元为代表的主要发达经济体政策的外溢性、短期资本流动性、资产估值重构、汇率大幅波动等环节的监测、防范和处置，对内强化汇率、房地产、股票、债券等主要资产市场的风险跟踪，有效降低各类市场由于受到外部冲击引发的跨市场风险传染。二是在特殊时期加强资本流动管理，密切监测短期资本流动，加强我国进出口贸易中经常项目交易的真实性审验。其次，促进房地产市场"软着陆"。短期看，需要从供需两端发力。供给端，以"保交楼"为核心，通过设立房地产纾困基金、政策性银行专项借款、城投平台入场接盘等盘活烂尾楼盘、救助困难房企；需求端，以"稳销售"为重点，局部阶段性下调购房首付比例和房贷利率，提供购房补贴和税收优惠，进一步释放购房需求。中长期看，应重视解决房地产市场结构不均衡问题。一是房地产市场发展聚焦增加大城市住房供给、存量住房改造。顺应都市圈、城市群一体化发展趋势，将新建住宅供应集中在与中心城区周边的通勤区，满足中心城市住房需求。健全老旧小区改造市场化机制，带动市政基础设施、生活设施、服务设施发展。二是着力解决新市民等群体住房问题。多渠道盘活存量土地，政府引导、市场参与，增加保障性租赁住房供给，发挥住房保障民生兜底作用。最后，2022年城投债务风险整体可控，但在城投债发行收紧和土地市场遇冷的背景下，潜在偿债风险不容忽视。一是城投融资政策要保持监管定力，不因稳增长而突破新增隐性债务底线，按市场化原则保障城投平台合理融资需求。严格落实城投融资监管"三道红线"（即是否涉及政府隐性债务、是否具备偿债能力和资金用途是否合规），做好城投债存续期风险排查，提前制定偿债方案和应急预案。二是关注弱资质城投的债务滚续情况，特别是集中兑付压力较大、城投拿地占比较高的地区。10月14日，财政部发文禁止国企购地虚增土地出让金，旨在约束城投平台举债拿地的托底行为。目前房地产市场尚未实质性回暖，土地财政"挤水分"会进一步削弱地方财力，从而加大区域内城投再融资难度和债务违约风险。城投平台应抓住当前低利率窗口期，借助非标债务展期、重组来缓冲短期资金周转压力，实现存量债券的借新还旧和平稳滚续，必要时可通过地方政府债券置换部分存量城投债务。三是关注城投市场化转型过程中化解存量债务、理顺政企关系、新业务选择等难题，避免城投盲目激进转型引致竞争力不足和风险集中暴露。鼓励符合条件的城投平台承接专项债项目，既能提高城投平台盈利能力，也能尽快形成专项债项目实物工作量。在"十四五"新型基础设施建设规划的背景下，城投平台作为地方基建的主力，可抓住政策机遇参与城市更新，获取优质经营资产，提升企业信用实力，减轻自身偿债压力。

参考文献：

谢伏瞻主编《经济蓝皮书：2022年中国经济形势分析与预测》，社会科学文献出版社，2021。

张晓晶：《经济新常态》，《经济研究》2022年第7期。

张晓晶：《稳字当头优化宏观杠杆率结构》，《中国金融》2022年第9期。

张晓晶、刘磊：《三重压力下中国宏观杠杆率走势分析》，《财经智库》2022年第7期。

B.10
2022年中国股票市场回顾与2023年展望

李世奇 朱平芳 *

摘 要： 2022年中国股票市场释放内生活力，金融监管部门及时出台纾困措施稳定市场预期，资本市场改革稳步推进，高水平对外开放持续扩大。全球发达经济体采取激进式加息应对历史性通胀，白马股、科技股估值普遍下杀，能源股表现一枝独秀。中央坚持把实施扩大内需战略和深化供给侧结构性改革相结合，发挥货币政策工具的总量和结构双重功能，搞好跨周期调节。2023年A股市场有望筑底企稳，需要把握科技创新的主攻方向、坚持发展方式的绿色转型以及树立保障国家安全的底线思维，坚定对中国资本市场长期向好的信心。

关键词： 中国股市 宏观经济 资本市场 科技创新

一 2022年中国股票市场回顾

2022年，国际地缘政治冲突加剧，全球产业链供应链的稳定性被制裁、封锁和脱钩不断削弱，部分国家和地区面临严重的能源危机和粮食危机，主要发达经济体严重误判了物价和失业率走势，过晚退出超常规量化宽松政

---

* 李世奇，上海社会科学院数量经济研究中心助理研究员，主要研究方向为城市创新发展、企业研发效率与政府科技政策评估；朱平芳，上海社会科学院数量经济研究中心主任，主要研究方向为计量经济学、宏观经济预测分析与政策评价、科技进步评价与分析。

策，导致出现石油危机以来最为严重的全球性通货膨胀，不得不采取有史以来最为激进的加息政策。全球主要股指在通胀预期居高不下和流动性剧烈收缩的背景下从年初开始一路震荡走低，尤其是俄罗斯RTS和美国纳斯达克指数均下跌30%以上，创下2008年国际金融危机以来的年最大跌幅，韩国综合指数、恒生指数、台湾加权指数、标普500、德国DAX以及道琼斯工业指数等下跌均超过20%。截至9月30日，上证综指报收于3024.39点，前三季度下跌16.91%，振幅21.66%，深证成指报收于10778.61点，前三季度下跌27.45%，振幅32.67%。

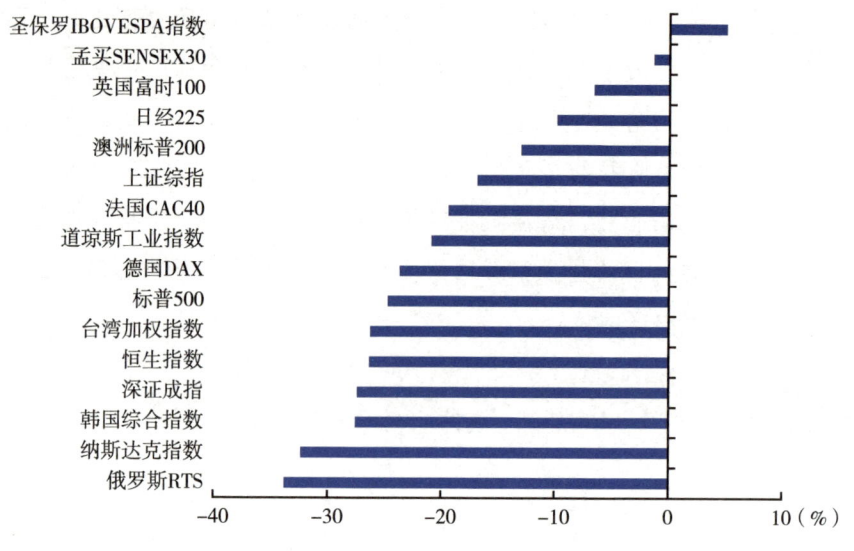

图1 2022年前三季度全球主要股指涨跌情况

注：截至2022年9月30日。
资料来源：Wind资讯。

（一）金融纾困稳定市场预期，资本市场释放内生活力

2022年3月我国新冠肺炎疫情防控和经济社会发展均面临2020年以来最为严峻的考验，党中央、国务院审时度势出台了一系列稳预期、保民生的政策措施，坚持以人民为中心，有效应对国内外超预期因素的冲击，打赢大上海保

卫战，巩固经济恢复发展基础，推动经济企稳向好、保持运行在合理区间，努力争取最好结果。按照党中央"疫情要防住、经济要稳住、发展要安全"的要求，努力实现"民生要托底、货运要畅通、产业要循环"，金融监管部门全力做好疫情防控和实体经济恢复发展的金融服务工作，加大对受疫情影响较大的行业、企业和人群等的金融支持力度，相继出台了中国人民银行、国家外汇管理局23条、中国银保监会42条以及中国证监会23条等纾困措施。国务院金融稳定发展委员会在3月召开的专题研究会议上强调"积极出台对市场有利的政策，慎重出台收缩性政策。对市场关注的热点问题要及时回应。凡是对资本市场产生重大影响的政策，应事先与金融管理部门协调，保持政策预期的稳定和一致性"。通过对房地产企业出台向新发展模式转型的配套措施，稳定房地产市场，完成大型平台公司整改工作，设置好红灯、绿灯，对平台经济实施常态化监管，促进平台经济平稳健康发展。

表1 2022年金融纾困稳定市场预期政策措施

部门	时间	事件
国务院	2022年4月	全国保障物流畅通促进产业链供应链稳定电视电话会议
	2022年5月	进一步部署稳经济一揽子措施，实施6方面33项措施
	2022年5月	全国稳住经济大盘电视电话会议
	2022年6月	部署加快稳经济一揽子政策措施落地生效
	2022年8月	部署稳经济一揽子政策的接续政策措施，再实施19项接续政策
国务院金融稳定发展委员会	2022年3月	召开专题会议，研究当前经济形势和资本市场问题
央行	2022年2月	《关于保障性租赁住房有关贷款不纳入房地产贷款集中度管理的通知》
	2022年4月	《关于做好疫情防控和经济社会发展金融服务的通知》，出台23条政策措施
	2022年5月	《关于调整差别化住房信贷政策有关问题的通知》
	2022年7月	《关于金融支持文化和旅游行业恢复发展的通知》
	2022年9月	《关于阶段性调整差别化住房信贷政策的通知》

续表

部门	时间	事件
中国银保监会	2022年4月	《关于金融支持货运物流保通保畅工作的通知》
	2022年6月	《关于进一步做好受疫情影响困难行业企业等金融服务的通知》，出台42条政策措施
	2022年7月	《关于进一步推动金融服务制造业高质量发展的通知》
中国证监会	2022年5月	《关于进一步发挥资本市场功能支持受疫情影响严重地区和行业加快恢复发展的通知》，出台23条政策措施
	2022年7月	《关于推动债券市场更好支持民营企业改革发展的通知》
	2022年8月	与美国公众公司会计监督委员会（PCAOB）签署审计监管合作协议

资料来源：公开政策文件。

在一系列稳定市场预期的政策支持下，中国资本市场释放内生活力，市场韧性不断加强。2022年前三季度A股每日平均成交额为9462亿元，相较于2021年10584亿元的历史年日均成交记录略有回落，但仍仅次于2015年的10381亿元，居第三位。2021年12月沪深两市总市值和流通市值首次分别突破90万亿元和75万亿元，但随后分别震荡回落至9月的76万亿元和64万亿元。2022年A股新股发行速度有所减缓，但募集资金规模进一步上升，截至2022年9月A股发行新股304只，低于上年同期373只发行数量，上市公司总数达到4841家，新股募集资金总额从上年同期的3768亿元升至4863亿元，占A股流通市值的比重从0.72%上升至0.76%，IPO数量和融资金额均居全球首位。除北交所、科创板和创业板注册制以外的新股平均"一字板"涨停天数从2021年的4.68天降低至4.49天，注册制下上市首日即破发的新股数量达到73只，占注册制新股发行数量的29%，"打新"的制度套利空间已基本消除。

表2 近5年股票市场融资统计

单位：家，亿元

年份	融资合计 募集家数	融资合计 募集资金	IPO 首发家数	IPO 首发募集资金	增发 增发家数	增发 增发募集资金	可转债 可转债家数	可转债 可转债募集资金
2022年前三季度	681	12762.62	304	4862.99	244	4961.45	102	2018.68
2021年	1219	18178.85	524	5426.43	527	9083.69	127	2743.85
2020年	1103	16776.04	396	4699.63	362	8341.37	206	2475.25
2019年	660	15424.31	203	2532.48	251	6887.70	106	2477.81
2018年	537	12108.56	105	1378.15	267	7523.53	78	1073.10
2017年	1152	17023.91	438	2301.09	540	12705.31	24	602.83

注：截至2022年9月30日。
资料来源：Wind资讯。

（二）资本市场改革稳步推进，高水平对外开放持续扩大

2022年中国资本市场改革稳步推进，《期货和衍生品法》正式出台并实施，货银对付（DVP）改革启动，私募股权创投基金被允许向投资者实物分配股票并开展首单试点，有效发挥了私募基金支持和服务实体经济的作用。2021年底中央经济工作会议提出"全面实行股票发行注册制"，并在2022年3月的政府工作报告中进一步予以明确。国家金融与发展实验室和中国社会科学院金融研究所在6月联合召开全面注册制改革研讨会，指出应系统总结前期试点经验，坚持注册制改革的初衷。证监会主席易会满表示，全面实行注册制的条件已逐步具备，正扎实推进全市场注册制改革方案的相关准备工作。以注册制改革为牵引，全面深化资本市场改革开放，统筹推进提高上市公司质量、健全退市机制、多层次市场建设、中介和投资端改革、健全证券执法司法体制机制和投资者保护体系等重点改革，推进关键制度创新，探索一条具有中国特色的现代资本市场发展道路。证监会及沪、深交易所制定、修订

多项制度文件，做实做细全面实行股票发行注册制的各项准备。北交所转板上市制度落地，科创板做市商制度正式推出，融资融券标的股票范围进一步扩大，多层次资本市场产品体系进一步丰富，7月中金所上市中证1000股指期货和期权，9月上交所上市中证500ETF期权，深交所上市创业板ETF期权、中证500ETF期权。

表3　2022年金融领域深化改革、扩大开放政策措施

部门	时间	事件
全国人大常委会	2022年4月	《中华人民共和国期货和衍生品法》
最高人民法院	2022年6月	《关于为深化新三板改革、设立北京证券交易所提供司法保障的若干意见》
央行	2022年1月	《金融科技发展规划（2022-2025年）》
央行	2022年2月	《金融标准化"十四五"发展规划》
央行	2022年2月	《银行间债券市场债券借贷业务管理办法》
央行	2022年4月	《中华人民共和国金融稳定法（草案征求意见稿）》
央行	2022年5月	《关于进一步便利境外机构投资者投资中国债券市场有关事宜》
央行	2022年6月	《关于支持外贸新业态跨境人民币结算的通知》
央行	2022年7月	与香港金融管理局签署常备互换协议并扩大规模 开展香港与内地利率互换市场互联互通合作
央行	2022年9月	发布2022年我国系统重要性银行名单
央行	2022年9月	印发三地普惠金融改革试验区总体方案
央行	2022年10月	上调企业和金融机构跨境融资宏观审慎调节参数
中国银保监会	2022年1月	《金融租赁公司项目公司管理办法》
中国银保监会	2022年1月	《关于银行业保险业数字化转型的指导意见》
中国银保监会	2022年1月	《保险公司非现场监管暂行办法》
中国银保监会	2022年4月	《关于保险资金投资有关金融产品的通知》
中国银保监会	2022年4月	《关于全球系统重要性银行发行总损失吸收能力非资本债券有关事项的通知》
中国银保监会	2022年5月	《保险资金委托投资管理办法》
中国银保监会	2022年5月	《中国保险业标准化"十四五"规划》

续表

部门	时间	事件
中国银保监会	2022年5月	《关于加强保险机构资金运用关联交易监管工作的通知》
	2022年7月	《金融资产投资公司资本管理办法（试行）》
	2022年7月	《关于加强商业银行互联网贷款业务管理 提升金融服务质效的通知》
	2022年8月	《关于保险公司发行无固定期限资本债券有关事项的通知》
	2022年8月	《理财公司内部控制管理办法》
	2022年9月	《关于推动动产和权利融资业务健康发展的指导意见》
中国证监会	2022年1月	《关于北京证券交易所上市公司转板的指导意见》
	2022年1月	《关于注册制下提高招股说明书信息披露质量的指导意见》
	2022年2月	《境内外证券交易所互联互通存托凭证业务监管规定》
	2022年2月	《证券基金经营机构董事、监事、高级管理人员及从业人员监督管理办法》
	2022年4月	《关于修改〈首次公开发行股票并上市管理办法〉的决定》
	2022年4月	《关于进一步支持上市公司健康发展的通知》《上市公司投资者关系管理工作指引》
	2022年4月	《关于加快推进公募基金行业高质量发展的意见》
	2022年4月	《关于完善上市公司退市后监管工作的指导意见》
	2022年5月	《证券公司科创板股票做市交易业务试点规定》
	2022年5月	发布修订后的《证券登记结算管理办法》
	2022年5月	《保荐人尽职调查工作准则》《证券发行上市保荐业务工作底稿指引》
	2022年5月	《关于加强注册制下中介机构廉洁从业监管的意见》《关于规范上市公司与企业集团财务公司业务往来的通知》指导证券交易所发布基础设施REITs扩募指引
	2022年6月	《关于交易型开放式基金纳入互联互通相关安排的公告》《个人养老金投资公开募集证券投资基金业务管理暂行规定（征求意见稿）》
	2022年7月	启动私募股权创投基金向投资者实物分配股票试点
	2022年7月	批准开展中证1000股指期货和期权交易
	2022年7月	中瑞证券市场互联互通存托凭证业务正式开通
	2022年9月	启动3只ETF期权品种上市工作
	2022年9月	发布修订后的《关于合格境外机构投资者和人民币合格境外机构投资者境内证券交易登记结算业务的规定》

续表

部门	时间	事件
上交所	2022年6月	发布《上海证券交易所科技创新咨询委员会工作规则（2022年修订）》
	2022年6月	发布实施《上海证券交易所科创板发行上市审核规则适用指引第7号——医疗器械企业适用第五套上市标准》
	2022年6月	发布《上海证券交易所沪港通业务实施办法（2022年修订）》
	2022年7月	《上海证券交易所科创板股票做市交易业务实施细则》
	2022年7月	《上海证券交易所可转换公司债券交易实施细则》
深交所	2022年4月	《关于退市公司进入退市板块挂牌转让的实施办法》
	2022年6月	发布《深圳证券交易所深港通业务实施办法（2022年修订）》
	2022年7月	《深圳证券交易所可转换公司债券交易实施细则》

资料来源：公开政策文件。

资本市场制度型开放取得显著进展，在2018年推出"沪伦通"的基础上，进一步扩大了参与互联互通存托凭证业务境内外证券交易所范围。境内方面，从上海证券交易所拓展至深圳证券交易所；境外方面，从英国拓展至瑞士、德国市场。中瑞证券市场互联互通存托凭证业务正式开通，7月28日首批沪市上市公司成功登陆瑞士市场。为了进一步深化内地与香港金融合作，更好支持香港国际金融中心建设，推动香港离岸人民币市场稳健发展，7月中国人民银行与香港金融管理局签署常备互换协议，将双方自2009年起建立的货币互换安排升级为常备互换安排，协议长期有效，互换规模由原来的5000亿元人民币/5900亿元港币扩大至8000亿元人民币/9400亿元港币。在香港与内地"债券通"平稳运行五周年的基础上，启动"互换通"，即利率互换市场互联互通合作。"互换通"是在总结债券市场对外开放成功经验的基础上，通过互联互通方式便利境外投资者参与境内人民币利率互换市场，支持构建我国高水平金融开放格局，并且在境内外投资者不改变交易习惯、有效遵从两地相关市场法律法规的前提下，便捷地完成人民币利率互换的交易和集中清算，有利于巩固香港作为国际金融中心的地位。

交易型开放式基金（即 ETF）在 7 月正式纳入内地与香港股票市场交易互联互通机制，首批共有 87 只 ETF 产品纳入，分别包括 53 只沪股通 ETF、30 只深股通 ETF 和 4 只港股通 ETF。2022 年前三季度，"北上资金"受国际金融市场流动性收紧的影响，上升势头较 2021 年有所减缓，累计净买入额在 3 月一度跌破 1.6 万亿元，而在 6 月底又回升至 1.7 万亿元以上，深股通与沪股通的差距有所扩大，9 月底沪股通和深股通累计净买入额为 16868 亿元，相比上年同期的 14943 亿元增长 12.9%。"南下"资金规模保持稳定上升态势，港股通累计净买入额从上年年底的 21848 亿港元一路增长至 2022 年 9 月底的 24377 亿港元。

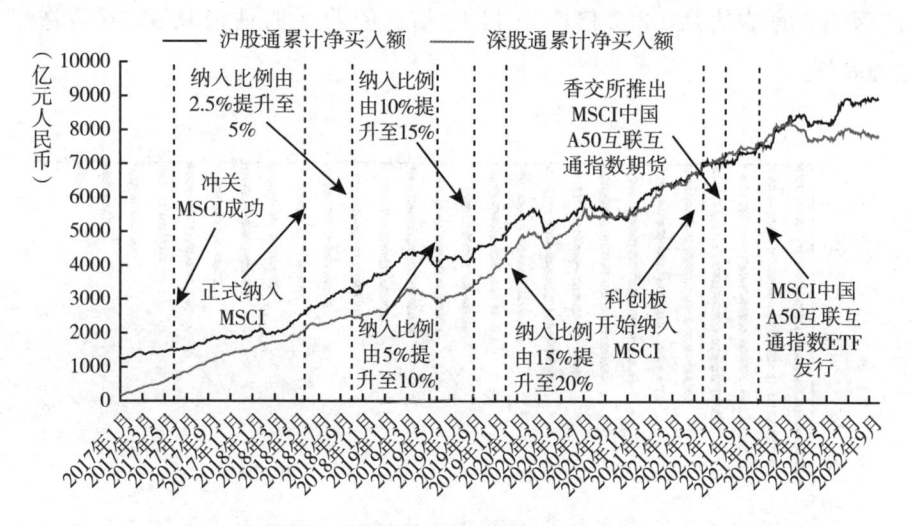

图 2　沪股通、深股通累计净买入额

资料来源：Wind 资讯。

（三）白马、科技估值普遍下杀，能源股表现一枝独秀

2022 年前三季度，沪深 300 年内下跌 22.98%，创业板指年内下跌 31.11%。分行业看，28 个行业指数中有 27 个下跌，其中"电子""传媒""计算机"等行业指数跌幅超过 30%，"建筑材料""医药生物""非银金融""黑色金属""国防军工""轻工制造""机械设备""电气设备""家用电器""纺

织服装"等行业指数跌幅超过20%，"汽车""休闲服务""化工""有色金属""通信""公用事业""食品饮料""商业贸易""建筑装饰""银行""农林牧渔""房地产"等行业指数跌幅超过10%，仅"采掘"指数没有出现下跌。总体来看，受国际能源市场结构性供需错配推高能源价格的影响，煤炭、石油等能源股表现一枝独秀，新能源汽车产业链和光伏产业链也出现过结构性机会，但整体而言无论是"茅指数"还是"宁组合"均表现不佳，白马、科技等基金重仓股均出现重挫，消费、医药和半导体的估值不断下杀。从估值来看，A股整体的市盈率（TTM整体法，下同）从2021年末的20.14倍降至16.24倍，而剔除金融板块的A股市盈率则从31.68倍降至24.80倍，沪深300的估值从14.02倍降至11.19倍，创业板的估值从87.56倍降至52.06倍。

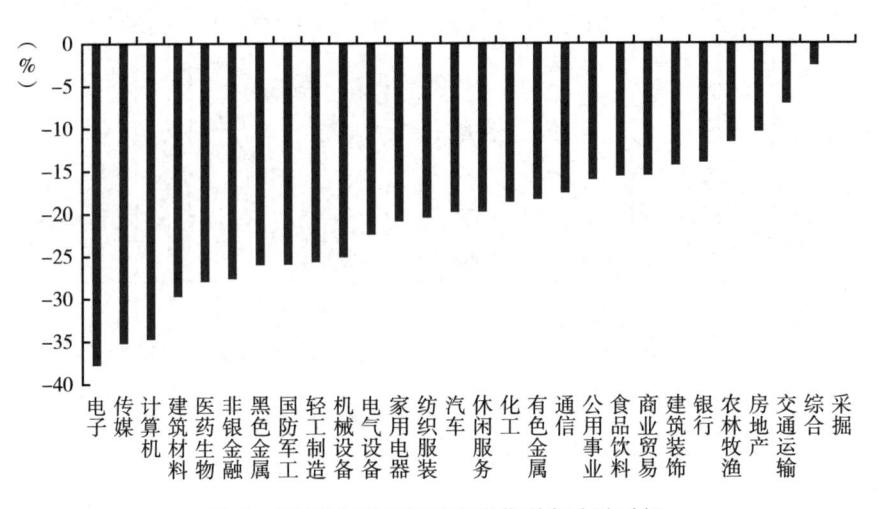

图3　2022年前三季度行业指数年内涨跌幅

资料来源：Wind资讯。

上证指数在2022年4月一度跌破2900点，而后反弹至7月初的3400点，但随后又震荡走低，以上证50为代表的大盘股和以中证500为代表的中小盘股均出现大幅下跌。偏股型基金发行份额在2020年5月至2021年11月连续19个月维持在1000亿份以上后，2021年12月降至830亿份，而在2022年4

月进一步降至 121 亿份，7 月反弹至 744 亿份后，8 月又迅速降至 355 亿份，市场震荡走低与基金发行遇冷形成负反馈。

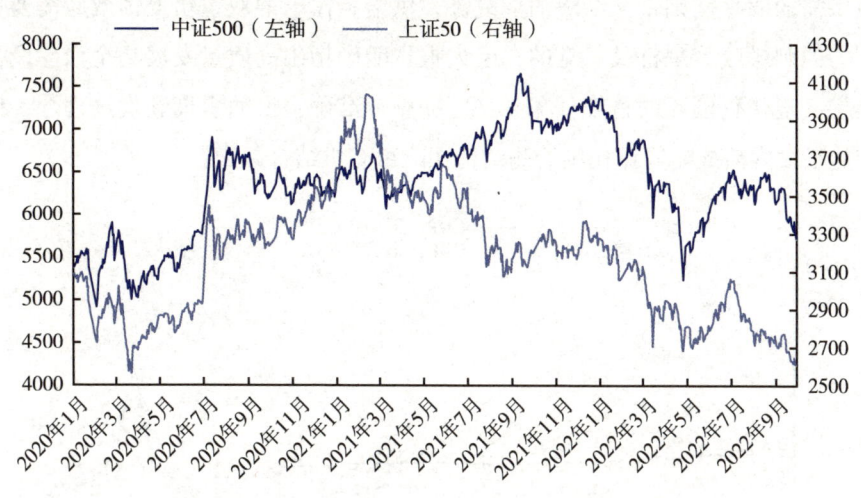

图 4　2020 年 1 月至 2022 年 9 月 A 股市场运行情况

资料来源：Wind 资讯。

二　中国股票市场运行的宏观经济逻辑

（一）坚持把实施扩大内需战略和深化供给侧结构性改革相结合

2022 年我国经济运行开局呈现稳定恢复态势，2022 年第一季度 GDP 同比增长 4.8%，其中第二产业增长 5.8%，第三产业增长 4.0%。但是新冠肺炎疫情的反复以及乌克兰危机的爆发导致第二季度有效统筹疫情防控和经济社会发展的压力骤然增大，第二季度 GDP 同比增长 0.4%，为 2020 年第一季度以来的最低值，其中第二产业增长 0.9%，第三产业下降 0.4%。中央通过出台稳经济一揽子措施以及接续措施，加大宏观政策调节力度，扎实稳住了经济发展态势，第三季度 GDP 同比增长 3.9%，其中第二产业增长 5.2%，第三产业增长 3.2%。但是国内经济恢复的基础仍然不稳固、不均衡，疫情对经济社会发展的影响正在从供给侧蔓延至需求侧，不确定性的提升以及风险偏好的下降，对供给总量和需求总量均带来较大冲击，而制造业和服务业受到的不对称影响导致供需也出现了结构性错配，供给和需求的平衡点极易被打破，而供需的弱平衡则带来经济的弱复苏，供给和需求的双重负反馈效应需要更有力的刺激政策来打破。党的二十大报告明确指出高质量发展是全面建设社会主义现代化国家的首要任务，必须完整、准确、全面贯彻新发展理念，把实施扩大内需战略同深化供给侧结构性改革有机结合起来。

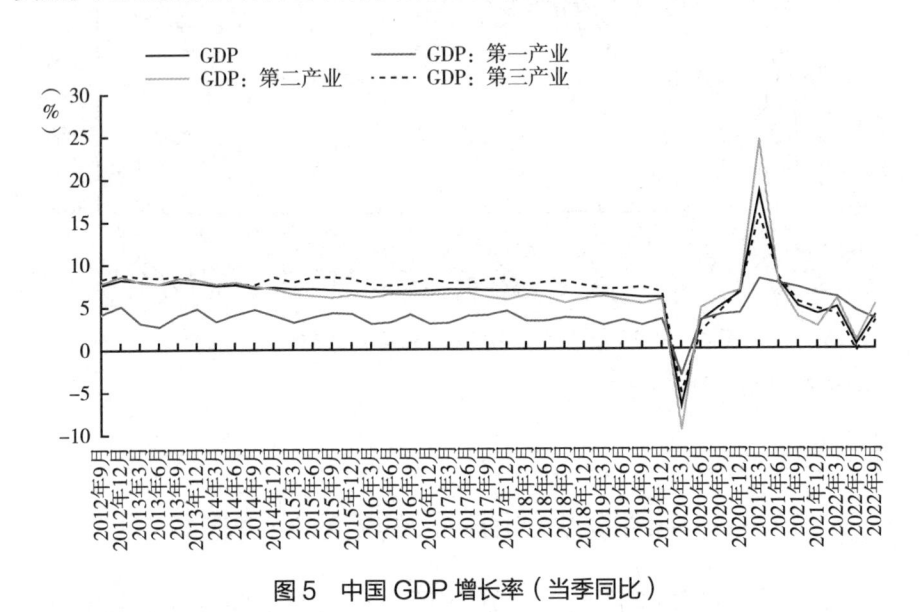

图 5　中国 GDP 增长率（当季同比）

资料来源：Wind 资讯。

工业企业在 2021 年 12 月结束了持续 11 个月的被动补库存阶段，进入主动去库存阶段，主营业务收入和利润总额同比增速不断下滑，PPI 持续下降。但是在 2022 年 3 月和 4 月受上海疫情的影响，库存水平被动上升，而从 5 月开始又重新进入主动去库存阶段，说明国内制造业在面临内外需求退坡的情势下，在 2022 年底就主动放缓了生产节奏，不再主动扩张产能，以应对全球衰退周期的到来。2021 年上游原材料涨价侵蚀中下游制造业企业利润的趋势在 2022 年大幅放缓，国有企业利润增速高于民营企业的幅度与 2022 年相比已有明显收窄。数据显示，9 月 PPI 同比增长 0.9%，与 2022 年 10 月 13.5% 的增速相比已有显著回落，工业企业 1~8 月利润总额累计同比下降 2.1%，其中采矿业利润总额累计同比增速从 2022 年同期的 151.1% 回落至 88.1%，制造业从 48.2% 回落至 -13.4%，国有及国有控股工业企业从 86.9% 回落至 5.4%，私营工业企业从 34.4% 回落至 -8.3%。如果以利润总额累计值计算同比增速，1~8 月国有及国有控股工业企业同比增长 7.1%，私营工业企业同比下降 8.9%。与累计同比增速相比，国有工业企业增速变快 2.9 个百分点，私营工业企业增速变慢 0.6 个百分点，两者的增速差距相比上年同期大幅缩小，且与国有工业企业的变化方向相反，说明大中型民营工业企业的经营环境和状况有所恶化。

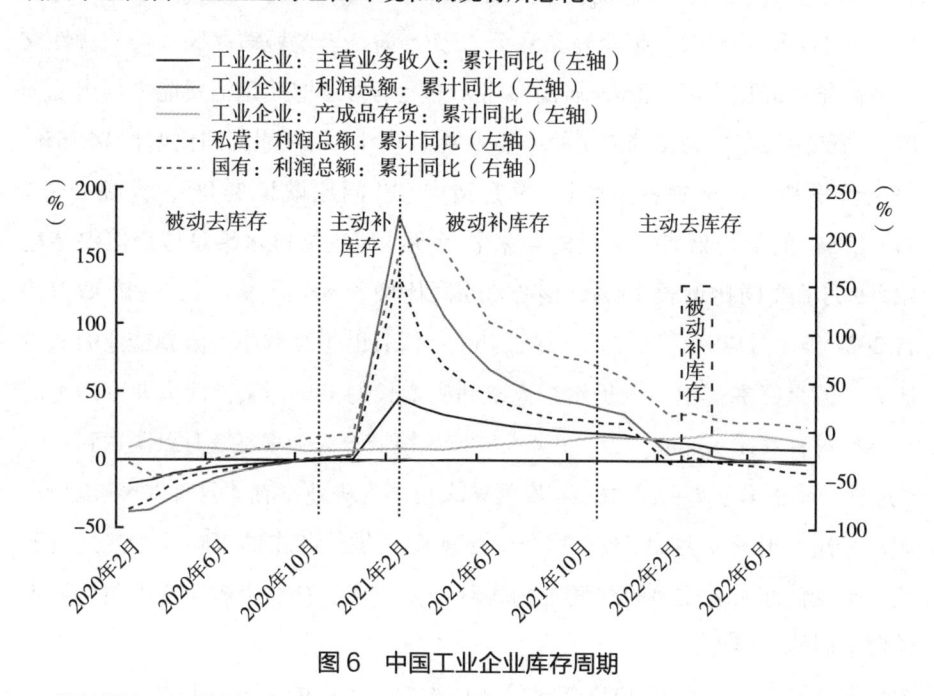

图6 中国工业企业库存周期

资料来源：Wind 资讯。

工业企业杠杆率有所上升，私营和国有工业企业资产负债率在 2022 年 1~8 月分别保持 58.9% 和 57.3% 左右的水平，较上年同期分别提升 0.3 个和 0.6 个百分点，制造业企业整体的资产负债率保持在 55.6% 的水平上。居民部门的杠杆率上升速度放缓，2022 年前三季度，居民新增短期贷款 1.09 万亿元，新增中长期贷款 2.32 万亿元，居民新增贷款规模为 2015 年以来的新低，2022

年2月和4月居民新增中长期贷款一度降为负数，说明出现了部分居民提前还款的行为，上半年新增个人购房贷款仅为0.54万亿元，为2012年以来的新低，2021年同期新增个人购房贷款2.14万亿元。居民部门放缓了加杠杆的步伐，尤其是居民购房需求的减少对于依赖高杠杆和高周转的房地产业形成较大冲击，部分城市新房销售遇冷，民营房地产企业债务违约现象频繁发生，"保交楼""防烂尾"成为地方政府的重要任务，前三季度房地产开发投资同比下降8%，商品房销售面积同比下降22.2%，商品房销售额同比下降26.3%。

需求收缩压力较大，社会消费品零售总额当月同比增速在3~5月均为负值，8月回升至5.4%，但9月又降至2.5%，前三季度城镇居民人均消费性支出实际累计同比下降0.2%，居民部门无论是消费意愿还是消费能力均出现下降，新能源汽车成为支撑消费的主要力量，乘用车销量累计同比增长14.15%。猪肉价格从7月开始不断增长，9月猪肉CPI同比增长36.0%，大幅高于2月-42.5%的年内低点，为近两年来的新高。但是物价水平总体仍然保持稳定，9月CPI同比增长2.8%，核心CPI同比增长0.6%，9月CPI-PPI剪刀差自2021年1月以来首度转正，尽管PPI走低有助于缓解中下游制造业的成本压力，但是终端需求不振仍然是拖累利润增长的主要因素。而失业率的走高进一步对有效需求形成压力，31个大城市城镇调查失业率在3月首次达到6%，5月进一步上升至6.9%，16~24岁就业人员调查失业率在4月首次突破18%，而后一路上升至7月19.9%。服务业更多受到供给冲击的影响，尤其是接触性、聚集性服务业受到疫情防控的客观条件约束，存在由短期冲击演化为中长期不振的可能性。

降成本、补短板在2022年供给侧结构性改革中的重要性大幅提升。为了稳住市场主体、稳就业，中央政府为更多行业实施存量和增量全额留抵退税，全年计划退减税总量2.64万亿元、缓缴社保3200亿元。截至9月20日，合计新增减税降费及退税缓税缓费超过3.4万亿元，其中制造业退税0.58万亿元，小微企业退税0.89万亿元。加大企业创新投入税收激励力度，将科技型中小企业研发费用加计扣除比例从75%提高到100%，对企业基础研究投入按100%加计扣除。

（二）全球发达经济体采取激进式加息应对历史性通胀

由于西方发达经济体未能及时退出超常规量化宽松货币政策，叠加乌克兰危机导致国际能源市场结构性失衡所带来的石油、天然气价格阶段性暴涨，美国和欧洲迎来历史性通胀，美国经济增速逐步放缓，第一季度、第二季度和第三季度 GDP 环比（折年）增长分别为 3.68%、1.8% 和 1.77%，失业率持续低于 4%，从 2022 年 2 月的 3.8% 降低至 9 月的 3.5%，CPI 则大幅走高，从 1 月的 7.5% 增长至 6 月的 9.1%，为 1982 年以来的新高。制造业景气指数持续回落，美国供应商协会（ISM）制造业 PMI 从 2 月的 58.6 一路下降至 9 月的 50.9，服务业景气度相对较好，前三季度始终保持在 55 以上。欧洲经济出现明显分化，作为欧洲经济的火车头德国第一季度和第二季度 GDP 同比增速分别为 3.9% 和 1.8%，而同期欧元区 GDP 同比增速分别为 5.6% 和 4.2%。欧元区 9 月调和 CPI 同比增长 9.9%，为 1997 年以来的最高增速，8 月 PPI 同比增长 43.3%，为 1982 年以来的最高增速，失业率 8 月降低至 6.6%，为 1993 年以来的新低，经济景气度持续下降，制造业 PMI 从 1 月的 58.7 降低升至 9 月的 48.4，服务业 PMI 从 4 月的 57.7 降低至 9 月的 48.8。

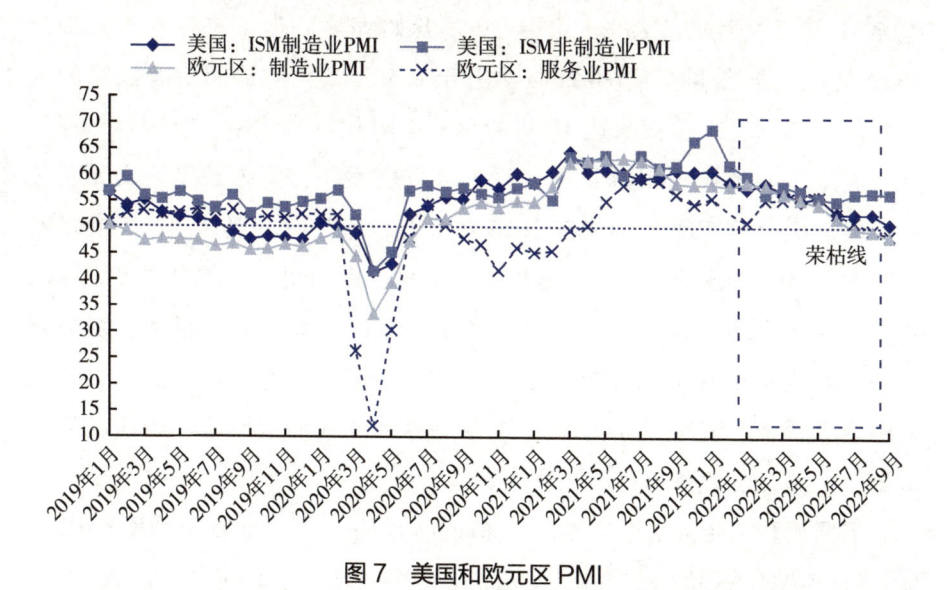

图 7　美国和欧元区 PMI

资料来源：Wind 资讯。

面对较低的失业率以及持续高位徘徊的通胀数据，美联储由鸽转鹰，迈出了有史以来最为激进的加息步伐，在3月和5月分别加息25个基点和50个基点，而后在6月、7月和9月连续三次加息75个基点，前三季度5次加息300个基点，美国联邦基金利率由0%~0.25%上升至3%~3.25%，美联储6~8月每月减持475亿美元资产，并且从9月开始每月减持950亿美元资产，美债收益率曲线出现倒挂，美元流动性显著收缩，美元指数持续走强，对国际金融市场造成严重冲击。中国10年期国债收益率与美国10年期国债收益率在年中出现交叉，美元兑人民币汇率从年初的6.37一路走高，在10月一度突破7.30，创2008年以来的新高。欧洲央行在7月开始加息进程，加息50个基点并停止购债，9月进一步加息75个基点，为2002年欧元正式流通以来最大幅度加息，欧元区基准利率上升至1.25%，但对如何处理在应对新冠肺炎疫情期间所购买的近5万亿欧元债券仍在讨论当中，欧洲央行在加息和缩表的进度上均明显落后于美联储，这也导致欧元兑美元汇率不断走低，在9月一度跌破1.00的重要关口。英国央行自2021年12月以来连续7次加息，基准利率从0.1%上升至9月的2.25%，并从10月开始缩表。瑞士央行在9月加息75个基点，基准利率从-0.25%上升至0.50%，至此欧洲所有国家的利率均回到零以上，欧洲长达10年的负利率时代宣告终结。全球唯一保持基准利率为负的国家仅剩日本，日本央行仍然坚持宽松政策，日元对美元年内已贬值近30%。韩国自2021年8月以来连续6次加息，尤其是在2022年7月一次性加息50个基点至2.25%，创历史最大加息幅度。而新西兰、澳大利亚、南非、新加坡、越南、印尼、菲律宾、智利以及墨西哥等国家也均处在紧缩周期当中。为了应对历史性通胀以及强势美元带来的资金外流，竞争性加息潮正席卷世界，现代货币理论已经彻底失去市场，全球经济大概率将陷入衰退。

主要消费国经济增速放缓，全球商品市场表现低迷，前三季度CMX黄金下跌9.14%，白银下跌18.68%，LME铜下跌22.95%，LME铝下跌23.70%，而能源市场受俄乌危机影响表现迥异，布伦特油上涨13.01%，纽约天然气上

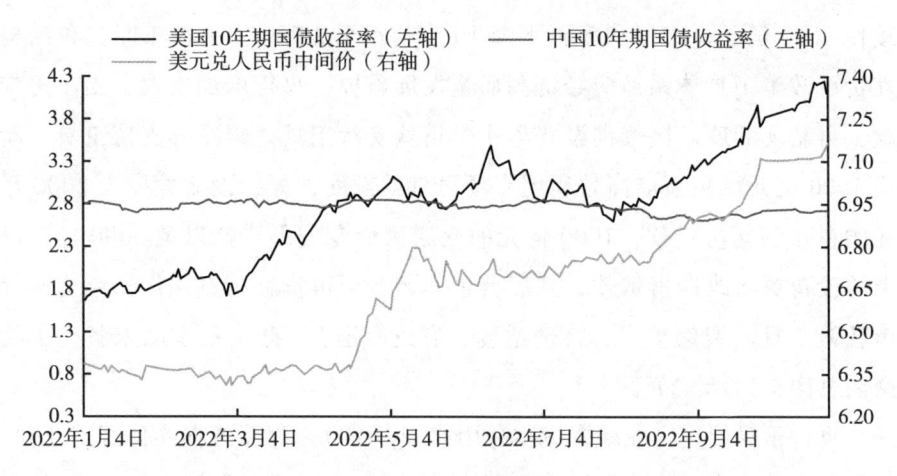

图8　2022年中美10年期国债收益率及美元兑人民币汇率走势

资料来源：Wind资讯。

涨83%，纽卡斯尔动力煤上涨150%。波罗的海干散货指数从5月的3344点开始震荡下行，至8月底的965点，而后有所反弹，上海出口集装箱运价指数从年初的5109.60点下降至9月底的1922.95点。美国、欧盟和日本的出口仍然保持较高增长，前八个月美国出口同比增长19.96%，欧盟出口同比增长18.08%，日本出口同比增长16.57%。

（三）发挥货币政策工具的总量和结构双重功能，搞好跨周期调节

2022年央行坚持稳字当头、稳中求进，稳健的货币政策灵活适度，保持了流动性合理充裕，坚决支持稳住经济大盘。央行加大稳健货币政策实施力度，为实体经济提供了更有力的支持，截至9月上缴结存利润1.13万亿元，相当于投放等量基础货币，直接增加政府可用财力，4月全面降准0.25个百分点，投放长期流动性约5300亿元，货币供应量增速从3月开始逐步提升，4月M2同比增长10.5%，为2021年3月以来首次突破两位数，而后逐月增长至8月的12.2%，为2016年5月以来的新高，社会融资规模存量同比增速保持在10%以上，MLF在第一季度增量续作4000亿元，中标利率下降10个基点至2.85%，第二季度则等量续作，第三季度缩量

续作 4000 亿元，中标利率再下降 10 个基点至 2.75%。央行不断完善结构性货币政策工具体系适应经济高质量发展需要，央行增加支农、支小再贷款、再贴现额度，接续创设普惠小微贷款支持工具、碳减排支持工具，新增 1000 亿元煤炭清洁高效利用专项再贷款额度，分别设立额度为 2000 亿元的科技创新再贷款、1000 亿元的交通物流专项再贷款以及 2000 亿元以上的设备更新改造再贷款，开展普惠养老专项再贷款试点工作，结构性货币政策工具"聚焦重点、合理适度、有进有退"，截至三季度末各类工具余额总计 5.55 万亿元。

央行积极促进企业融资成本稳中有降，推动金融系统向实体经济让利。前三季度三次引导贷款市场报价利率（LPR）适度非对称下行，1 月 1 年期和 5 年期 LPR 分别下调 10 个基点和 5 个基点至 3.70% 和 4.60%，5 月 5 年期 LPR 单独下调 15 个基点至 4.45%，8 月 1 年期和 5 年期 LPR 再次分别下调 5 个基点和 15 个基点至 3.65% 和 4.30%，充分发挥了 LPR 改革效能和指导作用，6 月贷款加权平均利率为 4.41%，同比下降 0.44 个百分点，其中企业贷款加权平均利率为 4.16%，同比下降 0.42 个百分点，为有统计数据以来的新低，金融对实体经济的支持力度不断加大。为了促进房地产市场平稳健康发展，央行在 9 月底决定阶段性调整差别化住房信贷政策，符合条件的城市政府可自主决定在 2022 年底前阶段性维持、下调或取消当地新发放首套住房贷款利率下限。央行决定从 10 月起下调首套个人住房公积金贷款利率 15 个基点，为 2015 年 8 月以来的首次下调。货币市场短期资金成本明显下行，产业债信用利差持续收窄并处于历史低位。货币市场短期利率已经低于公开市场操作利率，3 个月 Shibor 从 1 月初的 2.5% 下降至 9 月的 1.6%，银行间市场 7 天期回购利率（DR007）也从年初的 2.0% 左右下降至 9 月的 1.5% 左右，持续低于央行 7 天逆回购操作利率 2% 的水平。央行在 2022 年第二季度货币政策执行报告中指出，要密切关注发达经济体货币政策调整的溢出效应，以我为主兼顾内外平衡，健全市场化利率形成和传导机制，优化央行政策利率体系。

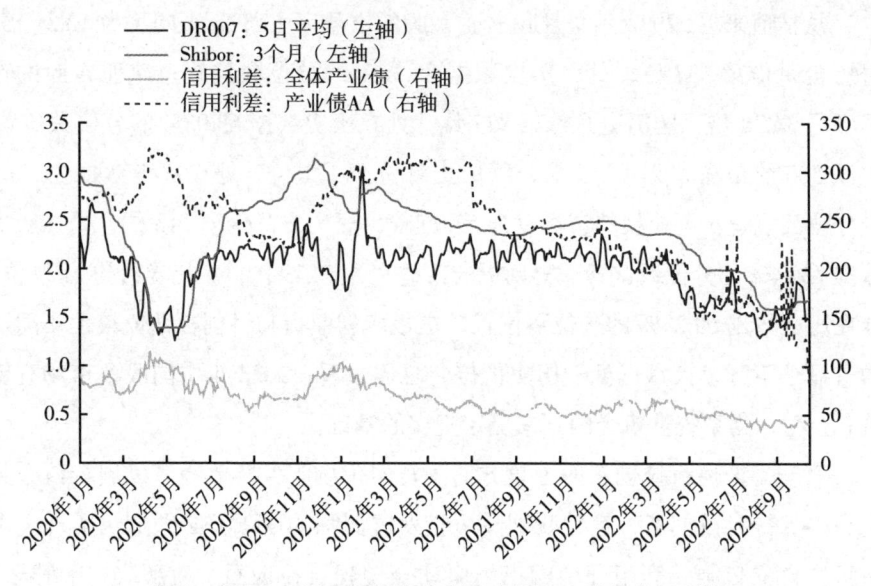

图9　2020年以来短期资金利率水平和产业债信用利差

资料来源：Wind资讯。

三　2023年中国股票市场展望

党的二十大报告明确提出，以中国式现代化全面推进中华民族伟大复兴是中国共产党的使命任务。高质量发展是全面建设社会主义现代化国家的首要任务。发展是党执政兴国的第一要务。展望2023年，中国股票市场将一以贯之的坚持服务实体经济、支持科技创新的方向，深入落实党的二十大对"坚持把发展经济的着力点放在实体经济上、坚持创新在我国现代化建设全局中的核心地位"的重要论述，完整、准确、全面贯彻新发展理念，加快构建新发展格局，着力推动高质量发展。坚定不移推进资本市场深化改革和扩大高水平制度型开放，完善多层次资本市场体系，健全资本市场功能，提高直接融资比重，拓宽境外上市融资渠道，加强与香港市场的务实合作。坚持将资本市场一般规律与中国市场的实际相结合，与中华优秀传统文化相结合，加快建设具有中国特色的现代资本市场。

从估值来看，2022年9月底上证A股的市盈率（TTM，下同）为12.31倍，居历史月份第332位，处在历史数据88.30%的分位数位置；深证A股的市盈率为34.72倍，居历史月份第237位，处在历史数据63.03%的分位数位置；沪深300的市盈率为11.19倍，居历史月份第171位，处在历史数据81.43%的分位数位置；创业板的市盈率为52.06倍，居历史月份第113位，处在历史数据72.44%的分位数位置；科创板的市盈率为52.79倍，居历史月份第24位，处在历史数据69.23%的分位数位置。主板、创业板和科创板估值较上年同期均有显著下降，大盘已处于历史低位。总体来看，2023年中国股票市场有望筑底企稳，为系统性机会的到来奠定坚实的基础。

第一，把握科技创新的主攻方向。资本市场服务实体经济发展，核心关键是要支持科技创新，突破我国高质量发展面临的瓶颈，必须加快实现高水平科技自立自强。利用好金融市场驱动全过程科技创新，对解决"卡脖子"问题至关重要。个别国家通过出台一系列具有明显针对性、歧视性的法案政策，构建高新技术领域的"小院高墙"以及打造产业与贸易领域的"平行体系"，除了对传统的国际贸易与产业分工体系造成严重冲击以外，更是从根本上改变了创新链、产业链和供应链的国际合作态势，所采取的手段也从市场封锁、技术封锁逐步升级为中间产品封锁以及人才封锁，直接指向我国"缺芯"的软肋，而以"四个面向"为导向的科创板需要发挥和承担更多的历史使命和时代责任。科创板运行三年多以来，"硬科技"已经成为其最鲜明的标签，尤其是科创板第五套上市标准支持处于研发阶段但尚未形成收入的企业上市，只针对企业技术和市场前景提出相应条件，对于早期无收入甚至亏损的高新技术企业提供了重要的融资渠道，而科创板第二、第三、第四套标准也未对企业净利润提出要求，大幅提升了A股市场对科技创新企业的包容性，深刻改变了市场定价逻辑和规则。在全球流动性收缩的大背景下，尽管国内较为充裕的流动性可以对冲部分外资的暂时离场，但短期内受到客观条件约束的增量资金很难支撑起全面的反弹行情，科创板有望成为资金关注的重点，对于普通投资者而言科创板指数型基金相较于个股具有更多的安全边际。

第二，坚持发展方式的绿色转型。尽管发达经济体受到地缘政治冲突、国内党派斗争的多重因素影响在碳减排上存在反复,但是我国在推进经济社会绿色化、低碳化转型发展上是坚定不移的,对于实现碳达峰、碳中和的承诺是长期有效的,我国产业结构、能源结构和交通运输结构调整优化必将坚持绿色底色不动摇。新能源、光伏产业仍然长期处在重要战略机遇期,以全球市场占有率领先的龙头企业为引领,以细分赛道技术先进的"专精特新"中小企业集群为依托,我国在新能源、光伏全产业链具有突出的核心竞争力优势,太阳能、风能等可再生能源的度电成本正在逐步降低。但是具有高波动性的可再生能源并网对电力系统造成了较大压力,并且由于极端天气事件发生概率近年来不断上升,可再生能源"看天吃饭"的不确定性、间歇性及不可控性的特点被放大,一方面需要稳固加强煤炭清洁高效利用,另一方面需要持续加快新型长时储能建设。储能时间的长短决定了可再生能源发电渗透率的高低,提高能源可控性的长时储能是实现"双碳"目标的关键,我国以锂电为代表的电化学储能产业链完备、技术成熟,但面临锂资源对外依存度过高的约束,钠离子电池有望成为未来长时储能的主要发展方向,我国新型长时储能全产业链发展前景广阔,具有较高的投资价值。但是需要注意的是,新能源、光伏产业已经从高速成长阶段逐步进入成熟发展阶段,部分企业存在估值过度透支的现象,需要业绩兑现消化估值的过程。

　　第三,树立保障国家安全的底线思维。发展是安全的基础,安全是发展的条件,贯彻总体国家安全观要坚持以人民安全为宗旨、以政治安全为根本、以经济安全为基础、以军事科技文化社会安全为保障,在关系安全发展的领域加快补齐短板,提升战略性资源供应保障能力。在科技安全、生物安全、资源安全、军事安全、网络安全、数据安全、太空安全、海洋安全等领域发挥重要作用的上市公司有望利用快速增长的国内需求实现弯道超车,尤其是在军民融合领域扮演重要角色的企业将进入发展新蓝海。航空航天产业既是我国高端制造业转型升级的重要方向,也是国家安全的重要保障,航空航天特种设备、特种材料、元器件和零部件将保持相对较高的景气度。生物技术、医疗设备对保护人民健康、加强重大疫情防控救治体系建设至关重要,疫苗及特效药的研发是结束世纪疫情的主要方式之一。集成电路、信创产业在科

技、网络、数据安全中发挥关键作用，从CPU、GPU等基础硬件到操作系统、数据库等基础软件，软硬件底层基础生态面临巨大的国产化替代需求，特别是半导体设备及材料企业具备抵御全球集成电路产业周期波动的条件和能力。只有构建自主可控的新安全格局才能切实保障新发展格局，航空航天、生物医药、集成电路、信创等兼顾发展和安全的产业具有较高的投资优先级。

总体来看，尽管面临世界经济衰退以及全球流动性收缩，但是2023年中国宏观经济基本面仍然是主导A股市场价值中枢移动的核心力量，市场参与者应该牢固树立风险意识，加强风险管理，坚持价值投资、长期投资理念，坚定对中国资本市场长期向好的信心。

参考文献：

《习近平：高举中国特色社会主义伟大旗帜　为全面建设社会主义现代化国家而团结奋斗——在中国共产党第二十次全国代表大会上的报告》，http://www.gov.cn/xinwen/2022-10/25/content_5721685.htm，2022年10月25日。

国家发展和改革委员会、工业和信息化部、财政部、中国人民银行：《关于做好2022年降成本重点工作的通知》，https://www.ndrc.gov.cn/xwdt/tzgg/202205/t20220510_1324481.html?code=&state=123，2022年5月10日。

中国人民银行货币政策分析小组：《2022年第二季度中国货币政策执行报告》，2022年8月10日。

产业经济与高质量发展

Industrial Economy and High-Quality Development

B.11
2022年中国农业经济形势与政策及2023年展望

李国祥[*]

摘　要： 2022年，中国农业克服多重极端不利影响，采取超常规强有力措施，减少异常偏重灾害损失，粮食再获丰收，主要农产品普遍增产，有效地保障了农产品供给；面对国际粮油等价格短期内大幅度上涨局面，中国减少粮油等进口，不仅有效地阻止了农产品价格上涨对国内食品价格运行的传导，而且为全球应对农产品剧烈波动作出重要贡献；多数农产品市场行情有助于促进农民增收，而食品价格水平总体合理，有助于防止通货膨胀。展望2023年，

---

[*] 李国祥，中国社会科学院农村发展研究所研究员，研究方向为农村经济发展。

国家对农业支持政策力度将进一步强化，农业强国建设步伐进一步加快，农业综合生产能力将进一步提高，粮食安全根基将进一步夯实，坚持农业农村优先发展方针进一步体现，粮食总产量将超过7亿吨，农业生产结构继续优化，主要农产品供给更加丰富，农产品及食品价格运行保持在合理区间，农民收入保持较快增长，农业经济总体继续保持稳中有进态势必将为经济社会发展提供有力支撑。

关键词： 农业丰收　农产品进口　食品价格　农民收入　粮食安全

一　农业保持适度增长为稳定经济大盘奠定坚实基础

2022年农业经济有望总体保持适度增长。自2021年秋播以来，中国遭遇北方较大规模小麦晚播、南方异常高温旱情、农业生产资料价格高位波动运行以及多地散发新冠肺炎疫情短期内曾影响农业生产资料和农产品物流等，国家采取了超常规强有力措施，有效地化解了农林牧渔业经济滑坡的风险，主要农产品生产实现了增产和丰收。2022年前三季度，农林牧渔业增加值57393亿元，同比增长4.4%；第一产业增加值54779亿元，同比增长4.2%，其中农业（种植业）增加值同比增长3.8%。估计2022年全年农林牧渔业增长速度基本适度，虽然比2021年有所回落，但有望达到非洲猪瘟疫情和新冠肺炎疫情之前常态化平均波位。农业适度增长，2022年前三季度第一产业增加值实际增速高于GDP增速，农产品生产普遍增产，为稳定经济大盘奠定了坚实的基础。农牧业经济适度增长，为保障农产品供给和稳定食品价格预期发挥了重要的作用，为应对国际农产品市场剧烈波动作出了重要的贡献。

2022年，针对严重的自然灾害、农业生产资料价格上涨和新冠肺炎疫情多点散发等多重对农业生产不利因素，各地严格落实粮食安全党政同责责任制并加大考核督导力度，国家和地方持续加大对粮食生产的支持力度，粮食和油料等作物生产保持稳中有增态势。针对罕见的秋汛、异常的高温旱情，针对化肥、柴油等价格上涨和高位波动运行影响种粮农民收益从而进一步影响种粮农民积极性，国家加大农业政策性保险支持力度，积极推动农业社会化服务发展，财政多次发放直接补贴补助，仅农业生产资料一次性补贴在2022年就发放过三次，共计400亿元，是2021年的2倍。强有力的政策支持，加上近年多数农产品价格行情较好，农民种粮积极性较高。

2022年前三季度，中国克服多重不利影响，实现夏粮和早稻都增产。2022年，全国夏粮早稻产量17553万吨，比上年增加155万吨，增长0.9%。其中，夏粮早稻合计播种面积46928万亩，比上年增加170万亩；夏粮早稻平均亩产374公斤，比上年增加2公斤。尽管因受灾严重早稻单产下降0.1%，但是夏粮抵御了偏重的自然灾害而单产提高0.6%。综合来看，夏粮早稻播种面积扩大和单产提高两个因素对其增产的贡献大约各占一半。

2022年秋粮总体有望继续丰收。尽管局部遭遇严重异常高温干旱，个别地方一些田块因粮食作物生产关键期受灾严重而减产，但东北、黄淮海、西北等粮食主产区光热水匹配较好，粮食生产有望增产。综合来看，增产抵消减产后，秋粮继续丰收的格局没有改变。

据近年来夏粮早稻总产量占全年总产量的比重约25%的经验系数推算，2022年全国粮食总产量会达到约7亿吨的水平，表明粮食生产能力迈上新台阶，基础更加巩固。多年来，大豆产需缺口大，大豆生产徘徊困局较难打破。2022年，全国多地启动国家大豆和油料产能提升工程，扩大大豆轮作规模，探索推广大豆玉米带状复合种植超过1500万亩，扩种大豆成效明显。大豆生产有望实现历史性突破，全年大豆产量首次突破2000万吨；油菜籽种植面积扩大，也会增产；其他油料作物如花生和油葵等则呈现出稳产态势。

畜牧业总体继续平稳增长。相比种植业，2022年没有出现全国性动物疫情，主要畜禽产品产量普遍增加。2022年前三季度，猪、牛、羊、禽肉产量6711万吨，同比增长4.4%。其中，猪肉产量4150万吨，同比增长5.9%；牛肉产量485万吨，同比增长3.6%；羊肉产量346万吨，同比增长1.5%；禽肉产量1730万吨，同比增长1.7%。2022年前三季度，禽蛋产量2499万吨，同

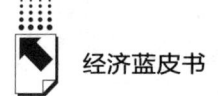

比增长2.7%；牛奶产量2709万吨，同比增长7.7%。

不可否认，中国主要畜禽产品保持增产，但市场价格波动没有缓和。近年来，生猪生产能力稳步提高与生猪市场明显波动形成明显对比，一个重要原因是预期影响加大。2022年第三季度末，全国能繁母猪存栏4362万头，相当于正常保有量的106.4%，生猪生产能力理应可以满足猪肉消费进入旺季需要。一般来说，9月猪肉消费按常规普遍会增加。但是，2022年9月规模以上生猪定点屠宰企业屠宰量2109万头，比8月减少58万头，环比下降2.7%。屠宰量减少，猪肉市场供给量减少，势必引起消费价格上涨。稳定提高生猪生产能力，也需要引导预期，才能促进生猪和猪肉市场正常运行。

除粮油和肉蛋奶生产发展和充足供应外，蔬菜水果和水产品品种也都十分丰富，供应总体有保障。

展望2023年，农业将继续保持稳定增长态势，粮食总产量可能超过7亿吨，农产品生产结构进一步优化，大豆油料种植面积和总产量明显增加。2022年秋播冬小麦和冬油菜进展比较顺利，为2023年夏粮丰收奠定基础。主要畜禽产品、水产品和蔬菜水果等年度产量会普遍增加，食物供给多元化趋势将更加明显。

二　部分农产品进口减少有助于应对全球食品价格剧烈波动

受极端异常自然灾害在主要农产品生产国和出口国偏重发生，特别是乌克兰危机影响，2022年国际农产品价格出现剧烈波动。根据联合国粮农组织（FAO）网站发布的监测数据，与2020年9月相比，2022年1月全球食物价格上涨63.1%，其中谷物价格上涨63.6%，植物油价格上涨140.7%。2022年3月与1月相比，全球食物价格进一步上涨17.8%，其中谷物价格进一步上涨21.0%，植物油价格进一步上涨35.4%（见表1）。从2020年9月到2022年1月，全球食物价格较大幅度上涨主要是由美洲等遭遇罕见的干旱等自然灾害引起的，美国和巴西等国玉米大豆减产幅度较大。2022年3月出现的全球食物价格进一步上涨,与乌克兰危机直接相关。

面对国际农产品价格高位剧烈波动,2022年中国总体上放缓了农产品进口扩大速度,加快了农产品出口速度,前三季度农产品国际贸易逆差虽然仍然较大,但同比有所下降,体现了一个负责任大国对稳定国际农产品市场和促进全球粮食安全的担当与贡献。

表1 近年来部分月份全球食物价格上涨情况

单位:%

时间	食物价格	#肉类	#奶类	#谷物	#植物油	#糖类
2022年1月与2020年9月相比	63.1	30.4	42.5	63.6	140.7	49.2
2022年3月与2022年1月相比	17.8	6.4	10.0	21.0	35.4	4.6
2022年9月与2022年3月相比	-14.8	0.7	-2.2	-13.1	-39.4	-7.0

资料来源:www.fao.org。

根据中国海关发布的数据,2022年前三季度,中国农产品进出口总额分别为16261亿元和2485亿美元,同比分别增长11.5%和10.4%。其中,农产品进口额分别为11532亿元和1763亿美元,同比分别增长7.5%和6.4%;农产品出口额分别为4729亿元和723亿美元,同比分别增长22.7%和21.5%,农产品出口增长速度明显高于进口增长速度;农产品国际贸易逆差分别为6804亿元和1040亿美元,同比分别下降1.1%和2.1%,虽然农产品国际贸易逆差仍然超过1000美元,但同比有所下降。

进口农产品中,受到较大关注的粮食和猪肉进口数量都呈现减少态势。2022年前三季度,中国进口粮食11474万吨,同比下降10.5%;进口猪肉122万吨,同比减少61.2%。尽管粮食进口数量减少,但由于进口价格偏高,进口金额呈现出增加态势,而猪肉进口数量大幅度减少的同时进口价格下降从而呈现出进口金额更大幅度减少态势。2022年前三季度,粮食进口金额分别

为4162亿元和637亿美元，同比分别增长13.4%和12.3%；猪肉进口金额分别为167亿元和26亿美元，同比分别下降70.9%和71.2%。

进口粮食份额中占比较大的玉米和大豆进口数量都呈现出减少态势。尽管玉米进口价格明显上涨，但由于玉米进口数量较大幅度减少，玉米进口金额也呈现出减少态势。2022年前三季度，中国进口玉米1846万吨，同比减少25.9%；进口玉米金额分别为407亿元和63亿美元，同比分别减少9.8%和10.3%。由于大豆进口价格上涨幅度较大，尽管大豆进口数量减少，但大豆进口金额仍然呈现出增加态势。中国进口大豆6904万吨，同比减少6.6%；进口大豆金额分别为3045亿元和465亿美元，同比分别增加17.5%和16.2%。

特别地，食用植物油进口数量和金额都大幅度减少。2022年前三季度，中国进口食用植物油368万吨，同比下降55.5%；进口食用植物油金额分别为366亿元和56亿美元，同比分别下降32.8%和33.8%。

与上一轮全球农产品价格剧烈波动的反应不一样，2022年前三季度中国农产品进口不但没有增加，反而有所减少。国际市场价格涨幅越大的农产品，中国对该种农产品进口减少幅度就更大，有效地促进了全球农产品价格回落。2022年9月与3月相比，全球食物价格下跌了14.8%，其中谷物价格下跌了13.1%，植物油价格下跌了39.4%。

展望2023年，全球玉米等农产品产需不足和库存水平下降会持续。美国和欧盟等因高温干旱等影响，乌克兰因战争影响，导致玉米出现较大幅度减产，从而带来全球玉米等减产。据2022年10月美国农业部预测，2022/2023年度，全球玉米总产量11.7亿吨，比上个年度减少4856万吨，下降4.0%。其中，美国玉米比上个年度减产2994万吨，下降7.8%；欧盟玉米比上个年度减产1478万吨，下降20.8%；乌克兰玉米比上个年度减产1063万吨，下降25.2%。

除玉米外，全球高粱等粗粮也受极端异常天气影响而出现减产，特别是2022年美国玉米和高粱减产幅度较大。2022/2023年度，主要用于饲料的粗粮，美国产量不足3.7亿吨，减产幅度超过8%；全球产量不足15亿吨，比上年度减产近3%。这势必影响到2023年全球粮食供求关系和价格运行。玉米和高梁等粗粮较大幅度减产，导致价格上涨，虽然没有因价格上涨而导致饲料用玉米的需求减少，但却导致燃料乙醇加工用玉米需求和玉米出口减少。粗粮供求关系偏紧，估计饲料用玉米等价格上涨或者维持高位波动运行态势，这又会进一步推动饲养成本上涨，对动物源性食物价格可能会带来连锁反应。

尽管美国等因自然灾害影响而出现大豆减产，但在中国特别是巴西等的大豆增产作用下，全球大豆估计会增产。2022/2023年度全球大豆总产量为3.9亿吨，比上年度增产3500万吨，增长9.9%。其中，美国大豆产量1.2亿吨，比上年度减产415万吨，下降3.3%；巴西大豆产量达1.5亿吨，比上年度增产2500万吨，增长20%。

中国居民食物消费升级，带来粮食供求结构性矛盾不断深化。近年来，中国除了肉类直接进口规模较大外，用作饲料的粗粮或者谷物以及大豆进口规模也较大。中国粮食连续丰收，为中国粮食进口调控提供了有力支撑。展望2023年，中国农产品进口刚性仍然存在，但中国会根据国际农产品市场变化，调控不同农产品的进口规模、时机和节奏。中国农产品进口会有效地将国际市场价格波动对国内的传导效应降到最低限度。

三 农产品及食品价格总体保持在合理区间运行有助于防止通货膨胀

2022年，农产品及食品价格总体涨幅有限，但小麦等价格涨幅较大，而生猪和猪肉等价格的季节性波动明显。2022年前三季度，农产品生产者价格同比上涨0.1%，食品消费价格同比上涨2.0%。其中，受国际粮价上涨且持续在高位波动等影响，国内食用植物油和面粉价格同比分别上涨6.7%和6.0%；受疫情多地散发、高温干旱等天气影响，一些鲜活农产品价格涨幅较大，鲜果、鲜菜和鸡蛋消费价格同比分别上涨13.5%、8.7%和6.3%。虽然猪肉价格波动剧烈，但牛羊肉、水产品和奶类等消费价格基本稳定。

从年内不同时段来看，上半年主要是粮油等价格上涨，下半年主要是肉类价格上涨。2022年上半年，食品烟酒消费价格同比上涨0.4%，食品消费价

格同比下跌0.4%，其中粮食消费价格同比上涨2.4%，畜肉类消费价格同比下跌19.7%。2022年9月，食品烟酒消费价格同比上涨6.3%，食品消费价格同比上涨8.8%，其中粮食消费价格同比上涨3.6%，畜肉类消费价格同比上涨16.0%。2022年10月，受生猪前期补栏不足和入秋后猪肉消费扩大等因素影响，猪肉价格环比上涨9.4%，涨幅比9月扩大4.0个百分点；猪肉消费价格同比上涨51.8%，涨幅比9月扩大15.8个百分点。

近年来，农产品及食品价格波动方向和幅度与国内农业生产的关联性明显下降。2022年夏收小麦尽管获得丰收，且主要用于口粮的小麦消费需求不断下降，但小麦价格仍然呈现出一定幅度的上涨，涨幅明显大于政府公布的小麦最低收购价格涨幅。2022年前三季度，小麦生产者价格同比上涨13.3%，其中第三季度单季小麦生产者价格同比上涨14.8%。小麦价格涨幅也明显高于农产品生产者价格整体涨幅。

2022年，不同时间段农产品及食品价格经历了明显波动，导致农产品及食品价格涨跌方向和幅度可能与相关主体实际感受存在差异。生猪和猪肉价格运行情况能够代表统计数据与实际感受的差异。统计数据显示，2022年前三季度，生猪生产者价格同比下跌23.1%，猪肉消费价格同比下跌18%。这些统计数据反映的是平均数，含有2022年上半年生猪和猪肉价格较大幅度下跌等信息。

总体来说，食品价格上涨带来城乡居民食品烟酒消费支出较快增长。2022年前三季度，全国居民食品烟酒消费支出为5430元/人，同比增长5.6%，恩格尔系数30.4%，同比上升0.6个百分点。其中，城镇居民食品烟酒消费支出为6679元/人，同比增长4.5%，恩格尔系数29.8%，同比上升0.8个百分点；农村居民食品烟酒消费支出为3772元/人，同比增长7.0%，恩格尔系数31.7%，同比上升0.2个百分点。城乡居民食品消费支出负担有所加重。

随着中国散户养猪退出市场，规模化养猪比重不断上升，大规模养猪企业对生猪市场运行的预期影响明显，导致生猪出栏节奏影响生猪和猪肉价格，主要表现为生猪出栏单体产肉量对猪肉市场影响较大。2022年第一季度和第二季度出栏生猪的单头肉产量分别为80公斤和81公斤，产肉率越高，表明市场预期导致出清困难；第三季度出栏生猪单头肉产量已降到78公斤，表明第三季度生猪出栏节奏加快，市场供求关系发生改变。如果第四季度在第三季度基础上进一步加快出栏节奏，且2023年根据猪肉需求状况决定生猪出栏进度，那么猪肉市场价格就可能避免剧烈波动。

近年来，食品价格经常会对CPI产生明显影响。2022年前三季度，食品消费价格同比上涨影响CPI同比上涨0.36个百分点，其中鲜果鲜菜、薯类和鸡蛋等鲜活农产品消费价格合计影响CPI约0.48个百分点。特别地，2022年7月，受高温干旱及猪肉消费环比价格出现较大涨幅等因素影响，CPI环比上涨0.5%，同比涨幅扩大至2.7%。

展望2023年，在农业经济保持适度增长的基础上，随着国家对农产品及食品市场的调控机制不断完善，估计农产品及食品价格剧烈波动风险会有效降低，从而避免由农产品及食品价格上涨引起农业生产资料等农业生产成本轮番上涨，避免因农产品及食品价格过度上涨而带来居民消费价格总体上涨。

四 农民收入较快增长实现了城乡居民收入差距进一步缩小

2022年，农民收入有望继续以相对较快速度增长。农业再获丰收，小麦价格明显上涨，玉米价格高位运行，下半年生猪等畜禽价格上涨幅度较大，以及国家稳经济一揽子政策实施后基础设施和农村水利等重大项目建设加快，吸纳了大量回乡农民工和本地农民工，促进了农民收入较快增长。2022年前三季度，农村居民人均可支配收入14600元，同比名义增长6.4%，同比实际增长4.3%，分别快于城镇居民人均可支配收入名义增速和实际增速2.1个百分点和2.0个百分点；城乡居民人均可支配收入之比为2.57，较2021年同期下降0.05个点。

受农产品市场行情较好和农业丰收等因素影响，农民家庭经营农牧业收入增长较快，对农民增收贡献较大。2022年前三季度，农村居民人均经营净收入4316元，同比名义增长6.8%，其中第一产业经营净收入同比增

8.9%。农村居民人均经营净收入增长快于工资性收入，其对农村居民人均可支配收入增加的贡献率为31.4%。第四季度对生产经营者而言畜禽产品价格有望更加有利，估计全年农村居民家庭经营净收入对农民增收的作用比较明显。

尽管受新冠肺炎疫情等不确定性因素影响，农民工外出务工难度加大，但农民工工资水平继续增加，加上各地采取积极措施为本地农民工提供更多的就业机会，农村居民工资性收入增长速度虽不及农村居民家庭经营净收入增长速度，但由于基数较大，其贡献仍然最大。2022年，第三季度末外出务工农村劳动力收入18270元，同比下降0.2%；外出务工农村劳动力月均收入4586元，同比提升3.0%。前三季度，农村居民人均工资性收入6325元，同比增长6.4%，对农民增收的贡献率为42.8%。估计全年农村居民工资性收入可以保持稳定增长和对农民增收贡献最大态势。

在国家一系列惠农政策力度加大和粮食等市场行情明显有利于生产经营者的情况下，农民发展农业生产积极性显著提升，带动农村土地租金水平大幅提高。实际调研了解到，2022年东北等地耕地流转租金每亩甚至超过1000元，比上年提高约30%。全国农村居民财产性收入呈现较高速度增长。2022年前三季度，全国农村居民人均财产净收入391元，同比增长9.5%。其中全国居民人均转让承包土地经营权租金净收入比上年同期增长9.4%。

由于各地提高了农村基础养老金标准，加上外出农民工减少和回家等因素，农村居民人均转移性收入保持增长。2022年前三季度，农村居民人均转移净收入3193元，同比增长6.4%，对农村居民人均可支配收入增加的贡献率为21.9%。

在多种收入较快增长或者较大贡献共同作用下，2022年农村居民人均可支配收入有望首次突破2万元。展望2023年，有助于农民收入较快增长的因素仍将继续发挥作用，估计全年农村居民人均可支配收入可能达到22000元。农民收入较快增长，有助于农民农村共同富裕，对扩大农村消费也具有积极作用。

五 采取切实有效措施进一步全方位夯实粮食安全根基

2022年，各地和相关部门坚决有力守住保障国家粮食安全底线，实施一揽子粮食支持政策措施，克服高温干旱极端灾害天气等不利影响，有望实现粮食继续丰收，扩种大豆油料，优化重要农产品市场调控，粮食和重要农产品价格保持在合理区间，有效应对国际粮食市场剧烈波动带来的冲击，促进种粮农民增产增收，有力支撑经济社会稳定发展大局。2023年，估计全球农产品供给和价格仍然将持续高位剧烈波动，党的二十大之后人们对粮食和其他重要农产品保供稳价的期待更高，需要统筹好发展与安全，把提高农业综合生产能力摆在更加突出的位置，继续发挥行之有效的农业支持政策以及行政管理和法治手段的积极作用。

进一步夯实粮食安全根基必须加快农业强国建设。农业高质量发展，就是建设农业强国。中国是农业大国，农业人口多，多数农产品产量位居世界前列，谷物产量稳居世界第一。但是，中国还不是农业强国，农业基础地位还不够稳固，农业发展与人们食物消费升级新需求还存在较大距离。中国农业生产方式还较粗放，农业有效应对气候变化和国际市场剧烈波动的能力还需要不断提高。

农业强国就是要提高农业综合效益和竞争力。农业综合效益，通常包括经济效益、社会效益和生态效益，具有增收、文化、生态涵养等多种价值。农业强国建设，一定要把社会效益放在首位。农业的最大社会价值就是提供优质安全农产品，必须始终发挥最重要的保供稳价效益。农业强国第一衡量标准应是基于消费者视角和国家粮食安全来确定的，而不是从生产经营者等利益视角来评判的。如果消费者与生产者评判标准发生冲突，应优先保障消费者权益。至于生产经营者的经济利益和主产区利益，则应通过农业支持政策等途径来加以补偿。如果必需的农产品价格过高，消费者负担太重或者负担不起，其产业科技水平再高，生产经营者利润再高，也不能算作农业强国。

提高农业竞争力就必须大力发展壮大乡村特色优势产业。各地要立足资

源禀赋和条件，以创新链为引领，延伸产业链，健全供应链，提升价值链，在毫不动摇地满足国家粮食需要的前提下，做强本地农业的主导产业。要加快构建乡村现代产业体系，确保把乡村产业发展落到夯实粮食安全根基和促进农民共同富裕上。要进一步强化重要农产品生产基地建设，提高对应的农业科技和物质装备水平，坚持不懈做大做强比较优势显著的种养业。要大力发展农产品加工流通业和食品产业，加快发展适宜的农村服务业，积极拓展农村产业发展新空间，以更好地适应居民食物消费升级新需要，为农民增收不断开拓新途径。

2023年，中国会继续稳定扩大粮食生产。全面落实粮食安全党政同责，严格粮食安全责任制考核，加强粮食生产能力建设，有序做好还耕工作，稳步扩大粮食种植面积，推进国家粮食安全产业带建设，强化优良种子创新应用，大力开展绿色高质高效行动，提升粮食单产和品质，力争全年粮食播种面积达到18亿亩，粮食总产量迈上7亿吨新台阶。主产区、主销区、产销平衡区都要扩面积、增产量。

稳定发展粮食生产，其中一个重要任务是优化粮食种植结构。总体上说，适应中国居民食物消费升级需要，要稳定小麦和稻谷等口粮作物种植面积，适度扩大玉米等粗粮种植面积，大力实施大豆和油料产能提升工程。为此，要加大耕地轮作补贴和产油大县奖励力度，扩大东北地区粮豆轮作规模，在黑龙江等东北省份推广通过水利工程试点水改旱、稻改豆。继续支持适宜区域玉米大豆带状复合种植。开展盐碱地种植大豆示范。支持长江流域开发冬闲田种植油菜。

适应居民食物消费升级需要，树立大食物安全观，在大力保障"米袋子"的同时，要进一步做好"菜篮子"、"果盘子"和"奶瓶子"等副食品稳价保供工作。严格落实"菜篮子"市长负责制。建立生猪稳定供给长效机制，加快扩大牛羊肉和奶业生产。大力推进北方设施农业和南菜北运基地建设，提高水果蔬菜应急保供能力。

农业强国建设和全方位夯实粮食安全根基，必须加大农业支持力度。要建立健全农民种粮收益保障机制。提高小麦和稻谷最低收购价水平，试行大豆价格支持政策。实施玉米大豆生产者补贴和稻谷补贴制度，根据化肥等农业生产资料价格和成本费用情况，及时给予实际种粮农民和农业生产者发放一次性补贴。完善粮食作物完全成本保险和种植收入保险政策。

针对近年来粮食丰收但部分农产品市场价格仍然波动明显的情况，必须完善重要农产品市场调控机制。要健全农产品全产业链监测预警体系，分类分品种加强调控和应急保障。建立粮食使用次序，优先保障口粮和饲料粮供给，有效调控供给偏紧和非食用农产品加工规模。针对节假日等需求旺季，加大政策性储备粮油肉等投放规模。

参考文献：

《居民收入增速回升 消费水平有所恢复》，国家统计局网站，2022年10月24日。

《前三季度农业农村经济稳中向好 稳中有进》，农业农村部网站，2022年10月29日。

《前三季度CPI温和上涨PPI涨幅回落》，国家统计局网站，2022年10月24日。

USDA, "World Agricultural Supply and Demand Estimates," www.usda.gov, October 12, 2022.

USDA, "Feed Outlook: October 2022," www.usda.gov, October 14, 2022.

B.12 中国工业经济形势分析、展望及政策建议

张航燕 史丹[*]

摘　要： 2022年，我国工业经济克服了地缘政治冲突加剧、全球滞胀风险上升、新冠肺炎疫情反复以及汛情、高温等国内外多种不利因素的影响，呈现出"V"型修复曲线，彰显出我国工业经济的强大韧性。当前我国工业经济恢复的基础仍然不稳固，存在产业链供应链断点堵点，企业特别是中小企业生存压力增加，企业对未来发展的信心仍未得到有效提振等问题。2023年工业经济将承压前行，仍需在求"稳"的同时，适时适度的以求"进"解决中国工业的结构性问题，实现工业经济高质量发展。

关键词： 工业经济　产业链供应链　中小企业

一　2022年前三季度工业经济运行特征

（一）工业生产呈现V型态势，工业经济持续恢复

2022年中国工业经济增速呈现出V型修复曲线（见图1）。2022年初疫情多点散发对社会运行和经济生活造成了全面的冲击，亦对我国工业产生了较为严重的影响。3月全国本土新冠肺炎新增病例平均为1242.8例，到4月

---

[*] 张航燕，中国社会科学院工业经济研究所副研究员，主要研究方向为工业运行分析；史丹，中国社会科学院工业经济研究所研究员，主要研究方向为能源经济、低碳经济、产业发展与产业政策。

16日，全国14天内含本土病例的省份共计28个，年初疫情的影响范围、持续时间和冲击强度都较为严重，对经济的冲击也较大。4月，规模以上工业增加值同比下降2.9%。特别是上海疫情不但对上海经济运行产生了较大影响，3月上海市工业产值同比下降7.5%，4月实现进出口2191.49亿元人民币，同比下降36.5%，而且对汽车、电子等产业链供应链造成较大冲击。随着国内疫情防控形势向好和全国稳经济大盘会议精神落地落实，工业经济逐步企稳回升，5月和6月规模以上工业增加值同比分别增长0.7%和3.9%。2022年前三季度，规模以上工业增加值同比增长3.7%，9月工业增加值同比增长6.3%，面对疫情、汛情、高温等多种不利因素的影响，工业经济呈现出企稳恢复态势，彰显出我国工业经济的强大韧性。

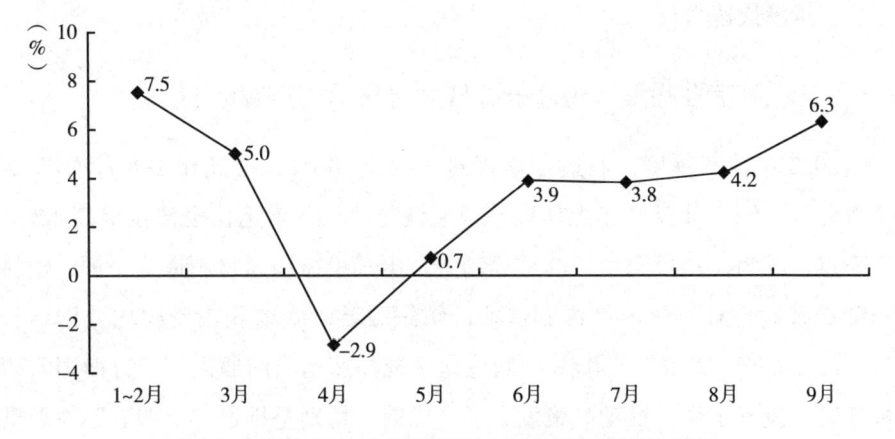

图1 2022年1~9月规模以上工业增加值同比增速

资料来源：国家统计局网站。

（二）加快培育新动能，转型升级成效显著

工业领域增强创新引领作用，加快技术改造，工业结构优化升级成效显著。从生产来看，2022年前三季度，规模以上高技术制造业、装备制造业增加值同比分别增长8.5%、6.3%，快于全部规模以上工业4.6个和2.4个百分点。新能源汽车、太阳能电池产量同比分别增长112.5%和33.7%。从投资来

看，前三季度，高技术制造业投资同比增长23.4%，增速比1~8月加快0.4个百分点，比全部制造业投资增速高13.3个百分点。其中，电子及通信设备制造业、医疗仪器设备及仪器仪表制造业、计算机及办公设备制造业投资实现两位数增长，分别增长28.8%、26.5%、12.6%。2022年1~8月，制造业技改投资同比增长12.1%，增速高于全部制造业投资2.1个百分点，技改投资占全部制造业投资的比重为41.3%，比上年同期提高0.7个百分点。从企业数字化转型来看，截至2022年上半年，我国工业企业数字化研发工具普及率与关键工序数控化率已分别达到75.1%和55.7%。工业互联网应用广度不断拓展，互联网创新发展工程已在原材料、装备制造、消费品等31个工业重点门类广泛部署。工业机器人市场销量保持快速增长，2022年上半年总销量达到13.1万台，持续快速增长。

（三）制造业投资高位增长，成为稳投资的重要动力

2022年前三季度，制造业投资同比增长10.1%，增速比1~8月加快0.1个百分点。制造业延续了上年以来快速恢复势头，增速比全部投资高4.2个百分点，成为拉动投资增长的重要动力。电气机械和器材制造业，酒、饮料和精制茶制造业，化学纤维制造业，纺织服装、服饰业投资同比分别增长39.5%、34.5%、32.0%、30.8%。制造业呈现高速增长的原因：一方面国家积极开展稳投资工作，推动政策发力适当靠前，特别是推进"十四五"规划重大工程实施；另一方面，优化营商环境，加大信贷支持力度，进一步延长制造业缓税补缴期限，设立设备更新改造专项再贷款，促进民间资本充分发挥作用，为民营企业参与新型基础设施建设创造更多有利的条件。2022年前三季度，制造业民间固定资产投资同比增长16.5%，增速比制造业固定资产投资高出6.4个百分点，如图2所示。

（四）增收不增利，利润结构性分化

2022年1~8月，工业整体呈现"增收不增利"状态，盈利能力减弱。1~8月，全国规模以上工业企业实现利润总额55254.0亿元，同比下降2.1%，

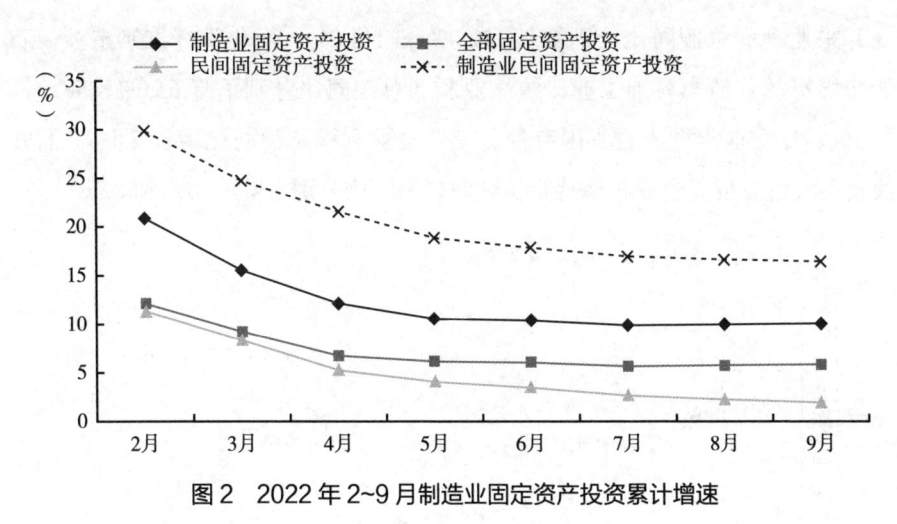

图2 2022年2~9月制造业固定资产投资累计增速

资料来源：国家统计局网站。

降幅较1~7月扩大1个百分点，如图3所示。从营业收入利润率亦反映出企业盈利能力下降。1~8月，工业企业营业收入利润率为6.3%，同比下降0.7个百分点。当前企业获利能力下降的主要原因是成本增加。1~8月，规模以上工业企业每百元营业收入中的成本为84.83元，同比增加1.04元。而成本的增加很大程度上是由于原材料价格上涨。2022年1~8月，工业生产者购进价格指数同比增长9.1%，其中燃料、动力类购进价格指数同比增长28.5%，化工原料类购进价格指数同比上涨11.7%。乌克兰危机对全球经济产生了巨大的冲击，俄罗斯和乌克兰是全球最大的资源输出国，尤其俄罗斯是全球最大的能源出口国，在乌克兰危机爆发之后，美国和欧盟等西方国家对其进行了史上最大规模的制裁，这进一步加剧了全球石油市场的供应紧张局面。同时受价格传导机制不畅影响，企业两头受挤压，盈利空间减小。2022年1~8月，工业生产者出厂价格指数同比增长6.6%，较购进价格指数少2.5个百分点。

工业利润呈现结构性分化。分类别来看，1~8月，采矿业实现利润总额11246.8亿元，同比增长88.1%；制造业实现利润总额40777.2亿元，同比下降13.4%；电力、热力、燃气及水生产和供应业实现利润总额3230.1亿元，同比下降4.9%。从具体行业来看，1~8月，煤炭开采和洗选业、石油和天然气开采业利润总额同比分别增长112.0%和111.0%，而化学纤维制造业，石油、煤炭及其他燃料加工业，纺织业利润总额同比分别下降66.0%、58.5%、14.1%。从企业类型来看，国有控股工业企业利润总额同比增长5.4%，而外商及港澳台商投资企业和私营企业利润总额同比分别下降12.0%和8.3%。

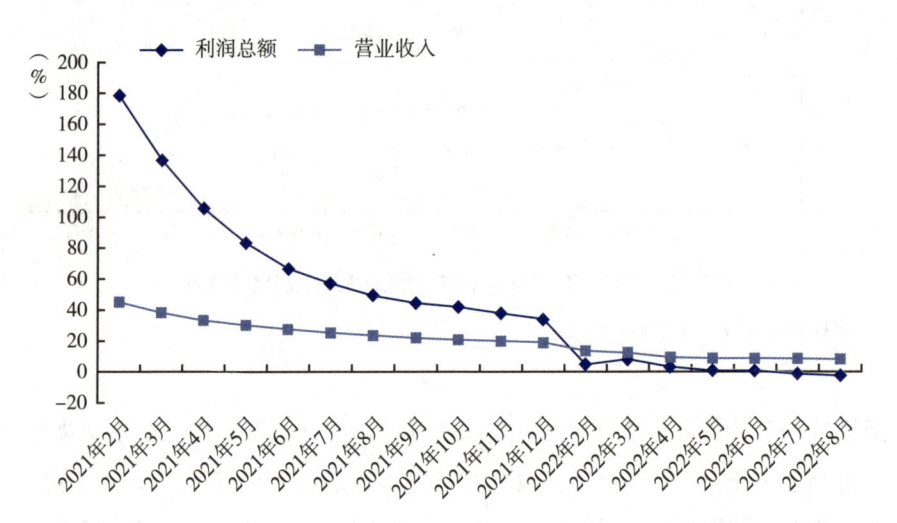

图3　2021年2月初至2022年8月工业企业营业收入和利润总额累计增速

资料来源：国家统计局网站。

二　当前工业经济运行中的突出问题及可能风险点

（一）产业链供应链断点堵点问题凸显

2022年以来国内部分地区疫情多点散发以及出现极端高温天气，对产业链供应链平稳运行造成较大冲击。上海作为国内最大的芯片和汽车贸易集散中心之一、全球第一大集装箱港口（上海港）所在地，是中国乃至全球最主要的元器件和汽车贸易集散基地，上半年上海疫情对产业链供应链造成了较大影响。2022年夏季，我国四川、重庆、江苏等多地遭遇了极端高温天气，出现用电紧张情况。其中，四川省对工业电力用户实施停产措施。其他地区启动有序用电，要求工业企业错峰生产。四川、重庆、江苏等地又是半导体、电子产业供应链的"重镇",对电子制造业产生一定影响。四川是中国光伏产业大省,受四川省本轮限电影响,四川地区硅料、硅片及电池片企业全部停产停工。2022年芯片已从结构性的缺货转化为局部和特定领域的缺货。目前我国手机类和消费电子类国产芯片处于国际领先水平,但是工业领域例如汽车工业依然存在芯片短缺的问题。根据汽车行业数据预测公司AFS的最新数据,截至9月4日,由于芯片短缺,2022年全球汽车市场累计减产量约315.61万辆。中国汽车芯片90%以上依赖国外进口,关键系统所用芯片几乎都被国外所垄断,自主率仅为5%~10%。

(二)企业特别是中小企业生存压力增加

受多种因素影响,工业企业生产经营成本仍然较高,企业利润下降,部分行业市场需求不足,企业经营压力有所增加。从亏损企业数量来看,2022年1~8月,工业亏损企业单位数同比增长19.3%,较2022年第一季度和上年同期分别增长9.8个和23个百分点;亏损企业数量占全部工业企业数量的比重达到26%,较上年同期增加5.2个百分点。从亏损企业亏损额来看,2022年1~8月,工业亏损企业亏损总额达到10132.6亿元,同比增长48.4%,较2022年第一季度和2021年同期分别增长16.8个和58.5个百分点。我国中小企业数量占全国企业总量的90%以上,其GDP贡献达60%以上,税收贡献超过50%,提供80%的城镇就业岗位,对我国经济社会发展具有重要意义。当期,疫情叠加外部环境的不确定性,加之中小企业体量小、实力弱,自身抗风险能力不足,中小企业受到的冲击和影响尤为明显。中小微企业面临疫情反复、供需循环不畅、预期偏弱、订单不足、成本上升、账款拖欠、利润微薄、融资困难、用工不足、开工不达产等突出问题,困难更多,压力更大。9月,中国中小企业发展指数为88.2,比上月略降0.1点,低于2021年同期水平(见图4)。小型企业PMI自2021年5月以来持续处于荣枯线下。

(三)企业对未来发展的信心仍未得到有效提振

2022年以来,国际环境严峻复杂,国内疫情多点散发,企业的市场预期

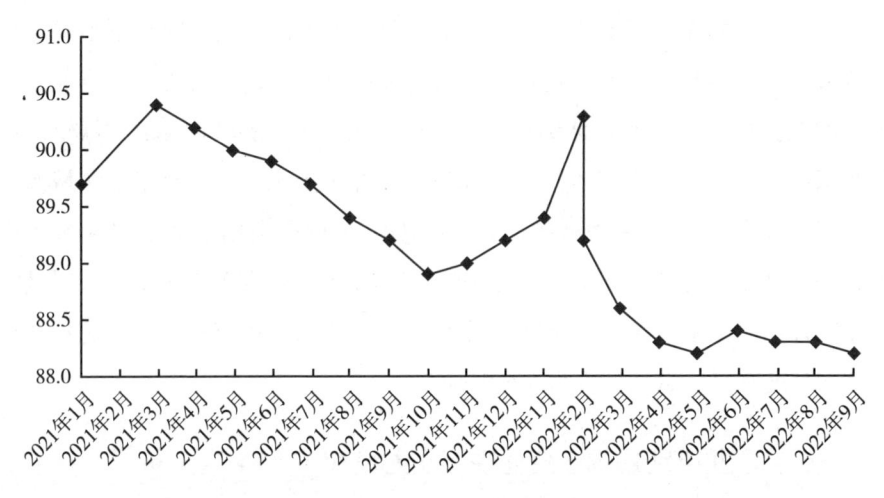

图4 2021年1月至2022年9月中国中小企业发展指数

资料来源：中国中小企业协会。

不稳、需求不振、订单萎缩、销售不畅。根据中国人民银行发布的2022年第二季度企业家、银行家及城镇储户问卷调查报告，企业家宏观经济热度指数为26.5%，比上季度下降9.2个百分点，比上年同期下降15.5个百分点；经营景气指数为48.7%，比上季度下降4.7个百分点，比上年同期下降11.0个百分点。银行家宏观经济热度指数为17.8%，比上季度下降16.6个百分点，比上年同期下降28.1个百分点。9月制造业PMI分项指标新订单指数为49.8%，连续3个月位于荣枯线下；PMI新出口订单指数为47%，较前值回落1.1个百分点。2022年前三季度，规模以上工业企业产品销售率为96.6%，同比下降1.2个百分点，也是疫情以来的最低值。产业转型升级、产业链布局的变化，以及美国对中国加征关税等，加速了订单向东南亚国家的转移。中国纺织品进出口商会对企业的调查显示，85%的企业表示客户订单向外迁移趋势很明显。

三 2023年工业经济发展的国内外环境分析

2022年以来，疫情叠加地缘政治冲突造成粮食价格与能源价格快速上升，加大了全球范围内的通胀高企压力，世界经济下行压力进一步加大。

（一）系统性风险增加，世界经济或将陷入衰退

多家国际机构连续示警全球经济将陷入衰退，2021年10月以来IMF已经4次下调全球经济增长预期。IMF在2022年10月的报告中，预计2023年全球经济增速将放缓至2.7%，比7月的预测值低0.2个百分点，称这是"自2001年以来最疲软的增长状况"。WTO亦将对2023年全球经济增速的预测值从3.3%下调至2.3%，并指出若各国央行加息力度过大，会出现更大幅度的经济增速放缓。联合国贸易和发展会议（贸发会议）发布的《2022年贸易与发展报告》预测2022年全球经济增长为2.5%，并于2023年放缓至2.2%。报告显示，如果一些发达经济体不迅速调整其主要财政和货币政策，全球将陷入经济衰退和长期的经济停滞，可能引发比2008年国际金融危机时更严重的经济衰退。2022年9月全球制造业PMI为50.3%，较上月下降0.6个百分点，连续4个月环比下降，继续刷新2020年7月以来的新低水平。

高利率和高通胀率使美国经济面临着"硬着陆"风险。2022年8月，美国CPI同比增长8.3%，核心CPI环比增长0.6%，均高于市场预期，离美联储2%左右的通胀目标相去甚远。美联储自2022年3月以来已连续5次加息，累计加息300个基点，创下自1981年以来的最大密集加息幅度。在美联储激进加息之下，美国企业成本不断上升，经营更为困难，经济增速处于低位运行。从统计数据来看，美国经济增速第一季度下降了1.6%，第二季度下降了0.6%，连续两个季度负增长。为此，美联储也下调了经济增长预期，预期2022年美国经济增长速度为0.2%，远低于6月预期的1.7%。9月，美国制造业PMI为50.9%，较上月下降1.9个百分点，创出自2020年6月以来的新低。

需求收缩、能源紧张及货币政策紧缩等因素使得欧洲经济面临前所未有的下行压力。8月，欧元区PPI同比升至43.3%，环比升5%，创3月来高位。超高的通胀以及北溪1号断气后过冬的能源压力，使得欧洲整体面临的宏观环境十分严峻。从欧洲制造业PMI，以及英国、德国的各种景气度数据看，欧洲的制造业需求全面走弱。9月，欧洲制造业PMI为48.8%，较上月下降0.7个百分点，连续8个月环比下降，连续2个月运行在荣枯线以下。从主要国

家来看，德国和法国制造业PMI较上月均有所下降，且在50%以下；英国和意大利制造业PMI虽较上月上升，但指数仍在50%以下。作为欧洲经济火车头的德国制造业PMI已经连续3个月运行在50%以下。

日本对能源进口依赖度较高，叠加输入型通胀与外需波动较剧烈等影响，经济下行压力较大。特别是美元指数持续创新高，2022年以来美元对日元升值22%，日元对美元汇率创下32年来新低，日本实施了日元买入美元卖出的汇率干预。此次汇率干预是自1998年6月17日以来的首次。

强势美元冲击发展中经济体。新兴市场国家（尤其是允许资本自由流动的资源国）受到强美元周期的冲击。截至7月，全球至少有65家央行一次性加息50个基点或更多。新兴市场的债务危机除强美元周期的大背景外，还叠加了乌克兰危机所带来的能源、食品价格飙升等因素。自乌克兰危机爆发以来，能源和食品价格飙升，给许多依赖进口的发展中国家带来毁灭性的冲击。此外，为了抑制屡创新高的通胀，美联储的激进加息导致美元走强，使必须偿还以美元计价债务的新兴市场经济体的压力进一步加大，而金融环境收紧正在伤害资金匮乏的发展中国家。

（二）阶段性和突发因素增加，但中国经济长期向好趋势不变

2022年以来，在地缘政治冲突加剧、全球滞胀风险上升、新冠肺炎疫情反复等国际国内复杂局面下，中国经济所面临的风险和不确定性加大。中国经济顶住压力持续恢复，前三季度国内生产总值同比增长3.0%，且第三季度经济同比增长3.9%，明显好于第二季度（0.4%）。整体来看，2023年中国经济有隐忧亦有强大支撑，中国经济发展韧性强、前景广阔，支撑经济运行的有利因素和条件比较厚实，我国经济长期向好的趋势不变，但不可避免地会受阶段性、突发性因素的扰动。

我国经济长期向好的趋势不变。①营商环境不断优化。随着我国深入推进行政审批制度改革，大力削减审批事项，大幅精简资质许可认定，我国营商环境不断优化。营商环境在全球190个经济体中的排名由2012年的第91位跃升至2020年的第31位。2021年我国实际使用外商直接投资1735亿美元，

居世界第2位。②完备的产业体系。我国已成为全球唯一的制造业全产业链国家。在输变电、轨道交通设备、工程机械、家用电器等多个领域的终端产品方面具有全球领先优势。我国制造业增加值占全球的比重超过30%。③企业发展有活力。2021年，我国世界500强企业数量再创新高，达145家，居世界首位。截至2022年9月，工信部培育了四批共计8997家"专精特新""小巨人"企业，带动全国范围认定省级"专精特新"中小企业4万多家，入库培育"专精特新"中小企业11万多家。④创新正成为中国经济增长的新动力。国家创新能力综合排名上升至世界第12位。2021年，我国R&D经费投入达到27956亿元，稳居世界第2位。2021年R&D经费投入强度（R&D经费与GDP之比）为2.44%，已接近OECD国家平均值，达到中等发达国家水平。2021年我国创新指数居全球第12位，在中等收入国家中排首位。据2021年欧盟发布的《产业研发投入记分牌》，我国进入全球研发前2500强企业数达到597家，总数稳居世界第2位。

短期来看，复杂严峻的国际环境和国内疫情多点散发等多重超预期因素会对我国经济造成干扰。我国经济受阶段性、突发性因素的扰动出现波动，如地缘政治冲突加剧、全球滞胀风险上升、新冠肺炎疫情反复等风险和不确定性加大，对经济运行造成较大冲击。国家及时出台一揽子稳经济政策和接续政策，以形成组合效应，熨平经济波动，夯实经济恢复基础。①政策持续发力下，有力支撑后续经济修复。国家陆续出台了《促进工业经济平稳增长的若干政策》《扎实稳住经济的一揽子政策措施》等促经济平稳增长措施，协调发挥跨周期和逆周期调节作用，对冲经济下行压力，助力国民经济企稳回升。②投资成为稳增长的重要力量。8月基建投资同比增速达15.4%，创2021年3月以来新高。8月24日，国常会新出台的"19条"接续政策中包括增加3000亿元以上政策性开发性金融工具额度、依法用好5000多亿元专项债结存限额、核准开工一批条件成熟的基础设施等项目，基建发力也仍有"后劲"。③出口总量承压，但结构性变化形成新支撑。疫情以来，我国出口表现出较强的韧性，屡次超出市场预期，是支撑中国经济复苏的重要力量。2023年全球贸易与海外需求增长放缓，WTO将2023年全球货物贸易增速预期下调至1%,对我国出口造成一定影响。但是利用RCEP协定的红利,充分发挥东盟地区的区域一体化作用,外加欧洲制造业产业链的转移,亦能构建我国出口的新增长极。④消费仍处于边际改善的修复阶段。疫情仍然存在多点散发的可能,疫情防控工作仍具有长期性、复杂性特点,就业与收入的稳定性将继续对居民预期产生影响。2022年以来,中央与地方密集出台一系列促消费、稳复苏政策,综合施策释放消费潜力。落实新能源汽车、智能家电等消费系列政策措施,家电、汽车消费强劲恢复。在国家稳增长促消费政策持续发力下,预计2023年消费将继续恢复。

综合以上分析,2022年第四季度及2023年我国工业经济将承压前行,预计2022年全年规模以上工业增加值增长4%左右,2023年预计增速为5%~6%。

四 推动工业高质量发展的政策建议

(一)细化落实各项政策,保持工业经济稳步增长

坚持扩大内需战略基点,加快培育完整内需体系。一是稳定有效投资。进一步加大对5G网络、数据中心等新型基础设施的投资,加快新型城镇化建设,加强交通、水利等重大工程建设,提高投资的精准性和有效性。进一步调动社会资本的配资积极性,提高基建投资使用效率。增强投资增长后劲。加强重点项目资金保障,推进重大基础设施建设项目落地进度。加大制造业设备更新和技术改造投资,推动产业转型升级,增强未来实体经济增长潜力。二是全力推动消费升级。稳定和扩大居民消费,促进消费回补和潜力释放,推进线上线下深度融合,促进消费新业态、新模式、新场景的普及应用,增强消费对经济发展的基础性作用。三是鼓励企业拓展国际市场,支持适销对路出口产品开拓国内市场,打通国内国际两个市场两种资源,实现国内国际双循环相互促进。四是坚持系统观念,进一步贯通生产、分配、流通、消费各环节,形成需求牵引供给、供给创造需求的更高水平动态平衡,提升国民经济体系整体效能。

细化落实各项稳增长政策。一是优化疫情防控措施。统筹好疫情防控和

经济社会发展。严格落实疫情防控"九不准"工作要求，提高疫情防控工作的科学性、精准性、针对性，防止出现简单化、一刀切、层层加码等现象，要保障物流、产业链供应链畅通，最大程度减少疫情对经济活动的影响。完善日常监测和应急管理机制，一旦出现应急管控情况，通过重点企业"白名单"制度保障企业生产、物流、供应链等正常运转。二是精准帮扶企业纾困。落实好针对制造业、中小微企业等实体经济的支持政策，对实体经济恢复发展中的薄弱环节进行精准扶持。针对海运费高企、原材料成本高等问题，应加强国际海运运力协调，引导中资企业加强在海外港口经营布局，加强国企船舶公司对品牌出海企业的航运支持，对重点行业在运价和运力上给予保障，同时加强大宗商品供给侧的稳定供应。三是提升制造业的效益水平和盈利能力。进一步持续推进减税降费的落实落细。密切关注大宗商品价格变化情况，减小中下游企业受到的冲击，引导企业通过合理使用金融工具降低价格波动风险。继续加快僵尸企业的清算，实施企业兼并重组，促进制造业产业升级，实现制造业内部的优胜劣汰。

增强金融服务实体经济的能力。一是加快推进产融合作。建立沟通机制，积极推进优质企业与资本市场对接，促进资本与产业之间的信息互通，借助行业协会、金融机构、中介机构、交易所、证监会等平台引导资本市场对优秀企业上市、并购重组予以支持。以产业发展基金、产业投资基金等形式，拓宽企业融资渠道，引导资金投向行业基础性、战略性、先导性领域，重点支持科技创新型（如新材料、绿色制造、智能制造、服务型制造等）、品牌创新型、发展模式创新型（如细分行业龙头、单项冠军、全球布局、全产业链布局等）企业的发展。创新融资工具与融资渠道，利用绿色金融、科技金融、文化金融、普惠金融等推动制造业转型升级。运用互联网金融等方式丰富资金来源、促进创新发展。二是推动供应链金融更好地服务中小企业融资。供应链金融是实体经济中产业供应链与金融服务相结合的产物。供应链金融可以创新融资模式，拓宽中小企业融资渠道。预付账款融资模式、存货融资模式、应收账款融资模式供应链金融可以降低中小企业融资成本。加快中小企业的信用评级体系建设，加强供应链上共享信息的真实性监测。多方面综合

考量选择核心企业，充分发挥核心企业在供应链金融中作为管理者、组织者和协调者的关键作用。

（二）深化供给侧结构性改革，持续推进制造业转型升级

2023年中国工业经济应在求"稳"的同时，适时适度地求"进"以解决中国工业的结构性问题，实现工业经济高质量发展。一是依托"中国制造2025""互联网+"推动传统产业转型升级。引导传统产业智能化发展，提高企业研发、生产、管理和服务的智能化水平。推动传统产业由生产型制造向服务型制造转变，促进制造业服务化转型。支持和鼓励传统产业企业利用互联网技术实现商业模式和管理方式创新，提高企业盈利能力。激励企业加大技术改造投资和研发投入，推动企业劳动生产率持续增长，提高竞争力，实现产业转型升级。二是集中突破"卡脖子"关键技术，有序推进新兴产业发展。发挥举国体制优势，集中攻克、全面突破一批短期内受制于人的关键技术。加快构建以企业为主体的产、学、研、用机制，强化基础研究，提前布局，抢占科制高点，破除制约产业进一步发展壮大的关键基础材料、核心基础零部件（元器件）以及先进基础工艺瓶颈。加强科技研发与市场需求的紧密结合，优化战略性新兴产业空间布局，推动高水平战略性新兴产业集群发展，促进战略性新兴产业技术和产品的推广应用。三是推动大中小企业融通发展。以信息、资本、技术、人才、渠道等互通为基础深化大中小企业的协同合作，实现企业创新效率和生产能力的倍增。加强对大企业，特别是国有大型企业的引导，促使大企业在内部形成与中小企业深度合作的机制。围绕供应链合作、研发能力互补、数据共享、股权投资、人才交流、生态圈打造等模式，不断探索大中小企业深度合作的新机制。支持一批实体园区打造大中小企业融通型特色载体。在科技成果转化引导基金、中小企业发展基金、国家新兴产业创业投资引导基金等财政设立的基金中，研究设立相关子基金，引导大企业投资中小企业。在国家科技计划、产业化发展计划等政策项目中，构建有效机制，鼓励和支持大中小企业联合申报、共同承担。

（三）完善工业发展环境，助力工业经济速度与质量并进

面对当前外部环境不确定、不稳定因素增加的挑战，优化营商环境已经成为激发市场主体活力以及实现经济稳定增长的重要抓手。一是营造公平、公正、透明、稳定的法治环境。保障契约执行，严格保护投资者等各类市场主体的合法权益，严格保护知识产权，严格保护消费者权益，积极推进破产体系建设。坚持依法行政，进一步规范执法行为，完善执法体系。确保各类企业（不同所有制、不同规模、不同区域）平等享有法律保护，公平参与市场竞争，依法平等使用生产要素，平等承担社会责任。二是推进建设更高水平开放型经济新体制，实施更大范围、更宽领域、更深层次的全面开放。借鉴上海自贸区经验、参考世界贸易组织《贸易便利化协定》，设定与全球贸易投资接轨的高标准规则。加快引入国际通行的行业规范、管理标准和营商规则。深入推进"放管服"改革，进一步放开市场准入，推动实施市场准入负面清单制度，推动落实"非禁即入"，有效加大民间投资。三是加快建立各类市场主体和各级政府官员"激励与约束相容"的体制机制，充分调动民营企业、国有企业、外资企业、地方政府的投资和发展积极性。四是整合共享政务信息系统，加快国家数据共享交换平台建设，扩大数据共享范围，提升审批服务效率，营造更加便利的政务环境。

参考文献：

史丹：《我国工业稳定发展的长期态势不会变》，《人民日报》2022年5月19日。

史丹、杨丹辉：《新发展阶段中国工业的三大新使命》，《光明日报》2022年2月28日。

中国社会科学院工业经济研究所工业经济形势分析课题组：《中国工业经济运行分析年度报告（2021—2022）》，中国社会科学出版社，2022。

B.13 2022年工业和信息业运行分析和2023年发展趋势展望

哈悦 解三明[*]

摘 要： 2022年以来，我国工业经济面临多重超预期因素冲击，在以习近平同志为核心的党中央坚强领导下，各部门坚持稳中求进工作总基调，按照疫情要防住、经济要稳住、发展要安全的要求，高效统筹疫情防控和经济社会发展，加快落实稳经济一揽子政策和接续政策措施，工业主要指标保持在合理区间。初步预测2022年规模以上工业增加值同比增长4.2%~4.3%，其中第四季度增长5.3%~5.5%，全年GDP同比增长3.6%~3.8%。在进一步分析国内外发展环境的基础上，预测2023年我国规模以上工业增加值增长6%左右，GDP增长速度达到5.5%左右。

关键词： 工业 信息业 稳经济

2022年前三季度，全部工业增加值同比增长3.7%，拉动经济增长1.2个百分点，其中制造业增加值同比增长3.2%，占GDP的比重为28.1%，较上年同期提高0.5个百分点，同时也看到，外部环境更趋复杂严峻，国内经济恢复基础仍不牢固。

---

[*] 哈悦，国家工业信息安全发展研究中心工程师；解三明，工业和信息化部运行监测协调局研究员。

一 工业经济运行基本情况

（一）工业生产恢复加快

2022年前三季度，全国规模以上工业增加值同比增长3.9%，预计全年月度增速呈现V型走势。其中，1~2月、3月规模以上工业增加值同比分别增长7.5%和5%，第一季度同比增长6.5%，实现开门红；因疫情等多种原因，4月大幅下降2.9%，5月、6月逐步回升，分别增长0.7%和3.9%，但第二季度同比仅增长0.7%；在一系列稳增长政策的推动下，工业增速呈现逐月持续回升态势，7月、8月分别增长3.8%和4.2%，9月规模以上工业增加值同比增长6.3%，第三季度同比增长4.8%。

（二）采矿业增长明显好于制造业

2022年前三季度，采矿业增加值同比增长8.5%，高于工业增速4.6个百分点；制造业增长仅为3.2%，低于工业增速0.7个百分点；电力、热力、燃气及水生产和供应业增长5.6%。采矿业对规模以上工业增加值的贡献率高达20.6%，较上年同期提高17.4个百分点。其中，煤炭开采和洗选业增加值同比增长10.4%，贡献率为14.2%。

（三）装备行业快速恢复，食品酒等行业增长较快

装备行业增长较快。2022年前三季度，装备制造业增加值同比增长6.3%，比规模以上工业增速快2.4个百分点。这主要得益于汽车制造业的较快恢复。前三季度，汽车制造业增长6.9%，贡献率约10%。其中，第三季度增加值同比增长速度由第二季度下降7.6%转为大幅增长25.4%。前三季度完成汽车产量2011.8万辆，其中，第三季度产量由第二季度同比下降8.5%转为增长31.4%。受基建项目落地和出口拉动，专用设备制造业、电气机械和器材制造业、计算机通信和其他电子设备制造业增加值同比分别增长4.5%、11.4%、9.5%，其出口交货值同比分别增长19%、18.2%、6.4%。疫情下，食品加工相

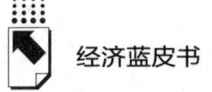

关行业较快发展。前三季度限额以上单位粮油食品类、饮料类和烟酒类销售分别增长9.1%、6.9%、4.7%，带动农副食品加工业、食品制造业增加值同比增长1.9%、3.5%，酒饮料和精制茶制造业增长8.2%。

（四）高技术制造业较快增长

2022年前三季度，高技术制造业增加值同比增长8.5%，快于规模以上工业增速4.6个百分点。据汽车流通协会统计，新能源汽车产销呈快速上升态势，前三季度，新能源汽车产量483.6万辆，增长1.12倍，其中，新能源乘用车销售387万辆，同比增长1.13倍。太阳能电池产量同比增长33.7%。工业机器人产量32万套，其中9月生产4.3万套，同比增长15.1%；智能电视产量1亿多台，同比增长9.2%，其中9月增长10.4%。

（五）制造业利润持续下降，装备制造业利润由降转增

2022年前三季度，全国规模以上工业企业实现利润总额62442亿元，同比下降2.3%。受大宗商品价格高位运行等因素影响，采矿业利润保持较高增速，前三季度实现利润总额12470亿元，约占规上工业利润的20%，同比增长76.0%。其中，石油和天然气开采业利润总额同比增长1.12倍，煤炭开采和洗选业利润同比增长88.8%。制造业利润持续下降，前三季度实现利润总额46260亿元，同比下降13.2%。专用设备制造业利润同比下降1.3%，汽车制造业利润同比下降1.9%，计算机、通信和其他电子设备制造业利润同比下降5.4%，通用设备制造业利润同比下降7.2%，农副食品加工业利润同比下降7.5%，非金属矿物制品业利润同比下降10.5%，有色金属冶炼和压延加工业利润同比下降14.4%，黑色金属冶炼和压延加工业利润同比下降91.4%。前三季度，装备制造业利润同比增长0.6%，2022年以来首次由降转增，装备制造业利润占规模以上工业的比重为31.5%，较年初提高约6.4个百分点。其中电气机械和器材制造业利润同比大幅增长25.3%。

二 工业运行的特点分析

（一）能源省份增速加快，工业大省保持稳定

2022年前三季度，能源生产密集的中部和西部地区规模以上工业增加值同比分别增长7.3%和6.6%，增速高于制造业占比大的东部地区（3.2%），东北地区同比下降1.5%。其中，资源型省份普遍情况好于全国平均水平，如山西、内蒙古、青海、宁夏同比分别增长9.7%、8.9%、14.7%、8.8%；中部省份保持较高增长，河南、江西、湖南、湖北同比分别增长6%、7.4%、7.4%、7.8%。工业大省保持基本稳定。江苏、山东、浙江等省份同比分别增长4.5%、5.3%、5.4%，增速高于全国平均水平；广东同比增长3.4%。受疫情、高温等因素影响，四川（2.4%）、海南（-0.8%）、上海（-2.2%）增速均低于全国平均水平。

（二）出口保持两位数增长

2022年前三季度，规模以上出口交货值同比增长9.5%，其中，电子行业、机械行业同比分别增长6.4%和16.7%，占比分别为43.3%和18.9%。据海关统计，1~10月，全国出口额完成19.71万亿元人民币，同比增长13%，贸易顺差4.8万亿元，处于历史高位，同比增长46.7%。1~2月、3月、5月、6月、7月出口增速均保持两位数增长，8月、9月有所回落。1~10月，机电产品出口额11.25万亿元，同比增长9.6%，占出口总额的56.8%；高新技术产品出口5.261万亿元，同比增长4.8%，占出口总额的25%以上。纺织、服装、鞋靴、家具等传统劳动密集型产品出口同比增长10%以上。此外，我国对东盟贸易额实现两位数增长，同比增长15.8%。

（三）工业、制造业投资达两位数增长

2022年前三季度，工业投资同比增长11.1%，其中制造业投资增长10.1%，分别高于全国固定资产投资5.2个和4.2个百分点。高技术制造业投

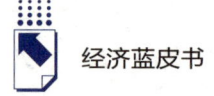

资增长 23.4%，其中电子及通信设备制造业、医疗仪器设备及仪器仪表制造业投资分别增长 28.8%、26.5%。部分行业投资增速较快。前三季度，电气机械和器材制造业投资增长 39.5%，酒、饮料和精制茶制造业投资增长 34.5%，化学纤维制造业投资增长 32.0%，纺织服装、服饰业投资增长 30.8%。

（四）工业生产者出厂价格涨幅回落

2022 年前三季度，全国工业生产者出厂价格同比上涨 5.9%。其中，第一季度上涨 8.7%，第二季度上涨 6.8%，第三季度上涨 2.5%，涨幅逐季回落。其中，生产资料价格上涨 7.4%，涨幅比上半年回落 2.5 个百分点。在生产资料中，采掘工业价格上涨 24.9%，原材料工业价格上涨 13.8%，加工工业价格上涨 3.1%，涨幅比上半年分别回落 8.5 个、2.9 个和 1.8 个百分点。生产资料价格回落幅度较大，在一定程度上缓解了中游、下游行业及相应企业的成本压力。前三季度，全国工业生产者购进价格同比上涨 8.3%，涨幅比上半年收窄 2.1 个百分点。

（五）制造业利润率较低

2022 年前三季度，规模以上工业企业营业收入利润率为 6.23%，同比回落 0.67 个百分点，其中制造业营业收入利润为 5.32%，低于采矿业利润率 19.49 个百分点。制造业行业有所分化。专有设备业、通用设备业、食品制造业、化学原料和化学制品业、非金属矿物制品业营业收入利润率略高于工业平均水平。汽车制造和电子等行业增加值贡献较大，但实现利润额同比分别下降 1.9% 和 5.4%，营业收入利润率分别为 5.61% 和 4.81%，明显低于工业平均水平。纺织、造纸及纸制品、木材加工、化学纤维等中下游行业利润率维持在 2%~4%。黑色金属冶炼和压延加工业营业收入利润率仅为 0.47%。

三 信息化行业运行分析及其特点

2022 年前三季度，信息通信业保持平稳运行态势。电信业务收入稳步增长，电信业务总量实现较快增速；软件和信息技术服务业延续稳定运行趋势，其业务收入保持在10%左右的增长速度；电子信息制造业增加值增速在制造业中保持高位，企业效益持续恢复，投资增速加快；互联网业务收入降速趋缓，利润总额降幅收窄。

（一）电信业运行情况分析

前三季度，电信业务收入累计完成11971亿元，同比增长8.2%，按照上年不变价计算的电信业务总量同比增长21.7%，三家基础电信企业实现电信利润1794亿元，同比增长17.3%，加上中国铁塔完成固定资产投资2949亿元。其运行特点是：5G基建投资1391亿元，同比增长7.1%；5G基站总数达222万个，占全球的60%以上；5G用户达5.1亿户，占全国移动电话用户的30.3%。

（二）软件业运行情况分析

前三季度，软件业务收入74763亿元，同比增长9.8%，实现利润总额7930亿元，增长2.7%。其中软件业出口额391亿美元，同比增长5.7%。其运行特点是：软件业务主要集中在东部地区、重点大省（前5名）及中心城市（15个副省级），其业务收入分别为61561亿元、51335亿元及37713亿元，同比增长速度分别为9.2%、11.1%、8.3%，在全国总量中的占比分别为82.3%、68.7%和50.4%，前两项分别提高1.7个和1.4个百分点，后一项回落1.6个百分点。

（三）电子制造业运行情况分析

前三季度，规模以上电子信息制造业增加值同比增长9.5%，增长速度高于规模以上工业增速5.6个百分点。其中9月同比增长10.6%，较8月提高5.1个百分点。主要产品中，手机产量11.5亿部，其中智能手机8.74亿部；集成电路产量2450亿块。其运行特点是：实现出口交货值同比增长6.4%，较1~8月提高0.2个百分点；实现营业收入11.04万亿元，增长8%，实现利润总额

5331亿元，同比下降5.4%；固定资产投资同比增长19.9%，比工业投资提高8.8个百分点。

（四）互联网业运行情况分析

前三季度，互联网业务收入降速趋缓，利润总额降幅收窄，而研发经费规模加快增长。规模以上互联网和相关服务企业完成业务收入10998亿元，同比下降0.9%；实现利润966亿元，同比下降8.3%；投入研发经费5676亿元，同比增长8.8%。其运行特点是：东部地区规模达到10056亿元，占全国业务收入的比重超过九成（91.4%），累计收入排前五位的省份完成业务收入9486亿元，占全国的比重达86.3%。

四 当前工业经济运行中的问题

（一）需求不足制约工业经济增长

国内方面，前三季度，社会消费品零售总额同比仅增长0.7%；房地产行业低迷，建筑及装潢材料类、家具类消费同比分别下降4.9%、8.4%，家用电器和音像器材类同比仅增长0.7%。受此影响，钢铁、建材行业持续下降，据中国钢铁工业协会测算，前三季度，黑色金属冶炼和压延加工业增加值同比下降5.3%，钢材表观消费量约7.41亿吨，同比下降4.2%；建材行业增加值同比下降2.4%，其中，水泥和平板玻璃产量同比分别下降12.5%和3.2%。2022年，除2月、6月外，PMI新订单指数均维持在收缩区间，10月较9月大幅回落1.7个百分点，制造业市场需求持续减少。

国际方面，主要国际机构均调低全年增速预期，并预测2023年经济增速低于2022年，10月初IMF的《世界经济展望》预计，2022年和2023年全球经济增速分别放缓至3.2%和2.7%。世界贸易组织预计2023年全球商品进出口仅增长1%。外部需求回落影响制造业出口，2022年下半年亚洲主要制造业国家出口均出现回落趋势，6~9月韩国月度出口增速均回落至个位数，10月同比增速为负值；10月越南出口增速回落至4.5%。我国出口交货值连续3个月出现回落，7月、8月、9月增速回落至个位数；海关出口增速8月、9月、10月出现大幅回落。企业新订单有所回落，2022年以来PMI出口新订单指数维持在收缩区间。

（二）企业成本较高，特别是黑色金属行业实现利润大幅下降

9月末，规模以上工业企业应收账款21.24万亿元，同比增长14.0%，应收账款平均回收期同比增加2.9天；产成品存货5.96万亿元，增长13.8%，产成品存货周期天数同比增加0.9天。前三季度，规模以上工业企业每百元营业收入中的成本为84.85元，同比增加1.06元，为2018年以来最高值。

原材料成本较高。前三季度，PPI同比上涨5.9%，涨幅较上半年回落1.8个百分点，但生产资料中的采掘业（24.9%）和原材料（13.8%）出厂价格同比仍保持两位数增长。9月PPI环比降幅有所收窄，原材料工业环比增速转为正，价格整体下行态势趋缓。大宗原材料价格仍处于高位。2022年以来受乌克兰危机影响，国际原油价格维持高位震荡，WTI原油期货价格最高至129.47美元/桶，进入8月回落至90~100美元/桶，呈小幅震荡。前三季度，我国进口原油均价735.6美元/吨，同比增长53.6%。焦煤市场价格持续维持在2000元/吨左右，4月达到最高值，为3210元/吨，钢铁企业也受此影响，黑色金属冶炼和压延加工业利润同比下降91.4%。

（三）中小企业发展持续低迷

1~9月，规模以上中小型企业增加值同比增长3.7%，其中小型企业同比增长2.5%，低于规模以上工业增速1.4个百分点；规模以上中小企业营业收入利润率5.37%，低于工业平均水平0.86个百分点，其中小型企业4.54%；中型、小型企业亏损面分别为23.6%、24.7%，远高于大型企业的19.3%。10月中型、小型企业PMI分别为48.9%、48.2%，比上月回落0.8个和0.1个百分点，已连续18个月位于临界点以下，中型、小型企业生产经营压力有所加大。

五 2022年以来采取的政策措施

(一)多措并举促消费

消费品"三品"行动激活市场。工业和信息化部印发《数字化助力消费品工业"三品"行动方案(2022—2025年)》,推动实施消费品"增品种、提品质、创品牌"三品战略,先后开展"三品"全国行活动、2022年消费品工业"三品"战略示范城市评选活动,鼓励面向服装、家纺、家具、家电、五金、洗涤、休闲食品、乳制品、健康养老、消费电子等十大行业,支持百家企业促销万件优质消费品,支持电商平台开设精品专区和线下卖场提升消费体验。发展消费新业态、新模式、新场景,在多个城市举办"促消费"专场主题活动。支持新能源汽车产业发展,促进汽车消费。延续新能源汽车免征车辆购置税政策至2023年底、公布多批《免征车辆购置税的新能源汽车车型目录》。开展新能源汽车下乡活动,引导农村居民绿色出行,支持企业通过网上促销等方式刺激消费。推动制造业智能化、绿色化产品消费。促进大众在北斗消费领域的推广应用,推进北斗与5G、物联网、车联网等新一代信息技术融合,推动在健康养老、儿童关爱、助残关怀、新兴消费、便民服务等领域的广泛应用。印发《推进家居产业高质量发展行动方案》,鼓励消费者更换或新购绿色节能家电、环保家具等家居产品。推动绿色智能家居产品、绿色建材下乡,并逐步在全国多个城市推开。遴选新型信息消费示范项目名单,通过示范引领,进一步释放信息消费潜力,推动信息消费扩大和升级。

(二)有序推进工业向智能化、绿色化转型

逐步推动绿色化转型。2022年以来陆续发布《工业领域碳达峰实施方案》《工业能效提升行动计划》《信息通信行业绿色低碳发展行动计划(2022—2025年)》《环保装备制造业高质量发展行动计划(2022—2025年)》,引导企业发挥绿色赋能作用助力社会数字化、绿色化转型,营造促进行业绿色低碳发展的良好环境。开展绿色制造名单推荐工作,遴选绿色工厂、绿色设计

产品、绿色工业园、绿色供应链管理企业，充分发挥标杆带动效应。印发《国家工业资源综合利用先进适用工艺技术设备目录》《加快电力装备绿色低碳创新发展行动计划》《国家工业和信息化领域节能技术装备推荐目录（2022年版）》，推进工业领域绿色化、智能化转型，推动制造业高质量发展，助力碳达峰目标顺利实现。

加快制造业智能化建设。遴选新一代信息技术与制造业融合发展、5G全连接工厂、移动物联网应用、区块链典型应用、大数据产业发展、智能制造试点、国家新型数据中心等示范和典型案例名单，推动新技术与制造业全要素、全产业链、全价值链深度融合，加快制造业技术、模式、业态等的创新和应用，更好支撑经济社会各领域的数字化转型。

（三）推进中小企业发展政策落地，加大中小企业帮扶力度

建立中小企业梯度培育体系，通过创新型中小企业、"专精特新"中小企业、"专精特新""小巨人"企业三个层次，不断孵化创新型中小企业，加大省级"专精特新"中小企业培育力度，并促进其向"专精特新""小巨人"企业发展。印发《促进中小企业特色产业集群发展暂行办法》，增强中小企业核心竞争力、激发县域经济活力、提升产业链供应链韧性和关键环节配套能力。加快推进中小城市信息基础设施建设，推进中小城市网络基础设施升级和应用基础设施按需部署。印发《关于开展"携手行动"促进大中小企业融通创新（2022—2025年）的通知》，推动大中小企业融通发展，充分发挥中小企业在产业链供应链补链固链强链中的重要作用。实施帮扶中小微企业纾困解难若干措施。积极安排中小微企业和个体工商户纾困专项资金、发挥政府性融资担保机构作用开展防范和化解拖欠中小企业账款专项行动，开展"一起益企"中小企业服务行动、中小企业服务月活动，了解中小微企业困难和诉求，帮助中小微企业降本增效。

六 2022年工业增速预测和2023年展望

综合以上对前三季度工业和信息通信业运行情况的分析，以及对国内外

经济环境的判断，特别是综合近期连续召开工业经济大省（市）和重点工业行业协会座谈会及专家学者研讨会的相关分析，并根据我们预测模型和经验研判，初步预测2022年规模以上工业增加值同比增长4.2%~4.3%，其中第四季度增长5.3%~5.5%，进而预测全年GDP实现同比增长3.6%~3.8%。

展望2023年，从国内形势看，在做好统筹经济发展和疫情防控的情况下，继续实行精准动态清零的指导方针，形成保障人民生命健康、生产能够持续运行和生活有保障的良好环境，特别是2022年各级政府采取的各项政策措施将在2023年持续产生作用，可以预见2023年我国经济发展环境将较2022年有很大程度的改善，经济运行将基本恢复到疫情前的正常状态；从国际形势看，全球政治和经济秩序经过近几年的大调整，特别是疫情对各项经济活动的影响将会逐步消退，世界各国期待回归安全稳定的生产生活环境，尤其是各种资源类产品价格将呈下降趋势，对企业生产活动将起到一定的促进作用。在此情景下，预测2023年我国规模以上工业增加值同比增长6%左右，相应支撑我国GDP增长速度达到5.5%左右。

参考文献：

谢伏瞻主编《经济蓝皮书：2022年中国经济形势分析与预测》，社会科学文献出版社，2021。

IMF, "World Economic Outlook: Countering the Cost-of-Living Crisis," Washington, DC. October 2022.

B.14
世界能源市场格局演化与中国新能源产业发展*

王蕾 史丹**

摘　要： 当前世界能源市场形成于20世纪70年代的石油危机。经过数十年的发展，以IEA、OPEC和OPEC+为代表的组织成为主导世界能源格局的主要力量。国际石油市场的历次动荡到最后平衡，多是几大组织博弈的结果。乌克兰危机作为2022年最大的黑天鹅事件，直接将国际能源市场带进了动荡调整期。当前，油气作为重要的国际大宗商品，仍然是世界主导能源。如同历史上历次石油危机，国际石油市场仍然会重新调整到既有的格局下，只是博弈各方力量可能会重新洗牌。与此同时，新能源发展开始进入加速期，世界能源转型提速，新能源将成为未来世界能源市场的主角，成为重塑世界能源市场的重要驱动力。中国是世界新能源市场的重要力量，中国新能源产业规模和技术明显提升。为了应对未来能源市场的国际竞争，中国需加快能源转型步伐，加强能源领域的国际合作，积极参与国际能源治理，在保障能源安全的基础上承担大国责任，共同维护国际能源市场稳定，推动形成国际新能源市场新秩序。

关键词： 能源市场　中国　新能源产业　石油

---

* 本报告除特别注明外，所有数据均下载自Wind金融终端数据库。
** 王蕾，中国社会科学院工业经济研究所副研究员，主要研究方向为能源经济、低碳经济、产业发展与产业政策；史丹，中国社会科学院工业经济研究所研究员，主要研究方向为能源经济、低碳经济、产业发展与产业政策。

一 世界能源市场特点与新趋势

（一）国际能源市场供需格局的新变化

近十年国际能源市场供需总体比较平衡。在供给端，美国页岩革命和俄罗斯的 OPEC+ 组织成立，改变了油气生产国之间的博弈格局。OPEC 的价格联盟受到了挑战，国际原油价格波动程度和频率也超过以往。在需求端，发达国家能源需求相对比较稳定，新兴经济体原油需求高速增长，成为全球新的能源消费中心。

1. 世界油气供应"三足鼎立"

第一，美国页岩革命后，北美地区逐渐成为新的供应极。美国原油产量迅速上升，十年间年均增速高达 7.5%，2021 年，产量占世界总产量的比重为 16.8%，相比 2016 年提高了 4.5 个百分点，已成为世界石油供应的重要一极，并且不断挤压欧佩克和俄罗斯的市场份额。连同加拿大原油产量，北美地区石油产量占比达到 25.5%，仅次于中东（31.2%）。

美国天然气供给能力逐步跃升至世界第一，2021 年产量占世界的比重

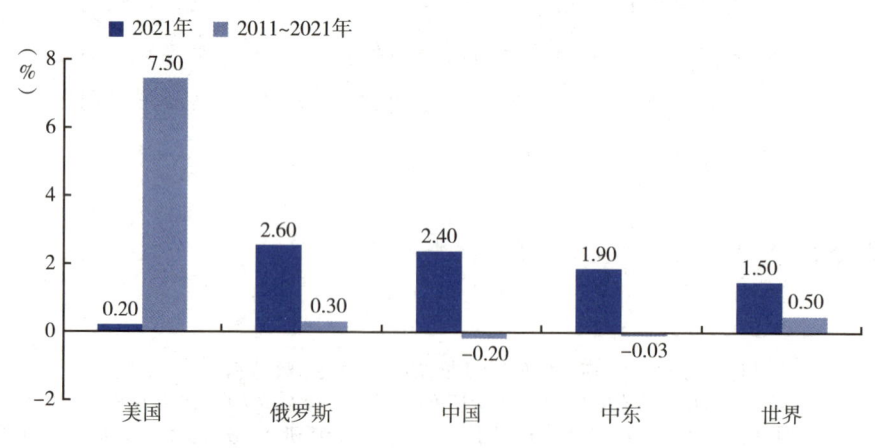

图 1 主要原油生产国家和地区原油产量增速

图2 主要原油生产国家和地区原油产量占比

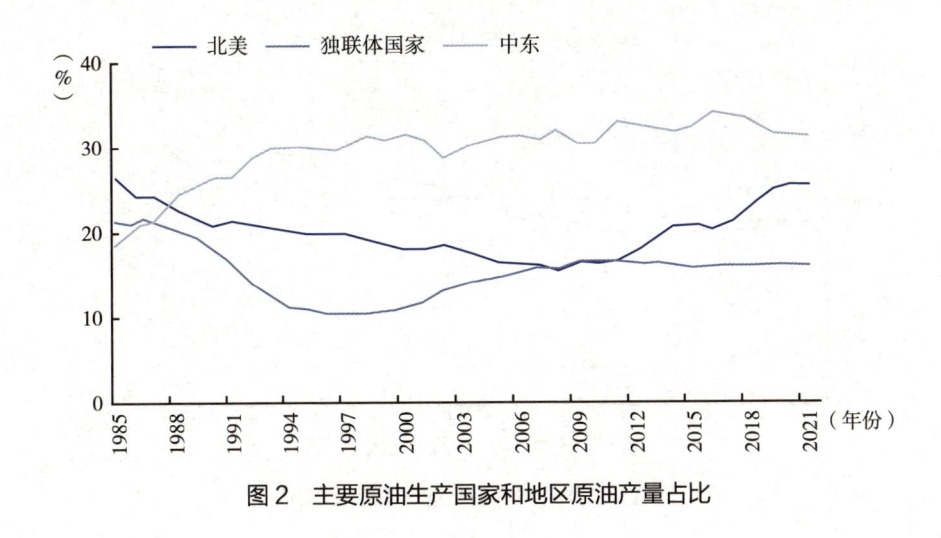

达到23.1%,成为世界天然气供给市场的主导力量。根据美国能源情报署（EIA）预测,2022年美国的LNG出口量将达到日均122亿立方英尺,超过澳大利亚和卡塔尔,成为全球最大的LNG出口国。

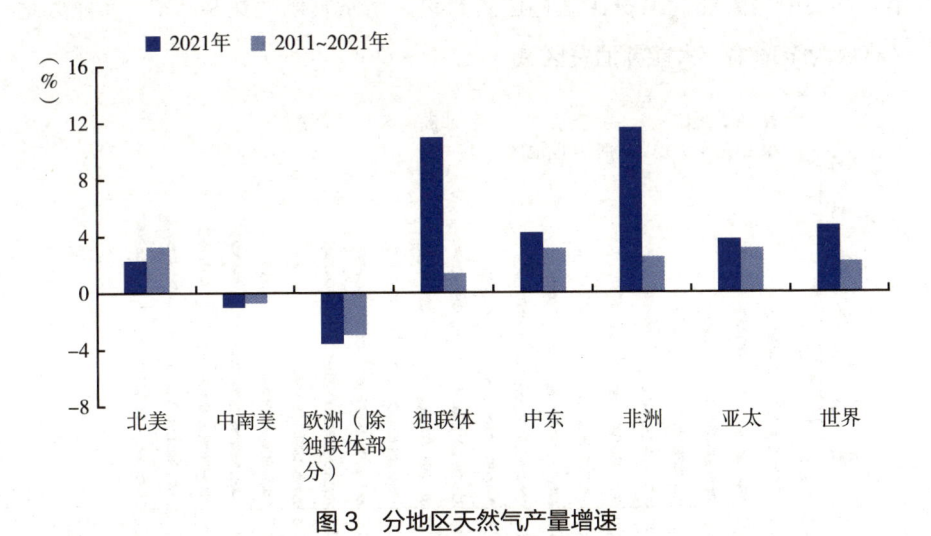

图3 分地区天然气产量增速

2. 消费持续东移,亚太地区成为新的能源消费中心

近20年来,全球能源消费总量从2000年的396.9艾焦增长到了2021年

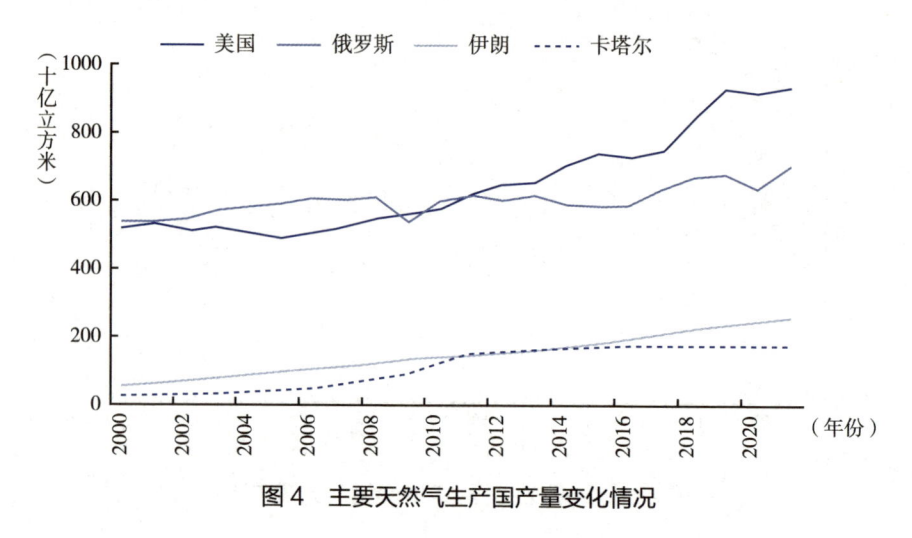

图4 主要天然气生产国产量变化情况

的595.2艾焦，增长近50%。分地区看，2000~2021年，欧美发达经济体能源消费趋于稳定。亚太地区的能源消费需求从112.9艾焦增长到272.5艾焦耳，增长141.4%，世界能源消费增量的80.5%来自亚太地区。IEA预测，到2050年，发展中国家能源消费比重将达到80%，增量贡献率达96.5%，而亚太地区将成为全球第一大能源消费区域。

图5 世界主要地区能源消费量

原油消费中心持续东移。20世纪90年代中，亚太地区原油消费比重超过美国，成为世界主要原油消费地区，此后一直保持较高的增速。2021年亚太地区原油消费比重增加至38.6%左右。北美和欧盟原油消费比重分别下降至22.6%和11.6%。世界原油消费和贸易中心逐步东移。其中，亚太地区原油需求主要来自中国和印度。

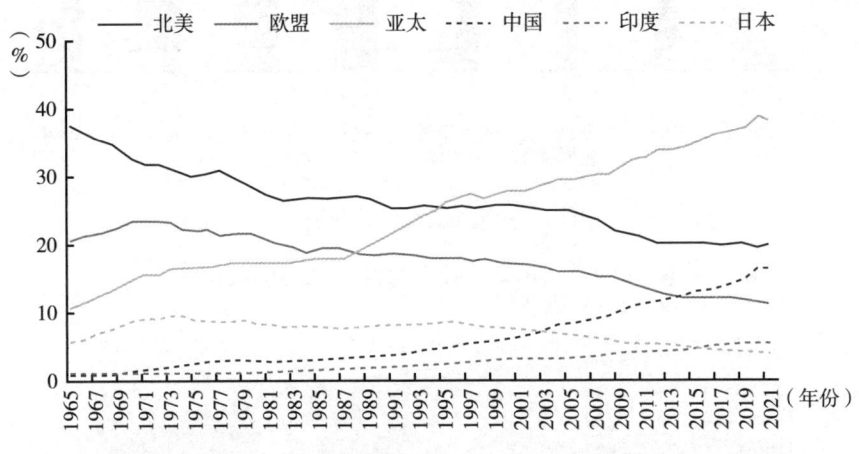

图6 主要国家和地区原油消费占比趋势

亚太地区逐步成为继北美之后的又一天然气消费中心。2021年，全球天然气消费4.38万亿立方米，同比增长5.3%。从世界天然气消费区域分布来看，2021年，北美地区天然气消费同比上升0.8%，低于过去十年2.2%的平均增速。新冠肺炎疫情的冲击减缓后，2021年欧洲地区（不包括俄罗斯等独联体国家）经济开始企稳，天然气消费呈恢复性上涨，同比增长5.7%，而过去十年欧洲天然气消费平均增速为-0.2%，基本保持稳定。亚太地区天然气消费保持较高增速，2021年天然气消费同比增长达6.2%，消费总量占世界消费总量的22.7%，成为仅次于北美的第二大消费地区。

亚太地区天然气消费增长主要来自中国。中国天然气消费2021年增速高达12.8%，消费总量为3787亿立方米。而欧洲地区主要国家，如法国、德国、英国等国的天然气消费在2014年前后扭转了下降趋势逐步反弹，而后稳定在一定水平。

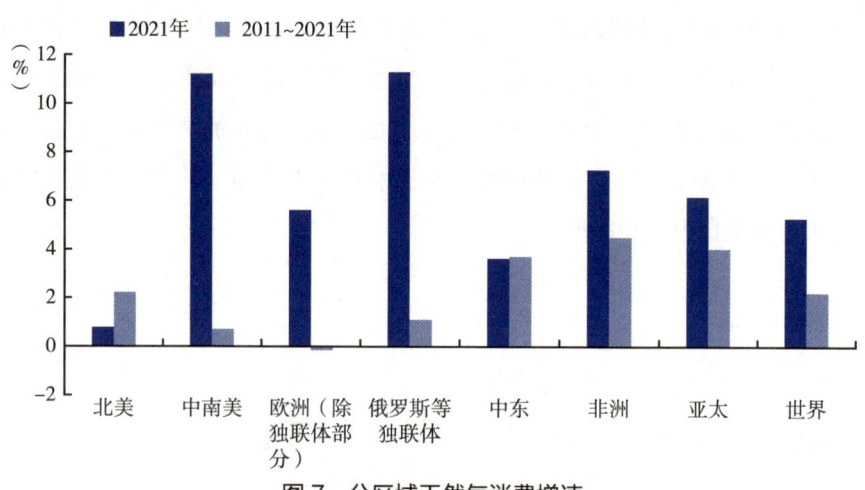

图7 分区域天然气消费增速

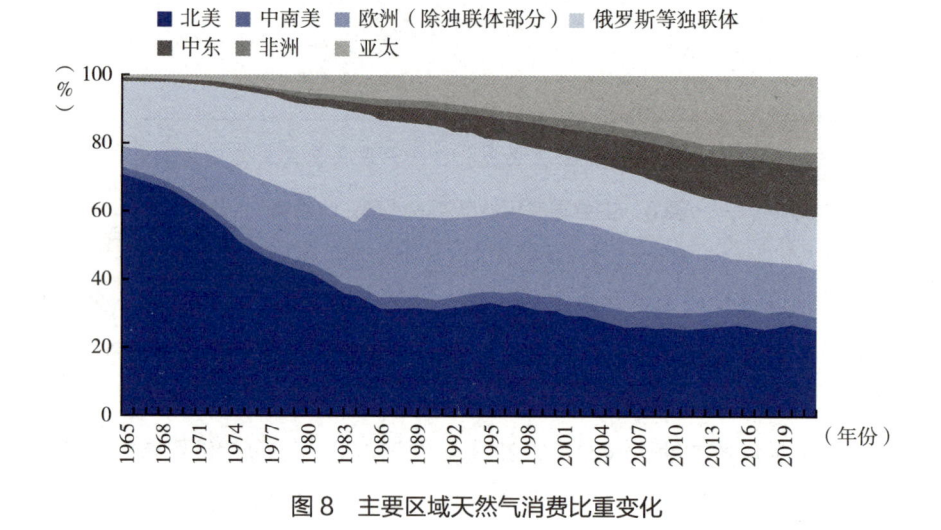

图8 主要区域天然气消费比重变化

（二）乌克兰危机下国际能源市场进入动荡调整期

乌克兰危机引发地缘政治局势急剧变化，加剧了全球油气市场供需矛盾，国际油气价格剧烈波动，引发了世界范围内的通货膨胀。与近十年国际能源市场总体宽松、局部紧张的格局不同，此次乌克兰危机对国际能源市场的影响较深远、破坏力较大、持续时间较长、风险不确定性较高，世

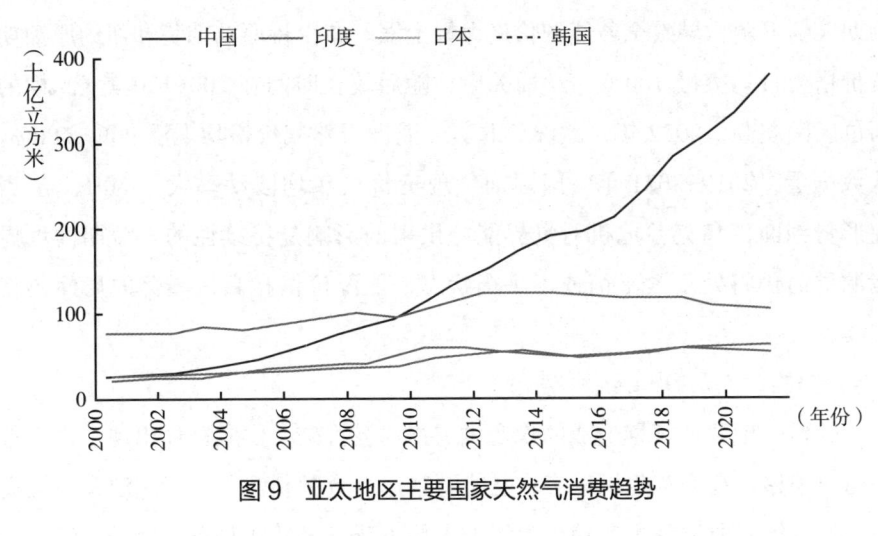

图9 亚太地区主要国家天然气消费趋势

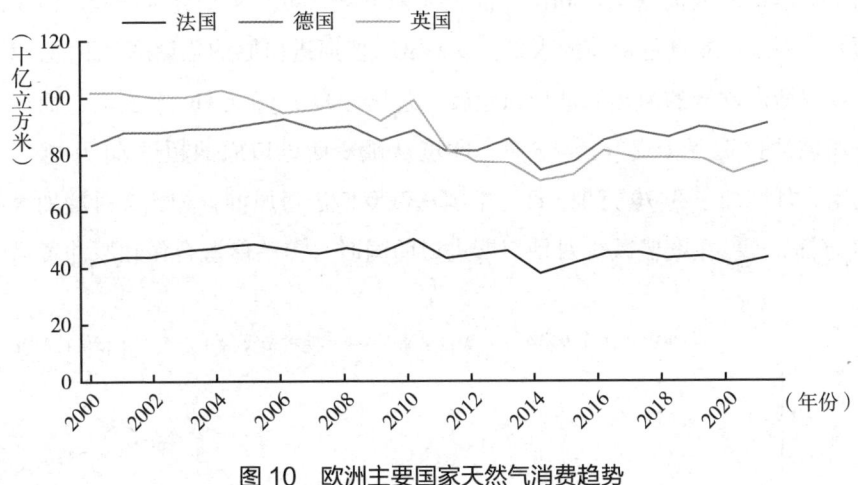

图10 欧洲主要国家天然气消费趋势

界能源市场已经进入了近50年来最动荡的调整期，要恢复国际能源市场秩序，需要更长的时间。从短期观察看，国际能源市场出现的新特点、新动向值得关注。

1. 价格波动更加剧烈

冲突引发世界能源市场动荡，导致价格波动剧烈。在疫情后全球经济复苏的情况下，叠加市场需求回暖和量化宽松的货币政策影响，国际能源价格2021~2022年攀升到高位。在乌克兰危机的影响下，市场对俄罗斯油气出口

预期大幅下调，导致全球能源价格大幅上涨。布伦特原油期货和纽约原油期货价格当日均突破100美元/桶关口，随后较长时间在100~130美元/桶的高位区间震荡。2022年，欧洲、北美、亚洲天然气价格均上涨90%~400%。从数据看，2019~2021年，国际油气现货价格年均波动率大于30%。从当前形势判断，乌克兰危机对世界能源供需的影响是持续性的，短期内世界能源供需仍将处于紧平衡或不平衡状态，能源价格在高位震荡的局面还将继续。

2. 能源贸易背离传统贸易流向

欧盟—俄罗斯长期形成的稳定供需格局被打破，供应格局出现了生产重心向西偏移。乌克兰危机以来，受能源禁运、金融制裁、跨国能源公司撤离的影响，俄罗斯油气生产和出口能力大幅下降，虽然4月有所回升，但不及预期，尚未恢复到危机前的水平。欧盟从俄罗斯进口原油总量迅速下降，3~5月俄罗斯向欧洲的海运原油出口量较2月累计减少90万桶/日左右。而亚太市场俄油比重逐步提升。4~5月，印度从俄罗斯进口原油超过80万桶/日，相比2月增加了约70万桶/日。中国从俄罗斯进口原油，相比2月增加大约60万桶/日。在欧盟减少对俄罗斯进口的同时，美欧能源合作和原油贸易明

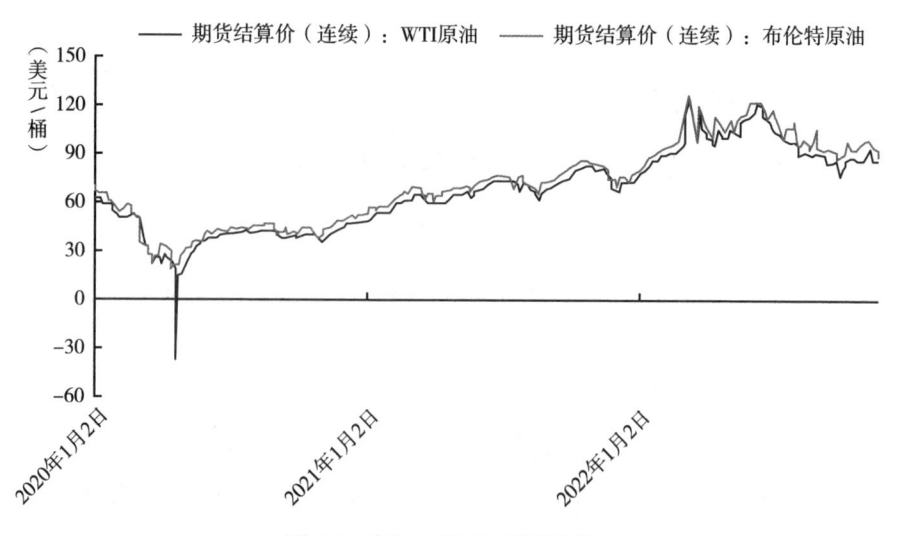

图11 国际主要原油期货价格

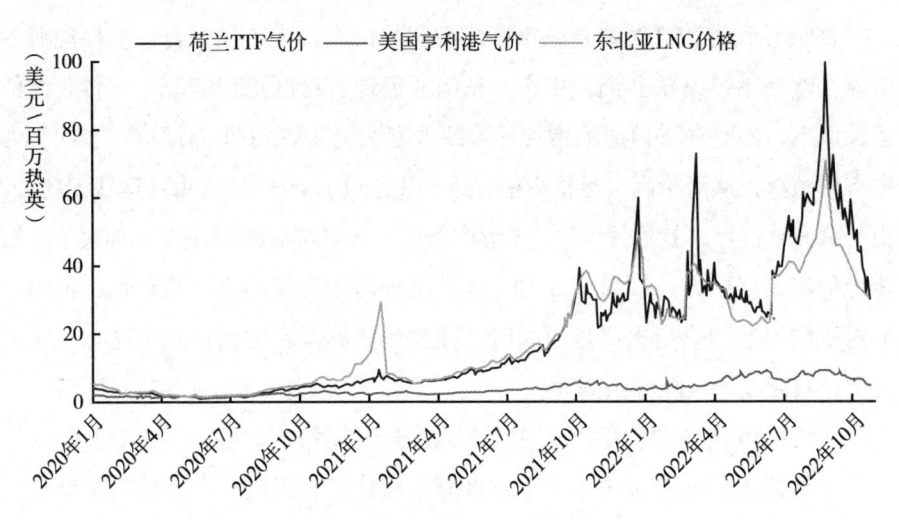

图 12 美欧亚天然气价格变化

资料来源：Refinitiv。

显增加，非洲在欧洲油气进口中的地位得以提升。2022 年 5 月，美国向欧洲出口的原油同比大幅上升至 29.7 万桶/日，出口欧洲 LNG 月均同比增加 33.7 亿立方米。美国将在 2030 年前每年向欧盟供应 500 亿立方米 LNG。而作为世界重要的能源生产国和出口国，俄罗斯原油供给能力能否恢复，会对全球原油供给产生较大的影响，直接影响世界能源格局走向。

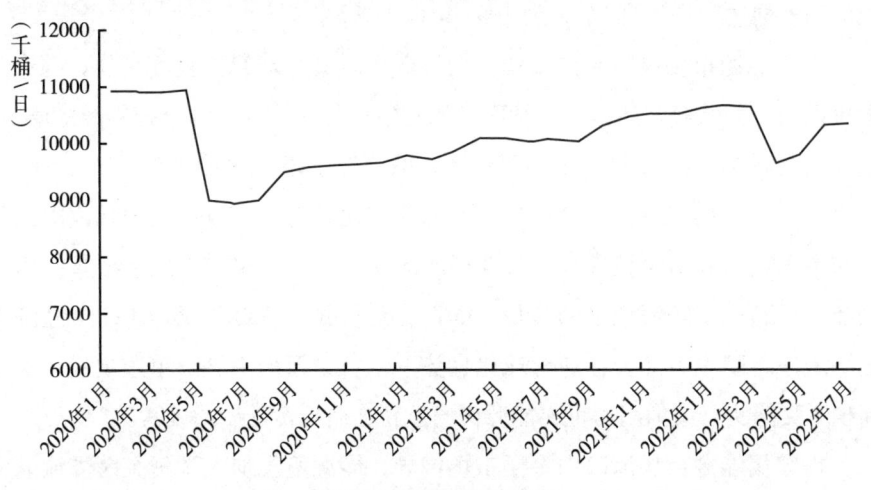

图 13 俄罗斯原油产量

冲突导致的跨区贸易普遍推高能源贸易成本。为了摆脱对俄罗斯能源的依赖，欧洲不得不从非洲、中东、东南亚等地区跨区进口能源，支付较高的运输成本。如欧洲进口原油增加导致超大型油轮（VLCC）布局进一步向大西洋市场倾斜，从而抬高了运价中枢，进一步推高LNG船现货市场运费。此外，由于欧洲全世界"找油找气"，无形中加剧了区域能源供需矛盾，加大了区域能源价格上涨压力。2022年3月，欧洲增加对印尼煤的进口采购量，美国增加对欧洲原油和煤炭出口量的同时，减少对亚洲国家的出口量，这在一定程度上导致亚太地区能源供需紧张。

3. 能源市场新风险正在成为世界经济复苏的威胁

世界能源价格高位震荡，引发世界性通货膨胀风险。在疫情后全球经济复苏的情况下，叠加市场需求回暖和量化宽松的货币政策影响，国际能源价格在2021~2022年攀升到了高位。受能源价格高位波动影响，持续40多年的主要发达国家的"低增长、低利率和低通胀"终结，通货膨胀成为当前世界经济复苏进程中最直接的威胁。2021年下半年开始，欧美发达国家，甚至常年低通胀的日本开始出现价格总水平的持续上涨。2022年9月，美国消费者价格指数（CPI）同比上涨8.2%，是40年来的最快增速；欧盟27个成员国的平均通货膨胀率已经达到10.9%。即使是常年低通胀的日本，其CPI（剔除增税影响）同比升幅达到3%，为1991年以来新高。

世界能源市场风险导致市场预期转弱，减缓全球经济复苏步伐。乌克兰危机以来，美欧等发达国家和地区能源密集型行业增速下降，拖累经济增长。欧洲央行预测，2022年由于价格波动，欧盟经济增速可能下滑0.5%。此外，乌克兰危机强化了近年来全球出现的逆全球化趋势。产业链在国际范围内收缩和本土化布局与调整破坏了长期形成的在国际分工格局下经济增长的内在动能，也延缓了经济恢复的步伐。IMF最新预测，2022年全球143个经济体经济增速将明显下降。在逆全球化趋势下，贸易保护主义、单边主义、资源保护主义抬头，成为阻碍世界能源市场重新走向均衡的制约因素。

需警惕能源市场风险向金融市场传导。能源危机加大了资金跨国流动的风险。20世纪70年代的美国和英国确实多次爆发由石油资金导致的银行交易危机。警惕国际能源价格波动与资产市场价格波动风险交织。新冠肺炎疫情期间，美国等主要经济体均表现出能源市场与资产市场风险联动的特征。2020年，国际能源价格波动加剧，美国房地产市场价值增长了近2.5万亿美元，是2005年以来的最高水平。2021年初以来，随着能源等国际大宗商品价格波动剧烈，国内外股票市场和房地产市场都经历了非常极端的行情。

（三）全球新能源发展进入加速期

与化石能源市场需求乏力不同，在应对气候变化的努力下，全球新能源市场保持快速的发展节奏。资本不断进入氢能、储能、CCUS等领域，主要国际石油公司开始业务转型，制定减排目标。

1. 可再生能源转型处于初期阶段，即将进入加速期

2021年，全球能源消费中非化石能源占比达到17.7%，可再生能源（含水电）在一次能源消费中的占比增加到13.5%。从全球一次能源消费中的非化石能源占比、可再生能源（含水电）占比来看，全球当前能源转型仍处在初期阶段。同时，全球能源转型即将进入加速期。通常认为，当一种能源品种的占比达到5%时，能源转型进入加速期。考虑到风能、太阳能等非水可再生能源能量密度较低的特点，可再生能源转型可能需要达到更高的阈值（如10%）才能真正进入加速期。2008年开始，非水可再生能源份额增加速度明显加快。2021年，全球一次能源消费中非水可再生能源消费占比从2008年的1.5%增加到6.7%。其中太阳能和风能占比分别增加到1.63%和2.95%。全球可再生能源转型即将进入加速期。因此，未来五年是全球可再生能源转型的关键期。

2. 新能源投资力度持续加大，投资方向逐渐多元化

2004~2021年，全球能源转型投资除了2012年和2013年等年份下降外，大部分年份一直保持正增长。能源转型投资从320亿美元增加到7550亿美元，17年间增长了2259%。其中，可再生能源投资规模从300亿美元增长到了2021年的3659亿美元，增长11.2倍。随着全球2℃温控目标压力逐渐增大，各国能源转型政策也在向有利于能源低碳转型的方向调整。

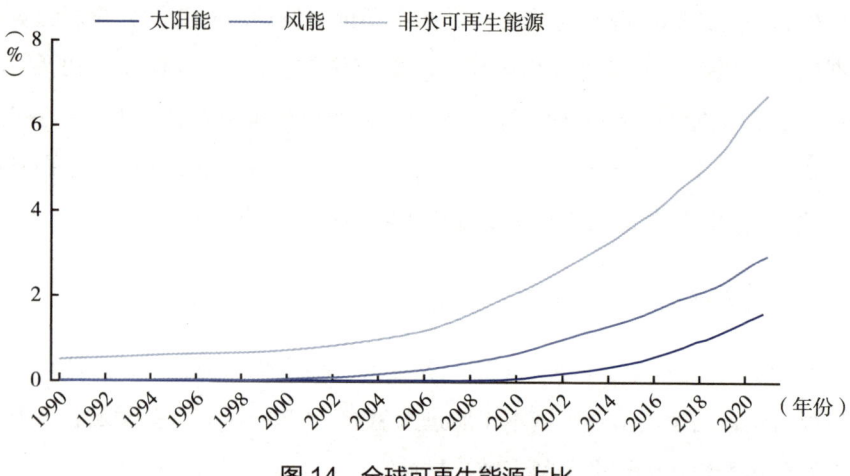

图14 全球可再生能源占比

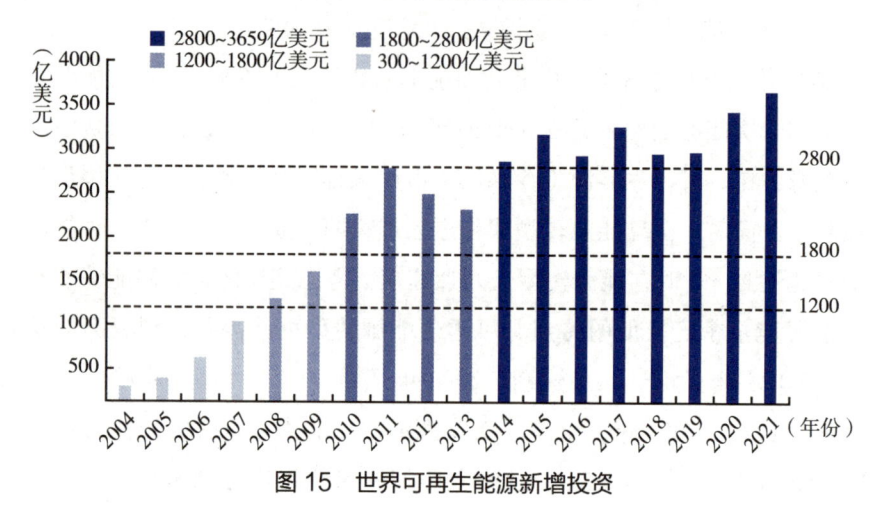

图15 世界可再生能源新增投资

资料来源：全球可再生能源网。

能源转型投资方向多元化。2013年能源转型投资的唯一方向就是可再生能源。2014年开始，在可再生能源投资基础上增加了对电动化交通和电加热等的投资。2015年后，核能、储能、电加热、氢能、碳捕捉（CCS）陆续进入能源转型投资范畴。2020年开始可持续材料①成为能源转型投资的新方向。

---

① 可持续材料是指天然、可再生和碳中性的且用更少的能源获得的材料。发展可持续材料是为了替代产品中的有害合成材料。

但可再生能源和电动化交通仍然是全球能源转型投资的两个主要方向（见图16）。从投资结构看，2021年全球能源转型投资有如下特点：[①] 一是可再生能源和电动化交通投资额都创新高。这两项投资额占全部投资额的84.6%。从趋势看，电动化交通投资额将很快超过可再生能源投资额。二是清洁电力和电气化（包括可再生能源、核能、储能、电气化运输和供热）占投资的绝大部分，投资总额为7310亿美元。氢、碳捕捉、储能和可持续材料投资额合计为240亿美元。

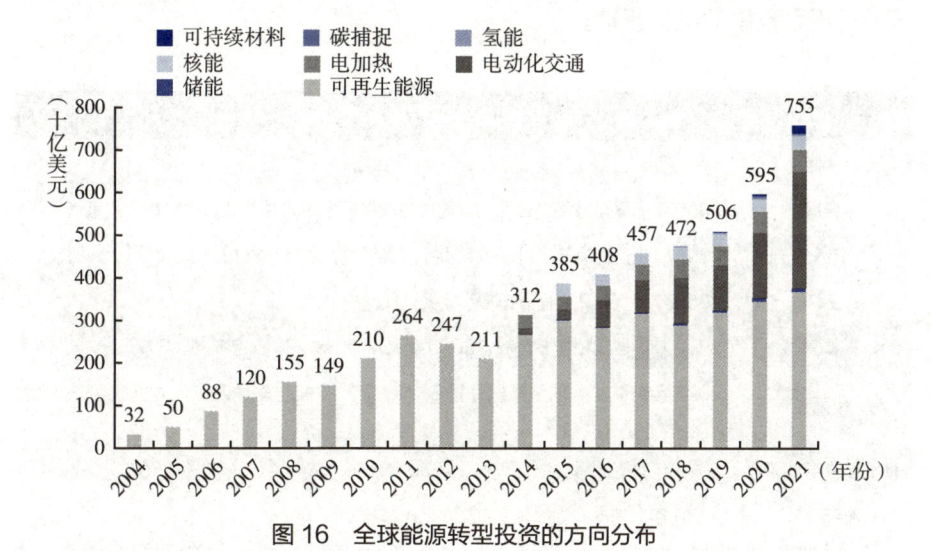

图16 全球能源转型投资的方向分布

资料来源：Bloomberg NEF。

3. 世界主要石油公司开始调整业务，制定减排目标

欧盟2019年12月的《欧洲绿色协议》提出，2050年将实现整个欧盟经济体的净零排放。全球市值最大的30家石油公司先后制定了减排目标。特别是欧洲的石油公司已经在战略层面实施了业务转型的实质性举措。BP未来十年将成倍增加投向低碳业务的资金，每年约投入50亿美元，与此同时还将削减40%的油气产量。壳牌、埃尼公司、道达尔、雷普索尔和Equinor等也都

[①] Bloomberg NEF, "Energy Transition Investment Trends 2022," 2022.

制定了类似的发展目标。虽然埃克森美孚、雪佛龙等美国石油公司在坚持以油气资源为主要投资方向的同时，也在调整投资结构，不断加大新能源和低碳技术等领域的投资比重。埃克森美孚投资了全球约 1/3 的碳捕集项目，每年在技术研发领域投入约 10 亿美元，其中不少是投向新能源技术和能效研发等领域。

多家石油公司还组成了油气行业气候应对行动联盟，其指导纲领包括支持《巴黎协定》及其目标、进一步减少作业中二氧化碳和甲烷排放、促进业界乃至更大范围的减排行动。

表 1 主要石油公司低碳转型目标

公司	目标
壳牌	2050 年净零排放能源公司。公司业务转向开发可再生能源、生物燃料和氢气
道达尔	2050 年生产的净零排放，供欧洲用户能源产品的净零排放
BP	2050 年 1 类、2 类净零排放，3 类排放减少 50%
雷普索尔	2050 年争取实现净零排放，2030 年减排 20%，2040 年减排 40%
雪佛龙	2023 年前减少采油温室气体排放 5%~10%，减少采气温室气体排放 2%~5%，甲烷减少 20%~25%
挪威国家石油公司	2050 年接近零排放温室气体，2030 年减排 40%，2040 年减排 70%
康菲石油	2030 年，减少 5%~15% 的二氧化碳排放
埃尼公司	2050 年减排 80% 的温室气体，计划 2050 年较 2018 年的水平减少 1 类、2 类、3 类排放 55%，2035 年减少 15%
西方石油公司	2030 年找到解决天然气放空燃烧的方法，通过提高采收率实现 1 类、2 类、3 类减排

注：1 类排放是指直接排放；2 类是指能源相关排放，如用电；3 类是指生产链上所有非直接排放。
资料来源：根据公开新闻报道整理。

二 世界能源市场演变下中国新能源产业面临的问题

我国新能源产业开发建设规模不断壮大、关键技术进步显著、国际竞争力增强，已经成为世界最大新能源装备制造和新能源利用国，基本完成了从无到有、从小到大、注重规模发展的阶段，将进入高质量发展新阶段。在世界能源市场演变下，国际新能源领域竞争无处不在，高科技领域的竞争更加激烈，中国新能源产业将长期面临不利的国际环境。

（一）新能源发展对国际传统能源市场的影响

1. 冲击传统能源市场

当今世界正处在新兴能源技术不断涌现的高潮期。在应对气候变化的背景下，很多国家利用各自优势技术发展低碳能源以摆脱高碳化石能源，这一过程虽有反复，但向低碳能源转型的大趋势不可逆转。在这一趋势下，市场必然形成对石油需求峰值的预期。具有资源开采成本优势的沙特等欧佩克国家和具有开采技术优势的美国在国际石油市场中的份额将会上升。而开采成本高、地缘风险大的俄罗斯、南美等的市场份额将会下降。随着能源转型节奏加快，资本向少数优质石油资源集中的趋势愈发明显。在传统能源市场中，北美和中东将成为未来国际油气市场最主要的供应极。从更远的视角看，能源转型过程中化石能源生产国的地位将逐步下降。传统国际能源市场以化石能源为主的现实基础逐步弱化，供需两端"争夺"的标的和竞争的形式也将发生重大改变。自OPEC成立以来的国际能源市场历次动荡与平衡，实质上就是以美国为代表的能源消费国与以中东地区为代表的OPEC，以及2016年成立的以俄罗斯为代表的OPEC+三方的竞争和博弈的结果。尤其是，近年来国际石油价格的走势主要取决于IEA与OPEC之间、OPEC内部，以及沙特与俄罗斯之间的各种利益较量。

由于新能源分布广、受地理因素影响较小，新能源大规模发展将冲击并逐渐改变传统世界能源格局。国际能源市场格局将不再仅仅取决于（甚至不取决于）对油气资源的控制能力，更多的是取决于对新能源利用的技术水平和开发能力，以及以技术为核心的新能源产业竞争力。国际能源市场贸易更多的表现为技术转移、新能源装备制成品贸易，以及新能源产业链关键矿产资源的互通有无。因此，国际能源市场之争也将由能源资源之争转变为技术之争、关键矿产之争以及新能源产业链之争。

2. 拓展了能源安全风险的内涵

传统能源安全风险主要包括运输通道风险，以及由能源价格波动引致的金融风险。能源转型下的国际能源市场将出现新的风险点，并且随着能源转型节奏加快，这些风险可能成为决定一个国家能源安全状态的重要因素。一是技术"卡脖子"风险。新能源产业是高技术密集型产业。毫不夸张地说掌握了新能源技术，就能够在新的世界能源格局中占据主导地位。就如同芯片技术，英特尔、高通、台积电等少数公司凭借"卡别人脖子"技术在世界高端芯片市场中占据主导地位，间接控制了大批产业链的核心环节。二是关键矿产资源风险。全球能源转型导致关键矿产资源需求长期持续上升，加剧各国对战略性矿产资源的争夺。可再生能源、氢能、新能源汽车及储能等产业的快速发展使得锂、钴、镍等关键矿产的需求增加，而不少关键矿石分布集中、垄断性更强。2019年，美国倡议建立包括澳大利亚、刚果（金）等10个国家在内的矿业生产大联盟。欧盟致力于加强欧盟内部原材料采购和加工的可持续性、加强第三国供应多元化、加强基于规则的原材料开放贸易、消除国际贸易扭曲等。美欧在矿产资源领域的举措，意味着大国之间在战略性矿产领域的国际竞争不可避免地将愈演愈烈。三是油气供给风险仍然存在。世界部分国家激进的减排政策和转型节奏，使得传统化石能源投资降低，化石能源供应潜力大幅度下降。2016年《巴黎协定》签订至今，世界煤电项目减少75%。在欧盟主要大国去煤化、去核化，以及碳排放交易制度下，欧洲化石能源供应成本被抬高，一度引起能源价格高位波动。在极端天气、局部军事冲突等冲击下，欧洲出现了较严重的能源危机。

（二）中国新能源产业现状与面临环境

1. 国内开发建设速度快，规模不断提升

新能源发电装机保持高速增长。截至2021年底，我国新能源发电装机达到11.2亿千瓦，约占总装机容量的47.1%，其中，水电装机3.91亿千瓦（其

世界能源市场格局演化与中国新能源产业发展

中抽水蓄能 0.36 亿千瓦)、风电装机 3.28 亿千瓦、光伏发电装机 3.06 亿千瓦、生物质发电装机 0.38 亿千瓦。水电、风电和太阳能发电装机容量占比分别为 16%、14% 和 13%。其中,风电和太阳能发电装机容量增长率保持在 20% 以上。2009~2021 年,可再生能源装机共增长 6.17 亿千瓦,占电力装机总容量增长的 41.1%。

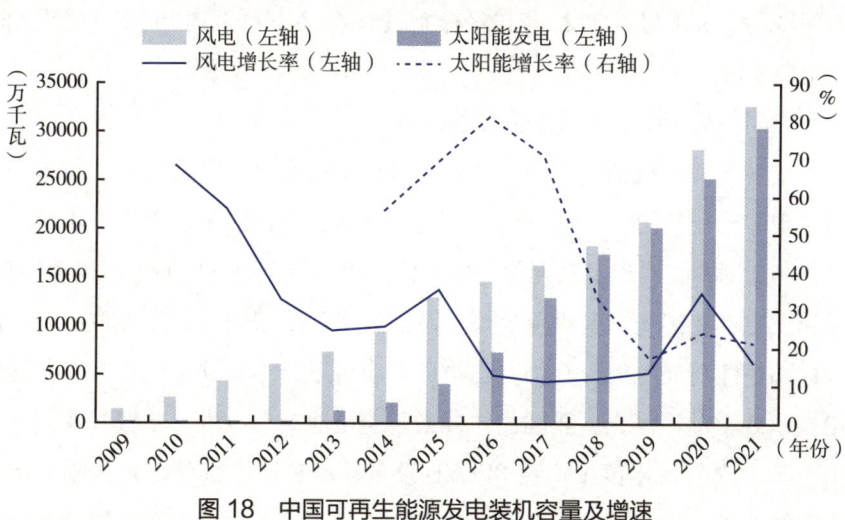

图 17 中国发电装机容量及增速

图 18 中国可再生能源发电装机容量及增速

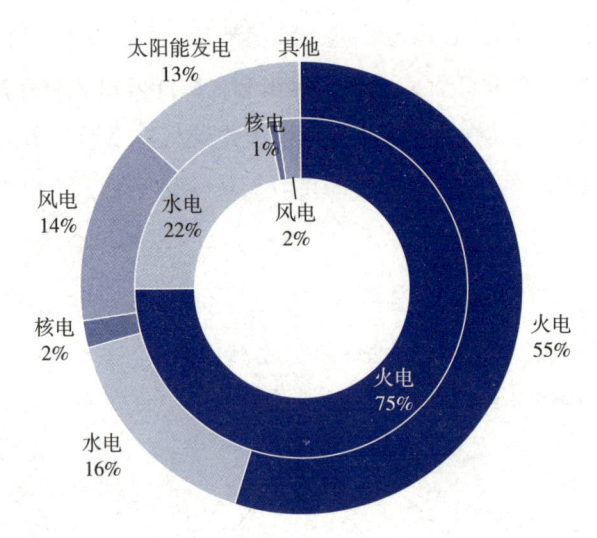

图19　2009年（内环）和2021年（外环）发电装机容量比重

新能源发电规模稳步提升。2021年，我国新能源发电2.89万亿千瓦时，较2020年增长11.63%。其中，水电13401亿千瓦时，同比下降1.1%；风电6526亿千瓦时，同比增长40.5%；光伏发电3259亿千瓦时，同比增长25.1%；生物质发电1637亿千瓦时，同比增长23.6%。水电、风电和太阳能发电占比分别为16%、7.8%和3.9%。其中，近年来，风电和太阳能发电量增长率保持在20%以上，2021年已经分别具有6556亿千瓦时和3270亿千瓦时的发电规模。

2. 技术进步快，国际竞争力显著提高

新能源产业科技创新能力和技术装备自主化水平显著提升，新能源开发利用呈现多元化趋势。一是风电装备制造技术已经达到了世界先进水平。主要设备制造基本上实现了系列化、标准化。国内中小型风电的中低风速启动、低风速发电、变桨矩、多重保护等一系列技术已处于国际领先地位，不仅能单独应用还能与光电组合互补，已被广泛应用于分布式独立供电。二是光伏发电技术处于世界领先。我国晶体硅太阳能电池产业技术具备较强的国际竞争力，除个别高效电池生产用PECVD设备、硼扩散设备外，光伏制造的整套生产线均已实现国产化。隆基绿能科技股份有限公司自主研发的硅异质结

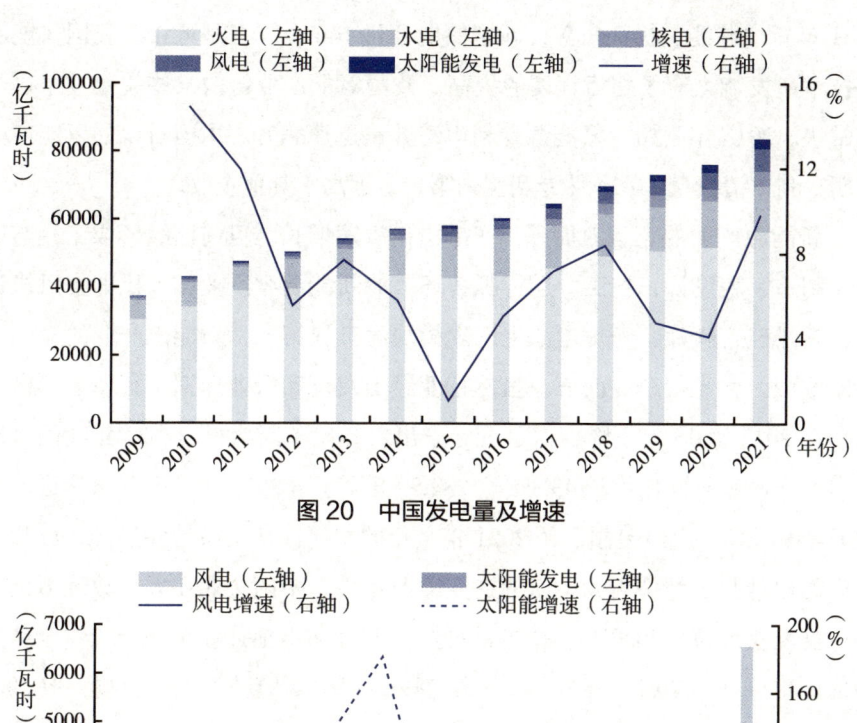

图 20 中国发电量及增速

图 21 中国可再生能源发电量及增速

电池转换效率达 26.81%，刷新了 2017 年由日本公司创造的电池转换效率为 26.7% 的世界纪录。三是生物质能利用技术日趋成熟。生物质直燃锅炉、垃圾焚烧锅炉、汽轮发电机组、秸秆燃料成型机等主要设备均已实现国产化，并逐步走向国际市场。四是电化学储能发展迅速。近年来我国储能产业项目应用落地加快，储能装机容量快速增长。据中国化学与物理电源行业协会的数据，截至 2021 年底，中国储能市场累计装机功率达 43.44GW，位居全球第一。

2021年新增储能装机7.4GW，新增储能项目146个。五是近年来我国氢能利用技术研发能力有了相当程度的提高。我国氢能产业链的一些关键技术进步非常快。2015年开始，氢能源专利申请数量迅速攀升。中国石化的氢能产业发明专利申请数量以434件专利位列第一，远高于其他企业。

新能源产业的竞争力提升，产品出口高速增长。目前已经形成了涵盖研发、制造、表设计、施工、运行等各环节的新能源全产业链。比如，风机设备、多晶硅、硅片、光伏电池生产规模均居世界第一，新能源产业的竞争力不断增强。就光伏产业而言，虽然行业经历双反和行业周期下行影响，产品出口在2012~2018年下降，但是近年来出口开始不断增长。2021年我国太阳能电池出口金额同比增长43.8%至284.59亿美元，2022年1~8月增速进一步提升至91.2%，出口金额已超2021年全年的水平。从上游的多晶硅、硅片到中游的电池片、组件再到下游的逆变器及组件，中国企业在大多数环节已牢牢占据龙头地位。2020年，中国的硅料、硅片、电池片和组件产量占全球产量的比重分别为70%、98%、85%和78%。虽受新冠肺炎疫情影响，但2020年中国多晶硅、硅片、电池片及组件出货量仍然分别同比增长14.6%、19.7%、22.2%、26.4%。

图22 中国光伏组件出口

世界能源市场格局演化与中国新能源产业发展

图 23 中国多晶硅出口

2021年，中国风电机组出口72亿美元，相比2017年增加了1.48倍。[①] 风力发电机组（WTGs）出口增长294%，叶片和轮毂出口增长150%，WTGs零部件出口增长109%。中国风电企业出口量从2017年的641兆瓦增加到2021年的吉瓦级别，至少有5家风电企业出口量超过150兆瓦（其中至少有1家风电企业出口量超过1吉瓦）。中国最大的风机制造商金风科技制定了从2022年开始年均出口量保持在2~3吉瓦的目标。2021年，中国风电企业向欧洲出口了超过400兆瓦的设备。

近年来，中国新能源汽车产业不论是产能还是技术都迅速提高。2021年我国新能源汽车出口量达30.96万辆，同比增长345.5%。在电池、电机、电控等新能源汽车核心零部件生产成本以及生产效率上有明显的整体优势，且产业链齐全。

3. 国际市场长期面临不利的竞争环境

国际新能源领域竞争的激烈程度丝毫不亚于化石能源，主要表现为技术之争、市场之争。中国新能源产业，尤其是可再生能源、新能源汽车产业，一直保持着较高的出口增速。在中国新能源产业发展的过程中，美欧的打压围堵一直没有停止过。2010年，美国贸易代表办公室启动对华清洁能源政策措施

---

① 《2021年中国风电机组出口动向简报》，东亚能源产业观察，2022年4月22日。

的"301调查"。2017年,又一次启动"301调查",单方面认定中国在能源技术和能源投资领域存在强制技术转让、网络盗窃、政府支持企业投资美国先进技术和知识产权等行为和做法。同年,美国对中国出口的太阳能电池及组件发起"201调查"。2018年,中美贸易争端中,美国针对中国产品的关税清单涉及大约1300种商品。其中,能源产业链涉及的装备、设备出现在加征关税的序列中,清洁能源设备风力发电机组则被列入增税名单。炮制所谓"涉疆法案"来限制硅基产品以及包括硅片、电池片和组件等下游产品在内的产品生产和输出。这些所谓的调查暴露了美国政府打压中国能源技术创新等方面的战略意图。在对中国新能源产业的遏制方面,欧盟紧跟美国之后。早在2011年欧盟就对中国光伏组件、关键零部件进行"双反"调查,涉及产品范畴超过美国的"双反案"。近年来,欧盟紧跟美国加大对中国新能源汽车产业链的打击和遏制力度。禁止出售相关半导体生产设备给中国,对中国禁售光刻机,限制中国在原材料上的供给和生产。欧美违法WTO规则,推出了贸易保护主义政策。拜登政府明确指出,制造新能源汽车所需的电池、半导体等关键零部件必须由美国制造。欧盟各国则利用更加严苛的碳排放监管政策对中国新能源车企施压。中国新能源产业发展将面临更复杂和更严峻的贸易环境。从欧盟过往的制裁手段来看,中国新能源产业可能还会遭到美欧的"二级制裁",或新能源产业链个别环节的精准化制裁。

三 政策建议

当前国内正处在能源转型关键期,国际能源市场还在动荡调整中。在复杂的内外部环境下,我国更要专注国内新能源高质量发展,加快能源转型步伐,形成新的能源进口格局。同时,承担大国责任,积极参与国际能源治理,维护国际能源市场的安全稳定。

(一)加快新能源产业发展,支持国家能源转型

新能源利用和新能源产业的发展是我国能源转型和能源安全的基础支

撑。构建完整的新能源产业体系，不仅能够保证能源的相对独立，降低对外依赖度，更重要的是能够在带动本国工业体系全面转型升级过程中获得强大的产业竞争力。我国新能源产业正进入由大到强的转型发展阶段。与新型电力系统和能源系统相关联的前沿技术和商业模式已经在一些发达国家出现并被广泛应用。"十四五"时期是我国实现"双碳"目标的关键期，加快打造新能源产业体系是党的二十大提出的构建新型能源系统的战略举措。一是要紧跟能源技术前沿，提前布局符合未来能源系统要求的能源产业链。比如，与传统能源相结合的CCUS，与可再生能源相结合的储能、氢能，与电力系统相结合的智能电网，等等。二是聚焦能源领域的"卡脖子"技术、核心元器件、高端原材料、基础工艺等制造业关键环节，坚持能源技术的产业目标导向，加强创新性技术的应用，超前规划布局关键技术。三是打通全产业供应链，以能源先进装备制造为重点，提高产业配套能力，保障产业安全稳定，既发展包括原材料、设计、核心装备、配套设备等在内的上游配套产业，也发展运维、保障等下游服务行业，形成重点产业带动上下游产业协同发展的良性机制，通过联合攻关、定点采购、交叉持股等方式，为能源产业培育具有竞争力的配套产业。四是在加快新能源产业发展的同时，转变新能源利用方式，鼓励国内分布式利用。可再生能源分布式发展符合可再生能源特点，效率高、安全性高、应用空间大，更重要的是这种方式更有利于商业模式创新，以及通过商业模式发现更可靠、更可行的技术路线，如储能应用。事实上，当前储能应用方式不利于储能在商业领域的推广。氢能集中在交通领域，忽略了氢能最重要的灵活性特点。而这种灵活性正是新型电力系统最需要的稀缺资源。只有通过商业模式创新并加以广泛推广才能自下而上地推动能源革命。

（二）参与国际能源治理，承担大国责任

我国是全球第一大能源进口国和最大能源消费国，但还不是能源强国，在国际能源市场中的地位与规模不匹配。当前国际能源市场处在调整期，贸易逆流、价格波动、区域短缺并不符合各国利益。除少数国家试图利用危机，通过牺牲他国利益攫取不义之财外，绝大多数国家希望国际能源市场尽快恢复平衡，从而稳定本国经济。在当前形势下，国际能源领域需要新的全球能源治理机构和机制。中国作为大国可以也应该秉持人类命运共同体的理念，承担大国责任，展现大国担当，积极推动国际能源市场供需双方形成符合共同利益的合作联盟，加强对话，求同存异。主动参与和引领全球能源治理，以互惠互利代替对抗，扩大能源交流合作，推动国际能源市场向好的方向调整，加快国际能源市场实现新的平衡。比如，可以推动G20作为权威、平等且广泛接受的全球能源治理平台，提升能源治理约束力以及对其他国际能源治理机构的协调性，推动互利共赢的能源务实合作，共同维护全球能源市场稳定。

（三）加快形成油气进口多元化新格局

在国际能源市场调整过程中，立足全球资源，加快形成多元化油气进口格局，在更高水平的对外开放条件下保障能源安全。一是巩固与已有合作基础的周边国家的合作。依托现有周边油气进口通道，推进与周边国家油气基础设施互联互通，扩容增量。加快与周边重点国家的重点项目建设，进一步加强与土库曼斯坦等中亚国家、沙特等中东国家在油气领域的深度合作。二是推动与有合作意向的国家尽快促成具体合作项目。推进中俄东线天然气进口通道的扩容增量。三是积极谋划与有潜在合作空间的国家在能源领域的对话交流。与美国、澳大利亚等国家在LNG领域共同探索符合双方共同利益的合作形式。四是通过海外"增气"，扩大天然气供应。积极落实国际天然气合作项目，通过并购等方式获取上游天然气资源，广泛参与全球天然气贸易，以天然气田、LNG、天然气基础设施等多种合作标的延伸天然气供应链，降低中国天然气进口成本，优化天然气供应结构。

（四）加强与发达国家在新能源领域的合作

乌克兰危机引发的世界能源供需矛盾加剧，欧洲至今仍处于能源危机之中。在能源转型趋势下，中国与美欧在新能源领域的共同利益较多。在当前国际能源市场调整过程中，中国除了要积极参与国际油气市场治理，推动国际能源市场秩序恢复外，更需要着眼于当下正在发生的能源转型，在新能源领域寻求与美欧的合作，尽快推动形成新的合作框架。一是在出口贸易领域，支持中国企业的产品出口。乌克兰危机导致欧洲能源短缺，价格高企，光伏发电需求急剧上升，目前中国光伏企业满足了全球80%以上的光伏产品需求，也是欧洲光伏产品最重要的供应方。2022年1~8月，欧洲累计从中国进口组件60.1GW，同比增加127%，欧洲的逆变器、户储电池产品也主要由中国企业提供。二是鼓励美欧新能源、高科技企业在中国投资，鼓励中国企业在储能、电动汽车、氢能与燃料电池汽车、核电、氢能等领域与美欧围绕装备、标准、技术和市场开展合作。

（五）稳定中俄能源贸易，关注潜在投资机会

在稳定中俄能源贸易关系的基础上，高度关注中俄进一步合作的机会，并从经济等多维度评估其可行性。俄罗斯是中国在油气领域的重要进口来源国，并且未来合作空间较大。"西伯利亚力量2号"投产后，2025年中俄天然气管道设计输送量有望达到980亿立方米，有助于改善能源消费结构，实现碳达峰目标。保持与俄罗斯等国在能源领域稳定的合作关系符合我国利益，也是中俄两国长时期在能源领域的主基调。乌克兰危机后，BP退出在俄石油公司的股权以及与俄罗斯石油公司在当地的所有业务。挪威国家石油公司、壳牌等主要国际石油公司也开始撤离俄罗斯。当前应该加强对俄罗斯油气工业领域的潜在投资机会的经济性评估以及长期能源安全层面的战略性评估。

（六）建立战略性矿产资源储备体系

加紧建立战略储备。根据不同品种矿产资源元素的关键性，进行分类储备。重点储存我国资源禀赋较差、供需缺口较大、对外依存度较高的铁、铜、铬、镍、钴、锆、锂、铝等战略性矿产资源。对于稀土、萤石、石墨等一些优势矿产资源，则根据其重要性和战略意义由部分矿区进行封存或

者进行商业储备等分类处置。加快建立战略性矿产资源"产、供、储、循、替"新体系，提升应对突发事件和保证资源供应安全能力。重视战略性矿产资源的二次资源回收利用（2021年国内钴产量约12万吨，其中2.5万吨来自再生钴原料，占总产量的20%）。打造矿产资源供给多元化格局。矿产资源贸易政策要牢牢把握、统筹兼顾"开放利用"和"合理限制"两方面的需求。一方面，我国政府多次强调矿产资源不应成为国际政治和外交工具。另一方面，为保护环境、实现资源可持续利用，对矿产资源国内生产消费和对外贸易采取适当的数量管理措施，是必要且合理的。倡导建立"矿产资源输出国组织"，推动建立合理的国际矿产资源价格形成机制和国际贸易规则。

参考文献：

史丹：《"双碳"目标下，"十四五"能源发展的新特征与新要求》，《中国能源》2021年第8期。

聂新伟、史丹：《推动中俄经贸合作在高质量发展的道路上行稳致远》，《海外投资与出口信贷》2021年第5期。

史丹：《发展绿色能源应对气候变化"灰犀牛"》，《中国国情国力》2020年第5期。

史丹主编《中国能源发展前沿报告（2021）》，社会科学文献出版社，2022。

王永中：《全球能源格局发展趋势与中国能源安全》，《人民论坛·学术前沿》2022年第13期。

王海滨：《俄乌冲突对世界和中国能源安全的影响》，《云梦学刊》2022年第4期。

刘泽洪、阎志鹏、侯宇：《俄乌冲突对世界能源发展的影响与启示》，《全球能源互联网》2022年第4期。

聂新伟、卢伟：《俄乌冲突对全球能源格局影响及我国的应对建议》，《能源》2022年第5期。

赵宏图:《碳中和与国际能源政治新变局》,《现代国际关系》,2022年第2期。

中信期货研究所能源与碳中和组:《地缘冲突后全球能源变局专题报告》,2022年6月21日。

B.15
全球产业链重组背景下的产业链外移及其应对

徐奇渊　马盈盈*

摘　要： 近年来，我国面临的产业链外移压力、产业链流失风险有所加大，对我国的产业链的韧性和安全性提出了挑战。在此背景下，如何准确理解中国与东南亚国家的产业链关系十分重要。本文对中国、东盟国家之间的贸易增加值进行了研究，认为中国与东南亚国家的产业链关系总体上为良性互动，甚至在一定程度上东南亚国家扮演了中国产业链体系的国际延伸的角色。同时，剖析了广受关注的越南案例。在观察这些现象的基础上，进一步分析了我国在应对产业链外移过程中的两类挑战——经济和非经济因素，以及我国的特殊优势——超大国内市场规模和较高的投资收益率。在此基础上，本文从国内、国际两个维度提出了政策建议。

关键词： 产业链外移　中国　东南亚国家

过去十多年来，经济因素、地缘政治因素先后冲击着中国作为"世界工厂"的地位。经济因素方面，2007~2017年，劳动力成本上升、人民币汇率升值、土地成本上升、环境成本上升、部分行业产能过度膨胀，这些因素推动了一部分产业链外移。之后，2018年以来，由于中美经贸摩擦、国际地缘政

---

* 徐奇渊，中国社会科学院世界经济与政治研究所研究员，研究领域：宏观经济、中美经贸问题；马盈盈，中国社会科学院世界经济与政治研究所助理研究员，研究领域：全球价值链、服务贸易、贸易政策模拟。

治格局发生了重大变化，我国面临的产业链外移压力再次加大，对于中国作为"世界工厂"的地位的讨论也开始多了起来。

其间，美国对全球产业链布局也进行了多次重新定位。2017年特朗普政府上台后，继承了奥巴马时期"重振制造业"的大旗，还开始强调推动"产业回流"，并通过重塑国内税收体系、提供各种招商引资政策来吸引产业回流，但实际上效果并不理想。此后美国政府又尝试"近岸外包"，推动产业向美国邻近国家回流。不过这些措施都难以撼动既有的全球生产分工体系。因此美国进一步转而实施"友岸外包"战略。2022年4月，美国财政部部长耶伦在大西洋理事会上发表讲话称："我们不能允许其他国家利用它们在关键商品、技术或产品方面的市场地位来扰乱我们的经济。"她进一步建议，将供应链集中在"我们可以信赖的国家"，通过这种方式降低美国经济面临的风险。

由此可见，美国重塑产业链的国家战略经历了产业回流、近岸外包、友岸外包三个阶段。这些做法的背后，不仅有可能对中国的"世界工厂"地位造成冲击，还可能使中国在全球产业链体系中逐步被孤立。除上述措施之外，美国拜登政府还采取了"小院高墙"科技规锁政策试图推动与中国的"定向脱钩"。疫情以来，日本政府还提出了"中国+1""中国+N"等战略，欧盟也开始将供应链问题与人权、环境等问题相挂钩。2022年初乌克兰危机以来，"价值观贸易"概念在一些国家开始流行。2022年5月，美国还推出了所谓的"印太经济框架"，试图建立起一个排除中国参与的国际经贸规则体系与全球产业链和供应链体系。2022年8月初，美国总统拜登正式签署了《芯片与科学法案》，此后美国BIS在10月初公布了对中国先进计算和半导体制造物项的最新制裁法案。

在此背景下，我国面临的产业链外移压力加大。这种压力可能会对我国的产业链供应链韧性和安全水平产生一定的消极影响，并对国内大循环的内生动力和可靠性产生一定影响。推动高质量发展也需要我国进一步深化改革开放，深度参与全球产业分工和合作，维护多元稳定的国际经济格局和经贸关系。因此，如何客观、全面、准确地看待产业链外移，这是一个重要的问题，基于此，才可能趋利避害、顺势而为，统筹好产业链发展与安全问题。

一 中国产业链外移经历了四个阶段

2008年至今我国产业链外移压力起起伏伏经历了四个阶段。其中前两个阶段以经济因素为主，而之后两个阶段则以中美关系变化、地缘政治冲击为重要背景。具体而言，第一阶段是2008~2015年，生产成本逐年上升，我国产业开始面临一些外移的压力。例如，人民币汇率持续升值，劳动力成本上升，甚至出现了"民工荒""用工难"等问题，并且大部分时间资金成本也相对较高，房地产价格、用地成本快速上升。第二阶段是2016~2017年，在供给侧结构性改革尤其是去产能的政策背景下，一些过剩产能、过载产能开始在国内、国际范围进行腾挪。2018年之后国际局势复杂多变，我国巩固产业链面临更多挑战。尤其是2018年初以来的中美经贸冲突，使得我国面临的产业链外移压力进入了第三阶段。在这一阶段，特朗普政府团队内部主张对中国"全面脱钩"的呼声一度甚嚣尘上，关税争端和出口管制不仅加大了我国产业链外移的压力，也扰动了全球供应链。2021年初拜登上台后，对特朗普的政策进行了修正和调整，否定了"全面脱钩"的做法，并提出了"小院高墙"的政策思路。中国面临产业外移的压力由此进入第四阶段。在2021年10月的演讲会上，美国贸易代表戴琪提出和中国再挂钩（recouple）的同时，美国要在中美经贸关系中占有主导权，这和"小院高墙"的政策一脉相承。在这样的政策基调下，短期内在传统产业领域中美经济有望再挂钩，但是中长期特别是在新兴科技领域，美国将会和中国保持距离甚至孤立中国。最近美国—欧盟贸易和技术委员会（TTC）再次发表声明，对人工智能这样的技术标准提出了一些共识[1]。耶伦最近也提出了"友岸外包"的做法，希望传统的产业链能够掌握在与其政治关系比较稳定的印度、越南这些国家手里。

相应地，一些国内外企业的行为也发生了变化。以某国商会的调查情况为例，其对在华企业的各年度调查显示，2015~2020年，该国外资企业撤出比

---

[1] U.S.-EU Joint Statement of the Trade and Technology Council, 16 May 2022, Paris-Saclay, France, https://www.whitehouse.gov/wp-content/uploads/2022/05/TTC-US-text-Final-May-14.pdf.

例不超过2%,高峰主要在2015~2016年,其后撤离企业的占比逐年下降。当然这个结果也可能体现了幸存者偏差。不过总体而言,外资企业迁出的状况在2015~2016年更加严重。2019~2020年中美经贸摩擦加剧之后,该国外资企业撤出的情况反而总体呈现出下降态势。不过,在中美经贸冲突之后,该国的外资企业行为也确实发生了显著变化。在不确定性显著上升的情况下,这类企业维持观望、保持现状的比例明显上升,增加了10多个百分点,而同时有扩大生产意愿的企业占比相应减少。不过,这些数据都是对于该国企业在华投资存量的观察,并没有涉及该国增量视角下海外投资中对中国和其他国家的布局情况。基于一个更加完整的观察视角,下文我们将从中间品来源的视角来观察中国和各国的产业链供应链的完整性。

二 近年来中国产业链的外移压力有所上升

无论是何种风险来源,产业链供应链的冲击总是直接表现在供给端或者需求端,并对下游环节(前向关联)或者上游环节(后向关联)造成冲击。其中,供给风险是指由生产要素短缺、中间品断供、物流迟滞等带来的风险,需求风险是指由下游厂商中间品需求萎缩和消费者最终品需求萎缩带来的生产、销售和库存管理方面的风险。通常所说的断供、断链风险主要是指供给风险。正如前文所述,分析中间品的供给来源有助于全面了解我国对其他经济体的产业链供应链依赖度。使用世界投入产出表,可以计算每个行业对国外和本国各行业中间品的使用情况,以及这个行业中间品的自给率和对外依赖度。

根据计算结果,2007~2021年,我国低技术制造业、中高技术制造业的中间品自给率出现了先升后降的变化。可以看到,2019年及之前,我国制造业的中间品自给率持续提高、对国内供应链的依赖度持续上升,同时我国对国外供应链的依赖度呈下降趋势。具体地,低技术制造业的中间品自给率从2007年的95.9%上升到2019年的97.8%,同一时期中高技术制造业中间品自给率更是从85.6%上升到94.0%。

结果还显示,从国外中间品供给来源看,我国低技术制造业供应链的来源分布相对稳定，对国外中间品供给的依赖度从高到低依次是东南亚、欧盟、日本、美国、韩国；而中高技术制造业供应链的来源分布变化较大，总体呈现多元化趋势，其中，我国中高技术制造业供应链对日本、韩国、欧盟和美国的依赖度均显著下降，对东南亚地区的依赖度相对上升。

2019~2021年，我国低技术和中高技术制造业的中间品自给率均下降，分别下降了1.75个百分点、4.33个百分点，2021年分别降至96.1%、89.7%。在所有行业中，电子设备制造业的中间品自给率降幅最大，从2019年的87.2%下降至2021年的77.3%，而该行业美国和东南亚等地区的中间品自给率呈现相反的变化趋势。这显示出近两年在多重因素的冲击下，我国部分行业产能向发达国家本土回流，或者向东南亚、南亚等地区转移，导致我国部分中间品的生产份额下降。以服务器为例，受中美关系影响，很多品牌制造商将服务器供应链转移到中国台湾、东南亚、东欧或者母国，中国大陆服务器制造数量在全球市场的份额已经从2019年的90%下降至2021年的60%。①

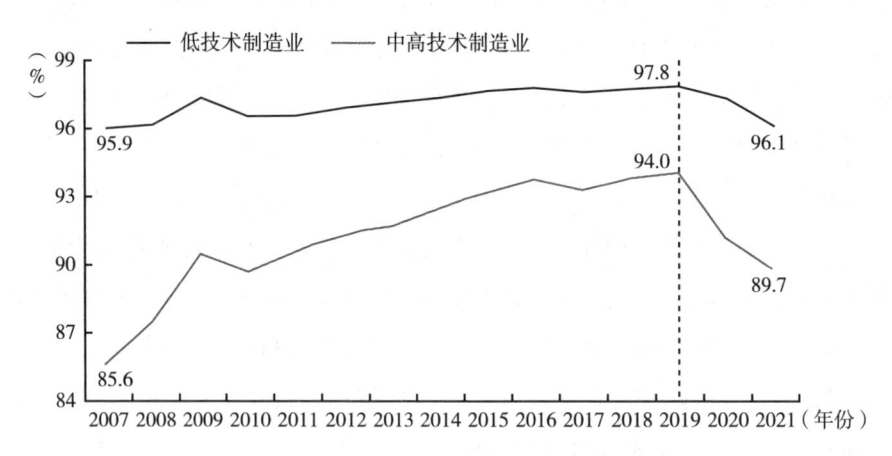

图1 我国制造业中间品自给率先升后降

注：低技术制造业包括食品业、纺织业、皮革业、木材制造业、造纸和印刷业、橡胶塑料制造业、其他制造业和废品回收、电燃气和水使用、建筑业，中高技术制造业石油业、化学产品制造业、其他非金属矿物制造业、基础金属业、机械设备制造业、电子设备制造业、运输装备制造业。

资料来源：ADB-MRIO数据库，笔者计算。

① 服务器产能之所以能迅速转移，主要在于其产能要求并不高，并且已经高度自动化，只要解决投资和自动化问题，就很容易将产业链进行转移。

全球产业链重组背景下的产业链外移及其应对

从供给端来观察我国的产业链韧性与安全，当前主要面临两类挑战：一是国内高新技术产业链流失。这既包括服务器这类容易快速转移的生产链条，也包括手机、个人电脑等我国处于全球"领头羊"地位的产品生产链条。二是产业链供应链的断供风险。崔晓敏等的测算表明，我国进口的3285种中间品中，有62种中间品出口集中度和进口集中度"双高"，在面临贸易摩擦和疫情等外部冲击时非常脆弱，进行供应链备份的难度很大，具有较大的断链风险。[①] 对于这类中间品，特别是涉及国家安全和国家发展战略的，应考虑制定国家和产业层面的供应链安全规划。归根结底，上述两类问题主要在于我国创新能力不足。应当考虑通过供给侧补短板的方式来应对产业链脆弱性问题。一方面，要在坚持市场机制和企业主体作用下，强化国家战略引领，加大对基础研究的支持力度，不断完善知识产权保护制度，推动关键核心技术攻关等。另一方面，可通过需求端进口战略、改善国际经贸关系、增进国际协调合作等方式应对产业链脆弱性问题，包括不断扩大开放，大力培育各类进口渠道和平台，鼓励企业引进消化吸收再创新，通过国际合作多元化来增强产业链韧性。

三 产业链外移背景下，准确理解中国与东南亚的关系

在前有堵截、后有追兵、中间摇摆、内有产业升级之困的背景下，我国产业链巩固面临着一定压力，甚至在产业链外移方面引发了一些担忧。但是产业链外移本身只是对事实的中性描述，对于其结果不能一概而论。从不利的情形来看，产业链过度外移确实可能导致产业空心化，这在日本等一些国家曾经发生过。从有利的情形来看，合意的产业链外移是我国产业升级自然推进的过程，有助于形成以中国为关键节点的国际分工网络，扩大中国产业链的国际影响力。通过观察中国与东南亚地区的产业链关系，我们可以看到，中国在与东南亚地区产业链的整合过程中，伴随出现了相应的产业链升级，

[①] 崔晓敏、熊婉婷、杨盼盼、徐奇渊：《全球供应链脆弱性测度——基于贸易网络方法的分析》，《统计研究》2022年第8期。

并且东南亚国家与中国的产业链关系密切,与中国互补性较强,甚至在中间品领域对中国的依赖度上升。

(一)东南亚国家与中国的产业链关系整体上呈现为良性互动

通过观察中国、东盟国家之间贸易增加值的分解情况,可以发现中国、东盟国家在双向贸易中的获益情况及其变化。进一步,这一方面可以验证中国的产业链是否在向东南亚转移;另一方面也可以反映出伴随着此过程中国在全球价值链中的地位是否出现了提升。为此,借鉴Koopman等[1]、Wang等[2]和王直等[3]的方法,将一国对另一国的出口贸易分解为4个部分:最终被国外吸收的国内增加值(DVA)、返回本国的国内增加值(RDV)、用于生产本国出口的国外增加值(FVA)、中间品贸易的重复计算部分(PDC)。

按照这个分类,可以分别计算:中国对东南亚地区低技术制造业、中高技术制造业出口的增加值分解情况,以及东南亚国家对中国低技术制造业、中高技术制造业出口的增加值分解情况,结果如下。

第一,在双向贸易中,中国出口贸易中的FVA占比明显下降,而东南亚地区FVA占比明显上升。具体地,2007~2020年,在中国对东南亚地区的低技术制造业的出口中,FVA占比从15.5%下降到了9.5%,降低了6个百分点;相应的在中高技术制造业的出口中,FVA占比从18%下降到了11.8%,下降了6.2个百分点。同期,在东南亚对中国的低技术制造业的出口中,FVA占比从15.1%提高到了19.1%,上升了4个百分点;在对中国的中高技术制造业的出口中,FVA占比从23.7%提高到了28.5%,上升了4.8个百分点。并且根据我们的计算,东南亚国家对中国出口贸易中FVA占比的上升中约有一半来自中国。这表明,在相同的出口金额中,中国出

---

[1] Koopman R. and Wang Z., "Tracing Value-Added and Double Counting in Gross Exports," *American Economic Review*, 2014, 104(2).

[2] Wang Z., Wei S. J. and Zhu K., "Quantifying International Production Sharing at the Bilateral and Sector Level," NBER Working Paper No. 19677, 2013, http://www.nber.org/papers/w19677.

[3] 王直、魏尚进、祝坤福:《总贸易核算法:官方贸易统计与全球价值链的度量》,《中国社会科学》2015年第9期。

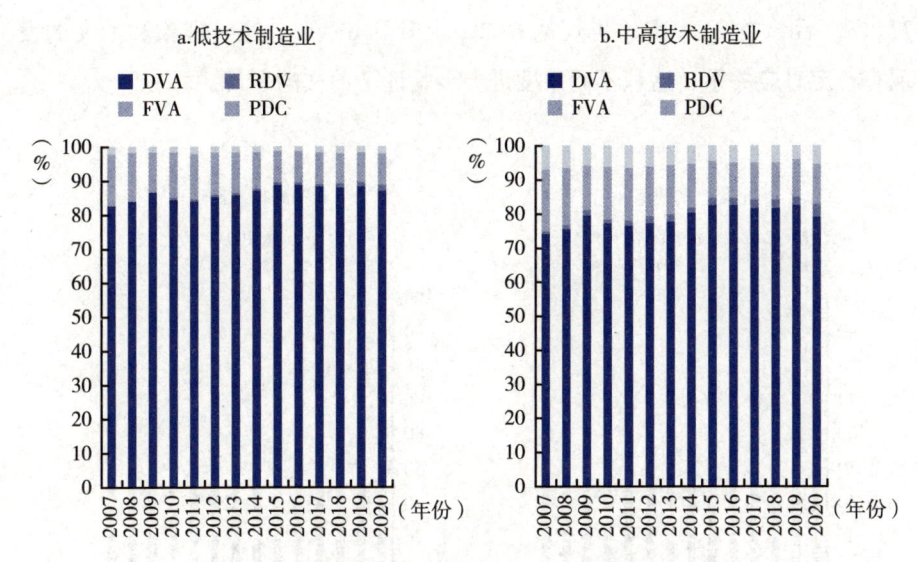

图2 中国对东南亚地区制造业出口的增加值分解

资料来源：ADB-MRIO数据库，笔者计算。

口中的外国增加值占比明显下降，而东南亚国家出口中的外国增加值占比则明显上升，甚至其上升有一半来自中国。这进一步说明，随着技术水平提高，我国在低技术制造业和中高技术制造业生产过程中，逐步实现了国内中间品对上游进口中间品的替代，表现为出口中国外增加值占比下降、国内增加值占比上升。而东南亚国家处于国际分工中附加值较低的环节，因此一方面得益于产业链转移、承接了部分产能，出口有显著增加；另一方面出口中国外增加值占比明显上升，中国等其他输出直接投资的国家也从中获得了收益。

第二，在中国对东南亚国家低技术制造业出口的增加值结构中，DVA占比明显上升，2007~2020年从82.3%提高到了86.7%，提升了4.4个百分点。同期，在中国对东南亚国家中高技术制造业出口的增加值结构中，DVA占比从73.9%提高到了78.8%，提升了约5个百分点。相应的，在东南亚国家对中国的低技术制造业、中高技术制造业出口的增加值结构中，DVA占比几乎没有变化甚至略有下降。2007~2020年，前一类DVA占比从78.5%下降到

77.8%，后一类 DVA 占比也仅从 62.2%上升到 63.7%。这一现象和前文的发现有一定对应关系。这从不同角度进一步验证了前文的发现。

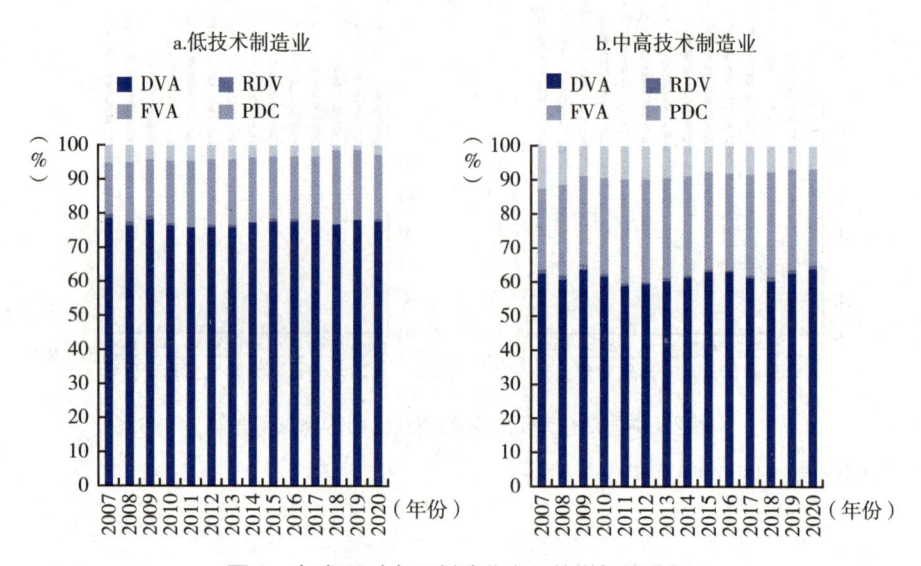

图3 东南亚对中国制造业出口的增加值分解

资料来源：ADB-MRIO 数据库，笔者计算。

第三，将 DVA 进一步分解为3个部分：①通过最终品出口的国内增加值（DVA_FIN），②通过中间品出口且被进口国吸收的国内增加值（DVA_INT），③通过中间品出口且被第三国吸收的国内增加值（DVA_INTrex）。基于此，研究发现从低技术制造业整体来看，在中国对东南亚地区的出口中，DVA_FIN 的占比下降幅度较大，2007~2020 年下降幅度为 10.6 个百分点（DVA_FIN 在全部出口中的占比从 55.2%下降到 44.6%）。这个有趣的现象表明，在中国对东南亚国家出口的贸易中 DVA 在最终品渠道（DVA_FIN）是下降的（10.6 个百分点），但同时在中间品渠道被东南亚国家吸收的中国增加值以及在中间品渠道被第三国吸收的国内增加值占比显著上升，在全部出口中的占比合计增加了15个百分点。这表明，产业链在向东南亚国家转移的过程中，事实上在一定程度上东南亚国家扮演了中国产业链体系的国际延伸的角色。

第四，在第三点分析方法的基础上，对细分行业的研究发现：对技术和精密度要求较低的低技术制造业、中高技术制造业价值链中的低端生产环节均出现从中国向东南亚国家转移的现象。例如烟酒制品、皮革制品、仪器仪表制品、家具制造、印染制品、纺织服装、文娱用品制造、木材加工等行业，以及消费电子的部分低附加值生产环节。而中高技术制造业，尤其是中高技术制造业的高端生产环节的转移现象并不显著。其主要原因在于，中高技术制造业生产更为复杂，对基础设施和配套产业体系的要求更高，较难转移到东南亚地区。

（二）东南亚地区产业链对中国依赖度较高，与中国互补性突出

东南亚地区产业链对中国的依赖度较高。东南亚地区在产业分工和出口产品的价值增值过程中，对中国的依赖度总体上呈现明显的上升态势。2007~2018年，东南亚地区总出口的增加值中，来自中国的增加值比重显著上升，而来自欧盟的增加值比重显著下降。2019年，受中美贸易摩擦的影响，中国部分产业链转移到东南亚或者北美地区，导致东南亚地区总出口中来自中国的增加值比重出现下降。但是，随着中美贸易摩擦缓和以及中国新冠肺炎疫情防控形势向好，2020年东南亚地区出口贸易中含有中国的增加值比重显著上升，达到了3.84%。2020年中国的增加值占比与欧盟越来越接近，更是高于美国、日韩，并且也超过了中美贸易摩擦之前的水平。分解来看，在东南亚的低技术、中高技术制造业出口中，中国的占比总体上也呈现出相似的特点。尤其是在东南亚的中高技术制造业出口中，来自中国增加值的占比已经非常接近于欧盟。

东南亚与中国在产业链价值链上的关联度高、互补性突出。在中国对各个地区的出口中，对东南亚国家出口的中间品占比显著高于其他地区。同时，东南亚地区对中国出口的中间品占比，长期来看总体上也高于其他地区。并且中国、东南亚国家的供应链也表现出较高的关联度。进一步的数据分解显示，与中国对全世界的总出口相比，在中国对东南亚地区的总出口中，国内增加值占比接近世界平均水平，中间品占比高于世界平均水平，通过中间品

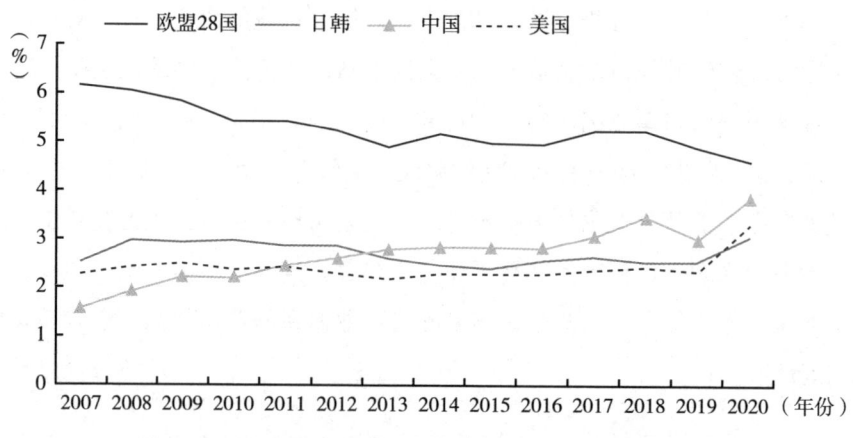

图4　东南亚地区出口贸易中含有主要地区的增加值占比

资料来源：ADB-MRIO数据库，笔者计算。

出口被进口国或第三国吸收的占比也高于世界平均水平。这表明中国与东南亚地区的价值链关联度高于中国一般对外的价值链关联度，中国和东南亚地区之间存在明确的产业链分工——中国向东南亚地区出口更多的中间品，被东南亚地区加工组装成最终品后销往本地市场或第三国。这与前文的相关发现也是一致的。

专栏：越南能否替代中国成为"世界工厂"？

在全球产业链重塑过程中，越南最显著的优势在于其国内外的政策环境友好程度显著上升。从国内政策环境来看，越南正处于重要的历史性改革进程中，其政府专注于开放、放松管制和私有化以推动经济增长。在此背景下，越南通过简化法律和整肃官僚体系，为吸引外国投资创造了更好的营商环境，对国内外投资者的吸引力日益提升。根据经济学人智库的数据，越南在外国直接投资政策方面得分为6分，高于中国和印度的5.5分；在外贸和外汇管理政策方面得分也明显高于中国和印度。企业的实际税负方面，越南也明显低于中国、印度和墨西哥。相对而言，印度的官僚主义、墨西哥的腐败问题对其营商环境都有较大负面影响。在此背景下，除了2022年初的特殊情况外，近年来越南吸引FDI呈现大幅度上升趋势。

从国际政策环境来看，2017~2022年，越南对外开放取得重大进展，先后启动或加入了全面与进步跨太平洋伙伴关系协定（CPTPP）、欧越自贸区、区域全面经济伙伴关系协定（RCEP）、印太经济框架（IPEF），再加上越南本身就一直处于东南亚国家联盟（ASEAN），这些国际经贸合作协议覆盖了中国、美国、欧盟、日本、东盟等几乎所有主要经济体，这为越南深度参与全球生产分工提供了得天独厚的政策环境。此外，越南在全球价值链中的地位相对印度更高。越南最主要的出口产品包括电气机械和设备、服装、鞋类以及机械设备，占六成以上，相比之下，印度的主要出口产品则是低技术制造产品，如矿物燃料、宝石等。

但是长期来看越南对中国的"世界工厂"地位的挑战能力有限，最大的约束条件是其人口和经济体量较小。越南人口不到1亿，不仅少于墨西哥的1.3亿，而且比中国、印度14亿人口少了一个数量级。经济腹地较为狭小，制约了其在全球产业链中的发展空间。与此背景相关，越南工业部门不齐、偏向于轻工业，缺乏重化工业能力。同时越南本土严重缺乏世界级企业。越南尚没有自己的世界500强企业，而印度有7家、中国有143家。这意味着越南在面临外资企业涌入的同时，缺乏承接外来企业溢出效应的能力。在此条件下，外资企业的大量涌入，反而可能抑制越南本土企业的成长。一直以来，外资企业出口在越南出口中的占比都在70%上下，而加工贸易在越南出口中的占比则更高。

特别是在越南承接的FDI中，有相当部分是转移自中国内地，这也意味着其与中国供应链的相互依存关系实际上是增强了。从笔者计算的中越双向出口竞争指数也可以看到，越南相对于中国的竞争力仍然处于较低水平。其中，中国对越南出口的竞争压力指数为85.5%，越南对中国出口的竞争压力指数只有9.3%。也就是说，在海关HS6位码的5000多种商品分类中，越南每出口100元的商品，中国出口的相同分类产品有85.5元；而中国每出口100元的商品，越南仅出口9.3元的同类产品，甚至这9.3元中也有部分来自在越南中资企业的出口。在中越竞争中，中国处于绝对主导的优势地位，无须过度担心来自越南的竞争压力。

中越经贸关系的互补性也十分突出。作为一个经济体量比我国广西还小了近20%的经济体，越南自中国的进口从21年前的8亿美元增加到2021年的1260亿美元，增长了156.5倍，一跃成为中国第四大出口目的地，仅次于美、日、韩。2020年，越南甚至一度超过韩国，成为中国第三大出口目的地。中国对越南的高额出口、巨大顺差本身也说明越南更像是中美之间的一个重要缓冲地带，而不是扮演替代中国"世界工厂"地位的角色。

四 中国应对产业链外移过程中面临的挑战和有利条件

当前我国面临的产业链外移，其中既有经济方面的挑战，更有百年变局背景下非经济方面的挑战。在经济因素方面，有要素成本上升、绿色低碳化趋势等新的冲击；在非经济因素方面，则包括了国家安全边界泛化，以及所谓的"民主人权""友岸外包""价值观贸易"等因素。

（一）产业链外移的挑战：经济和非经济因素

如果仅仅是过去的由经济因素驱动的产业链外移，这对于中国而言挑战有限甚至还会推动我国产业结构升级。中国企业家对新的经济环境、新的技术、新的市场偏好的适应能力都很强。例如在绿色产业领域，中国企业已经在全球产业链、供应链中占据了引人注目的地位。在太阳能组件、多晶硅、风能、电动车等领域，中国产能在全球的占比处于领先地位。2022年3月，哈佛大学肯尼迪政治学院 Allison 教授等完成的报告揭示了这些数据。比如，在太阳能组件领域，中国产能占全世界的3/4以上。在电动车领域，中国占比也超过了40%。[1]

当然，也要避免又出现新一轮产能过剩，同时要与国际竞争对手实现共赢、共享，这也是人类命运共同体理念的体现。另外也要看到，我国企业在

---

[1] Graham Allison, Nathalie Kiersznowski, Charlotte Fitzek, "The Great Economic Rivalry: China vs the U.S.," Avoiding Great Power War Project, BELFER Center for Science and International Affairs, Harvard Kennedy School, March 2022.

新能源产业链中处于中端、低端的情况较多,在研发设计等高附加值环节还需要继续努力进取。不过就经济竞争因素本身而言,中国的产业链在很多新兴技术领域实际上是巩固了,而不是弱化了。

在此过程中会发生"水满则溢"的情况。在我国实现产业链升级、重塑的同时,自然会发生一定程度、一定范围的产业链外移。从某个重要国家外资企业的数据来看,其在中国低端产能的扩张速度明显慢于越南、印度,但是在高附加值领域,其在中国的产能扩张速度则明显快于越南、印度。换个角度来看,由于发展阶段变化、要素禀赋优势变化,中国对低附加值外资的吸引力确实相对下降,但是中国对高附加值投资仍然有较强的吸引力。

但是在现阶段,除了经济因素外,我国还面临着更多非经济领域的挑战。比如,美国所谓的"民主人权""友岸外包""价值观贸易"等影响因素。这些非经济因素给我国产业链的巩固带来了额外压力。前文也对这些非经济因素带来的挑战做了比较详细的背景介绍。在非经济因素中,国家安全问题泛化是一个比较具有根本性的挑战。

近些年来,国家安全问题泛化既有主要大国之间互信程度下降的原因,也有国家安全边界日益模糊化的技术原因,在一定条件下,这两方面的原因还会互相强化,导致国家安全问题泛化更趋严重。其中,国家安全边界日益模糊化的这个技术条件的冲击,可以放到全球化三个阶段的背景下来加以理解。

从跨境流动的载体来看,全球化第一阶段是跨境商品流动,其本质是跨境消费一体化。在此基础上,第二阶段跨境资本流动开始盛行,其本质是跨境生产一体化。此后第三阶段则是跨境信息流动大行其道。特别是 2010 年以来,伴随着移动终端、手机互联网的快速发展,在此背景下,跨境信息流动成为全球化的重要载体,全球化的最新趋势即表现为跨境信息流动。[①]

这就产生了一个新的问题,国家安全边界与以前截然不同了。在前两个阶段,由于全球化的载体是跨境流动的商品、资本,其根本上都对应着实物

---

① 东艳、徐奇渊等:《直面中美贸易冲突》,中国社会科学出版社,2021。

的跨境流动，可以通过物理、化学方法对国家安全边界进行明确的、精准的定义。例如，根据飞机机身材料的强度不同可以对军品、民品进行明确的定义。或者即使是管制产品，也可以对其数量、去向进行明确的管控和追踪。这样国家安全边界就得到了比较清晰的界定。但是与商品、资本的跨境流动不同，跨境信息流动包括每个用户信息、每台终端信息，这些海量数据或者是关键数据在分析处理之后既可能民用也可能会延伸为军用或其他用途，甚至会影响到其他国家的安全。在信息全球化的背景下，军民两用技术的边界越来越模糊，国家安全边界也更加容易出现泛化倾向。

同时，现有的世界贸易组织（WTO）这类国际经贸问题解决机制，主要针对的是第一阶段的全球化，也就是针对跨境商品流动时期出现的关税冲突。当然，WTO也能解决第二阶段的全球化的一部分问题，但仅为与贸易相关的投资、知识产权等内容，对于产业政策、国有企业等问题，WTO的功能也较弱。特别是进入全球化的第三阶段，在跨境信息流动全球化背景下，WTO就更缺乏影响力。而国际货币基金组织、世界银行等机构主要也是治理资金流动、使用方面的问题。当前全球治理中面临这样一个挑战——全球经贸治理规则无法有效处理跨境数据流动问题，国际经贸规则严重滞后于全球化进展，不能再适应当前全球化快速发展新趋势，因此全球化也出现了回调。这个问题类似于生产力和生产关系的相互作用。

在此背景下，政治互信程度高的国家之间，其国家安全边界模糊化的冲击就较小，但是对于中美这样的大国关系冲击还是比较大的。所以，一些新兴科技行业面临一定程度的脱钩风险。而这些新兴科技领域的冲突以及国家安全问题泛化，还会进一步延伸至传统经贸领域，使双边经贸关系进一步紧张。在此背景下，我们就看到了部分产业链外移的挑战会进一步严峻。因此需要更大的智慧，一方面去尝试改善外部环境，加强我国与尽可能多的国家的互信程度；另一方面，使WTO等现有国际治理机制发挥更大的作用，或者创立新的协调机制、国际平台以及新的国际技术标准，对跨境信息流动的军民用途进行更加明确的界定，从而缓解国家安全问题泛化困境。

（二）中国巩固产业链的有利因素

在巩固产业链方面，我国也有一些特殊的有利条件。首先，对于企业而言，我国的投资收益率较高。从某个重要国家商会的全球数据来看，2015~2021年该国企业在中国的投资收益率是最高的，近年来维持在15%左右，如果其在华企业迁移到东南亚国家，这就意味着每年的投资收益率减少6个百分点左右，如果迁移到北美、欧洲地区，投资收益率将下降9个百分点。与东南亚国家相比的结果，和基于单位产出劳动力成本（ULC）角度的分析结果一致，东南亚国家虽然绝对用工成本较低，但是劳动生产率较低，因此从ULC角度来看，其竞争力未必强于中国。

其次，中国市场规模快速扩大，规模优势也日益强化。在华外企的业务可以分为外销、内销。2006年，外资企业在华销售额只有799亿美元，而出口金额有5600多亿美元，外销是内销的7倍。到2016年两者开始持平，都在9000亿美元左右。再到2020年，外资企业的内销已经达到1.4万亿美元，而出口仍然维持在9000亿美元。总体上，在华外资企业的"在中国、为中国"（in China for China）战略已经确立。在此背景下，美国对中国加征关税只会影响到外资企业在华业务中的一小部分甚至是出口中的一小部分，而对外资企业在中国的销售不会产生直接影响。所以要重视扩大内需、发挥我国超大规模市场优势，这也是符合我国对国内大循环的角色定位。与此同时，外资企业也比以往任何时候都更加看重在华销售了。

最后，近年来国际经济政治不确定性明显上升，对外资企业、民营企业的信心产生了较大影响。这在一定程度上对冲了我国市场规模巨大、投资收益率较高的优势。2022年10月党的二十大报告提出，将"基本实现国家治理体系和治理能力现代化"作为我国长期发展的总体目标之一。国家治理体系和治理能力现代化至为重要，通过上层建筑与经济基础辩证关系发挥作用，其将为市场微观主体提供更为稳定、可预期的营商环境，并对巩固我国产业链起到长期、根本性的支撑作用。

五 做好自己的事情，同时继续推进高水平对外开放

从国内视角来看，做好自己的事情仍然是最重要的政策着眼点。任何国家能否在全球产业链中保持核心地位，主要不是靠打压竞争对手做到的，而是靠做好自己的事情、增强自己的产业竞争力。例如美国特朗普政府从2018年开始打压中国的出口贸易，而事实上2018年以来中国出口在全球的份额不断上升、屡创历史新高。同样，要应对产业链外移的压力，从积极应对的角度来说就需要继续做好自己、不断实现产业升级、推动产业竞争力提升。正如前文提到的，中国企业家特别善于面对新挑战、适应新环境、利用新技术，只要提供适宜的政策引导和竞争环境，中国企业完全可以在国际竞争中脱颖而出、站稳脚跟。同时，只要把国内的科技创新、产业升级做好，中国在全球供应链中的中心地位仍然是稳固的。相反，即使出于某些原因越南、印度等国家赶超和替代中国经济未能获得成功，这也无助于中国在更前沿的技术领域、产业领域取得突破。所以，我们一定要保持开放包容的心态、加强国际合作，进一步改善营商环境、保护企业家精神，同时通过扩大内需为产业升级提升良好的宏观经济环境。

从国内区域视角来看，鉴于我国东、中、西部发展不平衡，要素跨区域流动和配置不充分，产业链在不同区域间的转移依然存在较大的经济势能，要避免低技术制造业和生产环节过快地对外转移，平衡国内东部地区产业链向中西部地区的转移和向国内周边地区的转移，增强中西部地区承接东部地区产业链转移的能力。同时，我国正处于价值链从中低技术制造业向中高技术制造业攀升的关键期，跨国公司将中高技术制造业或中高技术环节、研发中心等从我国迁移到周边地区势必将影响我国的产业升级进程。正如前文所述，这方面我国的部分行业正面临一些挑战。因此，我国要进一步推动高水平制度型开放，加快对外开放高地建设和统一大市场建设，以市场潜力和产业链完备性优势留住高新技术产业领域的外资，同时，利用中高技术制造业对外转移的迟滞期，加快突破核心产品技术。发达国家产业链外移的经验表

明，产业过度空心化和制造能力丧失会导致创新能力丧失，制造能力支撑着一系列产品创新，一旦丧失就很难重建。因此，也要避免一个行业产业链的整体外移，以及关键工序、原材料、零部件、工艺流程等的外移，要能够做到"迁得出，转得回"。

从国际视野来看，我们需要继续推进高水平对外开放，深度参与全球产业分工和合作。近年来美国重塑全球产业链的国家战略经历了"产业回流""近岸外包""友岸外包"三个阶段。在此过程中，美国撬动盟友和一些中间国家来改变全球产业链甚至冲击中国的"世界工厂"地位。

在全球产业链中，我国要顺势而为，加强与东南亚国家等中间缓冲地带国家的经贸联系。推动我国和越南等东南亚国家更为广泛的经贸合作，推动东南亚国家的经济融入我国的生产网络，使我国企业能够更多分享全球化红利。短期内在华企业向越南等东南亚地区转移速度较快，但对此不必过于担忧。例如，越南人口、市场体量小，缺乏完整工业体系、缺乏本土的世界级企业，未来更有可能形成包括中资在内的外资企业主导格局。我国企业可以积极布局，在越南推动形成包括中资企业在内的外资企业发挥重要影响力的经济格局。同时，推动建设我国"西部大通道"，将其发展成为与我国珠三角、东南亚形成良性互动的新区域产业链集群，充分利用好东南亚国家作为中美之间经济缓冲地带的作用。

进一步，中国与东亚区域的产业链合作也具有重要意义。欧洲、北美、东亚是全球三大区域生产网络，在一定程度上东亚区域生产网络的深化、相互依赖程度的加深，也将与中国的"世界工厂"地位形成良性互动。事实上，印度放弃成为RCEP创始成员国，也是放弃了深度参与东亚区域生产网络的机会。我们要吸取印度的教训，在东亚地区积极推动产业链和供应链合作，进一步提升东亚地区的经贸合作水平，推动RCEP等区域经贸规则的升级和发挥更大作用。同时，积极向更高标准的国际经贸规则（如CPTPP）看齐，通过对标更高标准的规则来倒逼经济进一步深化改革与开放。

参考文献：

崔晓敏、熊婉婷、杨盼盼、徐奇渊:《全球供应链脆弱性测度——基于贸易网络方法的分析》,《统计研究》2022年第8期。

东艳、徐奇渊等:《直面中美贸易冲突》,中国社会科学出版社,2021。

王直、魏尚进、祝坤福:《总贸易核算法:官方贸易统计与全球价值链的度量》,《中国社会科学》2015年第9期。

徐奇渊:《全球产业链重塑背景下的产业外移》,《金融论坛》2022年第8期。

Graham Allison, Nathalie Kiersznowski, Charlotte Fitzek, "The Great Economic Rivalry: China vs the U.S.," Avoiding Great Power War Project, BELFER Center for Science and International Affairs, Harvard Kennedy School, March 2022.

Janet L. Yellen, "A Special Address on the Future of the Global Economy and US Economic Leadership," at the Atlantic Council, on April 13th, 2022.

Katherine Tai, "A Conversation with Ambassador Katherine Tai, U.S. Trade Representative, " https://www.csis.org/analysis/conversation-ambassador-katherine-tai-us-trade-representative, October 4, 2021.

Koopman R. and Wang Z., "Tracing Value-Added and Double Counting in Gross Exports," *American Economic Review*, 2014,104(2).

Wang Z., Wei S. J. and Zhu K., "Quantifying International Production Sharing at the Bilateral and Sector Level," NBER Working Paper No. 19677, 2013, http://www.nber.org/papers/w19677.

B.16
中国服务业发展形势分析、展望及政策建议

刘玉红[*]

摘 要： 2022年前三季度，面对复杂严峻的国际环境和国内疫情带来的严重冲击，服务业顶住压力，主要指标边际改善，第三季度以来恢复步伐加快，发展动能稳步提升，企业景气指数企稳向好。总体来看，我国经济呈恢复向好态势，但当前国内外不确定、不稳定因素依然较多，保市场主体和就业压力仍然较大，服务业恢复基础需要继续巩固。未来，我国服务业将在疫情防控常态化下持续恢复，新动能继续增强。对此，要推动稳经济一揽子政策及接续政策措施落地见效，巩固服务业发展基础，促进服务业平稳恢复。

关键词： 服务业 企业 新动能

一 服务业平稳发展

2022年前三季度，服务业运行总体延续恢复性增长态势，主要指标边际改善，新动能支撑作用显著。

（一）服务业经济逐步恢复

1. 服务业经济运行有所改善

2022年第一季度、上半年和前三季度服务业增加值分别增长4.0%、1.8%

---

[*] 刘玉红，国家信息中心经济预测部。

和2.3%，服务业对经济增长的贡献率分别为49.6%、40.6%和41.9%。前三季度，服务业增加值465300亿元，服务业增加值占国内生产总值的比重为53.5%，高出第二产业13.3个百分点。服务业拉动国内生产总值增长1.3个百分点。其中，第三季度服务业增加值160432亿元，同比增长3.2%，增速比第二季度上升3.6个百分点。

2. 企业生产经营平稳增长

随着稳经济政策不断落地显效，2022年前三季度，服务业生产指数同比增长0.1%。从单月数据看，4月、5月的疫情多点散发导致服务业生产指数出现负增长，6月开始服务业生产指数恢复正增长，9月同比增长1.3%。企业生产经营收入增速加快。1~8月，全国规模以上服务业企业营业收入同比增长5.1%，比1~7月提升0.9个百分点。其中，信息传输、软件和信息技术服务业增长8.2%，卫生和社会工作增长8.7%。

3. 服务业景气水平总体稳定

2022年以来，服务业商务活动指数最低值出现在4月，仅为40%，此后逐步回升，9月受到疫情影响指数仅为48.9%，再次回落至临界点以下。从行业情况看，生产性服务业商务活动指数位于扩张区间，其中邮政、电信广播电视及卫星传输服务、货币金融服务等行业商务活动指数均高于60.0%，业务总量增长较快；生活性服务业商务活动指数降至收缩区间，是9月服务业景气指数回落的主要原因，其中零售、航空运输、住宿、餐饮、居民服务等接触型聚集型服务行业商务活动指数均低于45.0%，回落幅度较大。从市场预期看，业务活动预期指数为56.1%，低于上月1.5个百分点，仍位于较高景气区间，其中邮政、电信广播电视及卫星传输服务、货币金融服务、保险等业务活动预期指数均位于60.0%以上的高位景气区间，企业对行业恢复发展持有信心。

（二）服务业发展势头良好

1. 服务业支持经济作用明显

金融供给侧结构性改革持续深化，金融稳定保障基金的基础框架初步确

表 1　2022 年 2~9 月服务业生产经营相关统计指标

单位：%

月度	增加值增速	固定资产投资增速	规上企业营业收入增速	生产指数	商务活动指数
2月			13.6	4.2	50.5
3月	4.0	6.4	9.0	−0.9	46.7
4月			4.2	−6.1	40.0
5月			4.6	−5.1	47.1
6月	1.8	4.0	4.4	1.3	54.3
7月			4.2	0.6	52.8
8月			5.1	1.8	51.9
9月	2.3	3.9		1.3	48.9

注：服务业增加值增速、固定资产投资增速和规上企业营业收入增速为累计增速。
资料来源：根据统计局数据整理，部分数据尚未公布。

立，首批 646 亿元资金筹集到位。第三支柱养老保险规范发展，专属商业养老保险试点区域扩大到全国，养老理财认购金额超 600 亿元。2022 年以来，我国假日市场明显恢复，2022 年国庆节假期全国国内旅游人数达 4.22 亿人次，实现国内旅游收入 2872.1 亿元。

2. 服务业新动能引领作用不断增强

疫情以来，新动能已成为引领服务业复苏的重要力量，尤其是 2022 年上半年在服务业复苏缓慢的背景下，其表现依然亮眼。前三季度，信息传输、软件和信息技术服务业与金融业增加值同比分别增长 8.8% 和 5.5%，合计拉动服务业增加值增长 1.5 个百分点。9 月，信息传输、软件和信息技术服务业与金融业生产指数同比分别增长 8.5% 和 4.9%，共拉动当月服务业生产指数增长 1.7 个百分点。

3. 服务业新业态持续活跃

2022 年前三季度，社会消费品零售总额同比增长 0.7%。新型消费较快发展，实物商品网上零售额同比增长 6.1%，明显快于社会消费品零售总

额，继续保持较快增长态势；占社会消费品零售总额的比重为25.7%，比1~8月提高0.1个百分点。从与网购密切相关的邮政快递业发展情况看，前三季度快递业务量与业务收入同比分别增长4.2%和3.5%。前三季度，移动互联网累计流量达1904亿GB，同比增长18.4%。前三季度，新兴业务收入快速增长，为2329亿元，同比增长33.4%，拉动电信业务收入增长5.3个百分点。工业软件快速普及，工业软件产品收入1636亿元，同比增长9.0%，占软件产品收入的比重达9.0%。

（三）服务业投资稳步增长

1. 高技术服务业投资增势较好

受到基数影响，服务业投资同比增速有所回落，2022年第一季度、上半年和前三季度服务业投资分别增长6.4%、4.0%和3.9%。2022年以来高技术服务业投资增势较强，第一季度和上半年分别增长14.5%和12.6%，前三季度增长13.4%，高出全部服务业投资9.5个百分点。分行业看，电子商务服务业投资继续领跑，2022年各月增速均保持在30%以上，前三季度实现45.1%的增速；前三季度科技成果转化服务业和研发设计服务业投资也分别增长22.1%和18.7%。

2. 高技术服务业吸收外资继续保持较大增幅

2022年服务业继续成为国外对华投资的热点领域，前三季度服务业实际使用外资7414.3亿元，同比增长6.7%，占全国实际使用外资金额的73.9%；高技术服务业实际使用外资同比增长27.9%，比服务业实际使用外资增速高21.2个百分点。

表2　2022年1~9月服务业投资相关数据

单位:%

月度	服务业	高技术服务业	电子商务服务业	研发设计服务业	科技成果转化服务业	服务业实际使用外资	高技术服务业实际使用外资
1月						12.2	24.6
2月		16.0		22.4	17.9	24.0	74.9

续表

月度	服务业	高技术服务业	电子商务服务业	研发设计服务业	科技成果转化服务业	服务业实际使用外资	高技术服务业实际使用外资
3月	6.4	14.5	33.5		19.0	17.1	57.8
4月		13.2	35.6	21.1	21.9	12.5	48.3
5月		10.8	34.0	20.1	14.9	10.8	45.4
6月	4.0	12.6	52.4		13.6	9.2	34.4
7月		14.3	47.6		16.2	10.0	31.8
8月		14.2	44.9	16.9	20.0	8.7	31.0
9月	3.9	13.4	45.1	18.7	22.1	6.7	27.9

注：所有指标增速均为累计增速。
资料来源：统计局和商务部网站相关数据整理，部分数据缺失。

（四）服务贸易结构继续优化升级

1. 我国服务贸易保持良好增长态势，服务出口整体好于服务进口

2022年1~8月，我国服务进出口总额39375.6亿元（人民币，下同），同比增长20.4%。分结构看，2022年服务出口表现明显好于进口，1~8月服务出口总额19082.4亿元，同比增长23.1%；进口总额20293.2亿元，同比增长17.9%。服务出口总额增幅大于进口总额5.2个百分点，带动服务贸易逆差下降29.5%至1210.8亿元。

表3　2022年2~8月我国服务贸易相关情况

单位：亿元，%

月度	服务进出口总额	服务进出口总额增速	服务出口总额	服务出口总额增速	服务进口总额	服务进口总额增速	服务贸易逆差	服务贸易逆差增速
2月	9534.8	33.5	4675.8	39.4	4859.0	28.3	183.1	-57.6
3月	14569.9	25.8	7139.8	30.8	7430.1	21.3	290.3	-56.4

续表

月度	服务进出口总额	服务进出口总额增速	服务出口总额	服务出口总额增速	服务进口总额	服务进口总额增速	服务贸易逆差	服务贸易逆差增速
4月	19074.9	21.9	9332.6	25.1	9742.3	19.1	409.7	-43.1
5月	23653.6	22	11517.9	26.3	12135.7	18.2	617.8	-46.0
6月	28910.9	21.6	14059.5	24.6	14851.4	18.9	791.9	-34.3
7月	33922.1	20.7	16422.4	22.8	17499.7	18.9	1077.3	-20.1
8月	39375.6	20.4	19082.4	23.1	20293.2	17.9	1210.8	-29.5

注：所有数据均为累计值。
资料来源：商务部相关数据整理。

2. 服务贸易结构继续升级优化

2022年以来，知识密集型服务贸易始终呈现较好发展态势。1~8月，知识密集型服务进出口总额16432.7亿元，增长11.4%，占全部服务进出口总额的41.7%。知识密集型服务出口总额9297.9亿元，同比增长15.7%，出口增长

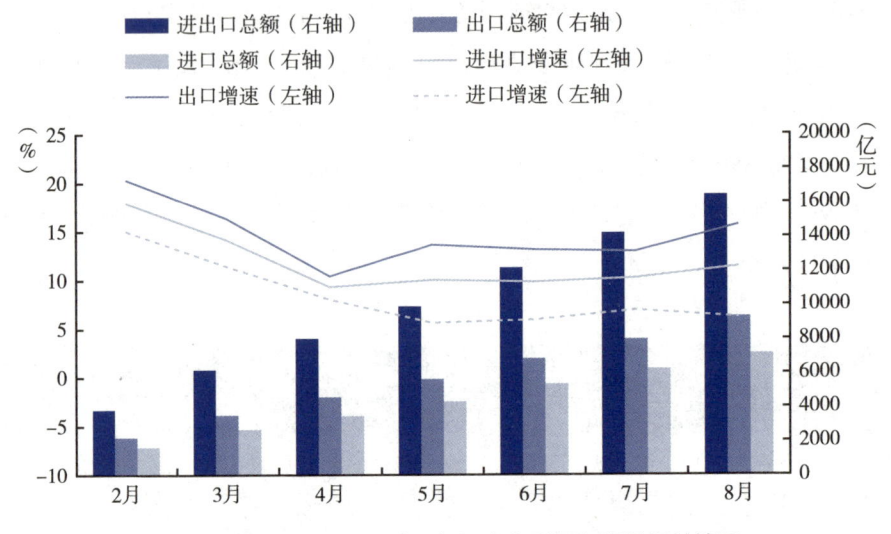

图1 2022年2~8月我国知识密集型服务贸易相关情况

注：所有数据均为累计值。
资料来源：根据商务部相关数据整理。

较快的领域是知识产权使用费、电信计算机和信息服务,同比分别增长24%、18.4%；知识密集型服务进口总额7134.8亿元,同比增长6.2%；进口增长较快的领域是保险服务,同比增长64.4%。

3. 旅行服务进出口继续恢复

2022年以来,受全球旅游业局部升温以及基数较低影响,我国旅行服务进出口呈现回暖态势。2022年2月逆转2020年以来的负增长态势,首次实现正增长,当月增速16.9%,此后增速有所放缓,1~8月保持了7.1%的增长,累计实现服务进出口5426.6亿元。剔除旅行服务,1~8月我国服务进出口增长22.8%,与2019年同期相比,服务进出口增长51.9%。

4. 服务外包产业平稳增长

2022年1~9月,我国企业承接服务外包合同额13794亿元,执行额9471亿元,同比分别增长12.9%和12.6%。从业务结构看,1~9月,我国企业承接离岸信息技术外包（ITO）、业务流程外包（BPO）和知识流程外包（KPO）执行额分别为2411亿元、914亿元和2178亿元,同比分别增长4.1%、12.6%和15.2%。其中,新能源技术研发服务、信息技术解决方案服务、互联网营销推广服务等离岸服务外包业务增速较快,同比分别增长160.0%、128.5%、58.9%。

二 服务业行业结构分析

（一）信息通信业加速发展,推动新一代信息技术与实体经济深度融合

1. 信息通信业发展平稳

2022年第一季度、上半年和前三季度,我国信息传输、软件和信息技术服务业增加值增速分别为10.8%、9.2%和8.8%,前三季度增加值增速高于同期服务业增速6.5个百分点。1~9月信息传输、软件和信息技术服务业生产指数较为稳定,年内低点出现在5月,仅为8%,9月为8.5%。电信业务收入实现稳步增长,前三季度,电信业务收入累计完成11971亿元,同比增长8.2%,按照上年不变价计算的电信业务总量同比增长21.7%。2022年以来信息传输、

软件和信息技术服务业固定资产投资增长较快。

2. 信息服务业收入呈现分化

一是互联网业务收入小幅下降。1~8月，我国规模以上互联网和相关服务企业（以下简称"互联网企业"）完成互联网业务收入9881亿元，同比下降0.8%。其中信息服务领域企业收入和网络销售领域企业收入均呈现增长趋势，而生活服务领域企业收入持续下降，1~8月同比下降23.7%。二是软件业务收入快速增长。前三季度，我国软件业务收入74763亿元，同比增长9.8%。其中，信息技术服务收入48681亿元，同比增长10.1%，在全行业收入中占比为65.1%。三是电信业务收入增速有所放缓。但新兴业务收入快速增长，三家基础电信企业1~8月共完成新兴业务收入2329亿元，同比增长33.4%，占电信业务收入的19.5%，拉动电信业务收入增长5.3个百分点。

表4　2022年2~9月信息传输、软件和信息技术服务业相关增速数据

单位：%

月度	增加值	生产指数	固定资产投资	互联网业务收入	软件业务收入	电信业务收入
2月		16.3	22.1	5.1	11.6	9.0
3月	10.8	12.8	6.0	1.4	11.6	9.3
4月		10.3	7.4	2.7	10.8	8.8
5月		8.0	16.2	1.8	10.6	8.5
6月	9.2	10.5	21.6	0.1	10.9	8.3
7月		10.3	21.5	-0.6	10.3	8.3
8月		8.9	27.2	-0.8	9.8	8.2
9月	8.8	8.5			9.8	8.2

注："生产指数"为当月增速，其他指标均为累计增速。

资料来源：根据统计局、工信部各月月报整理，部分指标尚未公布。

3. 数字经济对经济增长的拉动作用不断增强

一是数字产业规模持续提升。2022年以来，网上购物、在线教育、远程

医疗等"非接触经济"全面提速，数字产业保持良好增长势头，为经济发展注入了强劲动力。前三季度，电子信息制造业、软件业、通信业和互联网的收入总规模接近12万亿元，平稳向好发展态势明显，产业韧性持续增强。二是产业数字化转型进程提速。"5G+工业互联网""512工程"向纵深推进，截至2022年第二季度，建设项目超过3100个，其中第二季度新增项目700个。实施智能制造工程，孵化解决方案供应商已经超6000家，服务范围覆盖90%以上制造业领域，规模以上工业企业关键工序数控化率和数字化研发设计工具普及率分别达到55.7%和75.1%，传统产业数字化转型进程进一步提速。

4. 信息基础设施持续完善

2022年9月，我国已建成全球规模最大的光纤和移动宽带网络，光纤化改造全面完成，4G网络覆盖城乡，5G网络加快发展。截至9月，我国5G基站总数达210.2万个，占移动基站总数的19.8%，较上年末提升5.5个百分点。其中2022年1~8月新建5G基站67.7万个。工业互联网标识解析五大顶级节点稳定运行，二级节点覆盖29个省（区、市）。全国已实现"村村通宽带""县县通5G""市市通千兆"。加快推进融合应用，5G全连接工厂建设进一步提速，工业互联网在制造业各领域得到广泛应用。推动信息通信业节能降耗，行业绿色低碳发展加速，目前5G基站单站址能耗已比商用初期降低超过20%，全国规划在建的大型以上数据中心平均设计PUE（电能利用效率）已降到1.3以下。

（二）金融业稳增长、化风险，全力支持稳住宏观经济大盘

1. 金融业发展势头良好

2022年第一季度、上半年和前三季度，我国金融业增加值增速分别为5.1%、5.5%和5.5%，前三季度增速高于同期服务业增加值增速3.2个百分点。2022年第二季度末，我国银行业金融机构本外币资产总额367.7万亿元，同比增长9.4%；保险公司总资产26.6万亿元，较年初增加1.8万亿元，较年初增长7.0%。商业银行累计实现净利润1.2万亿元，同比增长7.1%。保险公司

273

原保险保费收入2.8万亿元，同比增长5.1%。赔款与给付支出7768亿元，同比增长3.1%。新增保单件数242亿件，同比增长9.5%。金融市场对外吸引力进一步增强，截至2022年5月末，外资银行在华设立了41家外资法人银行、116家外国银行分行和134家代表处，营业性机构总数919家，境外保险机构在华共设立了67家外资保险机构和80家代表处。

表5 2022年2~9月金融业相关数据

月度	增加值增速（%）	生产指数	商业银行利润（亿元）	商业银行不良贷款率（%）	保险公司原保险保费收入（亿元）	保险公司平均综合偿付能力充足率（%）
2月						
3月	5.1	5.5	6594.53	1.69	17811	232.1
4月		5.5				
5月		5.5				
6月	5.5	6.8	12216.7	1.67	28481	224.2
7月		4.9				
8月		4.8				
9月	5.5	4.9				

注："增加值增速"为累计增速，"生产指数"为当月值，"商业银行利润"和"保险公司原保险保费收入"为累计值，"商业银行不良贷款率"和"保险公司平均综合偿付能力充足率"为期末值。
资料来源：根据统计局、银保监会月报、季报整理，部分9月数据尚未公布。

2. 全力支持稳增长稳市场主体稳就业

2022年上半年，人民币贷款同比多增9192亿元，银行保险机构新增债券投资6.6万亿元，同比多增3.3万亿元。6月末普惠型小微贷款同比增长22.6%，综合融资成本继续下降，上半年全国新发放普惠型小微企业贷款利率5.35%，较2021年全年下降0.35个百分点。支持适度超前开展基础设施建设，上半年基础设施贷款增加2.6万亿元。促进消费持续恢复，居民消费贷款增加1589亿元。6月末，保障性安居工程贷款余额6.3万亿元，涉农贷款余额47.1

万亿元。

3. 助力经济转型升级高质量发展

支持银行更好地服务科技创新和"专精特新"企业，科学研究服务业贷款增速超过30%。推动金融服务制造业高质量发展，上半年制造业贷款增加3.3万亿元，同比多增1.6万亿元，其中高技术制造业同比增长28.9%。助力能源保供、供应链稳定和绿色低碳转型，发布《银行业保险业绿色金融指引》，21家主要银行绿色信贷余额18.6万亿元。按照信贷资金占绿色项目总投资的比例测算，现在的绿色信贷每年可支持节约标准煤超过5亿吨，减排二氧化碳当量超过9亿吨。出台《关于加强新市民金融服务工作的通知》，全力提升新市民金融服务质效。

4. 着力防范化解金融风险

继续加大不良资产处置力度，上半年处置不良资产1.41万亿元，同比多处置2197亿元。第二季度末，商业银行不良贷款余额2.95万亿元，较年初增加1069亿元，不良贷款率1.67%，较年初下降0.06个百分点。持续压降高风险影子银行业务，上半年委托贷款和信托贷款合计减少3806亿元。扎实推进中小银行改革化险，上半年，中小银行累计处置不良贷款5945亿元，比上年同期多处置1184亿元。银行业金融机构持续加大不良资产处置力度，上半年累计处置的不良资产较上年同期多处置接近2200亿元。第二季度末，商业银行拨备覆盖率203.8%，资本充足率14.87%。目前，保险公司平均综合偿付能力充足率224.2%，保持了较强的风险抵御能力。

（三）交通运输业稳中求进，适度超前开展交通基础设施建设，有力服务"六稳""六保"工作

1. 固定资产投资持续增长

2022年前三季度，完成交通固定资产投资2.7万亿元，同比增长6.3%。其中，第三季度同比增长5.7%、增速较第二季度加快0.8个百分点。分方式看，完成公路投资20573亿元，同比增长10.0%；完成水运投资1124亿元，同比增长6.4%。随着我国现代化高质量的国家综合立体交通网加快建设，前

三季度我国交通运输、仓储和邮政业固定资产投资实现6.0%的增长，其中铁路运输业、道路运输业和水上运输也分别增长-3.1%、2.5%和14.7%。

2. 营业性客运货运继续恢复

货运方面，2022年前三季度，完成营业性货运量376.6亿吨，同比下降2.0%，其中第三季度下降幅度较第二季度收窄3.7个百分点。从单月看，4月下降9.9%，为近两年来最大降幅，随着物流保通保畅政策效果不断显现，9月已基本恢复至上年同期水平，仅下降1.3%。前三季度，完成公路货运量276.5亿吨，同比下降4.4%；完成水路货运量62.9亿吨，同比增长4.7%。客运方面，前三季度，完成营业性客运量44.6亿人次，同比下降30.9%，与疫情前相比，第三季度恢复程度较第二季度提高8.9个百分点。其中，完成公路营业性客运量27.9亿人次，同比下降29.0%；完成水路客运量9197万人次，同比下降28.5%。前三季度，36个中心城市完成客运量320.4亿人次，同比下降19.2%，与疫情前相比，第三季度恢复程度较第二季度提高9.6个百分点。分方式看，公共汽电车、城市轨道交通、巡游出租车、轮渡客运量分别完成132.6亿人次、144.8亿人次、42.6亿人次、3259万人次，同比分别下降22.6%、15.1%、21.3%、28.6%。

3. 大宗商品货物吞吐量保障有力

2022年前三季度，全国港口完成货物吞吐量115.5亿吨，同比增长0.1%，其中由第二季度的同比下降2.9%转为第三季度的同比增长1.8%。分领域看，内、外贸吞吐量分别完成81.3亿吨和34.2亿吨，分别同比增长1.6%和同比下降3.3%。完成集装箱吞吐量2.2亿标箱，同比增长4.0%。

4. 物流市场发展韧性较强

2022年1~8月，全国社会物流总额216.4万亿元，按可比价格计算，同比增长3.2%。工业品物流总额同比增长3.6%，物流发展升级态势较为明显，8月汽车制造业物流需求同比增长超过30%，规模以上高技术制造业物流需求同比增长8.4%，持续高于工业物流增速，显示相关高技术领域物流需求动力升级提档。进口物流量降幅进一步收窄，1~8月进口物流总额同比下降6.8%，1~8月铁矿石、煤炭等进口物流量分别比1~7月降幅收窄0.3个和3.3个百分点；民生消费领域进口增速有所加快，1~8月医药产品增长16.6%，增速比1~7月加快2.6个百分点。物流供给平稳增长，服务能力持续恢复。1~8月物流业总收入达到8.2万亿元，同比增长5.8%，增速持续高于社会物流总额2.6个百分点。

表6 2022年1~9月交通运输业相关增速数据

单位：%

月度	交通固定资产投资	客运量	货运量	港口货物吞吐量	物流总额
1月		−17.29	−3.40		
2月	11.71	−9.92	3.77	2.7	7.2
3月	9.81	−22.52	1.46	1.6	6.2
4月	5.67	−33.25	−1.81	0.2	3.6
5月	4.9	−38.4	−2.30	−0.5	3.0
6月	6.7	−37.22	−2.22	−0.8	3.1
7月	6.3	−35.45	−2.03	0.1	3.1
8月	6.6	−31.21	−2.08	0	3.2
9月	6.3	−30.9	−2.0	0.1	

注：所有增速均为累计增速。
资料来源：根据统计局、发改委月报整理，部分数据未公布。

三 服务业恢复发展面临更复杂的环境和挑战

总体来看，我国经济呈恢复向好态势，但当前国内外不确定、不稳定因素依然较多，服务业恢复基础需要继续巩固。

（一）内需偏弱外需放缓，恢复基础尚不牢固

从国内看，服务业恢复面临的主要问题仍然是市场需求不足。9月，尽管消费品制造业需求较好释放，但受高温天气以及疫情多点散发等因素影响，市场需求仍偏弱，新订单指数为49.28%，虽较上月回升0.6个百分点，仍处

于50%以下。中国物流与采购联合会的企业调查显示，反映市场需求不足的制造业企业比重虽较上月下降0.3个百分点，仍位于54%以上的较高水平，从企业感受来看，当前国内市场需求仍然偏弱。装备制造业和消费品制造业的新出口订单指数分别为49.2%和48%，较上月分别下降1.2个和3.7个百分点，均下降至50%以下。综合来看，市场需求不足，经济回升动力偏弱。从国际看，全球经济由"胀"转向"滞"的衰退风险增加。当前美欧等主要央行的政策导向以控制通胀为主，可能使全球经济增长付出更多代价。加快紧缩还将加剧金融波动，若美联储紧缩过快或加大美国经济2023年的衰退概率，金融市场面临进一步调整；欧元区或面临金融分化加剧、部分国家债务风险积聚；新兴市场面临更大的资本外流和汇率贬值压力，并可能由此引发恶性通胀风险，而被迫收紧货币政策又会抑制国内仍未走完的经济复苏进程。

（二）服务业修复缓慢，就业形势严峻

疫情后经济修复将是一个漫长的过程，对于服务业来说尤为艰难。据统计，2019年，中国中小企业发展指数中的社会服务业指数为95.2%，疫情后，2020年2月指数骤降至77.2%，截至2022年9月，该指数也仅为88.3%，与疫情前水平相比差距仍近7个百分点，服务业尚未能恢复到疫情前的水平。随着我国工业化、城镇化水平的不断提高，服务业就业人员规模快速扩张，就业人员占比稳步攀升，已经成为吸纳就业的主导力量。服务业恢复缓慢导致我国就业形势严峻，2022年第二季度全国31个大城市城镇调查失业率创下历史新高，为6.5%，尽管第三季度有所回落仍高达5.6%；16~24岁年轻人的失业率最近两个季度连续创历史新高，第三季度达到了18.8%。9月我国服务业从业人员的PMI指数仅为46.3%，是仅次于2020年2月以及2022年4~5月的历史新低。

（三）中小企业压力较大，保市场主体仍需进一步加强

2022年以来，为保市场主体，政府推出了一系列退税缓费、融资支持、纾困稳岗、保通保畅政策，并取得了较好成效，但是在经济下行压力加大、

疫情影响持续的情况下，中小企业仍面临较大压力。9月，大型企业PMI为51.1%，较上月上升0.6个百分点，对宏观经济有较强的支撑作用，但中型企业PMI为49.7%，虽较上月上升0.8个百分点，仍位于50%以下，小型企业PMI为48.6%，仍低于49%。当前中小企业持续偏紧运行，困难较为突出，保市场主体、助力企业纾困工作仍需进一步加强。

四 2023年服务业发展特点和前景展望

疫情下，服务业发展面临的环境、受众及模式都有所变化，服务业未来的发展将更加关注新的用户需求且数字化元素更加鲜明。

（一）服务业的复苏更加适应疫情防控常态化模式

不同于制造业，服务业的生产消费同时性特点，决定其具有明显的聚集性、流动性和接触性等特征，受疫情影响更大。疫情对我国居民消费习惯产生的影响更加深远。例如，旅游行业恢复有限，整体跟团游市场仍被严控，虽然各类政策促出行链恢复的大逻辑不变，但旅行社对于出行半径的敏感程度高，消费者出行习惯也在疫情后逐步向自由行转变。消费方面，受疫情影响，居民人均可支配收入增速有所放缓，前三季度为27650元，实际增长3.2%，一方面导致消费支出重点向最基本的生活必需品转变，另一方面，也使得居民的谨慎性心理增强，消费性倾向降低，截至2022年9月末，我国住户存款规模为115.7万亿元，比年初增加了13.2万亿元，同比多增4.7万亿元。疫情防控常态化将倒逼服务业的发展必须适应新的消费模式，如线上与线下相结合、在服务中注入更多的数字元素、创新服务模式等。

（二）现代服务业支撑作用继续增强

疫情期间，以信息、科技等为代表的现代服务业保持了较好的增长势头，推动了服务业平稳增长，有效支撑了经济增长。随着现代服务业占服务业的比重不断增加，未来现代服务业对服务业增长的贡献将持续增加，并成为支撑服务业发展的主要动力。中国互联网络信息中心发布的第49次《中国互联网络发展状况统计报告》显示,截至2022年6月,中国网民规模达10.51亿,互联网普及率达74.4%。我国网约车用户规模达4.05亿。中国数字经济发展迅猛,用户规模庞大,为生活服务业数字化赋能提供了坚实的基础。数字化生活服务有效保障了人们的日常生活、学习和工作;旺盛的市场需求促使相关企业加快数字化转型,以提升自身的生产和运营效率,这为保障中小微企业健康稳定发展提供了重要的支撑。同时,随着生活性服务业在国民经济中所占比重日益提升,其数字化发展将进一步拓展行业边界,为服务业的高质量发展开拓新空间。

(三)部分社会服务行业恢复差异化区域化明显

疫情对服务业的影响较为直接,服务业中不同行业表现出差异化和区域化倾向。行业差异化方面,线上、非接触型服务业延续了之前的增长趋势,而对于住宿、餐饮、旅游以及文体娱乐等行业而言,疫情对其在消费场景和消费容量等方面均造成了不同程度的限制,因此行业恢复力度相对较弱。1~9月,全国餐饮收入、限上餐饮收入同比增速分别下降4.6%、3.9%,百货店零售额下降6.3%。区域化方面,以周边或本地需求为主的低线城市只要不受全国性疫情影响,局部数据均相对坚挺,但一线城市在全国流动受限情况下会受到影响。以酒店RevPAR(每间可供租出客房产生的平均实际营业收入)为例,7月RevPAR恢复至2019年的85.8%,而一线城市经济型、中高端RevPAR的增速分别为-41.97%、-47.1%,二线城市经济型、中高端RevPAR的增速分别为-26.2、-16.3%,三、四线城市的中高端RevPAR明显恢复情况更好。

五 政策建议

(一)保障供给侧平稳,同时注重需求侧拉动

一是推动形成更多就业增长点。进一步加大就业保障力度,在现有的失

业保险返还政策基础上,探索更强力的稳岗促就业举措。认真落实助企纾困政策,推动更多企业复工达产,进一步增强市场主体的用工能力,指导各地尽快落实支持中小微企业吸纳高校毕业生就业的补贴政策。全面实施乡村振兴战略,加快推进以县城为重要载体的新型城镇化建设,鼓励高校毕业生到城乡基层就业和返乡入乡创业。深入开展创业带动就业专项行动,引导大学生积极创业和灵活就业。

二是培育融合发展新业态新模式。将制造业价值链由以产品制造为中心向提供产品、服务和整体解决方案并重转变,鼓励发展个性化定制、智能制造与运营管理、融资租赁、总集成总承包以及整体解决方案等。鼓励电子商务等新业态新模式发展,坚持包容审慎监管原则。通过示范创建、案例评选、资金奖励等方式,支持即时零售、社区电商、无接触消费等新业态新模式发展。遵循政府法定职责必须为、法无授权不可为的原则,严格落实"全国一张清单"管理模式,进一步清理制约新业态新模式发展的不合理规定。

三是充分发挥政府投资的带动效应。积极扩大有效投资,全面加强基础设施建设、扩大制造业和高技术产业投资、加强社会民生领域补短板建设。加快推进国家规划中已明确的重大工程和基础设施建设,加快政府专项债券发行和使用,尽早形成实物工作量,努力扩大有效投资,提高投资效益。加强自主创新能力建设,推进关键核心技术攻关,推动新技术新产品产业化进程,加强保障性安居工程及配套基础设施建设,加快推进城市燃气管道等老化更新改造和排水设施建设等。

(二)完善落实保障政策,千方百计保市场主体

一是完善落实各项政策,提高政策的针对性、有效性。进一步细化对不同服务业类别的纾困政策和相关配套措施,加大政策宣传力度,加快政策有效落实,切实帮助企业渡过难关。发挥服务业各个行业协会的重要作用,指导帮助企业用足用好相关纾困扶持措施,并根据不同服务业的行业发展特点和发展需要,加大专业化行业服务供给。

二是做好强力政策储备,改善市场主体预期。在保持现有保市场主体政

策的连续性和稳定性的同时，有必要筹划更大规模、更大力度的政策措施。尽早谋划扩大赤字、增发国债、加大信用投放力度等增量政策工具，把握好目标导向下政策的提前量和冗余度，对于市场和政府都将有更大的回旋余地。同时，要发挥政策指引功能，加强与市场主体之间的沟通，更好地阐述政策制定的目标、约束及执行方式，使市场对政策有充分的理解，提振企业家和消费者的信心。

三是扩大信贷增量，稳住信贷存量。继续抓好"两增"考核。做好月度监测，督促银行业金融机构完成全年普惠小微企业信贷计划，保持普惠型小微企业贷款快速增长势头。主要跟踪监测小微企业等市场主体贷款延期还本付息政策的执行情况，督促银行业金融机构抓好政策落实，合理运用续贷、贷款展期、调整还款计划等方式为市场主体办理贷款延期，努力做到"应延尽延"。

（三）提升数字经济软实力，加快服务业高质量发展进程

一是持续优化网络布局，加快新型数字基础设施建设。按照适度超前的原则，继续加大5G网络和千兆光纤网络建设力度，深入实施工业互联网创新发展工程，统筹布局绿色智能数据与计算设施建设。通过鼓励数据密集型行业和领域先行先试、数据交易城市试点、组建重点行业数据综合运营中心，制定行业数据标准，规范行业数据治理，强化对行业数字化转型的数据赋能。

二是加快现代服务业与数字经济深度融合的应用场景建设。重点加强新兴领域的技术研发和产品化，培育具有"在线、智能、交互"特征的新业态、新模式。按照"场景牵引、以点带面"原则，制定现代服务业与数字经济融合应用场景建设规划，分级分类有序推进应用场景开放。揭榜挂帅，定期摸排、遴选和发布一批核心场景需求榜单，引导重点行业领域形成一批可复制推广的创新案例。

三是加快中小微服务业数字化转型。持续扶持中小微服务业企业数字化应用，鼓励平台为中小微服务业企业提供数字化技术服务。鼓励开发面向中

小微服务企业的轻量应用和微服务。对经营稳定、信誉良好的中小微服务企业提供数字应用的低息或贴息贷款，降低数字化转型门槛。

（四）加快两业融合发展，激发经济发展内生动力

一是探索重点行业重点领域融合发展新路径。促进新兴制造行业与互联网、金融、物流等现代服务业融合发展，加快服务环节补短板、拓空间、提品质、增效益；提升产品和服务科技含量，推进制造业绿色化发展，强化5G、大数据、工业互联网、人工智能等新一代信息技术在两业融合发展中的创新应用，推动技术变革和生产模式、商业模式、组织模式创新；推动新能源生产和使用、绿色低碳技术、节能环保服务等与制造业融合发展。

二是加快两业融合发展标杆引领典型企业和示范载体建设。以先进制造业集群的龙头企业、智能工厂和领军骨干企业等为重点，加快延伸、拓展、提升产业链条，引领带动全产业链融合发展协同效能提升，推动行业转型升级发展，形成一批两业融合发展标杆引领典型企业。以试点企业为突破口，着力培育一批产业链控制力强的龙头企业、链主型企业、行业骨干企业，带动上下游企业分工协作、联动融通。以试点区域为主阵地，加强先进制造业基地与现代服务业集聚示范区对接合作。支持建立特色鲜明的两业融合公共服务平台。

三是发展服务衍生制造新模式。鼓励电商、研发设计、文化旅游等服务企业，发挥大数据、技术、渠道、创意等要素优势，通过委托制造、品牌授权等方式向制造环节拓展。积极发展现代制造业服务外包，创新"制造+服务"商业模式，引导科技、金融、商贸、物流等高端服务业深度融合到制造业中。发展服务型制造新业态，推动委托检测、设计、研发等服务外包形态从货物贸易分离，加快发展测试服务、工业设计服务等生产性服务业。

（五）释放服务消费潜力，推进消费持续恢复

一是努力增加居民收入。鼓励创业带动就业，增加非全日制就业机会，实施提升就业服务质量工程。关注低收入人群增收，重点保证低收入人口的

就业。提高针对低收入人口的社会保障水平，增加转移支付。优化收入分配，持续降低中低收入群体的税负，加大对高收入人群的征税力度。

二是合理增加公共消费。增加对小微企业产品与服务的购买，在各单位的政府采购用品中明确提高小微企业产品与服务的占比。突出补短板导向，侧重循序增加卫生健康、环境保护与科教培训等方面的支出占比，重点加强农村学校育儿园设施、医疗网点以及乡村两级图书馆等方面的建设，同时适度提高农民的医疗养老保险补助标准，以此促进公共消费的城乡平等化。

三是加快释放网络消费新动能。支持传统零售企业提升网络营销能力，进一步拓宽居民线上消费渠道。推动优质服务资源与电商企业有效对接，拓展电商新模式，助力电商直播等新业态发展。支持社会资本进入基于互联网的医疗健康、养老家政、文化、旅游等新兴服务业领域，增加优质服务供给，满足多层次多样化服务需求。

参考文献：

《赵同录：三季度经济运行恢复向好》，http://www.stats.gov.cn/tjsj/sjjd/202210/t20221024_1889484.html，2022年10月24日。

《李锁强：服务业经济运行改善 新动能发展稳定向好》，http://www.stats.gov.cn/tjsj/sjjd/202210/t20221024_1889480.html，2022年10月24日。

《工信部：移动电话用户规模稳中有增 5G用户占比超三成》，https://baijiahao.baidu.com/s?id=1747808719868263428&wfr=spider&for=pc，2022年10月27日。

《2022年前三季度金融统计数据报告》，http://www.gov.cn/xinwen/2022-10/12/content_5717749.htm，2022年10月12日。

《2022年中国生活服务业数字化发展报告》，https://www.iotku.com/News/737745342493097984.html，2022年9月29日。

需求分析与就业收入

Demand Analysis and Employment & Income

B.17 中国投资形势分析、展望及对策建议

张长春 杜月 *

摘 要： 2022年前三季度，全国投资增速从快速下降到企稳回升。国有投资保持快速增长，民间投资增速持续下滑。基础设施成为稳投资重点领域，部分制造业、高技术产业、部分社会民生领域投资高速增长。中部和西部地区投资恢复动力较强，恢复持续性较好。影响投资恢复增长的突出问题是社会投资特别是民间投资意愿和投资能力不足。未来稳投资的关键是扭转社会投资特别是民间投资预期，把扩内需与深化供给侧结构性改革有机结合起来。要按照加快构建新发展格局、着力推动高质量发展的要求，针对抑制投资活力的体制机制和政策因素，深化投融资体制改革和相关领域改革，释放社会投资活力，更好发挥政府投资的引导作用，持

---

* 张长春，中国宏观经济研究院投资研究所所长、研究员；杜月，中国宏观经济研究院投资研究所。

续加强短板弱项，不断提升投资管理效能，推动投资实现质的有效提升和量的合理增长。

关键词： 民间投资　制造业投资　基础设施投资

一　投资增速快速下行后企稳回升

2022年前三季度，投资增速呈现从快速下行到企稳再到小幅回升的态势，投资主体预期偏弱，投资意愿和投资能力不足，民间投资增速持续下滑，房地产投资大幅下降，投资始终面临较大下行压力。

（一）投资增速从年初高点快速下降后企稳回升

2022年前三季度，全国固定资产投资（不含农户，下同）完成42.1万亿元，同比增长5.9%。2022年1~2月投资增速达到12.2%的年内高点，到1~4月快速下行至6.8%，后几个月增速围绕6%小幅波动。投资增速从2021年全年的4.9%大幅上升到2022年初的两位数，重要原因是2021年专项债部分限额提前下达等系列政策发挥效果，以及市场预期疫情趋于平稳。受国外地缘政治冲突、境外疫情发展和境内疫情多点散发等因素影响，投资增速从年初高点快速下降，后续月份投资增速降幅收窄并逐渐过渡到小幅回升。

从投资构成看，前三季度，建安工程、设备工器具购置、其他费用分别增长6.5%、3.7%、5.3%，对比疫情前的2019年同期三项费用看，2022年前三季度建安工程、设备工器具购置增长较快，人工、材料、施工机具使用以及设备购置等费用增速加快，反映了在稳投资系列政策推动下，新上项目较多、新上项目中设备购置量增多、企业更新改造力度加大。

（二）民间投资增速持续下滑

2022年前三季度，民间投资同比增长2%，大幅低于全国投资增速，占全国投资的比重为55%。与全国投资增速相似，1~2月民间投资增速达到2022年高点11.4%，此后快速下降至第一季度的8.4%、第二季度的3.5%和第三季度的2%。民间投资增速显著低于全国投资增速，突出地反映了经济面临下行压力时，民间投资的顺周期性以及民间投资的政策支持力度与国有投资的差别。民间投资占全部投资比重比疫情前的2019年同期下降了1.4个百分点，表明民间投资相比国有投资对内外部冲击的反应更敏感，在不确定性增大时更愿意选择等待观望。尽管各级政府出台了一系列惠企纾困政策，但受市场预期影响，民间投资仍呈下行趋势。

（三）政策重点支持领域投资较快增长

基础设施为稳投资重点领域，制造业、高技术产业为长期鼓励的投资领域，这几个领域在稳投资中发挥着重要作用。基础设施（不含电力等，下同）投资在增加政策性开发性金融工具额度、用好专项债等融资支持政策以及各地区各部门积极贯彻落实稳增长系列政策推动下，自5月以来持续回升，前三季度同比增长8.6%，高于全部投资增速2.7个百分点。其中，水利管理业和公共设施管理业投资分别增长15.5%和12.8%。

制造业在财政留抵退税、货币政策支持制造业企业贷款等政策支持下，前三季度投资同比增长10.1%，高于全部投资增速4.2个百分点，增速比上半年低0.3个百分点。其中，电气机械和器材制造业投资增长39.5%，化学纤维制造业投资增长32%，计算机、通信和其他电子设备制造业投资增长19.9%。

高技术产业在市场需求以及持续推进创新驱动发展战略和产业转型升级政策推动下，近年来持续保持投资高速增长。前三季度高技术产业投资同比增长20.2%，高于全部投资增速14.3个百分点。其中，高技术制造业投资同比增长23.4%，比全部制造业投资增速高13.3个百分点。高技术服务业投资同比增长13.4%，比全部服务业投资增速高9.5个百分点；电子商务服务业投资增长45.1%，科技成果转化服务业投资增长22.1%，研发设计服务业投资增长18.7%。

此外，社会民生领域补短强弱提质工作继续推进，投资保持较快增长。

前三季度，卫生和社会工作投资增长29.9%，教育投资增长8.1%。

与此同时，房地产开发投资2022年5月出现历史上首次负增长，前三季度，房地产开发投资同比下降8%。房地产市场需求持续低迷，房企拿地新开工意愿大幅下降。前三季度，商品房销售面积和销售额分别同比下降22.2%和26.3%，房企土地购置面积和房屋新开工面积分别同比下降53%和38%，房屋施工面积同比下降5.3%。城市政府出台的稳楼市政策效果有所显现，但尚不明显。

（四）中部和西部地区投资增长较快

2022年前三季度，东部、中部、西部和东北地区投资分别同比增长4.3%、10%、6.7%和0.2%，总体上延续了近年来投资增速的差异化格局，中部和西部地区投资增长较快，东部恢复增长较慢，东北地区投资在上半年呈负增长的基础上止跌。2022年前三季度，31个省份中有17个省份投资增速高于全国水平，其中，内蒙古、浙江、河南、湖北、陕西、甘肃、宁夏、新疆8个省份，或投资恢复动力较强，或上年同期基数低的原因，投资增速超过或接近10%。天津、吉林、上海、广东、海南、西藏等6个省份，或受疫情多点散发影响较大，或投资恢复动力较弱，投资出现负增长。6个经济大省投资增速分别为江苏3.5%、浙江10%、山东6.5%、河南9.9%、广东-0.9%、四川4.9%，其中，江苏、广东、四川受疫情多点散发等因素影响，投资增速低于全国平均水平。

二 投资意愿和投资能力明显不足

受外部环境趋于复杂和内部疫情多点散发等多重因素影响，投资不确定性增大，包括民间投资在内的社会投资趋于谨慎，避险情绪较浓，地方政府投融资能力下降，部分项目落地进度较慢，恢复投资合理增长需要更多的支持政策，尤其需要强有力的政策以扭转市场预期。

（一）社会资本扩大投资的意愿和能力不足

在受到境内外负面因素冲击时，市场化程度越高的投资主体和投资领域，投资主体信心所受影响越大，等待观望气氛越浓，同时，部分企业生产经营困难也制约了扩大再生产能力。

一是外部环境剧烈变动导致社会投资低迷。与一般商事活动不同，投资活动从投资决策、项目建设、建成投产到收回投资并取得利润会有一个或长或短的投资周期，大项目可能需要3~5年甚至更长时间，且常常一次性投入较大，失误后资产调整损失大。投资项目能否取得预期收益主要不取决于当前市场状况，而主要取决于未来一段时期甚至很长时期的市场供需状况。企业只能依据未来市场状况以及收益、风险预期来决定是否投资、投资多少、在哪儿投资。经济上行期，企业在乐观预期下会增加投资，扩大总需求，经济增长、市场扩大印证企业此前的乐观预期，企业增加投资或更多企业开展投资，投资—经济形成向上循环。经济下行期，企业在悲观预期下出于资金安全考虑，常常会选择观望等待，较少的投资导致经济增长速度下降，经济下行、市场需求收缩印证此前的偏悲观预期，企业投资行为更趋谨慎，新投资更少，投资—经济形成向下循环。市场化程度越高的社会投资如民间投资，或竞争性越强领域的投资，投资收益风险约束越严，受市场预期影响越大。受疫情、乌克兰危机以及美国等西方大国持续打压遏制我国等因素影响，未来市场不确定性增加，社会投资特别是民间投资信心减弱，多数投资主体持观望等待态度，投资意愿明显不足。

二是国内政策调整带来社会投资观望氛围浓厚。经过长期较快发展，多数产品和服务的国内市场已经饱和，竞争激烈，出口需求波动大，一次性投入较多资金在固定资产上，万一市场出现与投资主体预期不一致的情况，很可能会出现较大损失，多数投资者会选择政策明朗后再投资。较晚向民间资本开放的社会领域和互联网等新兴产业领域，尽管竞争也很激烈，但市场前景广阔，盈利空间大，对民间投资有较强的吸引力，但是，这些领域的政策调整以及防止资本无序扩张等政策，本意是引导资本投向国家战略重点和民生急需等领域，规范市场竞争，让市场发展更健康更可持续，因监管者与投资主体间信息不对称以及细化政策落地需要时间，部分投资主体对国家许可和鼓励投资的领域及相关监管政策拿不准，对市场前景看不清，往往选择不投资或少投资。针对社会投资的市场预期转弱、观望等待气氛浓厚的情形，国家出台了一系列提振经济、扭转预期的政策措施，或因政策力度不够，或因政策针对性不足，部分企业仍选择观望等待。2022年以来，M2保持较快增长，而新增社会融资规模、对实体经济发放的贷款同比增加不多，也反映出市场预期偏悲观，企业融资意愿和投资动力不足。根据中部某省开展的一揽子政策落地情况第三方评估结果，受调查的市场主体中，市场预期不好的超过八成。

三是社会资本特别是民间资本投资能力下降。近年来，企业面临原材料成本上升、需求疲弱、供应链受阻等困难，利润率下滑，利用自有盈利滚动投资的能力受到限制。疫情以来，部分企业销售大幅下降，勉强支撑至今，无力扩大投资，更有部分中小民营企业受疫情影响已退出市场。部分有互保责任的企业担心或有代偿风险，倾向于保留较多的现金储备，其投资潜力也受到抑制。

（二）地方政府财力和融资能力下降

经济下行带来地方财政收入下降，制约地方债务融资能力，对国家稳投资政策的重点项目落地带来不利影响，部分财力较弱地区地方自筹难以到位，影响项目开工完工和稳投资政策实施效果。

地方财政收入下降导致稳投资政策难以形成合力。国家出台的稳投资稳增长政策常常需要地方政府配套一定比例的资金，加上其他资金形成资本金后再向金融机构融资，地方政府财政收入普遍较大幅度下降，稳投资系列政策的落地效果受到较大限制。2022年以来，地方本级财政收入持续呈负增长，增值税留抵退税政策导致短期内政策性减收，前三季度，地方一般公共预算本级收入（按自然口径计算）同比下降4.9%，一些需要地方财政配套的投资项目资金到位率不高，落地进度较慢。从投资资金来源看，中央预算内资金和债券同比快速增长，而包含地方配套的其他资金来源大幅减少。2023年经济仍面临下行压力，地方本级财力和项目资金配套能力减弱难有明显改观。

地方政府性基金收入骤减，对政府债务融资的需求增加，而地方综合财力减弱和规范举债管理使地方融资能力明显下降。债务融资能力不足使水利等基建项目的地方配套资金难以落实，影响重点项目开工完工。这种情况在部分欠发达的西部地区表现得更为突出。水利等公益性较强，属于更依赖政府投资的行业领域，地方政府自筹资金到位困难影响项目落地的情况变得更为普遍。

（三）投资项目管理效能有待进一步提升

投资项目管理方面的问题也影响了稳投资政策效果。例如，近年来"放管服"改革力度不断加大，但因项目前期审核备等管理工作分散在各个部门，程序较繁杂，耗时较长，部分重大项目由于涉及基本农田特别是永久基本农田、生态红线、林地等调整，审批层级高、流程复杂、周期长，前期工作推进缓慢，影响项目落地。项目审批承诺制与"未批先建"督察之间仍存在矛盾之处，缺乏顶层政策依据和上位支撑，在简化审批程序、容缺审批、承诺开工等方面缺乏实施细则。比如，基层政府为了争取上级资金，项目前期工作欠扎实，投资计划下达后临时调整项目建设方案，导致项目进度延后。

此外，外部环境复杂严峻，美国等西方大国对我国的打压不断升级，全球疫情仍未结束，国际能源资源市场、金融市场等剧烈波动，这些阶段性突发性冲击明显影响了市场主体预期，投资和经济运行仍然面临较多的不确定性。

与此同时，随着各项政策加快落实落地，投资信心正在逐渐恢复，基建和制造业等领域投资政策效果持续显现，后续相机应对内外部冲击的条件充分，投资空间广阔，融资渠道不断改善，稳投资有基础有条件。如无更严重冲击经济发展的外部重大突发事件发生且疫情保持总体稳定，2022年全年投资增速有望恢复到接近6%的水平。综合考虑外部环境、经济恢复发展面临

的困难和"十四五"规划目标任务，2023年投资增速相比2022年可能会有所下降，预计在5.5%左右。

三　用市场办法和改革举措稳投资

未来应按照加快构建新发展格局、着力推动高质量发展的要求，坚持把实施扩大内需战略同深化供给侧结构性改革有机结合起来，针对影响投资主体预期的突出问题，完善相关政策措施，释放市场活力和增强投资内生动力，高效发挥投资的关键作用。

（一）释放民间投资活力

民间投资占全部投资的比重最高年份曾接近2/3，稳投资必须有针对性地解决抑制民间投资活力的问题，采取有力措施稳住民间投资。一是拓宽民间投资融资渠道。落实和完善社会资本投融资合作对接机制，加强地方政府、企业、投资机构之间对优质项目的信息共享。鼓励民间投资项目的基础设施REITs，提高直接融资水平和再投资能力，鼓励金融机构通过续贷、展期等多种方式加大对民间投资项目的融资支持力度。二是引导民间投资进入创新领域。依托公益性的知识产权运营公共服务平台和知识产权公证服务平台，加强对民营企业知识产权的科普和保护，推动研发费用加计扣除等优惠政策落地。以负面清单制度替代白名单制度，切实破除民间资本进入的隐性门槛。三是完善各类市场主体公平竞争的市场环境。在交通、水利、能源、市政、新基建、军民融合基础设施等领域重大项目招标过程中对民间投资一视同仁，选择一批示范项目重点吸引民间投资参与。督促各地加大对民间投资合法权益的保护力度，严格履行政策承诺，提高民间资本的获得感和参与感。

（二）优化专项债发行使用和配套融资

专项债券是投向明确的政府投资资金，有效发挥专项债券对稳投资、优结构、强重点的作用十分重要。一是优化专项债使用方式。加大对信息基础设施、创新基础设施等新基建项目的挖掘和谋划力度。鼓励地方政府开展线上常态化项目推介活动，引导社会资本特别是民间资本投资专项债项目。二是优化专项债额度分配方式。综合考虑地方政府、城投公司的债务负担、融资能力以及地方发展建设的实际需求，在严控隐性债务前提下，建议允许部分负债较重地区适度提高专项债发行额度，用于投资收益较高的准公益性项目。三是合理调整专项债使用时间节点。充分考虑地方专项债发行使用工作实际和不同类别项目的推进进度，优化专项债发行使用时间节点设置，允许地方留存一定额度的专项债按项目进度灵活安排。四是出台切实可行的工作方案推动金融机构介入专项债项目全生命周期。引导商业银行适度降低对专项债项目的信贷投放门槛，适度提高融资杠杆率，提前介入专项债项目谋划。

（三）加强高技术产业投资引领作用

引导社会投资投向新一代信息技术、人工智能、生物技术、新能源、新材料、高端装备、绿色环保、物联网、数字经济等高技术产业领域。实施产业基础再造工程和重大技术装备攻关工程，加快补齐基础零部件及元器件、基础软件、基础材料、基础工艺短板，夯实高技术产业发展基础。通过规范、透明、可预期的监管政策促进平台经济健康发展，进一步发挥电子商务服务业投资对高技术服务业投资的牵引作用。引导社会投资扩大对新型研发和转移转化、数字赋能、支撑重大工程建设和关键产业发展等高技术服务领域的投资。支持天使投资、创业投资、私募股权投资市场发展，扩大养老金、社保基金试点创投基金范围。完善科创板、北交所制度设计，推动注册制全面落地，形成资金循环滚动支持创新创业的良性机制。

（四）防止房地产投资过快下滑

多措并举鼓励合理住房消费，扩大城市房地产调控自主权，及时评估已出台稳定房地产市场政策的调控效果，推广好的做法。建议取消"认房又认贷"的二套房认定标准，统一首套房贷认定标准，完善二手房交易增值税、个人所得税等税收优惠政策，适度调整首付款比例和贷款利率，实质性降低

购房成本,支持住房刚需和改善需求。加强补齐住房保障和住房租赁短板,以人口流入的大城市为重点,因地制宜完善以公租房、保障性租赁住房和共有产权房为主的住房保障体系,规范发展长租房市场。鼓励地方国企、城投公司以公允价收购违约房企项目用作保障性租赁住房或共有产权房。探索保障性租赁住房"先租后售"模式。加强房企风险处置的金融服务,引导房企在"房住不炒"长期定位和行业整体去杠杆前提下,提前部署债务偿还计划,保证境内外债券市场的再融资需求有序滚动,稳定企业经营和国内外投资者预期,防止出现大批烂尾楼,防控房地产风险向金融领域扩散。加大对房企增信的政策引导和政府支持力度,鼓励房企通过引入战投募资等方式改善资本结构,支持 ABS、CMBS 或类 REITs 等资产证券化融资方式。

(五)完善存量资产和新增投资的良性循环机制

优先盘活交通、水利、清洁能源、保障性租赁住房、产业园区、仓储物流等存量规模较大、收益较好或增长潜力较大的重点领域的资产,统筹综合交通枢纽改造、工业企业退城进园等盘活存量和改扩建有机结合的项目资产,有序盘活老旧厂房、文化体育场馆等长期闲置但具有较大开发利用价值的项目资产。进一步提升推荐、审核效率,鼓励更多符合条件的基础设施 REITs 项目发行上市,灵活合理确定项目运营年限、收益集中度等要求。鼓励具备长期稳定经营性收益的存量项目采用 PPP 模式盘活存量资产,明确依法合规的 PPP 支出责任不属于隐性债务。鼓励国有企业和龙头企业通过进场交易、协议转让、无偿划转、资产置换、兼并重组等方式整合存量资产。加强对回收资金的管理,确保主要用于项目建设。鼓励以资本金注入方式将回收资金用于项目建设。对于回收资金投入的新项目,安排中央预算内投资和地方政府专项债时给予优先支持。

(六)提升投资项目管理效能

有针对性地解决项目落地落实中的难点堵点问题,充分发挥投资对稳定经济大盘的积极作用。一是做实三年滚动储备项目,探索将地方符合中央预算内投资专项规划、管理办法等要求的项目申报纳入国家重大项目"三年滚动"储备项目库。政府投资项目尽量做到中央资金到位即开工；补助贴息的企业投资项目超过半年仍无法开工或无实质性施工进展的，允许将资金调整至能快速开工的储备项目或在建项目。二是通过投资项目部门会商联审等机制提高前期工作效率。由地方发展改革部门牵头召集各行业主管部门，对本地区入储项目、拟报项目和已下达资金的项目开展联合会商，协调项目审批、前置手续、要素匹配、征地拆迁等方面的问题，通过现场联合预审、线下并联审批、容缺受理办理等办法，加快拟报项目的前期工作进度，督促已安排项目加快实施。三是完善和深化土地利用计划管理方式改革，对重大项目的必需配套工程给予与重大项目同等的用地保障，避免出现主体工程完工后无法发挥效益的情况。对中央预算内投资项目中未纳入国家和省级重大项目的，建议统一参照省级重大项目，由省级政府及自然资源部门统筹，直接配置用地计划指标。

参考文献：

丛书编写组：《合理扩大有效投资》，中国计划出版社、中国市场出版社，2020。

吴亚平：《基础设施投融资理论、实践与创新》，经济管理出版社，2022。

应晓妮等：《投资优化供给结构》，社会科学文献出版社，2021。

B.18
2022年中国消费市场形势分析与2023年展望

王微 王念*

摘　要： 2022年消费市场遭受了2020年以来最严重的国内疫情扩散和外部环境急剧变化等影响，一度出现增速下降、动力减弱、信心不足的不利局面。为应对超预期冲击，中央和地方政府及时出台一系列稳增长、促消费、保通保畅政策措施，有力支撑消费市场顶住压力实现规模的V型复苏和动力的触底反弹，取得了极为不易的成就。总体来看，2022年消费市场价格运行平稳，为消费升级和创新营造了稳定的市场环境，汽车置换和升级、线上新型消费、绿色健康消费、品质品牌消费等一批消费新增长点持续涌现。同时也要看到，社会集团和外来消费、居住类消费、服务消费、城市消费等面临的不稳定性不确定性有所增加。展望2023年，党的二十大的胜利召开为消费市场提供强大信心、五大结构性因素将持续促进消费潜能释放、增长预期较为乐观为消费复苏创造较好的宏观环境、短期内一揽子政策陆续发力还将为消费复苏注入新动能，全年社会消费品零售总额有望实现6%以上的增长。下一步，建议长短结合、远近兼顾，既要抓紧时机在短期内"稳预期、畅循环、保基本"，也要顺势而为在中长期"重创新、提品质、促转型"，尽快恢复供给与需求之间的正向循环，促进消费市场稳定复苏。

关键词： 消费市场　稳增长　促消费

---

* 王微，国务院发展研究中心市场经济研究所所长、研究员，研究方向为消费、商贸流通；王念，国务院发展研究中心市场经济研究所副研究员，研究方向为消费、商贸流通。

一 消费市场在超预期冲击和困难情况下展现出较强韧性

2022年消费市场尽管遭遇了2020年以来最严重的国内疫情大范围扩散，以及外部环境急剧变化等超预期冲击，但是仍然顶住压力实现了消费增长的V型复苏和拉动经济主要动力作用的触底反弹，展现出大国超大规模消费市场的较强韧性，取得了极为不易的成就。

（一）消费市场再遭超预期冲击，顶住压力实现V型复苏

2022年前三季度，我国消费市场经历了大幅起落，呈现明显的V型走势。年初消费市场开局良好，扭转了2021年下半年以来增速逐月下行的趋势，2月社会消费品零售总额实现同比6.7%的增长。但进入3月以来，国内疫情再次多点散发并在局部地区大面积传播，叠加乌克兰危机等国际局势变化等超预期因素影响，消费市场急转直下。4月，社会消费品零售总额同比增速降至-11.1%，是自2020年4月以来的新低。随着一系列稳经济、促消费政策相继发力，5月起消费市场出现较快回升，6月增速回正，同比增长3.1%，8月同比增速进一步扩大2.3个百分点达到5.4%，V型复苏走势基本确立。但是也要看到，消费持续复苏的势头还不稳固，9月社会消费品零售总额增速又出现放缓，较8月下滑达2.9个百分点（见图1）。

（二）消费对经济增长贡献再度转负，主动力的作用在一揽子政策发力下得以迅速扭转

自2013年以来，消费始终保持经济增长的第一动力的地位。但受新冠肺炎疫情冲击，自2020年初，连续8个月消费对经济增长的作用为负，直到9月消费作为经济增长主动力的地位才得以恢复。2022年第一季度，最终消费支出拉动GDP增长3.3个百分点，比净出口和投资分别高出3.1个和2.0个百分点，也高于过去两年平均值0.7个百分点，作为经济增长主动力的地位日趋稳固。然而，进入第二季度，在超预期的冲击和压力下，最终消费对经济增

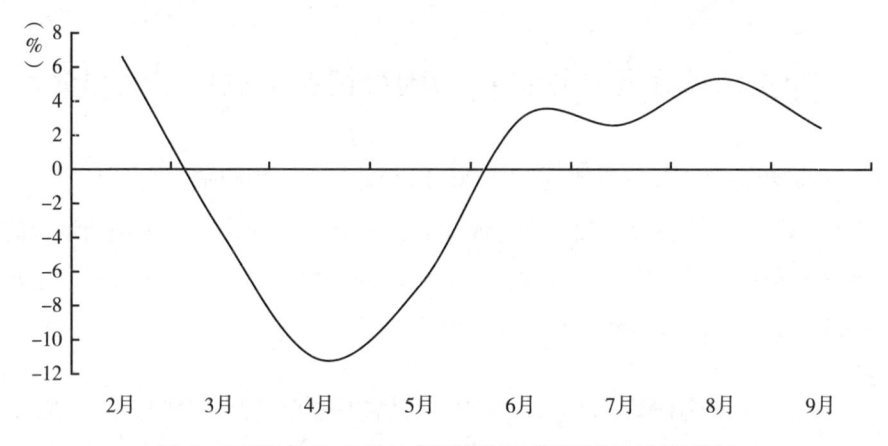

图1 2022年2~9月社会消费品零售总额当月同比增速

资料来源：国家统计局。

长的拉动作用再度出现由正转负的不利局面，当季向下拉动经济增长0.9个百分点，分别比净出口和投资低2.0个和1.2个百分点（见图2）。对此，中央和地方政府进行了积极应对，在较大力度政策支持下，消费拉动经济增长的

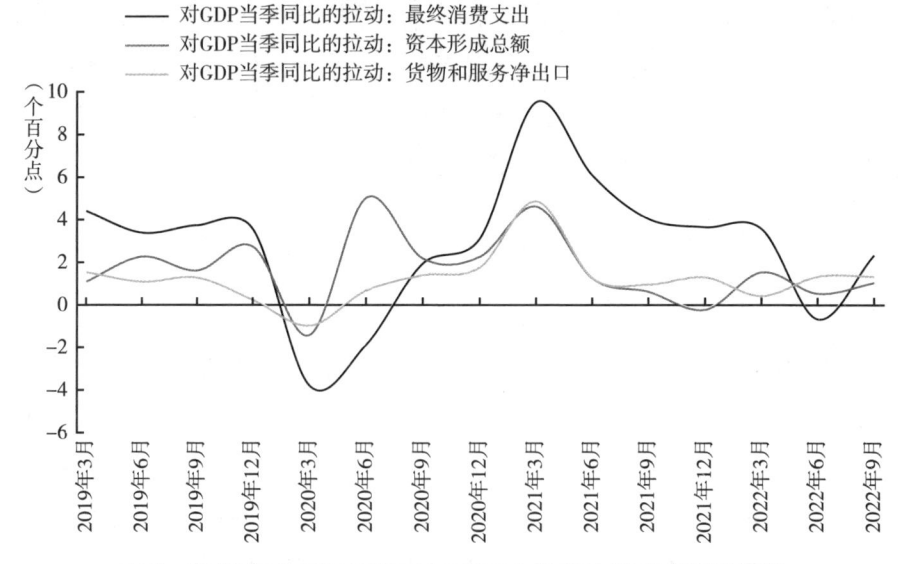

图2 2019年3月至2022年9月三大需求对GDP的拉动情况

资料来源：国家统计局。

主动力作用迅速回正，第三季度消费拉动经济增长 2.1 个百分点，分别高于投资和净出口 1.3 个和 1.0 个百分点，但仍低于过去两年同期平均值 0.6 个百分点。同时，随着投资动能的边际放缓、外需的动力稳中趋缓，预计全年消费将继续发挥经济增长的"压舱石"作用。

二 政策出台及时有力，为稳定消费市场形成重要支撑

为顶住超预期因素冲击，中央政府及时出台一系列稳增长促消费政策，各地方积极配合加大政策支持力度和创新促消费政策工具，政策成效显著，有力实现了交通物流恢复畅通、消费大盘基本稳定、市场活力持续激发。

（一）保通保畅工作扎实推进，物流不畅的不利影响大幅缓解

2022 年上半年，长三角等地区疫情导致交通物流受阻，并影响全国市场流通，成为影响 2022 年第二季度消费市场运行的重要原因。3 月，交通物流"大动脉"和"微循环"双双遭受自 2020 年 2 月以来的最严重冲击。4 月，公路货运量、快递业务量同比增速分别为 -14.3% 和 -11.9%，分别出现自 2020 年 3 月和 2020 年 1 月以来的最大降幅，部分城市居民生活物资保供压力较快抬升，大量消费需求未能及时得到满足和释放。对此，国务院迅速成立物流保通保畅工作领导小组，建立保通保畅工作机制并出台工作方案。4~6 月，随着国务院物流保通保畅工作扎实推进，各地物流不通不畅的现象大幅缓解，物流业景气指数回升，业务总量、新订单、业务活动预期指数逐月增长，并在 6 月重回荣枯线以上（见图 3）。物流保通保畅政策及时发力，物流不通不畅的情况已基本得到改善，为全年消费市场顺畅循环奠定了坚实的基础。

（二）及时出台一揽子稳增长促消费政策，对稳消费大盘起到重要支撑

面对 2022 年第二季度以来复杂严峻的外部挑战和国内经济不稳的突出压力，中央政府及时有力地出台了一揽子稳增长促消费政策措施。4 月下旬，国

经济蓝皮书

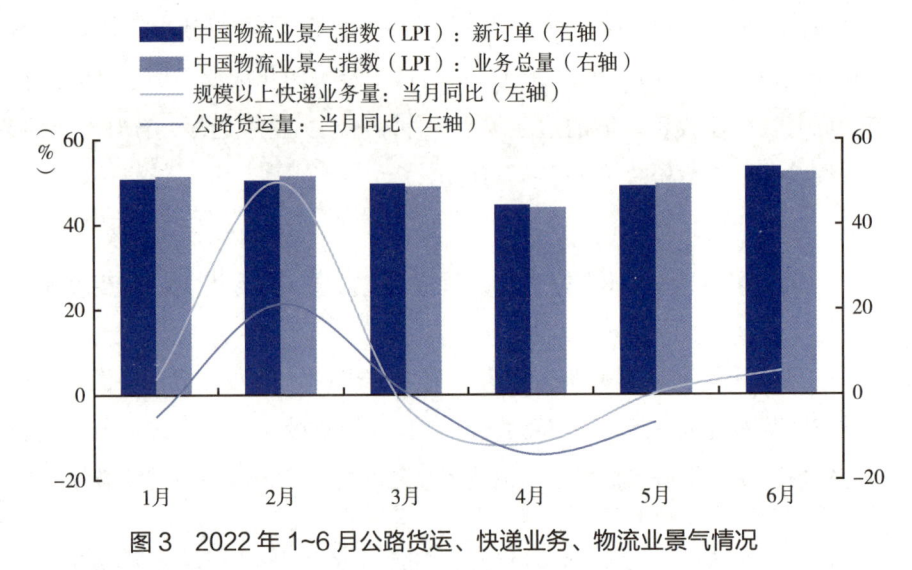

图3 2022年1~6月公路货运、快递业务、物流业景气情况

资料来源：交通运输部、国家邮政局、中国物流与采购联合会。

务院印发《关于进一步释放消费潜力促进消费持续恢复的意见》，围绕消费内容、消费主体、消费能力、消费平台、消费制度、消费环境等方面提出20条支持政策。5月下旬，面对新的形势变化和新的压力挑战，国务院印发《扎实稳住经济的一揽子政策措施》，提出六个方面共33项具体政策措施，稳投资促消费等政策方面明确提出"稳定增加汽车、家电等大宗消费"，以及一系列稳企纾困措施，对稳定消费大盘、提振消费信心起到了非常及时和必要的支撑作用。有关部门和地方政府积极快速响应、密切协调配合、形成工作合力，着力落实好已出台政策，新出台一系列配套政策。从政策实施效果来看，2022年前三季度汽车类、家用电器和音像器材类消费分别实现0.4%和0.7%的累计正增长，比上半年累计增幅分别提高6.1个和0.3个百分点。

（三）促消费政策工具箱不断丰富，消费券成为各地激活消费的重要举措

在国家支持和引导下，地方政府结合本地消费市场运行情况和难点，丰富和创新了一批有针对性的促消费工具，对稳定消费市场运行、激发消费市

场活力起到了重要的支撑作用。以消费券为例，作为地方政府复商复市、提振消费的抓手，消费券有效发挥了财政资金"四两拨千斤"的杠杆作用。据不完全统计，新冠肺炎疫情以来我国先后有20多个省份、250多个城市先后发放超过500轮消费券，消费券的杠杆效应普遍达到3倍以上。2022年以来，一些地方也通过多种渠道和方式放大消费券力度。例如，北京将往年用于补贴绿色节能产品的资金转换为绿色消费券，起到较好的消费引导和促进效果；又如，上海分三轮发放10亿元电子消费券，有力地促进了疫后消费市场复苏；还有一些地方政府与电商平台紧密合作共同发放消费券，一般采用1∶3配比，将企业的促消费资金转化为消费券。

三 消费市场运行亮点纷呈，新消费增长点持续涌现

总体来看，2022年消费市场价格运行平稳，消费升级和创新的市场环境加快完善，汽车置换和升级、线上新型消费、绿色健康消费、品质品牌消费等一系列消费新增长点持续涌现。

（一）消费价格运行总体平稳

2022年前三季度，我国居民消费价格指数运行总体平稳，始终保持在3%以内，与全球特别是部分发达国家物价大幅上涨形成了鲜明对比。当前市场供给总体充足，居民需求相对偏弱，流通不畅对物价的冲击得到缓解，全年供大于求的市场格局基本稳定，对稳定我国居民消费预期形成了较强的支撑。从结构来看，消费品价格上升较快，4月达到3%，6月进一步升高到3.5%，并在第三季度维持在3%以上，是推升居民消费物价的主要原因。服务消费价格上涨不明显，由于大部分消费场景仍然受限，需求难以充分释放，服务消费价格延续2020年以来在2%以内低位运行的走势。从重点消费内容看，国际油价上涨向国内市场持续传导，导致2022年国内成品油价格已累计上调11次，频率前所未有。油价上涨推动居民交通工具和燃料消费月均同比增速在6月达到最高值32.8%，但进入第三季度后有所缓解。猪肉价格在上半年保

持在负增长区间，较大程度缓解了油价上涨带来的压力，但是也要看到，第三季度以来，猪肉价格增速迅速突破20%，并在9月进一步上涨到36%，使得居民消费价格出现上涨压力（见图4）。

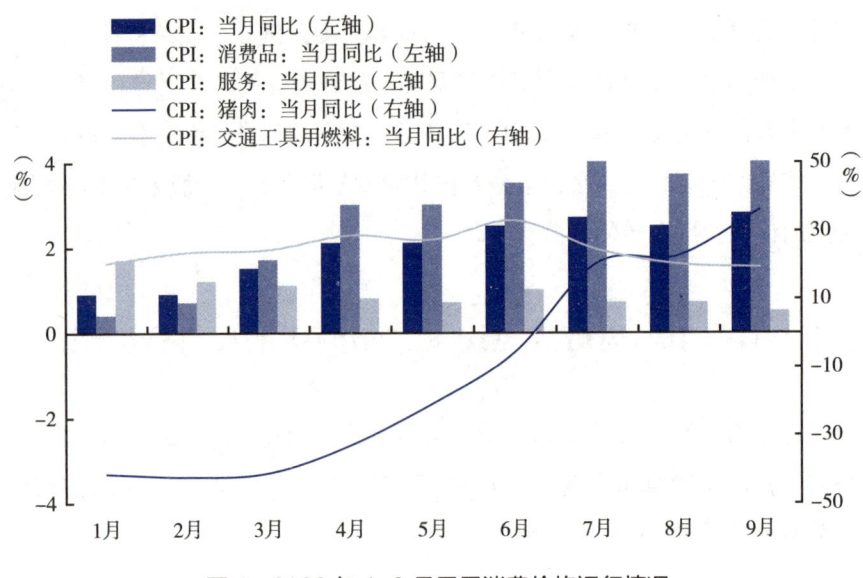

图4　2022年1~9月居民消费价格运行情况

资料来源：国家统计局。

（二）汽车置换和升级动能依然强劲

2021年，我国汽车千人拥有量已达208辆，新车销量中更新置换需求大致占到一半，标志着我国进入置换升级支撑汽车消费的新阶段。汽车消费作为扩大消费的重要抓手，仍然展现出较大的增长空间，具有较大的挖掘潜力。2022年上半年汽车消费不振，但自5月以来，各级政府出台了多项促消费政策，汽车消费增速呈现明显反弹。第三季度以来，限额以上汽车零售增速从负增长回升到月均两位数的较高增速，6~9月当月增速分别为13.9%、9.7%、15.9%、14.2%，持续高于限额以上企业商品零售总额增速（见图5）。

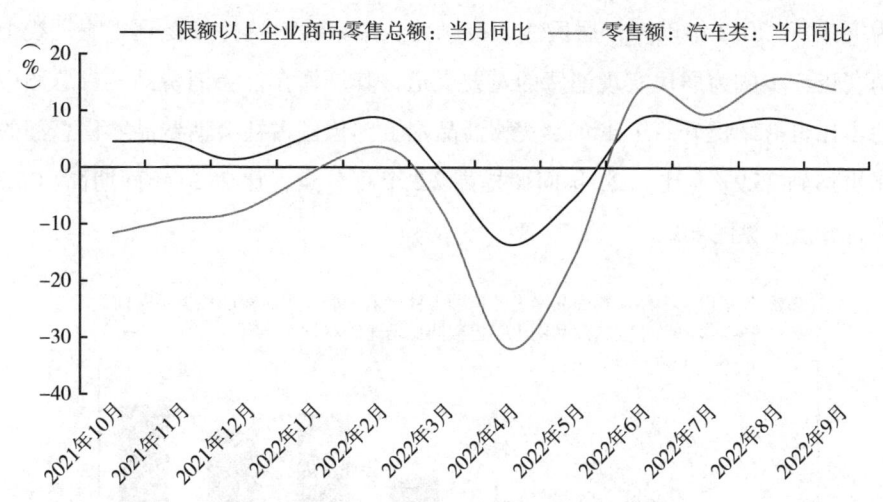

图 5　2021 年 10 月至 2022 年 9 月限额以上企业商品零售总额和汽车零售额增速

资料来源：国家统计局。

汽车消费支持政策较好地顺应了汽车行业转型发展和汽车消费升级的趋势，并带动了以新能源汽车为代表新消费增长点加快培育，其消费增长态势明显快于传统汽车消费。据统计，2022 年前三季度新能源乘用车零售 387 万辆，同比增长 113.2%。[①]9 月，新能源乘用车批发销量达到 67.5 万辆，同比增长 95%，环比增长 12%，在车购税减半政策下，新能源车销售市场不仅没有受到影响，环比改善幅度持续超过预期。[②]

（三）线上消费创新活力凸显

线上消费是当前我国扩大消费和促进消费升级的重要引擎。据测算，当前我国居民每增加 1 元线上消费，会带动总消费增长 0.36 元，新增效应处于趋势性回升阶段，在内陆地区特别是中西部地区，以及对于中低收入群体更

---

① 资料来源：汽车流通协会。
② 资料来源：《乘联会崔东树：9 月新能源车与传统燃油车环比走势都受到政策推动明显》，2022 年 10 月 22 日。

为突出。① 2022年以来，居民线下接触性、集聚性消费持续受到影响，线上消费进一步成为居民实现消费的重要渠道，其规模在社会消费品零售总额中的占比也持续提升。上半年，实物商品网上零售额占社会消费品零售总额的比重达到25.9%，比2021年同期提高2.2个百分点，比2020年同期高出0.7个百分点（见图6）。

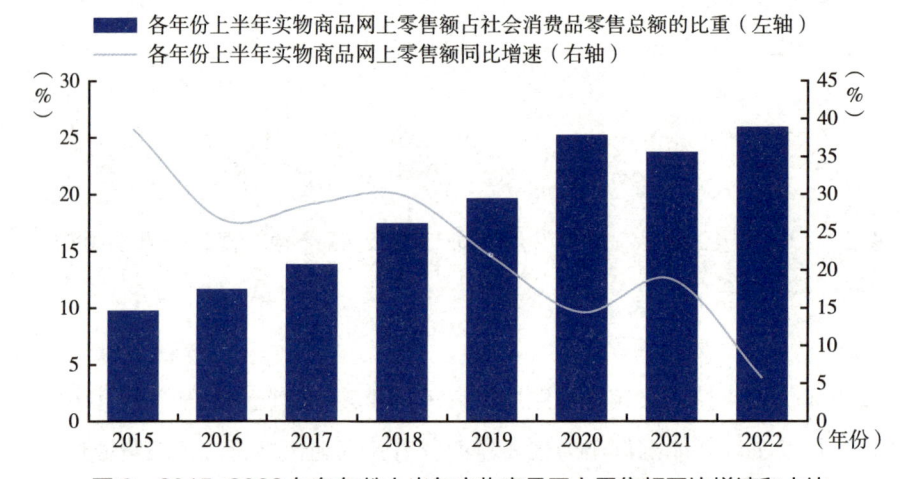

图6 2015~2022年各年份上半年实物商品网上零售额同比增速和占比

资料来源：国家统计局。

线上消费新模式创新层出不穷。2022年第二季度在消费者居家期间，以抖音、快手为代表的短视频兴趣电商收获了大量的关注度，其在居民消费渠道的渗透率分别增加了9.3个和2.3个百分点，增速远超天猫、京东等传统电商。截至2022年6月，我国短视频App用户规模已经高达9.62亿，其中34%的用户通过短视频App进行过消费。在消费者对便利与新鲜的需求推动下，即时零售新模式的销售额在4月和5月同比增速分别达到20%和23%；特别是在一线城市，社区团购的市场渗透率较2021年也有大幅提高。② 也要看到，受宏观经济增速放缓和平台经济监管趋严等因素影响，线

---

① 王念、苏诺雅、于明哲：《进一步提升线上消费对扩大内需的引领作用》，国务院发展研究中心《调查研究报告》2022年第278号（总6792号）。
② 凯度消费者指数报告《二季度中国快速消费品市场冷热不均，总体稳健》。

上消费的增速也呈现出回落趋势。2022年上半年实物商品网上零售额同比仅增长5.6%，部分电商平台2022年"618"大促期间成交额增速也出现了同比放缓的情况。

（四）一批消费新增长点加快涌现

绿色、活力等新消费理念与时俱进，年轻群体和新一线消费者群体加快崛起，共同推动我国消费市场不断创新和细分，孕育出一批新的增长点。一是绿色健康消费理念逐步深入人心，持续催生一批健康消费增长热点。例如，2022年上半年一批有助于缓解"健康焦虑"、打造幸福生活仪式感的新品类消费实现快速增长，其中蛋白营养牛奶、无糖碳酸饮料、营养软糖的销售额同比分别增长54%、32%、31%。二是以年轻消费群体为主力军的"宅生活"消费也从"昙花一现"逐渐发展成为可持续的新消费增长点。例如，"陪伴经济"消费在经历连续两年较快增长后，2022年上半年猫粮销售额继续实现了同比22%的高速增长；一、二线城市"宅家"食品饮料消费与"外出"食品饮料消费比也从2016年的47%：53%转变为当前的51%：49%。三是新一线城市居民消费日益成为引领消费升级的新的主导力量。据测算，2022年上半年新一线城市居民消费增速达到17.1%，比一、二线城市2.7%的增速要高出14.4个百分点。①

同时，我国高端消费平台日益成为倡导最新消费理念、展示消费创新活力、吸引全球消费资源的重要窗口和广阔舞台。2022年第二届消博会成功举办，吸引了61个国家和地区的1955家企业、2800多个消费精品品牌参展，其中举办新品发布及展示活动177场，新品数量达622件，总进场观众超28万人次，各类采购商和专业观众数量超4万人。消博会的成功举办带动当月海南离岛免税店销售额超50亿元，同比增长21%。另外，2022年服贸会上也展示了绿色低碳、元宇宙、人工智能等一批精彩纷呈的新消费内容。

---

① 凯度消费者指数报告《在下一个常态下重启增长》。

（五）必须类消费保持较强的稳定性

2020年至今，以粮油、食品为代表的居民必须类消费保持稳定，月均增速为10.5%，比总消费的月均增速高5.2个百分点，且波动幅度较小，增速的方差只有0.034，呈现出较强的需求刚性和较快的上升趋势。2022年以来，必须类消费继续保持稳定，价格上涨可能是必须类消费开支增加的一个重要原因。相对而言，升级类消费的稳定性不如必须类消费。一方面，部分升级类消费需求仍在逐步增加。例如，2022年前三季度限额以上单位书报杂志类和文化办公用品类零售额同比分别增长6.7%和6.8%，增速分别比限额以上单位商品零售额高3.2个和3.3个百分点。另一方面，部分升级类消费的不稳定性加大。例如，金银珠宝和通信器材消费呈现更大幅度的波动，2020年以来增速的方差分别是食品消费的5倍和9倍。2022年上半年，金银珠宝类和通信器材类这两类消费增速大幅放缓，月均增速只有-2.7%和-6.8%，分别低于食品消费13.0个和17.1个百分点，但在第三季度开始出现复苏（见图7）。

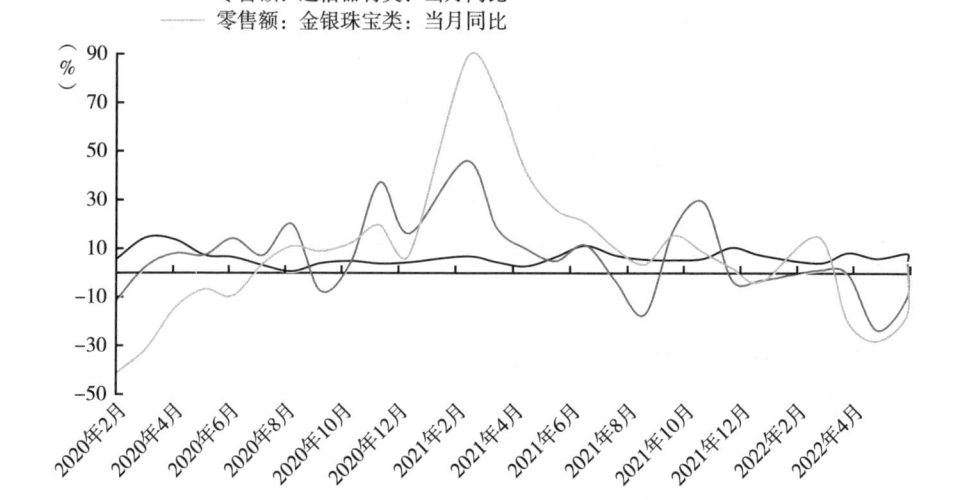

图7　2020年2月至2022年4月粮油食品、通信器材、金银珠宝类零售额增速

资料来源：国家统计局。

四 短期和中长期压力叠加对消费市场持续恢复带来较大困扰

（一）社会集团和外来消费动力不足的情况可能持续较长时间

消费主体包括本国居民、本国社会集团、外国居民三大类，其产生的消费在总消费中的比例大致为 70∶29∶1。自 2021 年下半年以来，社会集团消费增长势头放缓，同比增速始终低于居民消费。2022 年以来，由于疫情冲击、物流受阻、原材料价格持续上涨、企事业单位经营压力增加，市场主体信心持续减弱，①多种因素导致企事业单位进一步缩减各类开支，社会集团消费增速呈现持续为负的态势，第一季度几近零增长，第二季度降幅进一步扩大到 -2.9%，第三季度降幅虽缩窄到 -0.9%，但增速仍未回正。占社会消费品零售总额三成左右的社会集团消费成为当前消费增长的最大拖累（见图 8）。

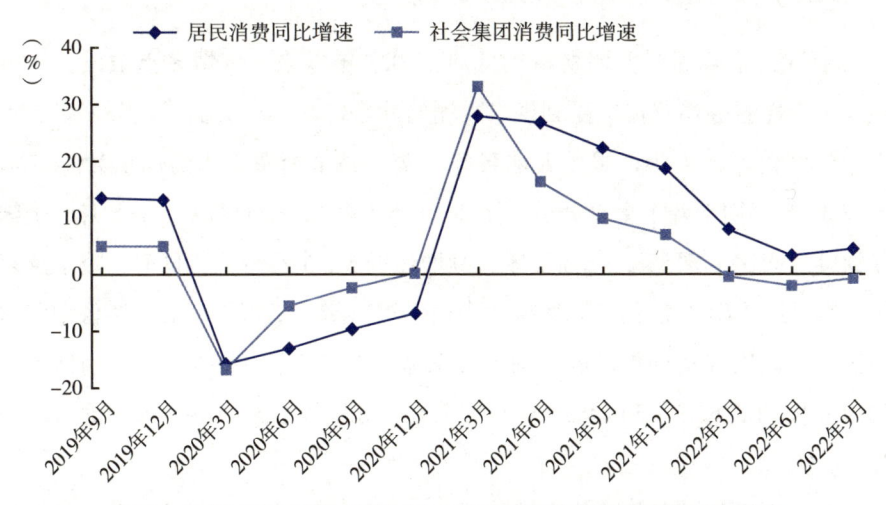

图 8 2019 年 9 月至 2022 年 9 月居民和社会集团消费同比增速

资料来源：笔者测算。

---

① 根据中国中小企业协会数据，1~5 月中国中小企业发展指数（SMEDI）连续走弱，从 89.4 下降到 88.2，6 月小幅回升到 88.4，但仍低于 2021 年同期 1.5 个百分点。

外来消费持续受阻,短期内难以实现回补。根据课题组测算,疫情前境外居民每年在国内总消费规模近万亿元,其中计入社会消费品零售总额的商品和餐饮消费规模为3200亿元左右,在社零总额中的占比约为1%,如果考虑到商品和餐饮外的服务消费,占比达到2%左右。当前疫情变异和传播还存在较大不确定性,出入境旅游、国际商务交流等跨境人员流动持续受到较大限制。2020年以来,国际航线旅客运输量明显大幅下滑,2020年和2021年我国国际航线旅客运输量分别下降至956.51万人次和147.72万人次,同比分别减少87.1%和84.6%;2022年1~9月,国际航线累计旅客运输量低于上年同期2.7%,[①]外来消费的回补仍存在较大困难。与此同时,过去两年增长较快的回流消费动能也明显减弱,2022年第一季度海南离岛免税购物金额同比增速只有8.4%,较2021年同期355.7%的增速出现大幅回落,对中高端消费释放、引领消费创新极为不利。

(二)服务消费面临供需双侧恢复压力

餐饮、旅游等服务消费持续低迷。2022年以来,疫情多点散发,接触性、集聚性服务消费持续受到供求双侧的冲击影响。一方面,服务消费比重进一步回落。上半年,居民人均服务消费占整个消费支出的比重为42.8%,比2021年同期下降1个百分点,比2019年下降3.1个百分点。1~8月,全国餐饮收入同比下降5%,比商品零售额增速低6.1个百分点。同时,疫情反复下,居民远途出游受到较大限制,假期消费需求难以释放。"五一"假期国内旅游出游人次和实现旅游收入同比分别减少30.2%和42.9%,仅分别恢复至2019年同期的66.8%和44%,中秋假期也仅分别恢复至2019年同期的72.6%和60.6%。[②]

另一方面,服务供给能力持续减弱。居民消费需求中,60%左右是由中小微市场主体和个体户满足的,40%左右是由限额以上企业供应的。疫情以来,大量服务业小微企业陷入经营困境,74%以上的小微企业营业收入下降,

---

① 资料来源:国家民航局。
② 资料来源:文化和旅游部数据中心。

歇业、闭店乃至倒闭企业数量明显上升。2020年疫情之前，小微市场主体的增长动力和服务能力强于大型商贸企业。疫情以来，这一形势出现逆转，限额以下消费增速开始低于限额以上消费增速，意味着大量小微和服务业主体消费供给能力快速减弱。进入2022年，两者分化程度进一步扩大，6月两者差值达到13.3%，为疫情以来最高水平，并且7~9月差值持续维持在11%以上的高位（见图9）。小超市、便利店、社区店、夫妻店等贴近居民生活、具有一定民生属性的中小微企业和个体户的经营环境持续恶化，一批主体陆续退出市场，居民生活便利程度、消费丰富度正在下降。

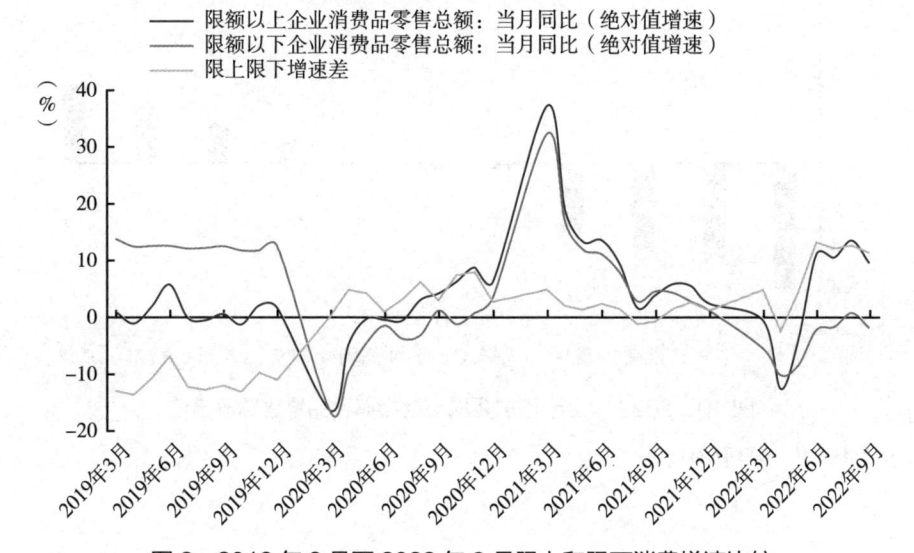

图9　2019年3月至2022年9月限上和限下消费增速比较

资料来源：国家统计局，笔者计算。

（三）城市特别是大型城市的消费带动作用亟须激活

城市是我国消费创新的策源地和升级的主要动力来源。然而，疫情以来，城市消费受到较大冲击，面临着消费活力不足的困境。总体来看，城市消费在经历了2021年初的快速回补后，月同比增速已经连续14个月低于乡村消费。2022年上半年，城市消费在总消费中的占比为86.8%，比上年回落0.1个

百分点。

排名前10位的大型中心城市，社会消费品零售总额的占比达到24.1%，2022年以来均不同程度受到疫情影响，城市局部或全域消费市场多次被迫按下"暂停键"。其中，苏州、上海、北京、南京、成都5个城市2022年上半年社会消费品零售总额呈下降态势，分别下降5.9%、4.5%、4.0%、3.2%和0.3%，深圳为零增长，重庆、广州、杭州、武汉也仅实现1.1%、1.9%、3.0%、3.7%的小幅增长（见图10）。大型中心城市消费增长乏力、带动作用减弱，尤其需要引起关注。

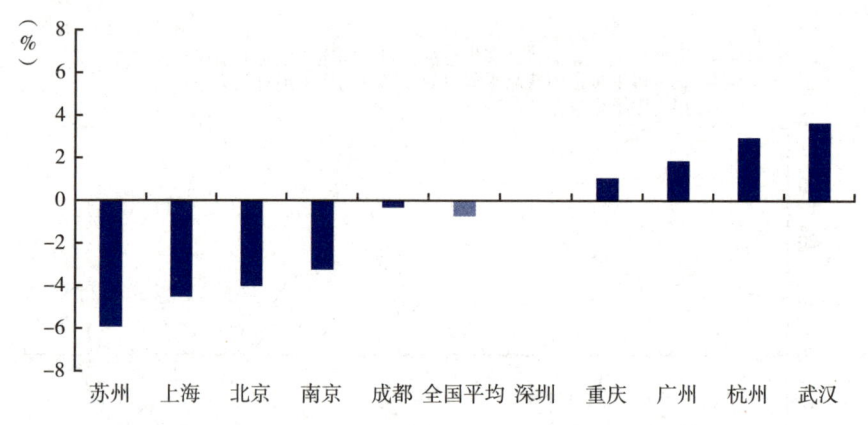

图10 2022年上半年主要城市社会消费品零售总额增速

资料来源：各城市统计局。

（四）居住类消费需要尽快稳住

与居住相关的大宗耐用商品消费需求不振且增长后劲不足。居住相关消费包括家用电器、家具、装修等，合计在消费总盘子中的占比接近10%，① 是促消费政策的重要抓手。2019年以来，居住类消费在消费大盘中的占比逐年下台阶。2022年以来房地产市场持续回落，新房、二手房销售低迷，连带家具、家电、家居用品及装修材料等商品消费整体走弱，1~9

---

① 根据国家统计局限额以上商品零售总额结构数据测算。

月家具、建筑及装潢材料零售额分别同比下降8.4%、4.9%。2020年以来，居民居住类消费的占比逐年下台阶。截至2022年9月，居住类消费的累计占比低于上年同期0.5个百分点，更是大幅低于疫情前同期1.6个百分点。

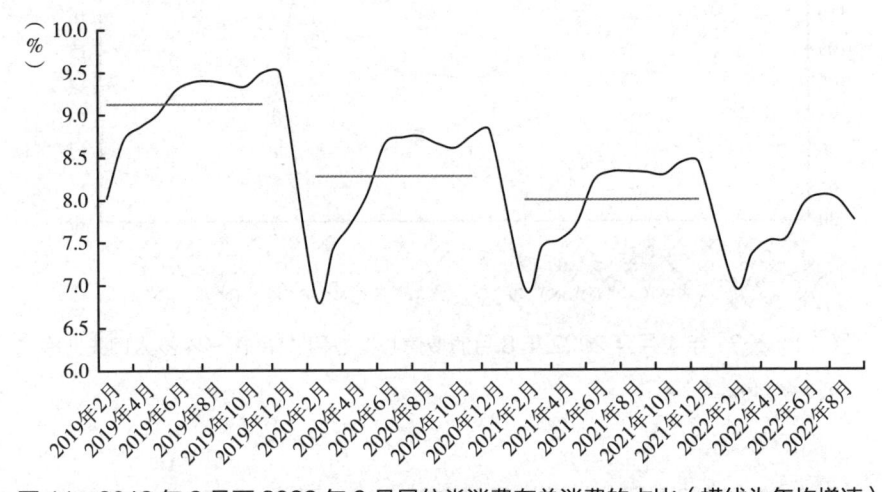

图11 2019年2月至2022年8月居住类消费在总消费的占比（横线为年均增速）

资料来源：国家统计局。

（五）居民信心不足预期受挫不利于消费持续恢复

居民消费信心急转直下，短期内扭转和恢复的难度较大。2022年3月，居民消费信心指数大幅下滑至113.2，是2020年6月以来的最低点；4月，消费信心指数进一步大幅下滑至86.7，是该指数有统计以来的历史最低值；进入第三季度，居民消费信心指数仍在87~89的较低水平徘徊，短期内恢复的难度较大。另外，居民收入和就业不稳定性增加，也是居民消费信心不足的重要原因。其中，以最有消费信心和活力的年轻群体为例，其就业环境的恶化程度也最为严重。城镇16~24岁人员调查失业率从2022年1月的15.3%快速提升到4月的18.2%，达到2018年有统计以来的峰值，7月又进一步提高到19.9%的新高峰，他们是就业最困难的群体，年轻群体消费信心严重受挫（见图12）。

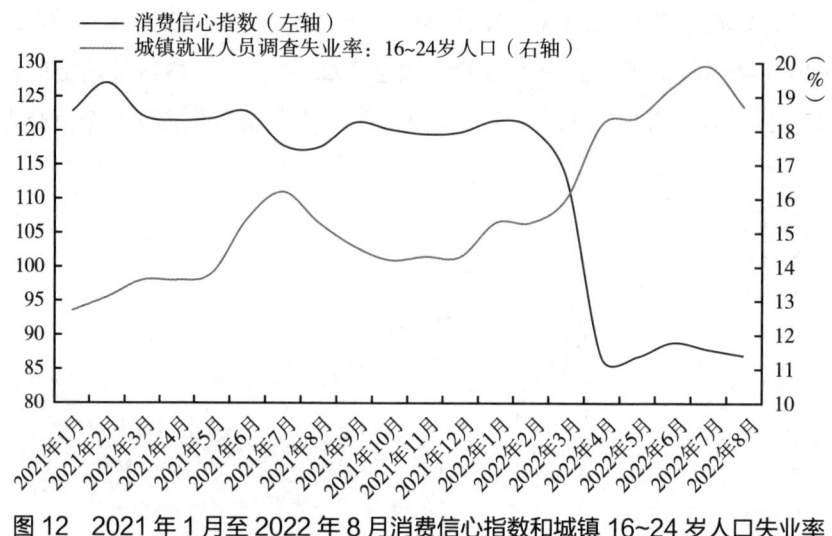

图 12　2021年1月至2022年8月消费信心指数和城镇16~24岁人口失业率

资料来源：国家统计局。

收入增速持续下行，带动居民消费倾向逐季回落。2021年6月以来，居民收入增速就呈现出逐季下降的趋势。2022年第一季度，居民收入增速降到6.3%，第二季度进一步下降到4.7%，低于过去两年同期平均水平2.8个百分点，比2019年同期低4.1个百分点。在居民收入增速下降的同时，收入差距也在延续自2020年以来的持续扩大走势。第二季度，全国居民人均可支配收入中位数同比增速低于均值同比增速0.2个百分点，居民收入差距仍在扩大。收入增速下降和收入差距扩大，导致本就处于脆弱恢复进程中的居民消费倾向再次出现回落。第二季度居民消费倾向只有63.7%，低于过去两年同期平均水平0.2个百分点，比2019年同期低3.8个百分点。第三季度末，居民消费倾向也只恢复到64.7%，仍不及上年同期。同时，居民消费意愿下降的同时储蓄意愿较快提升，中国人民银行调查数据显示，第三季度选择更多消费的居民占比仅为22.8%，较第二季度下降1个百分点。而选择更多储蓄的居民占比提升到58.1%，是该数据有统计以来的历史最高点（见图13）。

与消费预期相关的短期消费信贷增速也出现较大回落，加大居民消费加速下滑的风险。据调研，居民短期消费借贷的目的主要是购买汽车、家用电

2022年中国消费市场形势分析与2023年展望

图13 2019年3月至2022年9月居民消费倾向和消费/储蓄意愿

资料来源：国家统计局、中国人民银行。

器、装修支出等大额耐用消费等。自2019年以来，居民短期消费贷款余额增速开始低于居民总贷款余额增速，2022年上半年，居民短期消费贷款余额增速从2021年同期的11.1%大幅下滑至3%，且远低于2016~2019年25.6%的年均水平，显示居民的大宗消费需求快速减弱（见图14）。

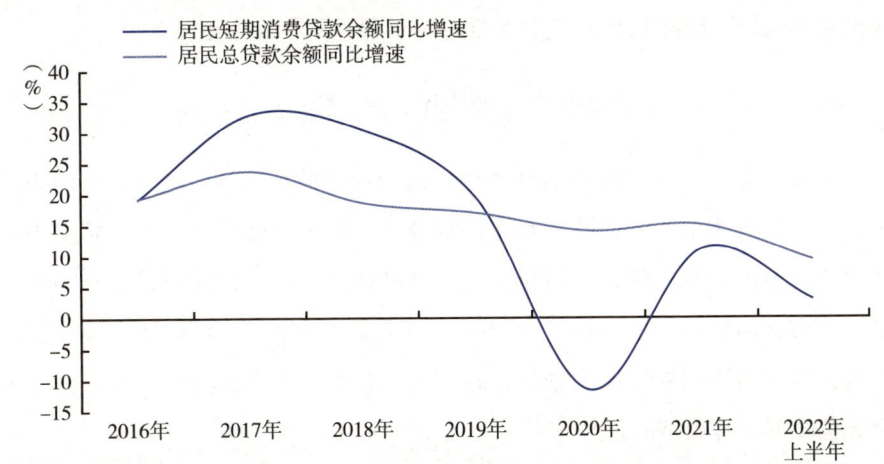

图14 2016年至2022年上半年居民总贷款和短期消费贷款余额增速

资料来源：中国人民银行。

313

五 2023年消费市场形势展望

展望2023年，党的二十大的胜利召开为消费市场提供强大信心、五大结构性因素将持续促进消费潜能释放、增长预期较为乐观为消费复苏创造较好的宏观环境、短期内一揽子政策陆续发力还将为消费复苏注入新动能，一系列有利因素将支撑消费持续扩大和加快升级。也要看到，人员流动持续受限抑制居民消费倾向回升，物价较快上涨和部分领域风险抬头也将对消费回补带来压力。综合判断，2023年全年社会消费品零售总额有望实现6%以上的增长。

（一）党的二十大的胜利召开为消费市场提供强大信心

2022年，在全党全国各族人民迈上全面建设社会主义现代化国家新征程、向第二个百年奋斗目标进军的关键时刻，党的二十大胜利召开。会议明确提出，要着力扩大内需，增强消费对经济发展的基础性作用，增强国内大循环内生动力和可靠性。党的二十大的胜利召开，为新时代新征程消费市场的发展赋予了新的使命、注入了坚定信心、指明了前进方向、确立了行动指南，为消费市场的持续成长壮大提供了新的发展机遇和广阔的发展空间。

（二）五大结构性因素将持续促进消费潜能释放

未来十年，中国经济发展将集中出现一些新的结构性变动因素，成为促进消费增长的主要动力。收入水平提高及中等收入群体持续扩大，将成为消费提质扩容的主导力量。人口年龄及家庭结构变化，将促使消费需求不断细分。城市化高质量发展，将进一步扩大和重塑消费增长空间。数字技术深入普及，将使消费创新发展的动力日益增强。绿色生活方式加快培育，将为消费绿色转型开辟新空间。①

---

① 国务院发展研究中心课题组：《以消费为主导有效扩大和更好满足内需》，中国发展出版社，2022（服贸会会议版）。

（三）增长预期较为乐观为消费复苏创造较好的宏观环境

2022~2023年中国经济仍将实现合理增长，为消费市场发展提供了根本支撑。国际货币基金组织（IMF）、世界银行（World Bank）、经济合作与发展组织（OECD）三大国际机构对中国经济增长的预期比较乐观，分别预测2023年我国GDP增长率能达到4.4%、5.2%、4.9%，分别高于全球平均水平1.8个、2.2个和2.1个百分点。同时，作为全球经济发展动能较强、消费市场规模潜力最大的国家，我国GDP潜在增长率仍然有5.5%~6.5%的较大空间，处于全球中高水平，消费市场的韧性依然较强。

（四）短期内政策陆续发力为消费复苏注入新动能

为顶住经济下行压力，5月以来我国加大宏观政策调节力度，中央和地方政府密集出台了一揽子稳增长措施，稳住了经济大盘，为2022年第四季度乃至2023年消费恢复和增长奠定了坚实的基础。2022年第四季度以及2023年还将有一系列有针对性的稳内需、促消费政策陆续出台，政策效果的逐步显现，将为消费市场复苏注入新动力。同时，基建投资既对未来的中长期消费增长有支撑作用，也对短期消费有促进作用，当前大力度的投资也将逐步在2023年转化为消费需求。

（五）人员流动持续受限抑制居民消费倾向回升

当前，新冠病毒变异风险大、传染性高、防控难度大，给经济社会正常运行带来的冲击依然较大，消费复苏仍面临较大的不确定性。特别是为防控疫情仍然需要采取一些必要的举措，这将持续影响人员流动的全面恢复，不利于居民消费特别是服务消费稳定恢复。从国内远途人员流动来看，至今仍未走出断崖式下跌区间。2022年4月和5月民航客运量同比增速分别为-84.6%和-76.4%，为2020年2月以来最大降幅；7月上旬，首都航空、东方航空、南方航空三大航司的日均航班执行率也分别只有70.4%、63.8%、71.3%。从城市内部人员流动来看，消费复苏依然迟缓，7月上旬，全国19个主要城市

地铁日均客运量为 5137 万人次，虽然实现了自 4 月以来的逐月提升，但仍只达到上年同期的 83.3%。①

（六）物价较快上涨和部分领域风险抬头对消费回补带来压力

物价上涨和房地产市场下行风险使得消费复苏面临较大不确定性。一方面，原油价格仍将在 100 美元/桶左右震荡，居民燃油消费成本持续维持在高位。② 从期货市场看，2022 年 11 月和 2023 年 1 月到期生猪合约价格也快速抬升，猪肉价格可能较快上涨。"猪油共振"将带动居民消费价格较快上涨，提升基本生活成本，对其他消费形成挤出。另一方面，部分房地产开发商资金链问题尚未解决，消费者"断供"和集体"停贷"的风险还未消除，住房消费短期内难以扭转下行趋势，将制约家具、家电、家装、汽车等"住行"类大宗消费增长空间。

综合研判，第三季度以来，我国经济顶住了多重压力挑战，消费大幅下滑态势已得到有效控制，并出现恢复向好势头。展望 2023 年，我国经济稳定性优势进一步凸显，经济增长预期仍较乐观，促进消费增长的结构性潜力加快释放，为消费加快恢复和实现较快增长提供了根本动力。在促消费政策持续发力、疫情防控政策不断优化、各类风险得到有效控制、人员流动有序恢复的条件下，全年社会消费品零售总额有望实现 6% 以上的增长。

六 政策建议

有效扩大消费和更好满足居民需求，须长短结合、远近兼顾，既要抓紧时机在短期内"稳预期、畅循环、保基本"，也要顺势而为在中长期"重创新、提品质、促转型"，尽快恢复供给与需求之间的正向循环，促进消费市场稳定复苏。

第一，尽快稳定居民收入和消费预期。通过加大收入分配政策改革力度、

---

① Wind，笔者计算。
② 国务院发展研究中心市场经济研究所课题组测算。

稳定就业和改善民生，进一步稳定预期和增强市场信心。通过加大政策性银行专项借款力度、成立定向纾困基金等方式解决已售逾期难交付楼盘项目问题，全力做好"保交楼、稳民生"工作。考虑提高个税起征点，提高居民可支配收入和消费能力。探索消费税改革，率先将具有大众消费特征但仍按高档消费征收的商品从现行征收范围中移出或进行减税。加大稳就业政策实施力度，加强以工代赈，以促就业增收入带消费，发挥平台企业吸纳就业的积极作用。完善假期政策，把握春节假期消费回补的重要机遇，增加节日消费的烟火气，鼓励地方政府组织安排节庆活动，通过加强线上线下互动、城市周边联动、政府企业合作等多种方式促进节假日消费。

第二，有序恢复消费市场畅通循环。继续巩固和扩大物流保通保畅工作成效，通过"强指导""优机制""扶个体"，更好推进"稳大盘"工作。将平台企业及配送网络纳入城市生活物资保供体系，建立城市生活物资应急保与疫情防控常态化协同机制，减少"从头开始""走回头路"现象。顺应省内旅游、短途旅游消费发展趋势，大力鼓励和发展"双休经济"，适当延长景区景点、公共交通服务时长，尽快建设和完善房车营地、露营等新场景消费设施。科学精准处置局部疫情，避免过度防控对节假日等重要消费时点的冲击，减小疫情对服务型消费的冲击。

第三，进一步激发线上消费引领带动消费创新。尽快完成平台企业专项整改，明确常态化监管标准，重振平台经济及服务消费领域的投资和发展信心。抓住5G商用契机，拓展直播电商、社交电商等应用，推动生活服务智能化，加快促进生活服务业上线上云，优化到店与到家双向服务模式。围绕线上线下消费融合发展趋势和要求，加大多式联运、冷链物流、城乡智能物流配送体系、智慧零售、社区商业等新型消费基础设施建设投入。继续支持和鼓励网络购物、移动支付、互联网出行等新消费模式在下沉市场健康发展，加大对中西部地区多元化、融合化的商业设施升级投入。

第四，多措并举促进消费品质提升。支持和鼓励大型中心城市举办各类首店、首牌、首秀、首发等促消费活动，提升城市消费引领能力。大力发展免税零售业态，在上海等城市率先开展国际消费中心建设，新设一批市内免税店，降低免税购物门槛，延长回国人员入境记录有效期，提高免税购物额度，丰富免税品种类和品牌，进一步吸引消费回流。实施"数字三品"升级战略，对各类市场主体数字化转型升级的技术研发投入、管理和商业模式创新给予更大力度的激励和支持，鼓励平台企业培育更多的新国货消费品牌。

第五，以更大的改革力度释放服务消费增长的结构性潜能。按照"非禁即准"的精神，加快服务业市场开放。全面实施负面清单管理制度，凡是法律、行政法规未明令禁止进入的服务业领域，逐步向社会资本开放，鼓励和引导社会资本参与服务业发展。发挥民营企业在扩大服务供给中的重要作用，保持政策适度稳定，将扩大服务业开放落实到法律规则上。对标国际标准，结合我国实际，进一步加快教育、医疗、健康、养老等服务消费领域的标准化建设。适当扩大政府消费，引导政府消费优先向教育、养老、医疗和育幼等重点民生领域倾斜。

第六，加强财税金融政策支持更好撬动消费。引导地方用好用足用准消费券。挖掘地方政府结存一般债潜力，进一步加大消费券发放力度，更多面向低收入人群、实体商业及线下服务消费场景发放，注重撬动消费和社会救济相结合、消费潜力释放与助企纾困相互促进，最大限度提振消费信心和促进消费回补。探索加强财政与信贷政策协同，为新能源汽车、绿色智能家电、节能改造家装等符合消费升级趋势的消费贷款提供阶段性财政贴息。探索提高LPR动态调整频率，引导存量居民住房贷款利率合理下降。

第七，着力稳定市场主体消费供给能力。加快实施力度更大、含金量更高的小微市场主体纾困解难措施。完善租金减免相关的约束激励机制，简化申请流程，对老租户采取"免申即享"方式，为承租非国有房屋的实际经营者提供租金补贴。多方面发挥互联网平台助力纾困的作用，支持平台为符合条件的商户提供垫付货款、帮助商家提前回款、加快资金周转。将社会集团消费纳入国家和地方稳经济、促消费政策支持范围，支持有条件的医院、高校、科研机构等事业单位和中小微企业更新办公设备设施、装修办公场所和参加国内外会展，适当给予阶段性政策支持。

第八，加强中低收入人群基本生活保障。尽快完善重点民生商品保障长效机制，压实"米袋子""菜篮子"工程主体责任，防止食品消费出现大范围上涨。全面落实低保扩围，动态、及时将符合低保标准的人口等纳入低保。支持服务业企业和关联行业开展共享用工互助，发挥地方政府和行业协会作用，搭建对接机制，协调解决闲置员工临时性就业问题。

参考文献：

王微：《新消费为形成新发展格局注入强大动能》，《中国经济评论》2021年第Z1期。

王微、王念：《坚定实施扩大内需战略 增强经济发展内生动力》，《旗帜》2022年第4期。

王微：《新型消费是促进消费扩容的重要支撑》，中新经纬，2022年4月15日。

王微：《中国消费市场正在塑造新的增长极》，人民网，2022年8月3日。

王念、苏诺雅、于明哲：《线上消费对扩大内需的影响效应研究》，《重庆理工大学学报》（社会科学）2022年第9期。

B.19 2022年中国外贸形势分析与2023年展望

高凌云 *

摘　要： 2022年，尽管面临来自国内外多重不利因素冲击，但我国坚持统筹疫情防控和经济社会发展，迅速打通物流运输环节的堵点，着力推进复工复产和贸易自由化便利化，使我国对外贸易在增速持续回升的同时，还呈现出商品结构持续优化、合作伙伴日益多元、主体动力更加充盈、出口份额不断提升、贸易顺差再创新高等特点。未来一段时期，为有效应对我国对外贸易发展面临的新挑战，更好抓住新机遇，应适度增强稳市场主体政策的针对性、力度和延续性，持续推动外贸新业态和新模式发展，积极支持企业参加各类展会，进一步开拓多元化外贸市场，以政策的确定性帮助外贸企业应对外部的不确定性。

关键词： 对外贸易　商品结构　新业态　新模式

　　当前，世界百年未有之大变局加速演进，世纪疫情影响深远，逆全球化思潮抬头；不仅如此，2022年第二季度以来，我国外贸进出口还受到了疫情多点散发的不利冲击。但是，在以习近平同志为核心的党中央坚强领导下，我国统筹疫情防控和经济社会发展，向开放要活力，坚持以开放促改革、促发展、促创新；国家有关部门相继出台《关于推动外贸保稳提质的意见》《支

---

* 高凌云，中国社会科学院世界经济与政治研究所研究员，研究方向：国际投资与贸易。

持外贸稳定发展若干政策措施》等稳外贸政策，从增强外贸履约能力、开拓国际市场、激发创新活力、强化保障能力等方面支持企业纾困解难、创新发展；各地区也结合实际出台一系列措施，认真落实帮助企业纾困的各项部署要求，为企业排忧解难。整体来看，2022年全年我国外贸规模将在上年39.1万多亿元人民币的高基数上再创新高；同时，结构也将进一步优化。本文围绕2022年前三季度我国对外贸易的基本情况、取得的成绩、面临的问题、2023年的展望与政策建议等展开分析。

一 2022年前三季度中国对外贸易基本情况

2022年以来，我国进出口贸易呈现V型走势（见图1），展现出较强的韧性。在百年变局叠加世纪疫情、经济全球化遭遇逆流的大背景下，据海关统计，在2021年基数非常大的基础上，我国进出口月度同比增速年初取得"开门红"，虽在4月回落至0.1%，但之后迅速反弹，6月和7月分别为14.3%和16.6%。整体来看，2022年1~9月累计进出口贸易总额311101.9亿

图1 中国进口、出口贸易额与增速情况

资料来源：海关总署。

元人民币，比上年同期增长9.9%；其中，出口176733.6亿元人民币，同比增长13.8%；进口134368.4亿元人民币，同比增长5.2%。可以说，全年我国进出口贸易实现"保稳提质"的目标已成定局。

（一）出口方面

从贸易方式上看，一般贸易、加工贸易出口均实现增长，但一般贸易出口增速更高。1~9月，一般贸易出口113002.6亿元人民币，同比上升13.8%，占出口总额的63.9%，份额比上年同期增加了3.0个百分点；加工贸易出口39878.4亿元人民币，同比上升5.4%，占出口总额的22.6%，份额比上年同期减少了4.3个百分点。

从市场分布上看，除中国香港外，对主要贸易伙伴出口均实现正增长。1~9月，美国、欧盟、东盟、中国香港、日本、韩国居我国内地出口市场前六位，分别为29312.7亿元人民币、28067.5亿元人民币、27282.2亿元人民币、14351.3亿元人民币、8485.0亿元人民币、8028.3亿元人民币；除对中国香港的出口增速为-10.2%之外，我国内地对美国、欧盟、东盟、日本、韩国的出口同比增速分别为10.1%、18.2%、22.0%、7.7%、16.5%。

从商品结构上看，除与家居相关的部分产品外，传统劳动密集型产品出口金额同比增速上升，农产品、高新技术产品和机电产品出口金额同比增速均上升。1~9月，我国传统劳动密集型产品，如箱包及类似容器、鞋靴、服装及衣着附件等出口金额同比分别上升35.1%、29.1%、11.1%；农产品、高新技术产品和机电产品出口金额同比分别上升22.7%、5.5%、10.0%。但是，随着其他国家防疫措施逐步放松，其对居家类产品的需求逐渐下降，导致我国家具及其零件出口金额同比下降了1.3%、家用电器出口金额同比下降了9.2%等。

（二）进口方面

从贸易方式上看，一般贸易进口同比保持正增长，加工贸易进口同比增速则与上年同期持平。1~9月，一般贸易进口86162.7亿元人民币，同比上升7.1%，占进口总额的64.1%，份额比上年同期增加了1.2个百分点；加工贸易进口22877.3亿元人民币，与上年同期持平，占进口总额的17.0%，份额比上年同期减少了0.9个百分点。

从市场分布上看，我国自欧盟和日本进口增速小幅收缩，自其他主要贸易伙伴进口同比增速较低。1~9月，东盟、欧盟、中国台湾、韩国、日本、美国为我国大陆前六大进口来源地，分别为19746.2亿元人民币、14220.9亿元人民币、11957.6亿元人民币、10094.9亿元人民币、9249.1亿元人民币、8651.3亿元人民币，同比增速分别为1.3%、-5.4%、1.8%、0.6%、-6.7%、1.3%。另外，我国自澳大利亚进口为7155.6亿元人民币，同比下降了13.2%。

从商品结构上看，大宗能源、原材料商品进口上升，机电产品和高新技术产品进口下降。1~9月，大宗能源、原材料商品中的肥料、大豆、原油、成品油、天然气、未锻压铜及铜材等进口金额同比分别增长89.0%、17.5%、48.4%、17.1%、45.5%、14.4%，但食用植物油、铁矿砂及其精矿、原木及锯材等则不仅进口金额分别同比下降32.8%、31.3%、12.2%，而且进口数量也分别同比下降55.5%、2.3%、24.6%。同期，农产品进口同比上升7.5%，机电产品和高新技术产品进口分别同比下降3.8%和3.2%。

二 2022年中国对外贸易的特点

2022年以来，我国各地区各部门全力以赴，毫不动摇坚持"动态清零"总方针，在筑牢疫情防控屏障的同时，统筹疫情防控和经济社会发展，迅速打通物流运输环节的堵点，着力推进复工复产和跨境贸易便利化，使我国外贸增速持续回升的同时，还呈现出商品结构持续优化、合作伙伴日益多元、主体动力更加充盈、出口份额不断提升、贸易顺差再创新高等特点。

第一，商品结构持续优化。在稳住外贸基本盘的基础上，随着我国出口主导产业由传统劳动密集型产业向高新技术产业转型升级，出口产品的质量、档次和附加值不断提高，外贸商品结构也持续优化。1~9月，我国按HS分类的出口工业制品168671.8万亿元人民币，增长13.4%，占出口总值的95.4%；其中，体现产业升级的电力机械、器具及其电气零件，陆路车辆（包括气垫

式）等出口表现更加突出，同比分别增长22.8%、18.0%。这也再次证明，我国在全球产业链、供应链中的重要地位更加难以被替代。

第二，合作伙伴日益多元。2022年以来，我国以申请加入《全面与进步跨太平洋伙伴关系协定》和《数字经济伙伴关系协定》，以及《区域全面经济伙伴关系协定》生效等为契机，引导和鼓励企业巩固传统市场、开拓新兴市场，我国区域合作紧密、贸易多元共进的国际市场布局继续优化。随着RCEP正式生效，1~9月，我国与东盟贸易总值达到4.7万亿元人民币，同比增速超过总体增速约5.3个百分点；占我国外贸总值的15.1%，占比较排名第二的欧盟高了1.5个百分点，制度红利使东盟作为我国第一大贸易伙伴的地位更加稳固。同期，我国对"一带一路"沿线国家合计进出口10.0万亿元人民币，同比增速超过总体增速约10.8个百分点；其中，出口5.7万亿元人民币，增长21.2%；进口4.34万亿元人民币，增长20.0%。

第三，主体动力更加充盈。2022年初《政府工作报告》指出，微观政策要持续激发市场主体活力。事实上，保住了市场主体，保外贸就有了保障，也就稳住了宏观经济大盘。为此，我国坚持营造各类市场主体竞相发展的良好营商环境，加大对企业特别是中小微企业的支持力度，不仅为企业开拓新市场、优化全球市场布局提升了信心和底气，还激励了许多原本不具备外贸业务能力的中小微企业和个体工商户也参与国际贸易，外贸主体范围进一步扩大。1~9月，具有经营灵活度高、市场适应性强等优势的私营企业进出口15.62万亿元，增长14.5%，占我国外贸总值的49.6%，比上年提升了1.5个百分点（见图2）。另外，跨境电商、海外仓、市场采购贸易、高附加值保税物流等外贸新业态也发展迅速。

第四，出口份额不断提升。2月以来，因疫情冲击供给，我国部分订单加速流出，我国出口在国际市场的份额降至19.4%。[1] 随着国内疫情防控形势

---

[1] 由于全球出口贸易总额数据的发布时间较为滞后，使用中国大陆、阿根廷、澳大利亚、巴西、加拿大、法国、德国、印度、印尼、日本、墨西哥、南非、韩国、土耳其、英国、美国、越南、菲律宾、新加坡、马来西亚以及中国台湾、中国香港（不含转口）等的出口份额加总数据来计算出口份额，同时部分国家（地区）8月上旬才发布6月数据，故最新数据更新至2022年5月。

2022年中国外贸形势分析与2023年展望

图2 不同贸易主体进出口情况

资料来源：海关总署。

向好，部分市场被我国企业重新夺回，市场份额逐月提升。6月出口份额提升至24.1%，7月进一步提升至25.2%，高于上年的平均水平（23.8%）以及2019年5月的水平（20.8%）。① 与之相对，越南、印度、马来西亚② 三国合计出口份额由4月的8.1%下降至5月的7.4%，但6月出口份额提升至7.9%，7月又降低至7.4%，低于上年均值。

第五，贸易顺差再创新高。尽管德国、日本等主要工业国以及承接部分我国产业转移的越南相继出现贸易逆差，但我国外贸顺差持续扩大，1~9月累计贸易顺差42365.2亿元人民币，同比大幅扩大53.7%；其中，7月更是单月贸易顺差首次超越1000亿美元，创历史新高（见图3）。从贸易方式来看，1~9月，一般贸易项下实现顺差26839.9亿元人民币，较上年同期扩大86.7%，加工贸易项下实现顺差17001.1亿元人民币，同比扩大13.6%。从市场分布上看，1~9月，美国、中国香港、欧盟和东盟为我国内地前四大贸易顺差来源地，

---

① 2021年3月，因全球疫情缓和、海外快速复工，我国出口份额下降至20.3%。此后，随着德尔塔与奥密克戎变异病毒引发新一轮疫情，我国出口份额快速回升至22%以上。
② 根据东南亚国家出口规模及结构分析，承接我国产业和订单转移的主要是越南、印度和马来西亚等国。

325

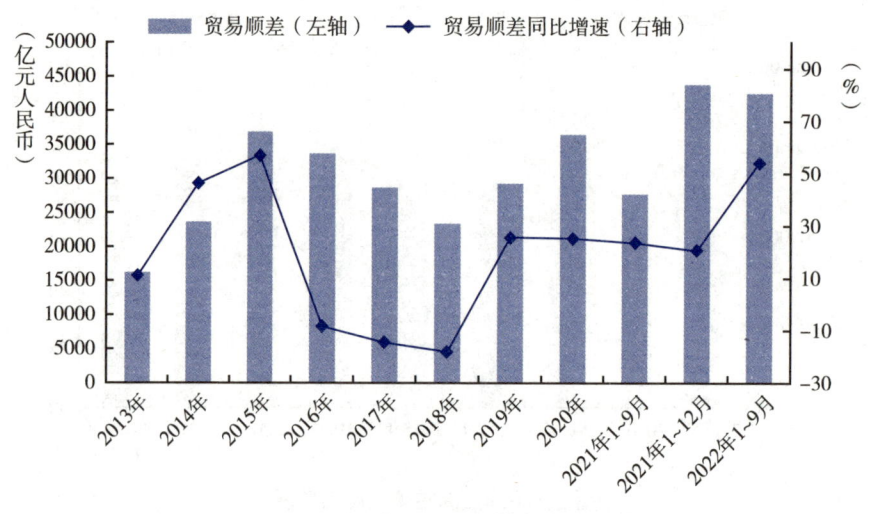

图3 我国贸易顺差变动

资料来源：海关总署。

贸易顺差分别为20661.4亿元人民币、13987.8亿元人民币、13846.6亿元人民币和7535.9亿元人民币，除来自中国香港的贸易顺差收窄9.8%外，对美国、欧盟和东盟的贸易顺差同比分别扩大14.0%、58.8%、91.8%。

三 2022年中国对外贸易面临的主要问题

2022年以来，国际、国内环境有些突发因素超出预期，叠加2021年的高基数因素，我国外贸面临着诸多问题和风险挑战。最新公布的9月中国制造业采购经理指数（PMI）中的新出口订单指数，从8月的48.1下降至47.0，处于收缩区间，进口指数虽从8月的47.8回升至48.1，但也是处于收缩区间，反映出当前对我国外贸正面临来自国内外多重不利因素冲击的担忧加剧。

第一，全球经济复苏乏力。在百年未有之大变局叠加世纪疫情的大背景下，国际货币基金组织、世界银行和世界贸易组织等国际机构对2022年全球经济增长的最新预测普遍更加悲观；如国际货币基金组织10月的《世界经济展望》将2022年全球经济增长幅度下调至3.2%，这是2022年以来的第二次下调。并且，为了应对由前期激进货币政策引发的高通胀，以美国为代表的全球多国央行相继进入加息周期，全球金融环境正在加速收紧。与之对应，新兴经济体面临更大的资本外流、货币贬值压力，国际市场波动加剧。事实上，2021年5月以来，摩根大通全球综合PMI、全球制造业PMI和全球服务业PMI总体均呈下降态势（见图4）；其中，9月全球制造业PMI为49.8，自2020年5月以来首次降到"荣枯线"以下，经济增速放缓压力加大。

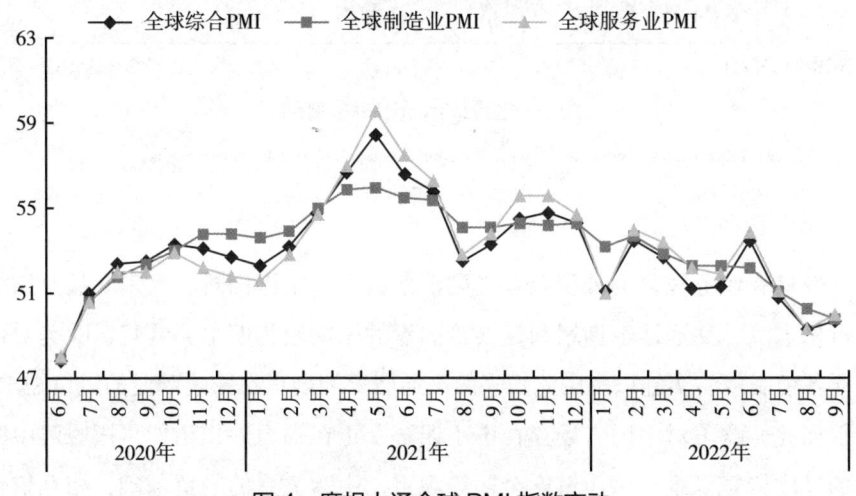

图4 摩根大通全球PMI指数变动

资料来源：Wind 数据库。

第二，地缘政治风险升高。乌克兰危机爆发以来，全球地缘政治风险仍处于较为紧张的状态。图5显示，从2020年10月1日到乌克兰危机爆发的2022年2月24日，地缘政治风险指数[①]平均值为87.9，之后到2022年10月22日的平均值高达167.9。对我国而言，俄罗斯、乌克兰均是重要的进口来源地，在部分能源产品、农产品和矿产品方面对俄罗斯、乌克兰依然具有较强的依赖性。乌克兰危机使全球能源及粮食等大宗商品价格大幅波动，我国众

---

① 地缘政治风险指数（GPR）由美联储经济学家 Dario Caldara 和 Matteo Iacoviello 所编制，统计1900年以来国际报纸杂志上讨论负面地缘政治事件或威胁的比例。

图 5　地缘政治风险指数变动

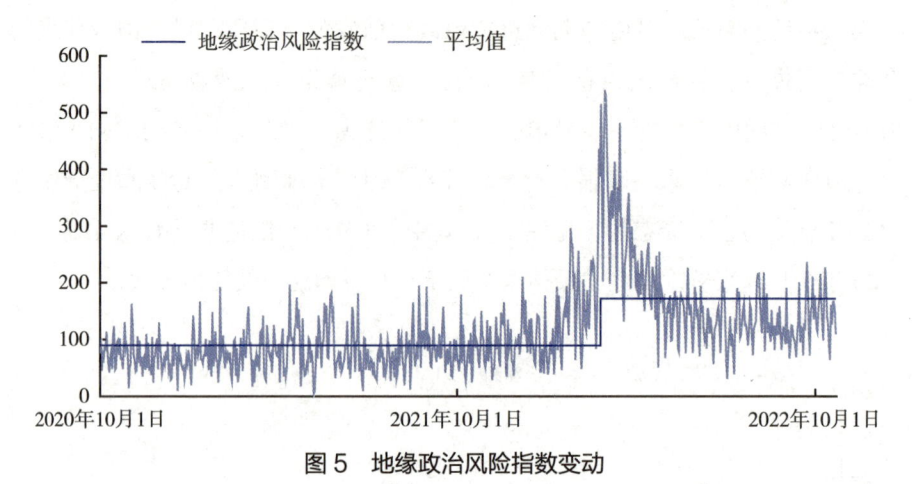

资料来源：https://sc.macromicro.me/charts/55590/global-geopolitical-risk-index-threats。

多与俄乌有业务往来的外贸企业受到汇率波动、结汇困难、大宗商品及原材料价格上涨、交通运输拥堵和延误等因素的影响较为明显。并且，欧美对俄罗斯各项制裁的实施以及由此带来的高通胀等问题正在影响欧盟的进口需求。不仅如此，欧美对中国立场存在不小误解，正在竭力炒作诸如"摆脱对中国市场过度依赖以维护供应链安全"等观点，中欧关系的经贸基础、相互依存的共同利益和务实合作的政策路径受到了一定冲击。

第三，防疫形势依然严峻。2022年以来，从外部来看，全球疫情仍处于高位，尽管全球新增确诊病例数有所下降，但疫情仍在全球不同地区肆虐。截至2022年10月底，已经有211个国家和地区出现疫情；全球新冠确诊病例达到6.2亿例；其中，发达国家累计确诊病例为3.5亿例。从内部来看，我国疫情形势严峻复杂，呈现"点多、面广、频发"的特点，持续面临较大的外防输入压力，发生局部聚集性疫情的风险依然存在。从病毒特性来看，病毒还在不断变异，变异毒株如奥密克戎等的高传染性和隐蔽性提升了防控难度，最终走向还存在很大不确定性，出现更危险毒株的风险依旧存在。疫情在我国的多点散发，使人力、生产材料等出现短缺，生产周期延长，企业订单量大幅下降，部分企业甚至不得不停工停产。并且，新冠肺炎疫情不仅降低了国内物流运输的时效性，还在一定程度上降低了外贸企业的进出口货物通关效率。

四 2023年中国对外贸易展望

世界百年未有之大变局加速演进，全球经济增长面临挑战，我国对外贸易发展需要应对新的挑战，也面临新的战略机遇。

（一）挑战

2023年全球经济放缓程度超过预期。2022年10月以来，世界银行、国际货币基金组织和国际贸易组织等国际机构发布的最新经济预测报告中均下调了2023年全球经济增长预期值。首先，世界银行最新的《全球经济展望》预计2023~2024年全球经济增长率将在3%的低位徘徊，之后数年全球经济增速将保持在2010~2020年的平均水平以下。其次，国际货币基金组织最新的《世界经济展望》预计2023年全球经济增速将进一步放缓至2.7%，较7月预测值下调0.2个百分点，比该机构对2022年的预测值低了0.5个百分点。再次，国际贸易组织最新的《贸易统计与展望》预计，按市场汇率计算的全球GDP将在2023年增长2.3%，比之前的预测低了1.0个百分点，比该机构对2022年的预测值低了0.5个百分点。最后，经济合作与发展组织最新的《中期经济展望》预计2023年经济增速将进一步放缓至2.2%，低于2022年6月预测的2.8%，比该机构对2022年的预测值低了0.8个百分点。这些国际机构之所以认为2023年全球经济放缓程度超过预期，大多是出于对通货膨胀率达到几十年来最高水平、大多数地区金融环境收紧、乌克兰危机以及新冠肺炎疫情等带来的挑战的担忧。

（二）机遇

第一，欧盟对我国需求的韧性持续提升。乌克兰危机影响下欧盟的能源成本持续上升，未来一段时间内对我国出口的需求仍然保持韧性。欧盟是拉动出口增长排第二的经济体，9月我国对欧盟出口同比增长了18.2%，较上个月增速上升2.2个百分点。并且，国际能源价格上涨也支撑了我国能源产品及能源密集型大宗商品出口的大幅上升；1~9月，成品油、煤及褐煤出口分别同比上升30.4%、210.8%，未锻压铝及铝材、钢材出口分别同比上升56.9%、29.4%。此外，从先导指数来看，欧元区PMI 8月录得49.6，9月进一步下滑至48.5，均处于收缩期，加之天然气短缺将直接冲击欧洲工业生产，预计我国产业链的完整性仍将发挥填补欧盟产能缺口的作用，预计未来欧盟仍将对我国需求保持较强的韧性。

第二，RCEP的制度红利将进一步密切我国与其他成员国的经贸往来。一方面，RCEP最终实现的零关税比重为90%以上，关税逐渐降至零，可大幅减轻外贸企业和消费者的资金负担，扩大各成员国出口市场空间，并满足各自的进口消费需要。RCEP跨境服务贸易不仅继承了GATS中的保障措施和补贴措施，而且在借鉴CPTPP规则的基础上进行了完善，利用透明度清单加大了缔约方服务贸易政策透明度的执行力度。此外，RCEP新增了非应邀电子信息、计算设施非本地化、跨境信息传输以及网络安全等4项条款，实现了对现有数字贸易协定的实质性突破。另一方面，也是更关键的，RCEP还将向更高标准、更广议题和更多成员拓展，推动更高水平、更大范围的经济一体化向前迈进。

第三，国际供给紧张、价格上涨趋于缓和。首先，国际农产品供给紧张局面持续改善。俄罗斯、乌克兰是全球农产品的重要供应商，供给了全球25%的谷物、80%的葵花籽油。8月，全球高温干旱导致全球粮食出现减产，叠加乌克兰危机持续影响，粮食供给不确定性有所增加。但在俄乌就农产品外运达成"平行协议"下乌克兰恢复出口，推动全球农产品价格向合理区间回归，价格上行趋势得到抑制。1~9月，我国食用植物油、大麦、猪肉的进口额同比分别下降32.8%、37.3%、70.9%。其次，能源资源产品进口总体上延续价涨量跌态势，但价格上涨趋势有所缓和。8月以来，由全球经济衰退引发的需求担忧压倒了供应担忧，叠加美元汇率指数上涨，能源价格上涨趋势有所缓和。

第四，稳外贸政策出台节奏和力度会适时调整。面对多种不利因素冲击，我国外贸保持稳定增长，充分说明我国各部门、各地区推出的各项稳外贸一揽子政策，较为有效地解决了外贸主体预期问题，以及保履约、保订单及时交付中存在的主要问题，促进了贸易畅通，激发了创新活力，基本确保了2022年外贸"保稳提质"目标的完成。但正如前文所述，2023年我国外贸发展环境可能更加复杂，面临的不确定性增加。因此，有关部门必定还会适时出台新的稳外贸政策，助力外贸企业开拓新市场、发展新业态、研发新产品。当然，也会利用举办进博会等方式，鼓励和促进国外企业在中国市场中寻求发展机会。

根据国际货币基金组织2022年《世界经济展望》的预测，即2023年全球经济增长将放缓至2.7%，中国经济增长3.2%；结合2022年前三季度我国经济同比实际增长3.0%，以及经合组织、世界银行等国际机构近期对2023年全年我国经济增速做出的预期；基于贸易引力模型，估计2023年我国进出口总额同比上升4.7%，仍将保持中速增长。

五 结语

当前，我国外贸处在向好发展的关键期，外贸企业面临的各类风险挑战增多。针对当前的形势以及上述我国外贸发展中存在的问题，应适度增强稳市场主体政策的针对性、力度和延续性，持续推动外贸新业态新模式发展，进一步开拓多元化外贸市场，以政策的确定性帮助外贸企业应对外部的不确定性。

首先，适度增强稳外贸主体政策的针对性、力度和延续性。指导地方结合本地实际出台有针对性的举措，针对市场主体特别是纺织品、服装、家具、鞋靴、塑料制品、箱包、玩具等劳动密集型产业的中小微外贸企业，实施新的组合式税费支持政策，做到减税、降费与退税并举，并加大现有助企纾困和跨周期调节政策的支持力度，加快推进贸易调整援助，尽快改善贸易条件。有关部门应兼顾当下，尽快梳理、评估各地区已落地的一揽子助企纾困政策，

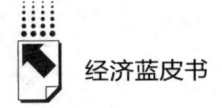

对于效果突出的，须重点推广。另外，无论是内部政策还是经贸协定，其作用的发挥通常要求具有持续性。因此，目前作用逐渐显现的政策和经贸安排，只有保持方向，才能持续发力支撑外贸稳增长。

其次，持续推动外贸新业态和新模式发展。借力国务院支持各省份自贸试验区的特别领域发展，带动更多中小企业广泛参与国际贸易，挖掘新的出口增长点。调整优化跨境电商零售进口商品清单，并加强跨境电商政策落实、主体培育、生态建设，打造跨境电商产业创新发展集群，加快推进海外仓、前置仓等跨境电商基础设施建设，积极发展外贸细分服务平台。增设一批跨境电子商务综合试验区，培育一批离岸贸易中心城市（地区）。高质量培育外贸转型升级基地、国家加工贸易产业园、国家进口贸易促进创新示范区等各类平台和载体。

再次，积极支持企业参加各类展会。创新展会模式，鼓励线上办展，加快培育行业发展新动能，帮助企业用好线上渠道获取更多订单；支持企业参加各类境外自办展会，鼓励有条件的地方扩大境外自办展会规模，持续提升代参展成效，对常态化疫情防控下外贸企业人员出国出境参展、商洽业务的，要进一步加强服务保障，积极支持外贸企业抢抓订单。

最后，进一步开拓多元化外贸市场。充分发挥贸易畅通工作组的作用，完善多边贸易体制，用好已签署的自贸协定，提升贸易自由化便利化水平，将《区域全面经济伙伴关系协定》生效实施作为稳外贸的重要抓手。办好广交会、进博会、服贸会等重大展会，在指导企业巩固传统市场、开拓新兴市场的同时，加大对这些国家级线上线下国际营销服务公共平台的宣介力度，更好发挥其服务畅通国内国际双循环的作用。

站在全面建设社会主义现代化国家新征程、向第二个百年奋斗目标进军的新起点上，在以习近平同志为核心的党中央坚强领导下，我国将毫不动摇的坚持顺应全球化潮流，加快构建以国内大循环为主体、国内国际双循环相互促进的新发展格局，积极推动中国与全世界共同发展，推动外贸在谱写新时代建设开放型世界经济新篇章中发挥更大的作用。

参考文献：

《国务院关于落实〈政府工作报告〉重点工作分工的意见》(国发〔2022〕9号)，2022年3月25日。

高凌云:《巩固外贸"量增质优"态势》,《人民日报》2022年8月29日。

宁吉喆:《把准2022年经济工作发力点》,《中国国情国力》2022年第1期。

魏浩、马茂清、王超男:《俄乌冲突对中国经济的影响与对策》,《中国对外贸易》2022年第7期。

B.20
中国劳动力市场分析、展望与政策建议

都　阳[*]

摘　要： 2022年劳动力市场出现了较为明显的波动，体现在城镇调查失业率一度明显上升，以大学毕业生为主的青年群体的就业困难持续加剧，农民工的就业波动增大，失业的区域分布不平衡，周期性失业明显增加等方面。面对复杂局面，通过实施积极的就业政策"稳就业""保就业"，劳动力市场运行在下半年逐渐恢复稳定。在新的一年里，劳动力市场运行仍将面临诸多不确定因素的挑战，应根据当前失业的主要特征出台具有针对性的失业治理措施，不断优化对短期因素冲击的反应机制，努力保持劳动力市场的主要指标在调控目标之内运行。

关键词： 青年失业　农民工就业　城市失业　劳动年龄人口

一　2022年劳动力市场运行情况分析

在发展环境不确定性增加的情况下，通过实施更加积极的就业政策，持续稳定和扩大就业，对促发展、保民生、稳增长起到了积极的作用。2022年劳动力市场运行主要有以下特点。

---

[*] 都阳，中国社会科学院人口与劳动经济研究所研究员，研究方向：人口与劳动经济。

（一）"稳就业"工作取得了一定的成效

受新冠肺炎疫情的新一轮冲击以及外部经济环境不确定性增加等多种因素的叠加影响，保持就业稳定的压力巨大。在劳动力市场遭遇多年来最严重的负面冲击的情况下，通过实施更加积极的就业政策，"稳就业""保就业"工作取得了一定的成效。

城镇调查失业率是劳动力市场调控的主要指标，2022年1~9月的月度平均值为5.59%，处于调控目标附近。2022年1~9月，除了疫情影响较为严重的3~5月以外，其他月份的城镇调查失业率都控制在5.5%的调控目标以内。25~59岁群体是劳动参与率最高的人群，也是城镇劳动力市场上的就业主体。根据第七次全国人口普查数据推算，16~59岁非农就业总量为5.1亿人，其中25~59岁人口占91.6%。2022年1~9月，25~59岁人群的城镇调查失业率平均值为4.8%，维持在较低水平。可见，"保就业"工作对于维持主要就业群体的岗位稳定起到了突出成效。

受经济下行压力增大等周期性因素的影响，农民工就业一度出现波动，但随着劳动力市场整体状况逐步改善，外出农民工数量也逐渐恢复到2021年同期的水平。根据国家统计局农民工监测调查，截至2022年第二季度末，外出务工农村劳动力18124万人，仅比上年同期下降了0.6%。

就业和民生直接关联，充分就业是社会稳定的基石，"稳就业"就是"保民生"。占总人口绝大多数的普通劳动者，主要是通过参与劳动力市场、从事经济活动来分享经济发展的成果。从我国城乡居民的收入构成看，工资性收入是居民收入中最重要的来源。2021年工资性收入占全国居民人均可支配收入的55.9%，城镇居民该比例为60%，农村居民该比例为42%。就业的基本盘保住了，民生稳定就有了基础，从这个意义上说，确保25~59岁群体的就业稳定是保民生的基本手段。2022年，在经济下行压力加大、突发和不可控因素增加的情况下，"稳就业"工作能够取得如此成绩实属不易。

（二）青年就业问题突出

青年群体的就业困难尤其突出。2022年上半年，城镇调查失业率不断攀升，4月和5月分别达到6.1%和5.9%，处于该指标公布以来的高位。16~24岁的青年失业率一直上升，5月尚未正式进入毕业季，已经达到了18.4%，此后该群体的调查失业率一直处于高位，7月已经达到19.9%的高位，9月为17.9%。由于公布的青年失业率包含农民工和大学毕业生两个群体，而前者的失业率较低，不难推算大学毕业生的失业率要远远高于青年失业率的平均水平。根据近几年青年失业率的总体变化趋势看，青年失业率很可能将在一段时间内持续保持高位。

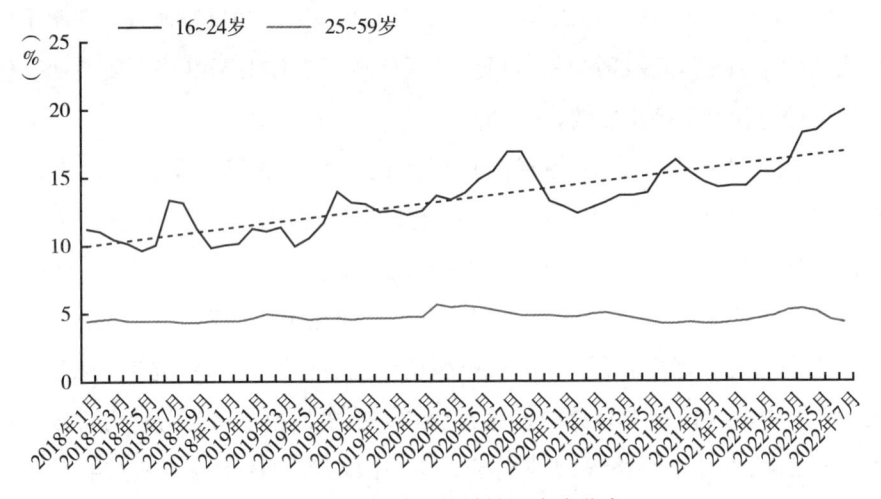

图1 不同年龄组的城镇调查失业率

资料来源：国家统计局月度劳动力调查。

青年是社会中最活跃的群体，他们的失业问题不仅涉及千家万户，也已经成为社会关注的焦点，更事关社会稳定，应该成为今后一段时期积极就业政策要解决的主要问题。此外，从青年失业的构成看，大学毕业生等高技能劳动力的失业率高于其他群体，从国际比较看这种现象并不常见。因此，要根据当前经济发展阶段的结构特征以及劳动力市场的制度特点,就青年失业施以针对性的解决方案。本文后面的内容将就此进行更深入的讨论。

(三)农民工就业出现波动

在2022年的一段时间内,农民工等低收入群体、非正规就业群体的就业问题更加突出,对民生产生不利的影响。农民工的工作意愿强、保留工资水平低,失业率历来较低。农民工失业率从2022年2月开始高于本地户籍劳动力,5月农民工调查失业率为6.2%,高出本地户籍劳动力0.7个百分点,直到6月开始农民工调查失业率才低于本地户籍劳动力。不过,由于农民工的流动性强,在农民工没有完全实现市民化的情况下,很多农民工在就业意愿得不到满足时会选择返乡。并且,就业形势越严峻,农民工返乡规模会越大。因此,在劳动力市场形势严峻的情况下,仅仅观察失业率的变化,难以反映农民工的实际就业困难。农民工返乡后,缩小了城镇劳动力市场的总体规模,就业总量减少对经济增长和消费需求又会产生不利的影响。因此,要将农民工调查失业率和外出农民工规模结合起来,以更准确地反映劳动力市场运行状况。

正是农民工就业行为的高度市场化,他们的就业困境充分体现了就业形势的严峻性。农民工的保留工资水平低、就业意愿强,他们的就业出现困难,意味着周期性因素已经成为影响劳动力市场稳定的重要方面,从农民工的调查失业率与周期性失业的关系来看也的确如此。如图2所示,横轴为周期性失业水平(即调查失业率减去自然失业率),纵轴为农民工调查失业率,图中的每一个点代表了某一个月所对应的周期性失业与农民工调查失业率情况。可以发现,周期性因素是农民工失业率的重要决定因素,二者有着明显的正相关关系:周期性失业水平高的时期,农民工失业率也会攀升,仅周期性失业一个变量对农民工失业率的解释程度就达到了78%。这也意味着,一旦经济增长水平恢复到潜在增长率附近,农民工失业率将恢复至自然失业率附近[①]。因此,

---

① 根据近年来的数据推算,农民工的自然失业率为4.7%左右。

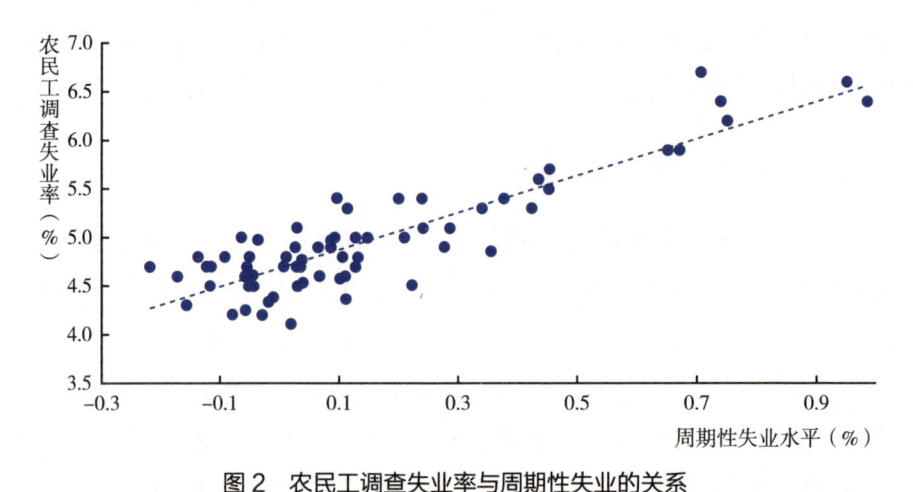

图 2　农民工调查失业率与周期性失业的关系

资料来源:"农民工失业率"数据来自国家统计局月度劳动力调查,"周期性失业率"数据来自都阳、张翕《中国的自然失业率及其在调控政策中的应用》,2022。

较之劳动力市场政策,实现经济恢复性增长是解决农民工失业问题更有效的措施,也应该成为主要手段。

(四)大城市就业状况恶化

大城市在中国的城市化进程中发挥着核心作用,也是中国就业结构转变的主要推动力。大城市人口规模大,经济集聚程度高,劳动力市场包容性强,就业链条长,历来是非农就业创造的主要区域。此外,大城市的人口聚集本身就形成了就业需求,其更高的劳动力市场厚度降低了企业和个人在劳动力市场的搜寻成本,提升了劳动力市场配置人力资源的效率。因此,在很多情况下,当面临劳动力市场负面冲击时,大城市较之其他地区表现出更强的风险抵御能力,抵御就业负面冲击的能力更强。

然而,最近一轮的劳动力市场变化却体现了不同的特征。在城镇调查失业率统计中,31个大城市的调查失业率历来低于全国总体水平。但从2022年3月开始,31个大城市的调查失业率开始高于全国总体水平,4月31个大城市的调查失业率高出城镇调查失业率0.6个百分点,5月高出了1个百分点,

2022年下半年情况有所好转，但8月仍然高出0.1个百分点。

根据人口普查资料，31个大城市的人口总量约占全部城镇人口的1/4，以城市常住人口为权重，估算剔除31个大城市后其他城镇地区的调查失业率[①]，所得的结果如图3所示。在2020年5月以前，31个大城市的调查失业率一直低于其他城市的调查失业率，而随后的大部分月度，31个大城市的调查失业率更高，究其原因可能主要有：其一，大城市人口密度更高，受疫情的影响更加明显，对劳动力市场的稳定产生直接的负面冲击，这也可以从最近公布的分地区城镇调查失业率数据中得到验证；其二，大城市以服务业为主的就业结构在近两年的劳动力市场波动中遭受了更大的冲击，因此，在调查失业率的分布上也有所体现。

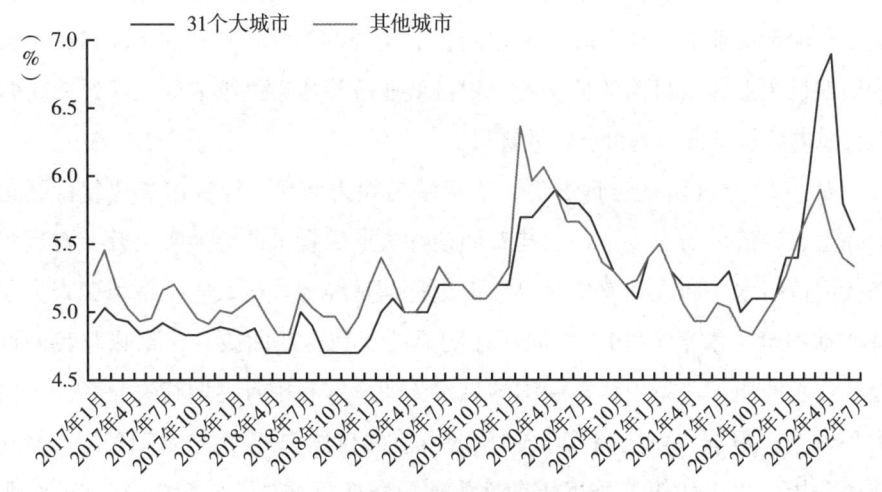

图3　31个大城市和其他城市的调查失业率

资料来源：31个大城市调查失业率数据来自国家统计局月度劳动力调查，其他城市根据国家统计局数据估算。

[①] 由于31个大城市并未穷尽所有大城市，图3所体现的并不是严格意义上大城市和中小城市的调查失业率对比。

（五）周期性失业明显增加

按失业形成的机理划分，所观察到的失业大致由自然失业（主要包括摩擦性失业和结构性失业）与周期性失业构成。其中，自然失业是由经济发展和劳动力市场运行的中长期因素决定；而周期性失业则是由短期因素，特别是需求萎缩产生的缺口所致。实施劳动力市场政策，需要根据失业性质确定"稳就业""保就业"工作的基本方向和政策工具。一般来说，当经济平稳运行、经济增长速度在潜在经济增长率附近时，实际失业率接近于自然失业率。在这种情况下，治理失业主要依靠中长期手段：通过不断优化劳动力市场，提升劳动力市场配置人力资源的效率，降低摩擦性失业；通过提升人力资本水平、改善人力结构，不断降低由经济结构变化所引起的结构性失业。然而，当经济增长速度显著低于潜在增长率时，必然会引发周期性失业。在这种情况下，治理失业的主要手段是通过综合的宏观调控政策弥补需求缺口，以减少周期性失业。从目前的情况看，积极就业政策如果继续依赖以往经济正常运行时的政策工具，则可能收效甚微。

从2022年经济运行情况看，需求缺口较为明显，经济增长速度持续运行在潜在经济增长率以下，意味着周期性失业数量可能会大幅上升。对近年来我国价格水平和失业率变化等数据进行计量经济分析表明，城镇调查失业率变动和价格水平（CPI）之间存在明显的菲利普斯曲线，这意味着我们可以从二者的相互关系中估算中国的自然失业率。利用月度调查失业率、价格水平数据，根据"三角模型"估算出当前的自然失业率约为5.1%。[1] 据此结果分析，2022年第二季度周期性失业数量明显增加。以2021年城镇就业4.68亿人的底数为基础推算，周期性因素导致的失业人口4月为513万人左右，5月为414万人左右，占全部城镇失业人口的比重分别为17.1%和14.2%。此后，伴随着调查失业率的下降，周期性失业人口数量有所减少，但较之以往周期性失业仍然是失业的重要来源，需要引起政策的关注。

---

[1] 都阳、张翕:《中国的自然失业率及其在调控政策中的应用》，2022。

二 2023年劳动力市场运行展望

展望2023年，劳动年龄人口将进一步减少，经济增长速度有望恢复至潜在经济增长率附近，消费复苏将成为服务业就业恢复正常的重要条件。

（一）劳动年龄人口继续减少

如果将16~59岁人口定义为劳动年龄人口，在2012年劳动年龄人口达峰以后，劳动年龄人口总量不断减少。实际上影响有效劳动供给的因素很多，对于低龄劳动者，在校学习是退出劳动力市场的最主要的原因。而对于高龄劳动者而言，达到领取退休金的年龄后，劳动参与率会明显下降。因此，我们需要观察不同年龄组的劳动年龄人口变化情况，以更全面地把握劳动供给的变化，如表1所示。

表1 "十四五"期间劳动年龄人口数量年度变化

单位：万人

年份	16~59岁	25~59岁	男性16~59岁 女性16~54岁	男性25~59岁 女性25~54岁
2021	304	363	-306	-246
2022	-458	-608	-524	-605
2023	-1076	-1144	-1064	-1202
2024	-651	-988	-720	-1057
2025	-659	-968	-788	-1097

资料来源：笔者根据人口预测数据计算。

首先，25~59岁组是就业的主要群体。由于人口变化的历史因素，2021年该年龄组人口较之上年增加了363万人，但2022年又重现下降趋势，较之2021年减少了608万人，到2023年进一步减少1144万人。由于人口发展进程的这一变化，2023年劳动力市场供给偏紧，25~59岁年龄组的就业压力仍然较小,有望维持较低的失业率。但16~24岁年龄组的人口小幅增加68万人,不会构成影响这一群体劳动力市场供求平衡的显著因素。

其次,男女退休年龄的不同也对劳动力市场供给产生了影响。目前,男性的退休年龄(领取养老金的年龄)一般为60岁,女性则主要包括50岁和55岁两个年龄。我们分别以男性16~59岁、女性16~54岁,以及男性25~59岁、女性25~54岁定义劳动年龄人口,后一个定义既考虑到了青年在学的影响,也考虑了女性领取养老金后劳动参与下降的因素。表1中最后一列显示,在考虑了上述两个因素后,2023年劳动年龄人口将减少1202万人。2023年劳动力供给侧的这一变化无疑会对劳动力市场的就业平衡产生明显的影响。

需要重视的是,以劳动供给规模缩小带来的劳动力市场平衡,虽然在短期内有利于就业稳定,但不可避免地会在中长期带来其他的负面影响,其中对养老金体系平衡产生的影响是最重要的方面。从这个意义上说,促进充分就业、不断提升劳动生产率应该成为就业工作始终不渝的目标。

表1显示,在"十四五"的其他年份,以不同口径衡量的劳动年龄人口都将持续保持下降,劳动力供给对劳动力市场供求平衡仍将产生不可忽视的影响。

(二)经济增长速度恢复,新增就业岗位有望增加

从2022年劳动力市场运行情况看,失业构成的主要群体是16~24岁的青年劳动者,尤其是大学毕业生。由于他们是即将进入劳动力市场的群体,因此,他们的就业状况对新增就业岗位极其敏感。我们可以从表2观察经济增长、城镇就业以及青年失业率与新增就业岗位的关系。表2的最后一列显示,经济增长的就业弹性仍然非常明显,2017~2021年的平均值在0.35以上[1]。据此,如果2023年经济增长速度达到5.5%~6%,则可以新创造出900万~1000万个就业岗位。因此,只要2023年经济能够实现恢复性增长,在潜在经济增长率附近的经济增速就可以实现城镇就业岗位的显著增加。考虑到前述的劳动供给

---

[1] 如果基于2000年以来三次人口普查的数据计算,2000~2010年非农就业弹性为0.418,2010~2020年非农就业弹性为0.439。

因素，这样的就业岗位增长速度可以确保城镇调查失业率回归到5%左右的自然失业率。

表2 青年失业率与新增岗位

年份	青年失业率（%）	城镇就业增长（%）	经济增长（%）	就业弹性
2017	11.39	2.75	6.9	0.40
2018	10.82	2.51	6.7	0.38
2019	11.9	2.16	6.0	0.36
2020	14.2	2.26	2.2	0.32
2021	14.3	1.08	8.1	
2022*	17.7	—	—	—

注："*"为2022年1~9月月度青年失业率的平均值。"就业弹性"定义为城镇就业增长速度与经济增长速度之比。

就业总量的增长是控制青年失业率最有效的途径，表2中的第一列为2017~2022年青年失业率的月度平均值，比较青年失业率和城镇就业增长速度不难发现，城镇就业增长速度的下降，伴随着青年失业率的上升。2023年经济的恢复性增长和由此创造的新增就业岗位，可以消除周期性因素对青年就业的负面影响，缓解青年就业的紧张局势，使青年失业率能够回落至其自然失业率，对此，后文将有更进一步的分析。

（三）消费复苏带动服务业就业增长

疫情对服务业就业的影响远远大于第二产业。而服务业已经成为就业创造最主要的部门。根据最近三次人口普查数据计算，2000~2010年第三产业的就业弹性为0.394，2010~2020年就业弹性为0.592。可见，第三产业所占份额逐渐增长的同时，其就业创造能力也不断增强。服务业的恢复和发展对于稳定就业起到了至关重要的作用。

当前服务业恢复发展的关键是消费复苏。从城镇调查失业率和社会消费品零售总额增长速度的关系看，二者存在明显的负向关系。图4的横轴是社会消费品零售总额的增长速度，纵轴为城镇调查失业率，图中的每一个点代表了2017年3月至2022年8月某一个月的情况，显然，图中各个点的分布从左上向右下倾斜。简单的回归分析表明，社会消费品零售总额每增长1个百分点，城镇调查失业率就下降0.041个百分点。

疫情发生前三年，社会消费品零售总额月度同比增长的平均值为7.4%；而2020~2022年，则分别为-2.02%、10.21%和-0.56%[①]。如果2023年的消费增长能够恢复到疫情前三年的平均水平（即7.4%），则可以使城镇调查失业率的月度平均水平下降约0.3个百分点[②]。按照2021年城镇劳动力市场规模，对应的就业人口为148万人。因此，尽快恢复消费增长，应该成为2023年服务业恢复发展、保持就业稳定的重要途径。

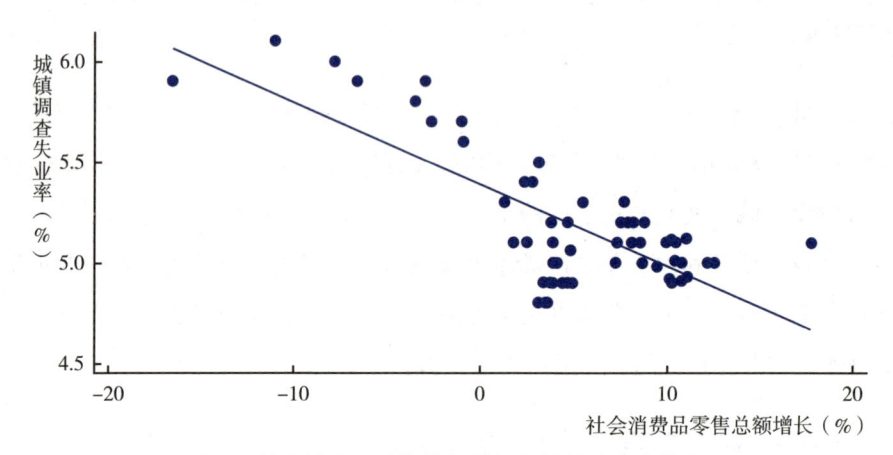

图4 社会消费品零售总额增长与城镇调查失业率

资料来源：国家统计局。

三 确定劳动力市场调控目标

确保劳动力市场稳定，需要确定2023年劳动力市场调控的合理目标。设

[①] 其中，2022年为1~8月平均。
[②] 95%的置信区间对应的调查失业率为[0.228, 0.377]。

定劳动力市场调控目标的依据既包括维持就业形势的总体稳定，也需要考虑劳动力市场与其他宏观经济指标的相互关联，最大限度地降低政策的负面效应。

（一）根据自然失业率确定失业率调控的目标

自然失业率的概念是基于失业率和价格水平存在此消彼长的关系而提出的。如果菲利普斯曲线所表达的这种关系存在，城镇调查失业率围绕自然失业率小幅波动的话，可以认为劳动力市场处于充分就业水平。此时，经济增长速度和经济潜在增长率大致相当，既不存在需求缺口，也没有经济过热现象；价格水平保持温和，没有明显的通货膨胀或通货收缩。如图5所示，横轴为失业率，纵轴为通胀的变化，由CPI的月度环比减去过去12个月的移动平均值而得。拟合线显示了一个向右下方倾斜的趋势。由此可以看到，近年来中国经济运行和劳动力市场表现符合经典的菲利普斯曲线所蕴含的关系。

基于菲利普斯曲线，可以估算出近年来中国的自然失业率在5.1%左右。基于这一自然失业率可以将2023年调查失业率的目标仍然设定在5.5%，即周

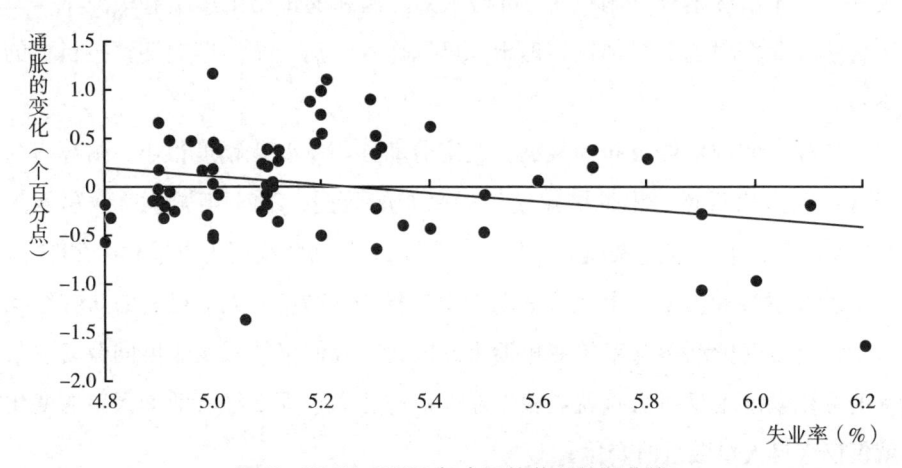

图5 2017~2022年中国的菲利普斯曲线

注：通胀的变化由CPI的月度环比减去过去12个月的移动平均值而得。
资料来源：笔者根据国家统计局数据计算。

期性失业不超过总失业的8%。我们可以在近年来的宏观经济运行和劳动力市场表现中找到在自然失业率附近运行的状态。例如，2021年第四季度，经济增长率在潜在经济增长水平附近；全国城镇调查失业率的平均值为5.0%；居民消费价格指数为1.77%，处于温和上涨的水平。类似的例子如2020年第四季度，经济增长水平为6.5%，全国城镇调查失业率的平均值为5.23%；居民消费价格指数为0.07%。

（二）青年群体就业的基本情况

近年来，青年失业率不断攀升，已经成为劳动力市场调控中面临的最大挑战，解决青年失业问题也成为"保就业""稳就业"工作的重点。因此，在确定总体就业调控目标的同时，还需要对青年群体设定具体的目标，以增强就业工作的针对性。根据公布的统计资料，可以估算16~24岁人口的主要参数。我们以2020年11月作为估算参数的基期，主要基于以下原因：其一，2020年第四季度青年失业率处于近两年的低位，可以作为近期治理青年失业的一个参考目标；其二，恰逢第七次全国人口普查的调查期，有较为丰富、详尽和准确的资料作为分析依据；其三，如前所述，这一时期经济增长水平（位于潜在增长率附近）、价格水平（温和的价格上涨）和失业率（位于自然失业率附近）组合较为理想，可以作为今后一个时期短期调控目标的参考。

首先，利用已经公布的数据，假定劳动参与率变化幅度很小，估算当前经济活动人口规模。根据国家统计局公布的数据，2021年城镇就业总量为46773万人，2021年底城镇调查失业率为5.1%。据此我们可以推算出2021年底中国城镇劳动力市场上经济活动人口规模为49287万人。已有的研究结果显示，年度间劳动参与率的变化很小。因此，我们仍然假定年度间劳动参与率的变化幅度不足以影响就业和失业人口的分布，那么经济活动人口的变化就仅仅来自人口数量的变化。

其次，根据第七次全国人口普查资料，推算目前青年就业、失业和退出劳动力市场等情况。2020年16~24岁人口数量为13230万人，该年龄组的城镇人口为9631万人，该年龄组的城镇化率为72.8%。根据人口预测数据，2022年16~24岁组人口规模为13251万人，仍然以2020年的城镇化率为基础，则该年龄组的城镇人口规模为9646万人。该年龄组的人口分布有以下几种状态：在学、参与劳动力市场和退出劳动力市场。第七次全国人口普查为我们提供了分年龄组人群的信息，在对一些参数进行假设的基础上，可以估算2022年该年龄组人口的分布情况。根据国家统计局公布的数据，2020年11月16~24岁人口的城镇调查失业率为12.8%，人口普查数据显示同期16~24岁城镇人口的就业总数为3510万人，因此可以推算出同期的失业人口为449万人，退出劳动力市场的人口为277万人，劳动参与率（不含在校生）为92.6%。2020年人口普查时点的16~24岁乡村人口为3599万人，其中在校生人数为1839万人，就业人口为1648万人，未就业人口为112万人。因此，2020年城乡未就业人口的总量为838万人。

最后，基于普查数据，对相关参数进行假定，可以推断出当前青年人口的各项主要劳动力市场指标的分布情况。假定2022年16~24岁年龄段人口的在校比例与人口普查年份相同[①]，则2022年在校生人数为5853万人。假定劳动参与率没有变化[②]，则2022年经济活动人口为3516万人，根据国家统计局公布的数据，2022年9月16~24岁人口的失业率为17.9%，根据这个失业率估算，该年龄组的失业人口为629万人，退出劳动力市场人口为282万人。我们仍然以2021年底城镇劳动力市场总规模（即经济活动人口）4.93亿人计算，2022年8月城镇失业人口规模为2612万人，可见，16~24岁群体占16~59岁人口的比重仅为16.3%，但该年龄组失业人口占全部城镇失业人口的25.1%，就业比重则仅占7.7%。

---

① 由于人口普查的标准登记时点为11月1日，可以排除当年大学生毕业对在校生人数产生的影响。

② 劳动力市场面临较为严重的负面冲击时，劳动参与率下降是较为普遍的现象，但16~24岁年龄组不工作的主要原因是在校学习，因此，劳动参与率的变化对我们的估算结果影响不大。

表3　16~24岁人口的分布情况

单位：万人

项目	2020年 城镇	2020年 乡村	2020年 全国	2022年 城镇
人口（a=b+c+d）	9631	3599	13230	9646
在校人数（b）	5844	1839	7683	5853
经济活动人口（c= c_1+ c_2）	3510	—	—	3516
就业人口（c_1）	3061	1648	4709	2887
失业人口（c_2）	449	—	—	629
退出劳动力市场人口（d）	277	—	—	282
未就业人口（d + c_2）	726	112	838	911
就业率（c_1/a，%）	31.8	45.8	35.6	29.9
失业率（c_2/c，%）	12.8*	—	—	17.9**

注："*"为2020年11月的失业率，"**"为2022年9月的失业率。

资料来源："失业率"数据来自国家统计局月度调查，其他数据为笔者根据第七次全国人口普查资料及月度调查数据计算。

（三）确定重点群体的就业调控目标

由于青年失业是当前乃至今后一段时期治理失业的重点，因此，"稳就业"工作应该合理确定青年失业的治理目标，明确即期和中长期的工作任务，并针对性地运用相关的政策工具。为此，我们根据周期性失业与青年失业率的长期关系，确定治理青年失业的短期和中长期工作目标，为2023年的就业重点工作提供参考依据。

从近年来的失业率数据观察，青年群体的自然失业率更高。近期，青年的失业率高企，既有高自然失业率的基础性原因，也有短期的周期因素推动。因此，我们用青年失业率 U_t 对周期性失业进行回归，试图识别短期的失业率水平和16~24岁群体中长期的稳态失业率水平。由于前期的周期性因素可能会持续对青年失业率产生叠加影响，我们在回归中加入了周期性失业的滞后项：

$$U_t = c + \sum_{j=0}^{n} \beta_{t-j} y_{t-j} + \varepsilon_t \qquad (1)$$

其中，$\sum_{j=0}^{n} \beta_{t-j} y_{t-j} + \varepsilon_t$ 是青年失业中周期性失业可以解释的部分，常数项 c 则反映了这一时期青年失业率的稳态水平，该水平与周期性因素无关。ε_t 是随机扰动项。青年失业率资料来源于国家统计局月度劳动力调查公布的16~24岁人口失业率。周期性失业来自都阳、张翕[①]的估算。对（1）式的估计结果如表4所示。

表4 周期性因素对青年失业的影响

变量	系数	标准差	95% 置信区间
$\sum_{j=0}^{2} \beta_t - j$	7.29***	0.97	[5.36, 9.22]
常数项	12.08***	0.27	[11.54, 12.62]
F 统计值		19.02***	
调整后的 R^2		0.45	
观察值数		66	

注：此处报告的周期性失业的影响系数是即期项和滞后项的联合系数，"***"表示系数在1%的水平上显著。周期性失业的滞后阶数为2期，滞后阶数的选择标准基于 Akaike Information Criterion（AIC）的数值大小，AIC 越小，意味着用更少的参数能更好地拟合数据，则模型越理想。

表4的回归结果表明，周期性因素的确解释了一部分青年失业率原因，同时，以近五年来的数据为基础，估算出的青年失业率的稳态水平在12.1%左右。以此为据，2022年9月16~24岁的周期性失业率为5.8%，按表3所示的经济活动人口3516万计算，16~24岁的周期性失业人口为204万人。这一部分失业人口是短期内治理失业的重点目标群体。

四 政策建议

本文的分析表明，2023年经济恢复性增长和劳动供给因素叠加，将使劳

---

① 都阳、张翕：《中国的自然失业率及其在调控政策中的应用》，2022。

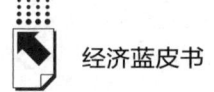

动力市场实现平衡。在不确定性因素仍然很多、劳动力市场负面冲击随时可能发生的情况下，要统筹宏观调控政策与"稳就业"措施的关系，实现就业形势的基本稳定。

（一）确定就业调控的两步走目标

从2022年失业发生的原因看，周期性因素对就业稳定的影响越来越明显，这也是目前的就业形势与以往的重要区别。在这种情况下，仍然依靠就业形势平稳时降低自然失业率的手段就会使治理失业缺乏针对性。2023年，无论是以全部人群为目标群体，还是以青年等就业重点群体为目标，就业调控都应该设立"两步走"目标：以短期的稳就业政策降低自然失业率，不断深化劳动力市场制度改革，逐步降低自然失业率。

青年失业是当前失业的主要矛盾，"两步走"目标对于治理青年失业更加重要。根据近年来的情况推算，青年的自然失业率在12.1%左右，对应的失业人口约为425万人，当前的周期性青年失业人口约为204万人。因此，迫切需要通过宏观经济政策刺激经济增长水平恢复到潜在经济增长率附近，通过创造新的就业岗位（204万个就业岗位可以使城镇调查失业率下降0.4个百分点左右），使青年失业率回落到近年来的稳态水平。同时，通过不断深化劳动力市场改革、促进经济转型、深化教育体制改革、提高劳动力市场运行效率来持续降低青年人的自然失业率。

（二）稳增长、促消费、保就业

从维护劳动力市场稳定的角度看，稳增长是保就业的前提。尤其是在当前青年失业成为劳动力市场的主要矛盾而年轻人就业又对新增就业岗位特别敏感的情况下，稳增长的意义更为突出。治理周期性失业、实现短期的就业调控目标的关键是尽快使用综合的宏观调控工具，使经济增长速度回到潜在经济增长率附近。

从城镇就业的行业构成看，无论是全部人群还是青年群体，服务业都已经成为创造就业的主要行业。因此，恢复服务业的正常增长既是稳增长的主要组成部分，也是解决周期性失业问题的关键。当前促进服务业发展的主要抓手就是促进消费，只要使消费能够恢复到疫情前几年的平均水平，将失业率控制在自然失业率附近的可能性就会显著增加。

（三）完善应对就业冲击的反应机制

近年来劳动力市场运行受到了很多突发性因素的冲击，应对这些不确定因素带来的影响是近期"稳就业"工作的主要内容。随着对就业工作重要性认识的不断深化，我国已经建立了积极就业政策体系和工作机制，但是劳动力市场面临突发性因素时的反应机制尚不成熟，具体体现在以下几个方面：在经济运行中不确定因素增加的情况下，识别哪些因素会对劳动力市场产生冲击的体制机制还不完善；应该如何综合使用宏观调控政策和劳动力市场政策并使二者合理分工还不明确；在执行稳就业政策时如何实现政策干预和劳动力市场起决定性作用的平衡、不同群体之间的平衡，还缺乏明确、可操作的标准。

参考文献：

都阳、程杰：《"婴儿潮"一代退休对养老金体系的冲击与应对》，《中国社会科学评价》2022年第2期。

都阳、贾朋：《劳动供给与经济增长》，《劳动经济研究》2018年第4期。

贾朋：《基于七普资料的人口预测》，中国社会科学院人口与劳动经济研究所工作论文，2022。

B.21 中国国民收入分配形势分析与政策建议

张车伟 赵文 李冰冰[*]

摘 要： 我国加大宏观政策调节力度，分配格局继续调整优化。国民收入分配向非金融企业部门倾斜。高、中收入组居民收入增长加快，新就业形态对中低收入居民收入的托举作用明显。在稳就业保民生一系列政策的作用下，居民收入增长与经济增长基本同步。虚拟经济在国民收入分配中已经占据了一定的份额且不断增大，反映了国民经济中转移而不创造财富的经济活动持续增加，加剧分配矛盾。要继续着力缩小不合理的收入差距，规范财富积累机制，协调推进初次分配、再分配、三次分配的收入分配改革，推动更多低收入人群迈入中等收入行列。

关键词： 收入分配 劳动报酬 收入差距 虚拟经济 新就业形态

一 国民收入初次分配

（一）实体经济与虚拟经济的分配关系

党的十九届六中全会提出，坚持金融为实体经济服务，全面加强金融监管，防范化解经济金融领域风险。党的二十大报告提出，建设现代化产业体

---

[*] 张车伟，中国社会科学院人口与劳动经济研究所所长、研究员，研究方向为人口与劳动经济；赵文，中国社会科学院人口与劳动经济研究所副研究员，研究方向为人口与劳动经济；李冰冰，中国社会科学院人口与劳动经济研究所助理研究员，研究方向为人口与劳动经济。

系，坚持把发展经济的着力点放在实体经济上。近年来，虚拟经济活动在国民经济中发挥了重要的作用，有必要掌握国民经济中虚拟经济的分配份额变化情况，也就是实体经济与虚拟经济的分配关系问题。

在一些经济体中，虚拟经济的就业规模小、收入水平高，部门利润占国民收入的份额不断提高，部门资产增值速度长期显著快于国民收入增速，同时，制造业等实体经济部门相对萎缩，这表明，虚拟经济与实体经济之间的分配矛盾，已经发展成为资本与劳动分配矛盾的一种新形式。放任虚拟经济做大，让两极分化加剧，大大加深了美国的社会矛盾。那么，上述风险在我国多大程度上存在，需要警惕。

虚拟经济的本质属性是转移已有财富但不创造新增财富，因此，虚拟经济能够产生增加值，但这部分增加值不对应社会新增财富。如果一种经济活动的收入，必须要通过生产活动来实现，那么这种经济活动就属于实体经济；反之则属于虚拟经济。因此，任何一个经济活动，不论它在统计分类上是划归传统制造业、服务业，还是划归金融业、房地产业，都可能存在虚拟经济的成分。到底是实体经济还是虚拟经济，取决于收入来源是财富创造还是财富转移。由于资产和商品价格的相对变动，实体经济和虚拟经济的边界会发生变化。货币总量增加或者货币流通速度提高，都会促进虚拟经济繁荣。那些容易保存和交易的大宗商品会首先褪去实体属性和使用价值的色彩，显露出金融属性和融资价值，从而重新划分实体经济与虚拟经济的边界。

2012年以来，金融监管的重心放在金融创新与自由化上，影子银行业务规模持续快速增长，混业经营的浪潮推高了宏观杠杆率，存在较大隐患。2016年底开始，监管层定调要把防范金融风险放到更加重要的位置。党的十九大报告将"防范化解重大风险"列为三大攻坚战之首。去杠杆过程中，民营企业最先承压，违约风险事件不断，随后风险暴露扩展到金融业和房地产业本身。到2019年末，金融资产盲目扩张得到根本扭转，影子银行风险持续收敛，房地产金融化泡沫化势头得到遏制。[①] 到2021年末，宏观杠杆率下

---

① 郭树清：《坚定不移打好防范化解金融风险攻坚战》，《求是》2020年第16期。

降了大约8个百分点,房地产泡沫化金融化势头得到根本扭转。[1]基于国民经济核算中对财富创造和财富转移的区分,使用国民经济核算理论和方法,[2]可以对中国虚拟经济的增加值规模进行测算。

核算结果显示,虚拟经济增加值从2006年的8501亿元提高到2020年的56732亿元,相当于两个中等省份GDP之和。2006~2020年,虚拟经济增加值占全国GDP的比重为3.87%~5.6%(见图1),总体来看波动上升。金融业和房地产业是虚拟经济最主要的部分。房地产业中的虚拟经济增加值占比呈现波动下降的趋势,从2006年的68.1%下降到了2020年的57.7%。金融业中的虚拟经济增加值占比没有趋势性变化,2007年和2015年的资本市场繁荣大幅度提高了虚拟经济总量,使得这两个年份的虚拟经济增加值占全国GDP的比重异于常年。虚拟经济膨大了GDP,实际上我们没有那么多的新增财富可供分配,这就造成了分配关系紧张问题。

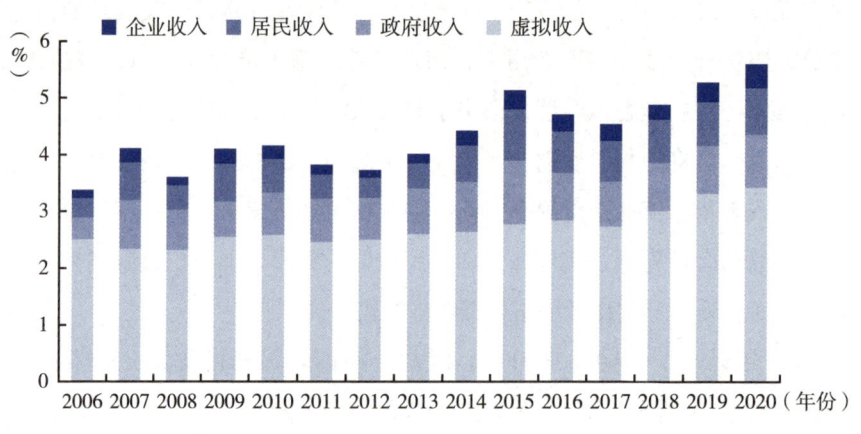

图1 2006~2020年中国虚拟经济增加值结构及占GDP的比重

不同的虚拟经济成分对应了不同的部门收入。其中税收是政府收入、居民自有住房服务业增加值属于虚拟收入,其他增加值可以根据投入产出表中的

---

[1] 郭树清:《2021年银行业保险业各项工作迈出坚实步伐》,国务院新闻办公室网站,2022年3月2日。
[2] 赵文、张车伟:《中国虚拟经济及其增加值测算——基于国民收入来源的视角》,《中国社会科学》2022年第8期。

分配关系,将劳动者报酬视为居民收入,剩余部分视为企业收入。从虚拟经济收入划分来看,从 2006~2020 年平均值来看,企业部门收入约占 5%,政府部门收入约占 17%,居民部门收入约占 13%,虚拟收入约占 65%。从财富来源性质来看,虚拟经济通过资产交易和交易税转移的财富,大部分归于政府和居民。虚拟经济部门的就业规模小、收入水平高,虚拟经济是缩小收入差距的主要阻力。

发展经济,必须把着力点放在实体经济上,因为只有实体经济才能创造财富。无论用什么指标来衡量经济增长,提高财富增量是经济增长的最终目标。促进财富增长的方式随着人们对财富的理解而不断演化。如果这种理解出现偏差,获取财富的手段也会出现偏差。时至今日,一些虚拟的财富由于能够带来收入而被视为真实财富,获得这种虚拟财富的手段也被看作促进真实财富增长的方式,成为一种经济增长模式。这在一个微观主体来看或许可行,但从宏观全局来看,这种"成功"的增长模式,或许只是转移财富的成功,而非创造财富的成功。

(二)按照要素划分的初次分配格局

从要素分配来看,劳动要素、资本要素、公共要素[①]和混合收入是国民收入最主要的组成部分。2021 年,劳动报酬份额为 37.7%,较 2020 年下降了 1.1 个百分点;资本报酬份额为 34.3%,较 2020 年上升了 1.1 个百分点;公共要素报酬份额为 9.3%,较 2020 年上升了 0.6 个百分点;混合收入占比为 18.7%,较 2020 年下降了 0.7 个百分点。

从趋势来看,2012 年以来,劳动要素、资本要素的报酬占国民收入的份额均提高,公共要素和混合收入的份额均降低。劳动要素和混合收入份额的变化幅度大致相当,说明劳动报酬的增量主要来源是从自雇经济转入雇员经济的农民工。资本要素和公共要素报酬份额提降的幅度大致相当,说明政府和企业的分配关系得到了有效调节。

---

① 公共要素是指政府部门持有的除土地外的生产要素。

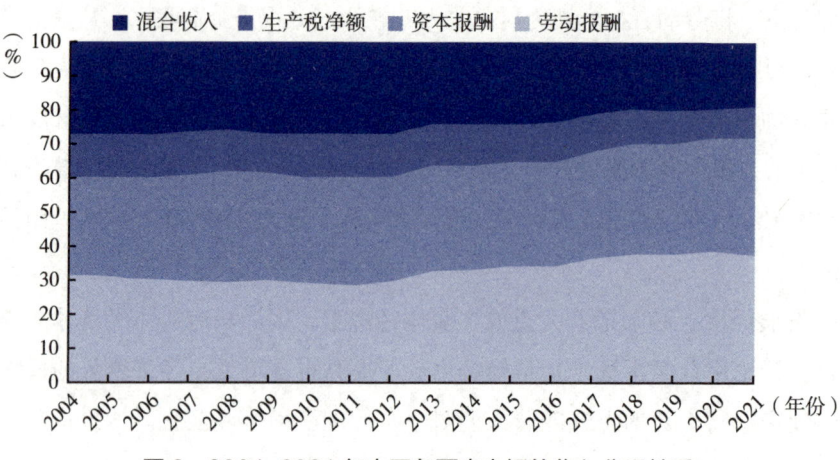

图 2 2004~2021年中国各要素之间的收入分配关系

资料来源：根据国家统计局（data.stats.gov.cn）、住房和城乡建设部《全国住房公积金2021年年度报告》、国家税务总局《中国税务年鉴》和财政部2021年全国财政决算数据计算。

2021年，可支配劳动报酬约30.1万亿元，占当年GDP的26.4%，占劳动报酬总额的比重为72.9%（见图3）。2020年可支配劳动报酬约27.4万亿元，占当年GDP的27%，占劳动报酬总额的比重为75.7%。这表明，2020年个人所得税减免和社保降费对劳动报酬有重要的影响，2021年恢复到了常态水平。

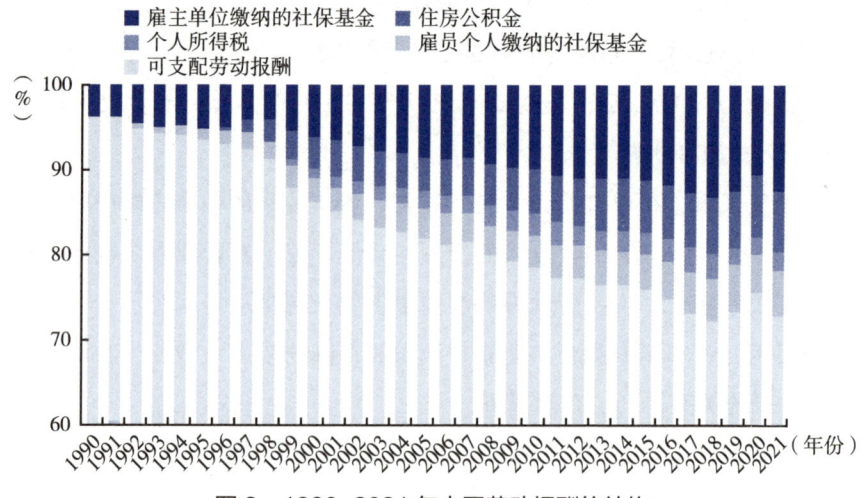

图 3 1990~2021年中国劳动报酬的结构

（三）按照部门划分的初次分配格局

从部门间初次分配格局来看，2021年企业部门初次分配收入有所提高，从2020年的26.9%提高至2021年的28.1%，上升1.2个百分点。其中主要是非金融企业部门初次分配收入占比提高。与2020年相比，2021年工业、批发零售业、交通运输仓储邮政业、住宿餐饮业增加值都有较大幅度增长，实际增长速度分别为9.6%、11.3%、12.1%、14.5%，高于同期GDP的增长速度。非金融国有企业和非金融民营企业初次分配收入占比均上升，非金融国有企业初次分配收入占比增长0.6个百分点，非金融民营企业增长0.3个百分点。

2021年，初次分配中政府收入占比为11.2%，与2020年基本持平。疫情以来，政府部门初次分配收入份额较疫情前大幅下降，2019年为12.7%，2020年下降为约11%，主要是因为政府部门生产税净额来源大幅减少，2020年生产税净额来源较2019年下降9.58%。2021年公共财政收入中的生产税有所上升，尤其是印花税、进口货物增值税、消费税等，这与资本市场交易额增加、大宗商品价格上涨、一般贸易进口较大增长有关。[①]

表1 2018~2021年中国国民收入分配格局变化：初次分配

单位：%

年份	非金融国有企业	非金融民营企业	金融机构	政府	居民
2018	5.0	17.4	3.6	12.8	61.2
2019	4.6	17.7	3.5	12.7	61.4
2020	4.8	17.7	4.4	11.1	62.0
2021	5.4	18.0	4.7	11.2	60.8

资料来源：根据统计局数据、国家税务总局《中国税务年鉴》、财政部2021年全国财政决算等数据计算。

[①] 《关于2021年中央决算的报告——2022年6月21日在第十三届全国人民代表大会常务委员会第三十五次会议上》《关于2021年中央一般公共预算收入决算的说明》。

二 国民收入再分配

(一) 再分配

1. 部门间再分配格局

从核算结果来看，2021年，我国再分配大致延续初次分配的格局，企业部门的分配份额相对较多，居民部门的分配份额相对较少。居民部门分配份额较少的情况，与发达国家存在较大不同。

2021年居民部门可支配收入占比较2020年下降，这主要是因为再分配环节居民部门缴纳所得税提高及社会保险缴款增加。2021年，受经济稳定恢复、居民收入恢复较快影响，个人所得税总额为13992.64亿元，较2020年增长了21%。社会保险缴款增加与2021年阶段性减免缓缴社会保险费政策退出有关。

再分配后，政府部门可支配总收入较2020年有大幅提高。由于2020年的特殊情况，一方面收入税来源减少，另一方面社会保险福利支出持续增加，政府部门可支配收入规模较2019年下降2.5万亿元。2021年，随着经济的稳定恢复，阶段性减免缓缴社会保险费政策退出，政府部门的可支配总收入较2020年增长2.9万亿元，可支配总收入占比增加0.8个百分点。政府可支配总收入提高，有助于政府部门对居民部门的实物社会转移，增进居民部门福利。

政府部门收入税增加较多，一方面是个人所得税增加；另一方面由于经济恢复，企业效益提升，利润增长较快，企业所得税也有所增加。此外，社会保险缴款来源增加，随着阶段性减免缓缴社会保险费政策退出，2021年养老保险、工伤保险、失业保险基金收入较2020年均有大幅增长。同时，政府部门向居民部门社会保险福利的再分配也有所增加，一方面企业退休人员基本养老金水平、城乡居民基础养老金水平均较2020年提高，2021年退休人员基本养老金较2020年提高4.5%；[①] 另一方面，医疗保险基金中支付的新冠病毒疫苗及向居民提供的接种费用也增加。

---

① 《人力资源社会保障部 财政部关于2021年调整退休人员基本养老金的通知》(人社部发 [2021] 20号)。

表2 2018~2021年中国国民收入分配格局变化：再分配

单位：%

年份	非金融国有企业	非金融民营企业	金融机构	政府	居民
2018	4.4	14.6	2.8	18.7	59.4
2019	3.8	15.3	2.7	17.8	60.3
2020	4.3	15.1	3.5	14.9	62.2
2021	5.1	15.2	3.6	15.7	60.4

资料来源：根据统计局数据、国家税务总局《中国税务年鉴》、财政部2021年全国财政决算等数据计算。

2. 应对疫情的再分配措施

应对新冠肺炎疫情的多项政策影响了国民收入分配格局。总体来看，2021年各项再分配政策和措施占GDP的比重约为22%，较2021年提高了2个百分点。再分配有效缩小了居民收入差距。2021年，基尼系数为0.466，较2020年降低了0.002个点。考虑到未来财政支出需要、不同公共政策的作用差异、税收效率原则发挥有较大提高空间等原因，在追求共同富裕过程中要提高税收经济效率和征管效率，税收要配合其他公共政策推动社会公平的实现。[1] 与发达国家相比，目前中国生产税参与初次分配程度偏高，收入税参与再分配程度偏低，不利于贫富差距的调节和消费的扩大。

所得税税收优惠方面，对疫情防控相关医务和工作人员实行所得税优惠，并对单位发放给个人的疫情防护用品免征个人所得税。[2] 对于企业和个人捐赠的抗疫相关现金或物资，在企业和个人所得税税前扣除。[3] 2021年，延续实施应对疫情部分税费优惠政策，疫情防控有关个人所得税税收优惠政策延长

---

[1] 吕冰洋、郭雨萌：《税收原则发挥与共同富裕——基于国民收入循环框架分析》，《税务研究》2022年第4期。

[2] 《财政部 税务总局关于支持新型冠状病毒感染的肺炎疫情防控有关个人所得税政策的公告》（财政部 税务总局公告2020年第10号）。

[3] 《财政部 税务总局关于支持新型冠状病毒感染的肺炎疫情防控有关捐赠税收政策的公告》（财政部 税务总局公告2020年第9号）、《国家税务总局关于支持新型冠状病毒感染的肺炎疫情防控有关税收征收管理事项的公告》（国家税务总局公告2020年第4号）。

期限至2021年12月。①为支持小微企业和个体工商户的发展，对小微企业和个体工商户实行所得税优惠政策。2020年，小微企业和个体工商户可延缓缴纳2020年所得税。②2021年，对小微企业和个体工商户所得税实施税收优惠政策：对小微企业应纳税所得额不超过100万元的部分，在2019年减按25%计入应纳税所得额基础上，2021年进一步减半按12.5%计入应纳税所得额；对个体工商户年应纳税所得额不超过100万元的部分，在原有优惠政策基础上，进一步减半征收个人所得税。③

图4 2008~2021年中国再分配占GDP的比重与基尼系数

阶段性减免社保缴费政策方面，阶段性减免企业和个体工商户养老、失业、工伤保险单位缴费，④2020年2月1日至2020年12月31日，免征中小

---

① 《关于延续实施应对疫情部分税费优惠政策的公告》（财政部 税务总局公告2021年第7号）。
② 《国家税务总局关于小型微利企业和个体工商户延缓缴纳2020年所得税有关事项的公告》（2020年第10号）。
③ 《财政部 税务总局关于实施小微企业和个体工商户所得税优惠政策的公告》（财政部 税务总局公告2021年第12号）、《国家税务总局关于落实支持小型微利企业和个体工商户发展所得税优惠政策有关事项的公告》（国家税务总局公告2021年第8号）。
④ 《人力资源社会保障部 财政部 税务总局关于阶段性减免企业社会保险费的通知》（人社部发〔2020〕11号）、《国家税务总局关于贯彻落实阶段性减免企业社会保险费政策的通知》（税总函〔2020〕33号）、《人力资源社会保障部 财政部 税务总局关于延长阶段性减免企业社会保险费政策实施期限等问题的通知》（人社部发〔2020〕49号）。

微企业基本养老保险、失业保险、工伤保险三项社会保险单位缴费部分；以个人身份参加企业职工基本养老保险的个体工商户和各类灵活就业人员，可暂缓缴纳基本养老保险；以单位方式参保的有雇工的个体工商户，2020年2月1日至2020年12月31日免征三项社会保险单位缴费部分。[1]同时阶段性减征职工基本医疗保险单位缴费。[2]2020年全年为市场主体减负超过2.6万亿元，其中减免社保费1.7万亿元；[3]2021年，"不再实施阶段性减免和缓缴企业养老保险、失业保险、工伤保险费政策，各项社会保险缴费按相关规定正常征收"，[4]但继续执行阶段性降低失业保险、工伤保险费率政策，2021年新增减税降费超过1万亿元。[5]为实施就业帮扶，加强失业保险稳岗返还支持，2020年发放失业保险稳岗返还资金1042亿元，涉及608万户企业，1.56亿名职工，2022年为促进用人单位稳定岗位、扩大就业，实施企业吸纳就业社会保险补贴政策"直补快办"行动。[6]

持续提高社会补助方面，近年来财政用于社会保障和就业方面的支出逐年增长，2020年增长10.8%，2021年增长3.7%。优抚对象等人员抚恤和生活补助标准保持增长，2020年、2021年均提高10%左右；2020年因受疫情影响而纳入低保、特困供养对象600多万人，临时救助因疫情而受困人员900万人次。[7]

加强公共卫生等领域的实物社会转移。实物社会转移主要是指政府和

---

[1] 《市场监管总局 发展改革委 财政部 人力资源和社会保障部 商务部 人民银行关于应对疫情影响加大对个体工商户扶持力度的指导意见》（国市监注〔2020〕38号）。

[2] 《国家医保局 财政部 税务总局关于阶段性减征职工基本医疗保险费的指导意见》（医保发〔2020〕6号）、《国家税务总局关于贯彻落实阶段性减免企业社会保险费政策的通知》（税总函〔2020〕33号）。

[3] 《关于2020年中央决算的报告——2021年6月7日在第十三届全国人民代表大会常务委员会第二十九次会议上》。

[4] 《人力资源社会保障部办公厅 财政部办公厅 国家税务总局办公厅关于2021年社会保险缴费有关问题的通知》（人社厅发〔2021〕2号）。

[5] 《关于2021年中央决算的报告——2022年6月21日在第十三届全国人民代表大会常务委员会第三十五次会议上》。

[6] 《人力资源社会保障部 教育部 财政部关于推进企业吸纳就业社会保险补贴"直补快办"助力稳岗扩就业的通知》（人社部发〔2022〕37号）。

[7] 《关于2020年中央决算的报告——2021年6月7日在第十三届全国人民代表大会常务委员会第二十九次会议上》《关于2021年中央决算的报告——2022年6月21日在第十三届全国人民代表大会常务委员会第三十五次会议上》。

为住户服务的非营利机构关于个人消费货物和服务所承担的支出，如免费教育、免费医疗等。2020年为抗击新冠肺炎疫情，加大卫生投入，优先保障疫情防控经费，各级财政疫情防控资金投入超过4000亿元，大力支持疫情防控救治体系和应急物资保障体系建设。2021年，针对局部地区聚集性疫情，及时安排补助资金。加大财政对疫情防控科研攻关、疫苗药物研发的支持力度。实行全民免费接种，财政对医保基金负担的费用按比例给予补助。发行1万亿元抗疫特别国债，除通过中央政府性基金转移支付用于县市公共卫生体系等建设外，还安排3000亿元调入一般公共预算，通过特殊转移支付补助地方疫情防控支出。

（二）居民收入情况

1. 居民收入增长和内部差距

2021年，居民可支配收入总额占GDP的比重为43.4%，比2020年下降了1.4个百分点。从季度数据来看，2022年前三个季度均较2021年同期有所下降，说明2022年全年居民可支配收入总额占GDP的比重会继续下降（见图5）。从收入结构来看，2022年第三季度，工资性收入累计增长5.1%，较2021年同期下降了5.5个百分点；经营净收入累计增长5.2%，较2021年同期下降了7.2个百分点。在稳就业保民生一系列政策作用下，居民收入增长与经

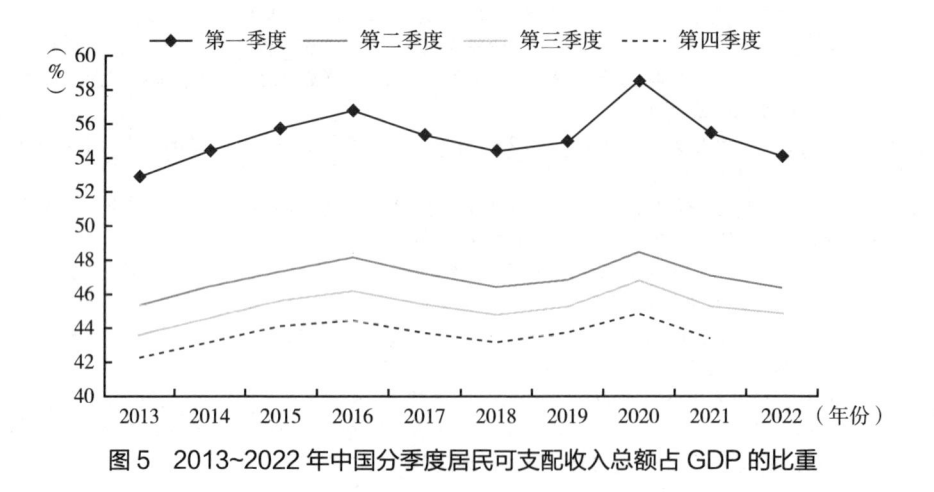

图5 2013~2022年中国分季度居民可支配收入总额占GDP的比重

济增长基本同步。

2021年，居民收入差距指数（居民人均可支配收入平均数除以中位数）较2020年有所提高，但基尼系数从2020年的0.468降低到2021年的0.466，说明2021年居民收入差距与2020年大致相同。从季度居民收入差距指数来看，2022年前三个季度均较上年同期要高，且第三季度提高幅度加大，说明2022年居民收入差距会继续扩大（见图6）。

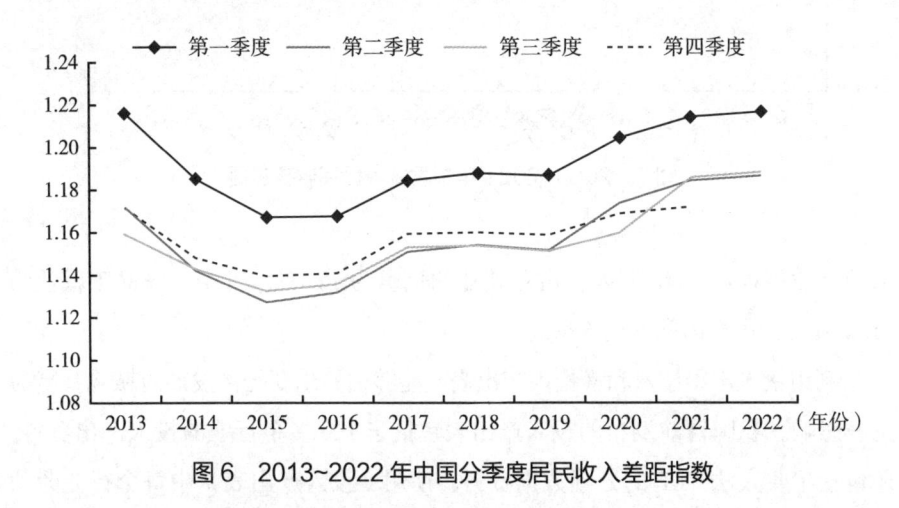

图6　2013~2022年中国分季度居民收入差距指数

近年来，城乡收入差距不断缩小。2021年城乡居民人均可支配收入的比率降至2.5，中位数比率降至2.6。随着可支配收入的增长，低线城市和乡村居民的消费能力也快速提高。2021年，农村居民人均消费支出增长15.3%，比城镇居民高出4.2个百分点，乡村社会消费品零售总额增速达到12.1%。作为中国大众消费代表的拼多多的崛起正是低线城市和农村购买力提升的集中体现。

2. 新就业形态对居民收入的贡献

新经济发展对进城农民工促就业提收入具有重要意义。根据《新产业新业态新商业模式统计分类》，国家统计局公布，2020年我国"三新"经济增加值为169254亿元，比2019年增长4.5%，比同期国内生产总值（GDP）现价增速高1.5个百分点；相当于GDP的比重为17.1%。我们测算，新经济当

图7　2000~2021年中国城乡居民收支差距

前的就业规模约9548万人，占总就业的比重为12.7%。其中，农民工就业约4154万人，占全国就业的5.5%。

利用投入产出技术和《投入产出表》能够估算出新经济发展对城乡共富的主要影响。我国目前发布的投入产出表包括了100多个行业的投入产出资料，还包括了收入法GDP的分项数据资料。使用《投入产出表》中每个行业劳动报酬数据，以及国家统计局发布的分行业城镇单位雇员和其他类型就业人员的平均工资数据，就能够计算出投入产出表中细分行业的就业人员数量，能够大致估算出其中的城乡就业情况和收入情况。农民工的职业特征比较明显，以小学、初中和高中学历为主。《中国劳动统计年鉴》提供了分行业的就业者的受教育程度构成数据，可以得到私营企业中农民工的比例，由此测算新经济各行业中农民工的就业规模，再根据《中国统计年鉴》提供的各行业私营单位平均工资数据，可以测算新经济各行业中农民工收入规模。这些就业为农民工带来了约2.3万亿元的年收入，占全国居民可支配收入总额的5.1%。

测算结果表明，伴随新经济的发展，一批从事新职业和灵活就业的群体异军突起，特别是其中的进城农民工已经成为扩大中等收入群体的重点人群。进城农民工的就业中，电子商务平台直接吸纳就业和创业的规模约2015万人，网络约车平台和快递物流平台新就业形态的就业规模约311万人，网络送餐平台新就业形态的就业规模约 164 万人。三类人群总收入约 1.3 万亿元，占新经济就业中全部农民工收入的 60%，人均年收入约 5.3 万元。平台经济和零工经济通过提供收入安全网所发挥的保险作用明显。

在新业态背景下扩大中等收入群体，既要重视就业的稳定性也要重视就业的灵活性，在稳就业稳收入的同时也要顺应就业的灵活性和流动性特征。在未来社会中，灵活就业、身兼数职可能成为常态，人们更注重工作与兴趣、家庭、生活相协调。为适应这一发展趋势，应积极探索符合新经济新职业发展需求的稳收入对策措施。

扩大中等收入群体应做到"稳中容变"。从为社会创造更多财富和提供更多就业机会的角度，优先做大就业规模和收入规模，在满足就业的灵活性、流动性之后，再考虑加强民生保障。新经济有新规律，目前的社保制度是适合工业化大生产的制度，新就业是不是适合在工业社保制度下运行，还需要时间观察。当前新经济新就业形势下，很多农民工稳定在同一份工作上不太可能，即使企业希望如此，从业者也难以做到。此外，稳定在同一种劳动强度上的高收入也不现实。只有灵活，才可能基本维持中等收入生活水平，为扩大中等收入群体打下基础。

进城农民工是未来扩大中等收入群体需要关注的重点人群。要处理好新就业的短期性与准备性之间的关系。新业态新就业带来的就业流动性，本身默认了短期性和过渡性的特征。为了促进从业者的职业发展，政府和企业应重视并积极推进灵活用工人员职业培训，采取措施鼓励该群体参与职业培训，即使在"临时"工作中也能为下一份更好的工作做好准备，顺应就业流动性上升的态势，最终促进扩大中等收入群体。

三 总结和建议

（一）总结

为了应对经济下行压力，我国出台了相关措施，国民收入分配结构随之调整。2021 年，可支配收入向非金融国有企业部门和非金融民营企业部门倾斜；雇员劳动报酬总额占GDP的比重略有下降，其原因是工资水平提升速度放缓和社保降费增加。再分配占GDP的比重有所上升，居民收入差距大致不变。从核算结果来看，2021年，我国再分配大致延续初次分配的格局，企业部门的分配份额相对较多，居民部门的分配份额相对较少。

伴随新经济的发展，一批从事新职业和灵活就业的群体异军突起，特别是其中的进城农民工已经成为扩大中等收入群体的重点人群。新就业形态为农民工带来了约2.3万亿元的年收入，占全国居民可支配收入总额的5.1%。电子商务、网约车和快递物流、网络送餐三类平台的就业规模之和与收入规模之和，均占新经济就业农民工的60%，成为扩大中等收入群体的重要来源。

虚拟经济与实体经济之间的分配矛盾已经发展成为资本与劳动分配矛盾的一种新形式。虚拟经济的本质属性是转移已有财富但不创造新增财富。2020年GDP中约5.6%的份额属于虚拟经济，这意味着虚拟经济推升了GDP，实际上我们没有那么多的新增财富可供分配，这就造成了分配关系紧张问题。长期来看，虚拟经济占国民经济的比重提高。虚拟经济部门的就业规模小，收入水平高，且不创造财富，是缩小收入差距的主要阻力。

历史经验表明，劳动报酬具有收入均等化的作用，资本报酬具有收入集中化的作用，因此，提高劳动报酬份额是在宏观层面缩小收入差距的重要途径。但是，近年来，伴随着新科技革命和虚拟经济共振发展，就业两极化端倪出现，普通劳动者阶层内部收入分化加剧，且越来越表现为长期趋势，劳动报酬份额提高不必然会缩小收入差距。显著扩大收入差距的因素出现，意味着需要相应出台再分配办法，规制虚拟经济发展。

（二）建议

鼓励勤劳致富，促进机会公平。打破一切不合理的限制和障碍，使劳动力市场能够保持充分公平的竞争，同时没有任何的身份歧视。不管是劳动力还是资本，都应该获得公平竞争的机会。需要建立这样一个公平的环境，推动建立全国统一大市场，确保机会公平，改善收入分配，使人人都有通过劳动实现自身发展的机会。

增加低收入者收入。对农村易返贫致贫人口开展常态化监测和帮扶，主体责任部门会同有关部门全面推进乡村振兴，加快农业农村现代化步伐，促进农业高质高效、农村宜居宜业、农民富裕富足，助力缩小城乡区域发展和居民生活水平差距。

推动更多低收入人群迈入中等收入行列。帮助高校毕业生尽快适应社会发展需要；加大技能人才培养力度，提高技术工人工资待遇，吸引更多高素质人才加入技术工人队伍；帮助中小企业主和个体工商户稳定经营持续增收，深化户籍制度改革；解决好农业转移人口随迁子女教育等问题，让农民工安心进城，稳定就业；要适当提高公务员特别是基层一线公务员及国有企事业单位基层职工工资待遇。

规范财富积累机制。加强对高收入的规范和调节，规范资本性所得管理。清理借改革之名变相增加高管收入等分配乱象。在依法保护合法收入的同时，要防止两极分化、消除分配不公。合理调节部门之间、地区之间、行业之间、群体之间的财富积累速度。完善税收优惠政策，鼓励高收入人群和企业更多回报社会。

研究开征遗产税。我国快速老龄化将减弱个人所得税的调节作用。遗产税将是缩小贫富差距的重要手段。开征遗产税可以刺激公益慈善事业的发展。合理选择税制模式，可以采用总遗产税制，实行先税后分的办法，并将遗产赠与税纳入归集范畴，防止纳税人生前将财产大量转移而逃避税务。在遗产税起征点的确定上，要确定合理的基数，随着社会发展和居民财富状况变化而动态调整，实行税率累进制。

参考文献：

黄群慧、邓曲恒：《以改善收入和财富分配格局扎实推进共同富裕》，载谢伏瞻主编《经济蓝皮书：2022年中国经济形势分析与预测》，社会科学文献出版社，

2021。

刘世锦、王子豪、姜淑佳、赵建翔:《实现中等收入群体倍增的潜力、时间与路径研究》,《管理世界》2022年第8期。

吕冰洋、郭雨萌:《税收原则发挥与共同富裕——基于国民收入循环框架分析》,《税务研究》2022年第4期。

许宪春、许英杰:《政府税收与国民收入分配》,《西安交通大学学报》(社会科学版)2022年第4期。

赵文、张车伟:《中国虚拟经济及其增加值测算——基于国民收入来源的视角》,《中国社会科学》2022年第8期。

Abstract

In 2022, in the complex and volatile external environment of accelerating evolution of the world pattern, escalating conflict between Russia and Ukraine, rising global inflation, and drastic adjustment of the monetary policy of the Federal Reserve, and in the face of repeated domestic pandemic and "triple pressures" and other challenges, China's economy gained growth under pressure, showing a V-shaped trend in general. The year 2023 is the first year to comprehensively implement the spirit of the 20th National Congress of the Communist Party of China (CPC), the key year to implement the 14th Five-Year Plan, and the important year to start building a socialist modern country in an all-round way. It is of great significance to do a good job in economic work. In 2023, macro policies should continue to maintain adequate countercyclical adjustment, promote more stable and adequate economic recovery, and promote the return of real growth rate to the potential level. It is suggested to continue to implement active fiscal policies, further optimize the tool options, effectively hedge the gap of insufficient demand of private sector, and promote the convergence of output gap; Continue to implement a prudent monetary policy, give further play to the dual functions of aggregate and structure, and reduce financing costs and debt burden for the real economy; Improve the priority policy of aftermarket employment and promote the solution of structural employment contradiction; At the same time, pay attention to strengthening the coordination between fiscal policy, monetary policy and macro prudential policy. It is suggested to focus on the following key tasks in 2023: First, scientific and accurate pandemic prevention and control, and efficient overall planning of pandemic prevention and control and economic and social development; Second, stabilize expectations, boost market confidence, and focus on expanding private investment and household consumption; Third, build a long-term mechanism while defusing risks to promote the healthy and stable development of the real estate market; Fourth, accelerate the improvement of the scientific and technological innovation system and enhance the effectiveness of the national innovation system; Fifth, enhance the flexibility of the supply chain of the industrial chain, improve the modernization level and international competitiveness; Sixth, accelerate the pace of reform In key areas and deepen opening up to meet external challenges; Seventh, deepen regional coordinated development and new urbanization, and enhance the balance and coordination of urban and rural regional development; Eighth, actively and steadily promote carbon peaking and carbon neutralization, and promote green transformation of economic and social development; Ninth, focus on stabilizing employment of key groups and promoting income growth of urban and rural residents; Ten is to coordinate development and security, and do a good job in risk prevention and resolution in key areas.

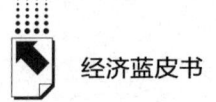

Keywords: Chinese Economy; Policy Coordination; Growth Potential; Risk Prevention

Contents

I General Report

B.1 Analysis of China's Economic Situation in 2023 and Policy Suggestions
Research Group of Council on Macro Economic Studies of CASS / 001

Abstract: In 2022, in the complex and volatile external environment of accelerating evolution of the world pattern, escalating conflict between Russia and Ukraine, rising global inflation, and drastic adjustment of the monetary policy of the Federal Reserve, and in the face of repeated domestic pandemic and "triple pressures" and other challenges, China's economy gained growth under pressure, showing a V-shaped trend in general. The year 2023 is the first year to comprehensively implement the spirit of the 20th National Congress of the Communist Party of China (CPC), the key year to implement the 14th Five-Year Plan, and the important year to start building a socialist modern country in an all-round way. It is of great significance to do a good job in economic work. In 2023, macro policies should continue to maintain adequate countercyclical adjustment, promote more stable and adequate economic recovery, and promote the return of real growth rate to the potential level. It is suggested to continue to implement active fiscal policies, further optimize the tool options, effectively hedge the gap of insufficient demand of private sector, and promote the convergence of output gap; Continue to implement a prudent monetary policy, give further play to the dual functions of aggregate and structure, and reduce financing costs and debt burden for the real economy; Improve the priority policy of aftermarket employment and promote the solution of structural employment contradiction; At the same time, pay attention to strengthening the coordination between fiscal policy, monetary policy and macro prudential policy. It is suggested to focus on the following key tasks in 2023: First, scientific and accurate pandemic prevention and control, and efficient overall planning of pandemic prevention and control and economic and social development; Second, stabilize expectations, boost market confidence, and focus on expanding private investment and household consumption; Third, build a long-term mechanism while defusing risks to promote the healthy and stable development of the real estate market; Fourth, accelerate the improvement of the scientific and technological innovation system and enhance the effectiveness of the national innovation system; Fifth, enhance the flexibility of the supply chain of the industrial chain, improve the modernization level and international competitiveness; Sixth, accelerate the pace of reform in key areas and deepen opening up to meet external challenges; Seventh, deepen regional coordinated development and new urbanization, and enhance the balance and coordination of urban and rural regional development; Eighth, actively and steadily promote carbon peaking and carbon neutralization, and promote green transformation of economic and social development; Ninth, focus on stabilizing employment of key groups and promoting income growth of urban and rural residents; Ten is to coordinate development and security, and do a good job in risk prevention and resolution in key areas.

Keywords: Chinese Economy; Policy Coordination; Growth Potential; Risk Prevention

II Macroeconomic Trend and Policy Outlook

B.2 The Impact of the International Macroeconomic Policy Evolution on China's Economy and the Policy Reponses

Zhang Bin(IWEP of CASS), Xiao Lisheng and Cui Xiaomin / 023

Abstract: China is facing more and more severe external environment. Most countries are facing the threat of sluggish growth and rising inflation. The high-tech industry competition among major countries is becoming increasingly fierce. The United States is strengthening its suppression of China's high-tech industry. In 2023, the contribution of exports to China's manufacturing industry and economic growth will decline. The pressure of RMB devaluation and capital outflow will last for a period of time, but not for long. Foreign capital will adjust its industrial chain arrangement in China. Responding to external challenges needs to be based on three aspects. First, need more counter cyclical policies to expand domestic demand, ensure macroeconomic stability; Second, maintain the flexibility of the RMB exchange rate and give full play to the role of the exchange rate as an automatic stabilizer; Third, implement the innovative development strategy and coordinate development and security at a high level of openness.

Keywords: Global Economy; Inflation; Supply Chain

B.3 Shocks, China's Economic Resilience and Policy Choice of Asynchrony of Economic Cycle

Zhang Ping, Yang Yaowu / 040

Abstract: The COVID-19 that broke out in 2020 has led to the deviation of the global economic growth path, and the economic cycle of the major economies is not synchronized. The inflation caused by the "pandemic foam" significantly is accelerating the pace of monetary policy tightening in developed economies such as Europe and the United States in the second half of 2022, which may have one more shock on the global economy since the shock of the pandemic. After the continuous impact of the pandemic, China's economy has shown strong resilience. Economic growth has always maintained positive, but the actual growth path has also shifted downward significantly compared with the original potential path. The resilience of China's economic growth mainly comes from good pandemic prevention and control effects and production to make up the global supply and demand gap. GDP in the first three quarters of 2022 increased by 3.0% year on year, in which foreign demand played an important role, which was also obvious in the first two years after the outbreak of the pandemic. Starting from the fourth quarter of 2022, the secondary shock of demand decline and global credit contraction caused by continuous interest rate hikes in developed economies will be gradually strengthened, which may have one more shock on China's economy throughout 2023. Under such circumstances, China should actively take advantage of the favorable conditions of low inflation at home, and increase domestic policies to stabilize the economy to effectively mitigate external shocks and maintain economic resilience and vitality.

Keywords: Economic Resilience; Growth Path; Economic Cycle; External Shocks

B.4　China's Economic Situation in 2023 and Policy Suggestions

Zhu Baoliang / 056

Abstract: In 2022, in the face of the large-scale reoccurrence of the covid-19 pandemic and the unexpected shock of the Russia-Ukraine War, China implemented the requirements of preventing the pandemic, stabilizing the economy, and ensuring the security of development, launched a package of macro-control policies, and strived to stabilize growth, employment, and prices. After the economy fell to the bottom in the second quarter, it shows a momentum of stability. The industrial chain and supply chain is stable, the employment situation has improved, and prices remain stable overall. The annual economic growth is expected to be about 3.5%. At the same time, external risk challenges have increased significantly, the contradiction of insufficient domestic demand has emerged, market participants' expectations have weakened, and financial risks have been exposed. In 2023, we should focus on economic development, adhere to the general tone of seeking progress while maintaining stability, give prominence to stable growth, continue to implement positive fiscal policies and prudent monetary policies and deepen reform and expand opening up, focus on expanding domestic demand, strengthening micro main activities and stabilizing market confidence, and maintain the economic operation within a reasonable range.

Keywords: Demand Contraction; Expectation Weakening; Stagflation

B.5 China's Economic Outlook and Policy Suggestions for 2023

Chen Changsheng, Yang Guangpu / 070

Abstract: In 2023, the international political and economic situation will continue to be volatile, the external environment for China's economic development will be more complex and severe, the domestic "triple pressure" will still be greater, and the foundation for sustained economic recovery will still be consolidated. We should gather the powerful force to build a modern socialist power in an all-round way, promote the economic operation to return to the potential growth track as soon as possible, promote the effective improvement of the economy in quality and reasonable growth in quantity, maintain the comparative advantage of China's economic development in the world, and achieve a good start after the 20th National Congress of the

Communist Party of China.

Keywords: External Environment; "Triple Pressures"; High-Quality Development

B.6　China's Economy Situation in 2022, Outlook of 2023 and Policy Recommendations

Sun Xuegong, Liu Xueyan, Cheng Zhuo and Du Qinchuan / 082

Abstract: Under multiple shocks, China's economy experienced bigger fluctuations in 2022 with diverse performance in different sectors. The main factors that dictate the dynamic of Chinese economy are the Omicron pandemic, Ukraine Crisis, heat wave, sluggish housing market and lying flat private sector. The accommodative policy, on the other hand, played a significant role in keeping economy afloat. Its frequency and intensity are unseen in recent years. Looking ahead, domestic environment will be more favorable, boosted by 20th CPC congress and improved pandemic response, while external environment will be exacerbated due to possible stagflation scenario of global economy and increased containment by US. In conclusion, with proper policy support, China's economy will continue its recovery process and grow at about 5% in 2023.

Keywords: Structural Differentiation; Good Domestic Environment & Poor International Environment; Optimize the Policy Environment

Ⅲ　Fiscal & Taxation Operation and Monetary & Financial Situation

B.7　China's Fiscal Situation: Analysis, Outlook and Policy Suggestion

Yang Zhiyong / 098

Abstract: China's government financial resources have slightly decreased in 2022

due to several factors including slash taxes and fees, COVID-19 pandemic and the Russia-Ukraine conflict conflicts. As China's fiscal expenditure has rigidly increased, government financial gap has broadened, and amount of public debt accumulated rapidly. In 2023, China's fiscal revenue will grow slowly, with continuous growth of fiscal expenditure due to demand for expenditure in key areas and the continuation of proactive fiscal policy, and the contradiction between income and expenditure may be further highlighted. In 2023, the expenditure structure should be further optimized, the quality and efficiency of proactive fiscal policies should be improved, slash taxes and fees policy should be dynamically adjusted, tax preference policies for enterprises should be further optimized. The role of fiscal investment and subsidies should be emphasized, the level of investment in key industries and major regions should be increased, the consumption structure should be upgraded, and long-term and short-term goals should be combined. In 2023, it is also necessary to further standardize the relationship between the central and local governments, more effectively preserve the enthusiasm of both the central and local governments, better leverage the institutional advantages of pooling resources to accomplish major tasks, and increase the central government's fiscal transfer payment to the central and western regions and grassroots governments. Local governments debt management should be enhanced in order to withstand major risks. A multi-level social security system should be improved to promote shared development.

Keywords: Fiscal Policy; Fiscal Situation; Fiscal Expenditure Structure; Fiscal Risk; Macroeconomic Situation

B.8   Analysis of China's Taxation Situation and Prospect of 2023

Zhang Bin (UCASS), Guo Yingjie / 118

Abstract: In 2022, the large-scale value-added tax (VAT) credit refund policy, as the main measure of combined tax support policy, was implemented from April to July, resulting in a year-on-year decrease of 11.6% in the accumulated tax revenue in the first three quarters. In the third quarter, with the recovery of economic growth, the decline of tax revenue narrowed significantly. If the economy continues to maintain a positive trend in the future as a whole, it is expected that the tax revenue will have a significant recovery growth in the fourth quarter and the whole year of 2023, taking into account such factors as the periodic tax cuts and fees, the expiration of the tax deferral policy, and the subsequent tax growth brought about by the VAT credit refund.

Keywords: Tax Revenue; Value-Added Tax (VAT) Credit Refund; Fiscal Revenue and Expenditure Gap

B.9 Analysis of China's Monetary and Financial Situation

Zhang Xiaojing, Fei Zhaoqi and Cao Jing / 136

Abstract: Against the complex background of repeated outbreaks, deteriorating situation in Russia and Ukraine, and the Federal Reserve's continued substantial interest rate hikes, China's macro financial situation has experienced greater volatility in 2022, from extremely loose to extremely tight, and then gradually returned to a neutral and tight state. The specific financial performance is as follows: Due to the unstable economic recovery, social finance and credit growth have experienced ups and downs; Macro leverage ratio rose rapidly, showing a trend of "first rise and then stabilize"; The narrow sense liquidity of the money market is loose, and the broad sense liquidity is improved; Both the issuance of urban investment bonds and net financing decreased, and credit spread intensified; The policy of stabilizing the real estate market has been implemented intensively, and the real estate market is in the downward bottoming stage as a whole; The expectation of economic recession superimposes the liquidity contraction, and the commodity market developed first and then declined; The dislocation of the economic and policy cycles between China and the United States has intensified the pressure of RMB devaluation against the US dollar. Looking forward to 2023, under the situation that downward pressure on the domestic economy still exists and various risk signs are rising, stabilizing growth, and preventing related risks are the key tasks of monetary and financial policies. Including: putting stability of expectations at the top of all work; strengthening the coordination of fiscal and monetary policies; taking various measures to stabilize the financing sources of local governments; making plans to prevent three major financial risks, namely, external shocks, real estate, and urban investment bonds.

Keywords: Macro Financial Situation; Monetary and Financial Policies; Stable Growth; Risk Prevention

B.10 Review of China's Stock Market and Outlook for 2023

Li Shiqi, Zhu Pingfang / 159

Abstract: In 2022, China's stock market has unleashed endogenous vitality, financial regulators have provided timely assistance to stabilize market expectations, capital market reform has been steadily advanced, and high-level opening-up has continued to expand. Developed economies around the world have adopted aggressive interest rate hikes to cope with historic inflation, both Blue-chip stocks and technology stocks' valuation has dropped a lot, only energy stocks are well-performed. The central government has continued to combine the strategy of expanding domestic demand with deepening supply-side structural reform, leveraged both the aggregate and structural functions of monetary policy tools, and ensured cross-cyclical adjustment. In 2023, the A-share market is expected to bottom out and stabilize. It is necessary to grasp the main direction of scientific and technological innovation, adhere to the green transformation of development mode and establish the bottom-line thinking to protect national security, to firm confidence in the long-term improvement of China's capital market.

Keywords: China's Stock Market; Macroeconomics; Capital Market; Scientific and Technological Innovation

IV Industrial Economy and High-Quality Development

B.11 Analysis of China's Agricultural Economic Situation and Policies in 2022 and Prospect of 2023

Li Guoxiang / 181

Abstract: In 2022, China's agriculture overcame multiple extreme adverse impacts and took unusually strong measures to reduce losses caused by unusually severe disasters, resulting in another bumper and grain harvest, and an increase in the production of major agricultural products, effectively ensuring the supply of agricultural products. In the face of a sharp rise in international grain and vegetable oil prices in the short term, China's reduction in imports of grain and vegetable oil has not only effectively prevented the transmission of rising agricultural prices to domestic food prices, but also made an important contribution to the global response to sharp fluctuations in agricultural products. Most agricultural revenues from markets helped to boost farmers' incomes, and food prices are generally reasonable, helping to prevent inflation. Looking ahead to 2023, the government will further strengthen policies to support agriculture, accelerate the building of competitive agriculture with comprehensive benefits, further increase overall agricultural production capacity, further consolidate the foundation for food security, further implement the policy of giving priority to agricultural and rural development, total grain output will exceed 700 million tons, and the agricultural production structure will continue to improve. The supply of major agricultural products will be more abundant, the prices of agricultural products and food products will stay within a reasonable range, farmers' incomes will keep growing fairly quickly, and the overall agricultural economy will continue to maintain stability while making progress. This will provide strong support for economic and social development.

Keywords: Farm Harvest; Agricultural Imports; Food Prices; Rural Residents' Income; Food Security

B.12　China's Industrial Economic Situation Analysis, Outlook and Policy Recommendations

Zhang Hangyan, Shi Dan / 194

Abstract: In 2022, China's industrial economy overcame the impact of various adverse factors at home and abroad, such as the intensification of geopolitical conflicts, the rising risk of global stagflation, the repeated COVID-19 pandemic, flood conditions, high temperatures, and so on, showing a "V" repair curve, highlighting the strong resilience of China's industrial economy. At present, the foundation of China's industrial economic recovery is still not stable, there are still some problems such as breakpoints and blockages in the supply chain and industrial chain, increased pressure on enterprises, especially SMEs, and the confidence of enterprises in future development has not been effectively boosted. In 2023, the industrial economy will move forward under pressure. While seeking "stability", it is still necessary to solve the structural problems of China's industry in a timely and appropriate manner and achieve high-quality development of the industrial economy.

Keywords: Industrial Economy; Industrial Chain Supply Chain; Small and Medium-Sized Enterprises

B.13　Operation Analysis on Industry and Information Technology in 2022 and Development Trend Judgment in 2023

Ha Yue, Xie Sanming / 208

Abstract: The main industrial indicators remained within a reasonable range. It is preliminarily predicted that the added value of industries above designated size will increase by 4.2% - 4.3% year on year in 2022, of which the fourth quarter will increase by 5.3% - 5.5%, and the annual GDP will increase by 3.6% - 3.8% year on year. Based on further analysis of the development environment at home and abroad, it is predicted that the added value of China's industries above designated size will increase by about 6% in 2023, and the GDP growth rate will reach about 5.5%.

Keywords: Industry; Information Technology Industry; Policy Measures of Stable Growth

B.14　Evolution of International Energy Market Pattern and Development of China's New Energy Industry

Wang Lei, Shi Dan / 219

Abstract: The current world energy market was formed in the oil crisis in the 1970s. After decades of development, organizations represented by IEA, OPEC and OPEC+ have become the main forces leading the world energy pattern. The previous turbulence in the international oil market to the final balance is mostly the result of the game of several major organizations. As the largest black swan incident this year, the Russia-Ukraine conflict directly brought the international energy market into a period of turbulence and adjustment. At present, oil and gas, as important international commodities, are still the world's leading energies. As in previous oil crises in history, the international oil market will still readjust to the existing pattern, but the forces of all players in the game may reshuffle. At the same time, the development of new energy has begun to enter an accelerated period. The world energy transformation will speed up. New energy will become the leading role in the future energy market and an important driving force to reshape the world energy market. China is an important force in the world's new energy market, and the scale and technology of China's new energy industry have significantly improved. In order to cope with the international competition in the energy market in the future, China needs to accelerate the pace of energy transformation, strengthen international cooperation in the energy field, actively participate in international energy governance, assume the responsibility of a major country, jointly maintain the stability of the international energy market, and promote the new order of the international new energy market on the basis of ensuring energy security.

Keywords: Energy Market; China; New Energy Industry; Oil

B.15 Industrial Chain Outward Migration and China's Response in the Context of Global Industrial Chain Restructuring

Xu Qiyuan, Ma Yingying / 246

Abstract: In recent years, China has faced the pressure of industrial chain outward migration and the risk of industrial chain loss, which has posed challenges to the resilience and safety of industrial chain. In this context, how to accurately understand the industrial chain relationship between China and Southeast Asian countries is very important. This paper decomposes the trade added value between China and ASEAN countries, and argues that the industrial chain relationship between China and Southeast Asian countries is generally a benign interaction. Even to a certain extent, the role of Southeast Asian countries is an international extension of China's industrial chain system. As a high-profile case, we also focused on the case of Vietnam. On the basis of observing these phenomena, this chapter further analyzes two types of challenges in China's response to the process of industrial chain migration—economic and non-economic factors, as well as China's special advantages—the scale of the super-large domestic market and the high return on investment. On this basis, this chapter puts forward policy suggestions from two dimensions: domestic perspective and international perspective.

Keywords: Industrial Chain Migration; China; Southeast Asia Countries

B.16 Analysis, Prospect and Policy Suggestions on the Development of China's Service Industry

Liu Yuhong / 265

Abstract: In the first three quarters, in the face of the complex and severe international environment and the severe impact of domestic epidemics, the service industry economy gradually stabilized against the pressure, and the main indicators marginally improved. The pace of recovery has accelerated since the third quarter, the development momentum has steadily improved, and the business climate indices are on the rise. In general, China's service industry economy is showing a recovery trend, but there are still many uncertain and unstable factors at home and abroad, the pressure of protecting market entities and employment is still great, and the foundation for the recovery of the service industry needs consolidation. In the future, China's service industry will continue to recover under the normalization of epidemic prevention and control, and the role of new momentum will continue to strengthen. In this regard, it is necessary to promote the implementation of a package of policies to stabilize the economy and successive policies and measures, consolidate the foundation of the economic development of the service industry, and maintain the steady recovery of the service industry.

Keywords: Service Industry; Enterprises; New Energy

V Demand Analysis and Employment & Income

B.17 Analysis, Prospect and Countermeasures of China's Investment Situation

Zhang Changchun, Du Yue / 285

Abstract: In the first three quarters of 2022, the growth rate of national investment declined sharply at first, then stabilized and rebounded. State-owned investment maintained rapid growth, while private investment growth continued to decline. Infrastructure has become a key area for keeping investment stable, and investment in some manufacturing industries, high-tech industries, and people's livelihood areas has increased rapidly. The investment recovery in the central and western regions has strong momentum and good sustainability. The prominent problem that affects the investment recovery and growth is the lack of willingness and ability of social investment, especially private investment. The key to keep investment stable in the future is to reverse the expectation of social investment, especially private investment, and combine expanding domestic demand with deepening supply-side structural reform. In accordance with the requirements of accelerating the construction of new development paradigm and promoting high-quality development, in regard to the institutional mechanisms and policy factors that inhibit investment vitality, we should deepen the reform of investment and financing system and related fields, release the vitality of social investment, give better play to the guiding role of government investment, continuously strengthen weaknesses, constantly improve the efficiency of investment management, and promote the effective improvement of investment quality and reasonable growth of investment quantity.

Keywords: Private Investment; Manufacturing Investment; Infrastructure Investment

B.18 Analysis of China's Consumer Market Situation in 2022 and Prospect of 2023

Wang Wei, Wang Nian / 296

Abstract: 2022 the consumer market suffered the most serious domestic COVID-19 spread and rapid changes in the external environment influence since 2020, result in declining growth, and lack of confidence. To cope with the unexpected impact, the central and local government timely release a series of policy to stabilize growth, promote consumption, restore the logistics, which contribute to support a "V" type recovery and rebound. In general, consumer prices running smoothly, market upgrade continues, the online consumption, green healthy consumption, quality brand consumption continues to emerge. At the same time, social group and foreign consumption, housing consumption, service consumption, urban consumption is going through increased instability and uncertainty. Looking forward, the successful hold of 12th National Congress of the CPC provide strong confidence, the five structural factors will continue to release consumption potential, relatively optimistic growth forecasts create good macro environment, policies in the short term will also injected new momentum to the recovery of consumption, consumption is expected to achieve more than 6% growth in 2023. The next step, it is recommended to lift expectations, to smooth the circulation, to support the poor, to facilitate innovation, to improve quality, to boost transformation, to resumed positive cycle between supply and demand, to achieve better consumption recovery.

Keywords: Consumer Market; Stable Growth; Promotes Consumption

B.19　Analysis of China's Foreign Trade Situation in 2022 and Prospect of 2023

Gao Lingyun / 320

Abstract: In 2022, although foreign trade is faced with multiple unfavorable factors from home and abroad, China insists on coordinating epidemic prevention and economic and social development, quickly break through the blocking points of logistics and transportation, and focus on promoting the resumption of work and production and trade facilitation. While the growth rate of China's foreign trade continues to pick up, it also presents the characteristics of continuous optimization of commodity structure, increasingly diversified partners, more abundant driving force, continuous increase in export share, and new record in trade surplus. For a period in the future, in order to effectively respond to new challenges and better seize new opportunities, this report recommends: moderately increase the pertinence and intensity of policies to stabilize market entities, continue to promote the development of new forms and new models, actively support enterprises to participate in various exhibitions, further develop diversified foreign trade markets, and help foreign trade companies deal with external uncertainty with policy certainty.

Keywords: Foreign Trade; Commodity Structure; New Industrial; New Models

B.20　Analysis and Prospect of China's Labor Market and Policies Suggestions

Du Yang / 334

Abstract: In 2022, the labor market had a relatively obvious fluctuation, which was reflected in the following aspects: the urban survey unemployment rate once rosed significantly, the employment difficulties of young people, mainly college graduates, continued to intensify, the employment fluctuation of migrant workers increased, the regional distribution of unemployment was unbalanced, and the weekly unemployment increased significantly. In the face of the complex situation, the labor market gradually recovered its stability in the second half of the year by implementing an active employment policy of "stabilizing employment" and "ensuring employment". In the next year, the operation of the labor market will still face the challenges of many uncertain factors. Targeted unemployment governance measures should be introduced according to the main characteristics of current unemployment, and the response mechanism to the impact of short-term factors should be continuously optimized to keep the main indicators of the labor market operating within the regulatory objectives.

Keywords: Youth Unemployment; Employment of Migrant Workers; Urban Unemployment; Working Age Population

B.21 Analysis of China's National Income Distribution Situation and Policy Suggestions

Zhang Juwei, Zhao Wen and Li Bingbing / 352

Abstract: China has intensified the adjustment of macro policies and continued to adjust and optimize the distribution pattern. The national income distribution is inclined to the non-financial enterprise sector. The income growth of residents in the high- and middle-income groups has accelerated, and the new employment pattern has played a significant role in supporting the income of low- and middle-income residents. Under the effect of a series of policies to stabilize employment and ensure people's livelihood, the growth of residents' income has basically synchronized with economic growth. The virtual economy has occupied a certain share in the national income distribution and is increasing, which reflects that the economic activities in the national economy that transfer but do not create wealth continue to increase and increase the distribution contradiction. We should continue to work hard to narrow the unreasonable income gap, standardize the wealth accumulation mechanism, coordinate the reform of income distribution for primary distribution, redistribution, and tertiary distribution, and promote more low-income people to enter the middle-income category.

Keywords: Income Distribution; Labor Remuneration; Income Gap; Virtual Economy; New Forms of Employment

社会科学文献出版社

皮 书
智库成果出版与传播平台

❖ 皮书定义 ❖

皮书是对中国与世界发展状况和热点问题进行年度监测，以专业的角度、专家的视野和实证研究方法，针对某一领域或区域现状与发展态势展开分析和预测，具备前沿性、原创性、实证性、连续性、时效性等特点的公开出版物，由一系列权威研究报告组成。

❖ 皮书作者 ❖

皮书系列报告作者以国内外一流研究机构、知名高校等重点智库的研究人员为主，多为相关领域一流专家学者，他们的观点代表了当下学界对中国与世界的现实和未来最高水平的解读与分析。截至2022年底，皮书研创机构逾千家，报告作者累计超过10万人。

❖ 皮书荣誉 ❖

皮书作为中国社会科学院基础理论研究与应用对策研究融合发展的代表性成果，不仅是哲学社会科学工作者服务中国特色社会主义现代化建设的重要成果，更是助力中国特色新型智库建设、构建中国特色哲学社会科学"三大体系"的重要平台。皮书系列先后被列入"十二五""十三五""十四五"时期国家重点出版物出版专项规划项目；2013~2023年，重点皮书列入中国社会科学院国家哲学社会科学创新工程项目。

权威报告·连续出版·独家资源

皮书数据库
ANNUAL REPORT(YEARBOOK) DATABASE

分析解读当下中国发展变迁的高端智库平台

所获荣誉

- 2020年,入选全国新闻出版深度融合发展创新案例
- 2019年,入选国家新闻出版署数字出版精品遴选推荐计划
- 2016年,入选"十三五"国家重点电子出版物出版规划骨干工程
- 2013年,荣获"中国出版政府奖·网络出版物奖"提名奖
- 连续多年荣获中国数字出版博览会"数字出版·优秀品牌"奖

皮书数据库

"社科数托邦"微信公众号

成为用户

登录网址www.pishu.com.cn访问皮书数据库网站或下载皮书数据库APP,通过手机号码验证或邮箱验证即可成为皮书数据库用户。

用户福利

- 已注册用户购书后可免费获赠100元皮书数据库充值卡。刮开充值卡涂层获取充值密码,登录并进入"会员中心"—"在线充值"—"充值卡充值",充值成功即可购买和查看数据库内容。
- 用户福利最终解释权归社会科学文献出版社所有。

数据库服务热线:400-008-6695
数据库服务QQ:2475522410
数据库服务邮箱:database@ssap.cn
图书销售热线:010-59367070/7028
图书服务QQ:1265056568
图书服务邮箱:duzhe@ssap.cn

社会科学文献出版社 皮书系列
SOCIAL SCIENCES ACADEMIC PRESS (CHINA)
卡号:335742434629
密码:

基本子库
SUB DATABASE

中国社会发展数据库（下设 12 个专题子库）

紧扣人口、政治、外交、法律、教育、医疗卫生、资源环境等 12 个社会发展领域的前沿和热点，全面整合专业著作、智库报告、学术资讯、调研数据等类型资源，帮助用户追踪中国社会发展动态、研究社会发展战略与政策、了解社会热点问题、分析社会发展趋势。

中国经济发展数据库（下设 12 专题子库）

内容涵盖宏观经济、产业经济、工业经济、农业经济、财政金融、房地产经济、城市经济、商业贸易等 12 个重点经济领域，为把握经济运行态势、洞察经济发展规律、研判经济发展趋势、进行经济调控决策提供参考和依据。

中国行业发展数据库（下设 17 个专题子库）

以中国国民经济行业分类为依据，覆盖金融业、旅游业、交通运输业、能源矿产业、制造业等 100 多个行业，跟踪分析国民经济相关行业市场运行状况和政策导向，汇集行业发展前沿资讯，为投资、从业及各种经济决策提供理论支撑和实践指导。

中国区域发展数据库（下设 4 个专题子库）

对中国特定区域内的经济、社会、文化等领域现状与发展情况进行深度分析和预测，涉及省级行政区、城市群、城市、农村等不同维度，研究层级至县及县以下行政区，为学者研究地方经济社会宏观态势、经验模式、发展案例提供支撑，为地方政府决策提供参考。

中国文化传媒数据库（下设 18 个专题子库）

内容覆盖文化产业、新闻传播、电影娱乐、文学艺术、群众文化、图书情报等 18 个重点研究领域，聚焦文化传媒领域发展前沿、热点话题、行业实践，服务用户的教学科研、文化投资、企业规划等需要。

世界经济与国际关系数据库（下设 6 个专题子库）

整合世界经济、国际政治、世界文化与科技、全球性问题、国际组织与国际法、区域研究 6 大领域研究成果，对世界经济形势、国际形势进行连续性深度分析，对年度热点问题进行专题解读，为研判全球发展趋势提供事实和数据支持。

法律声明

"皮书系列"（含蓝皮书、绿皮书、黄皮书）之品牌由社会科学文献出版社最早使用并持续至今，现已被中国图书行业所熟知。"皮书系列"的相关商标已在国家商标管理部门商标局注册，包括但不限于LOGO（ ）、皮书、Pishu、经济蓝皮书、社会蓝皮书等。"皮书系列"图书的注册商标专用权及封面设计、版式设计的著作权均为社会科学文献出版社所有。未经社会科学文献出版社书面授权许可，任何使用与"皮书系列"图书注册商标、封面设计、版式设计相同或者近似的文字、图形或其组合的行为均系侵权行为。

经作者授权，本书的专有出版权及信息网络传播权等为社会科学文献出版社享有。未经社会科学文献出版社书面授权许可，任何就本书内容的复制、发行或以数字形式进行网络传播的行为均系侵权行为。

社会科学文献出版社将通过法律途径追究上述侵权行为的法律责任，维护自身合法权益。

欢迎社会各界人士对侵犯社会科学文献出版社上述权利的侵权行为进行举报。电话：010-59367121，电子邮箱：fawubu@ssap.cn。

社会科学文献出版社